WALTER JENS   HANS KÜNG
Dichtung und Religion

WALTER JENS HANS KÜNG

Dichtung und Religion

Pascal, Gryphius, Lessing,
Hölderlin, Novalis, Kierkegaard,
Dostojewski, Kafka

verlegt bei Kindler

Umschlaggestaltung: Werner Rebhuhn
Satzarbeiten: Compusatz GmbH, München
Druck- und Bindearbeiten: Spiegel Buch GmbH, Ulm
8–1–12–9–5
ISBN 3–463–40028–6

Inhalt

Vorwort

Dichtung und Religion: »Ach, Luise, laß... das ist ein *zu* weites Feld«, hätte Fontanes skeptisch-jovialer Herr von Briest gesagt und sich, wie's (zum Leidwesen Frau von Briests) seine Art war, Gedanken über die »beständigen Zweideutigkeiten« gemacht, die das Verhältnis zwischen der Poesie und dem Glauben seit Beginn der Neuzeit charakterisieren.

Zweideutigkeit, Ambivalenz, zwieträchtige Einheit, wechselseitige Erhellung, Dialektik, ausgetragen zwischen Himmel und Erde (gelegentlich kommt auch noch die Hölle zum Vorschein): ein ebenso spannungsreiches wie fruchtbares, der Dichtung in gleicher Weise wie der Religion förderliches Verhältnis teils frommer, teils provokanter, ja gelegentlich schokkierender Natur soll in sechzehn Essays veranschaulicht werden. Essays, die sich als Erkundungen auf einem weithin noch unerschlossenen Gebiet verstehen und den Charakter einer überblicksartigen Landvermessung haben. Dabei wurde so verfahren, daß bestimmte Bereiche und Epochen jeweils, exemplarisch, mit Hilfe einer »Führ-Figur«, diese Figur wiederum mit Hilfe der Beschreibung eines einzelnen Werks verdeutlicht wurde. Makro- und Mikro-Analyse, historischer Überblick und Detail-Deutung, Aufweis der großen Linien und Bezeichnung signifikanter Einzelheiten hatten einander zu ergänzen, wobei dem Theologen im allgemeinen der Blick vom Olymp, dem Literaturwissenschaftler die – nicht minder ergiebige – Froschperspektive vorbehalten blieb. (Gelegentlicher Rollentausch nicht nur gestattet, sondern erwünscht.)

Ziel der Essays, die auf Vorlesungen basieren und deren mündlicher Duktus beibehalten wurde, ist der Aufweis von

Konstanten und Variationen im großen Gespräch, das die Schriftsteller seit dem siebzehnten Jahrhundert über Möglichkeit und Grenzen des Glaubens in aufgeklärter Zeit führen, und zwar radikaler, konsequenter und damit oft aufschlußreicher als Theologen und Literaturwissenschaftler von Profession.

Dichtung und Religion: Auf den folgenden Seiten ist zu demonstrieren, wie die Monologe der Poeten, exemplarische Zeugnisse, ausgesehen haben und welcher Art die Zwiegespräche waren, die, über die Zeiten hinweg, Kierkegaard mit Lessing und Pascal oder Kafka mit Kierkegaard und Dostojewski führten. Unsere »Essays« verstehen sich, wörtlich, als »Versuche«. Sie sind aus langjährigem kollegialen Gespräch heraus gewachsen und wollen Herausforderung sein, über Dichtung und Religion neu nachzudenken. Zugleich mögen sie Schriftsteller und Theologen einladen, mit unverstelltem Blick voneinander zu lernen. Wie sagte der Gründer der Alma mater Tubingensis vor 500 Jahren? *Attempto:* der Versuch sei gewagt.

Tübingen, im März 1985   *Walter Jens   Hans Küng*

8

BLAISE PASCAL
Pensées

HANS KÜNG
Religion im Aufbruch der Moderne

Was ist der Religion geschehen in der Moderne? Was ist der
Moderne geschehen durch Religion? So fragen wir nachmo-
derne, unsicher gewordene Erben der Aufklärung. *Wie konnte
es so weit kommen mit der Religion?* Sie, die Königin von einst,
jetzt aber die Magd, die minderberechtigte Beisassin; in Wissenschaft und Gesellschaft bettelnd um Duldung und Gehör:
vernachlässigt zuerst, dann ignoriert, schließlich verachtet,
verflucht und verfolgt. Ja, so fragen wir, zweifelnd zwischen
banaler Irreligiosität und neoromantisch erweckter Religiosität, schwankend in allem zwischen Entmythologisierung und
Remythologisierung. Ist vielleicht doch etwas schiefgelaufen
in dieser Geschichte der Neuzeit, die sich selbstbewußt mit
dem Menschheitsfortschritt gleichsetzte? Mit dem Fortschritt,
den man schließlich zum Allerhöchsten hypostasierte, dem
man drei lange Jahrhunderte das »Großer Gott, wir loben
dich« sang, in Worten und vor allem in Werken?

Nein, es ist kein Zufall und keine Willkür, warum diese
Vorlesungen mit Pascal beginnen und mit Kafka enden. Es
geht um eine Diagnose der Neuzeit im strengen Sinn: um jene
Moderne, die geistesgeschichtlich mit der Krise des 17. Jahrhunderts beginnt, mit Descartes und Pascal, und die mit der
Krise um den Ersten Weltkrieg endet, mit Nietzsche und mit
Kafka. Und zwischen Pascal und Kafka werden wir uns an
Schlüsselwerken großer Schriftsteller die komplexe, lebendig
und widersprüchlich verlaufende Geschichte der Religion in
der Moderne vor Augen führen: mit Gryphius – Zeitgenosse
Pascals – das im Deutschland des Dreißigjährigen Krieges
noch tief verwurzelte reformatorische Denken, mit Lessing
die Aufklärung, die in Deutschland durch niemanden literarisch glänzender repräsentiert ist, die sich aber mit Ende des

18. Jahrhunderts immer heftiger in Frage gestellt sieht durch Klassik und Romantik, in unserer Auswahl vertreten durch Hölderlin und Novalis. Die eigentliche Krise der Moderne sollte freilich erst noch folgen. Kierkegaard und Dostojewski signalisieren sie schon im 19. Jahrhundert, aber erst im 20. Jahrhundert wird sie voll zur Wirkung kommen. Wenn der Name Pascals für den Aufbruch der Moderne steht, so der Name Kafkas für deren Zusammenbruch.

Schon vor 300 Jahren – die Welt schien noch ganz in Ordnung, der Staat war christlich und Frankreich katholisch, und jeden Mittag wohnte der Roi de France einer feierlichen Messe bei, jeden Sonntag besuchte der ganze Hof den Gottesdienst...: da schrieb Blaise Pascal (1623–1662) auf einer seiner zahllosen Brouillons, Notizzettel, Fragmente, die man später »Pensées«, »Gedanken«, nannte: »Die Menschen verachten die Religion, sie hassen sie und fürchten, daß sie wahr sei« (Pensées, Ausgabe Léon Brunschvicq, Fragment 187). Geplant war, aus jenen »Pensées« – rund zwei Dutzend Pakete oder Papiersäcke fand man nach seinem Tod – eine großangelegte Apologie »über die Wahrheit der christlichen Religion« zu machen.

Ordnung, Autorität und Disziplin, Kirche, Hierarchie und Dogma waren um die Mitte des 17. Jahrhunderts auch in Frankreich noch immer hoch geschätzt. Aber kritische Geister, les esprits forts, hatten längst gemerkt, wie sehr die Religion von absolutistischen Herrschern und ihren devoten Kirchenfürsten hinter glänzender staatskirchlicher Fassade skrupellos zur eigenen Macht- und Prachtentfaltung mißbraucht wurde. Eine starke religiöse Abkühlung drohte, ja, von weitem kündigte sich ein allgemeiner kultureller, gar politischer Wettersturz an: ein grundlegender Wandel der Überzeugungen, Werte und Verfahrensweisen – das, was man heute ein neues Paradigma, einen *Paradigmenwechsel* nennt.

»Die Nase der Kleopatra: wäre sie kürzer gewesen, das ganze Antlitz der Erde hätte sich verwandelt« (Fr 162). Pascal hatte recht: der Gang der Weltgeschichte wird oft von Kleinigkeiten bestimmt. Und doch wird er nicht nur von einmaligen »Sternstunden der Menschheit« (Stefan Zweig) gelenkt, sondern von den großen »Gesamtkonstellationen« (= Paradigmata) und keineswegs zufälligen »welterschütternden Übergängen« (Goethe).

Zum ersten Mal in der Geschichte der Christenheit kamen zur Zeit Pascals die Anstöße zu einem neuen Paradigma, zu einem neuen Grund-Modell von Welt, Gesellschaft, Kirche und Theologie, primär nicht aus dem Innenraum von Theologie und Kirche, sondern von außen. Aus jener sich rasch »verweltlichenden«, »säkularisierenden« und so von Bevormundung von Kirche und Theologie sich »emanzipierenden« Gesellschaft. Ein komplexer, allumfassender Säkularisations- und Emanzipationsprozeß, der grundgelegt war gewiß schon im hohen Mittelalter, dann sichtbar wurde in einer diesseitsfreudigen Renaissance und einem unasketischen Humanismus, der aber erst im 17. Jahrhundert mit Macht durchbrechen konnte. Es war ein *Durchbruch epochalen Ausmaßes,* nicht weniger eine Zäsur als die der Reformation. Bis ins 17. Jahrhundert war die abendländische Kultur, ob katholisch oder protestantisch, wesentlich vom Christentum bestimmt und durchdrungen. Jetzt aber entwickelte sich ein Geistesleben unabhängig von der Kirche und – da die Kirche sich abschottete – immer mehr gegen sie. Stichwort »kopernikanische Wende«: eine »wissenschaftliche und philosophische Revolution« zugleich. Die mittelalterliche Einheit des Denkens hatte zu zerbrechen begonnen: Der Mensch rückt als Individuum in den Mittelpunkt, und gleichzeitig weitet und differenziert sich der Horizont des Menschen ins beinahe Unendliche: geographisch durch die Entdeckungen neuer Kontinente und physikalisch durch Teleskop und Mikroskop. Was wird zutage treten? La grandeur oder la misère de l'homme?

Blaise Pascal repräsentiert – zusammen mit René Descartes – diese moderne Geistigkeit in Frankreichs Grand Siècle auf brillante, geniale Weise. Ja, in seiner Gestalt und seinem Werk verkörpert er geradezu jene Mächte, die die nächste Weltepoche zunehmend bestimmen, gestalten, freilich dann auch wieder in die Krise führen sollten: Wissenschaft, Technologie und Industrie.

Erste Großmacht der heraufkommenden Moderne ist die *Wissenschaft*: Mit ganzen 16 Jahren ist Pascal bereits ein führender Mathematiker. Er hat die Wahrscheinlichkeitsrechnung mitbegründet, die Differential- und Integralrechnung entscheidend vorbereitet, gegen den alten Mythos des Horror vacui die Existenz des leeren Raumes mit dem von ihm entwickelten Barometer bewiesen und zugleich die Theorie des hydrostatischen Gleichgewichts formuliert. Als Experimentator seinem Zeitgenossen Descartes weit überlegen, demonstriert er seiner Zeit ad oculos, was die neue, auf Mathematik und Experiment aufbauende, induktive Wissenschaft zu leisten vermochte. Ja, Wissen ist Macht, und die moderne Wissenschaft soll – nach der Vision (»Nova Atlantis«) des englischen Politikers und Philosophen Francis Bacon (gest. 1626) eine Generation vor Pascal – der Menschheit die kollisionsfreie Befriedigung aller Bedürfnisse ermöglichen: eine konstruktive Politik mit Hilfe wissenschaftlich-technischer Experten und so einen universalen Frieden.

Die zweite Großmacht der heraufkommenden Moderne wird so die *Technologie:* Pascal ist neunzehn, als er die erste funktionierende Rechenmaschine Frankreichs (Professor Schickhards Tübinger Rechenmaschine 1623!) erfindet; und von seiner Theorie des hydrostatischen Gleichgewichts schreitet er mit der Erfindung der hydraulischen Pumpe selbst zur praktischen Anwendung. Als Ingenieur und Konstrukteur des Ur-Computers konnte er zweifellos nur ahnen, wie sehr die in Technik umgesetzte empirische Wissenschaft die Welt – die Natur, aber auch den Menschen – von Grund auf verändern würde.

Die *Industrie* ist – von Wissenschaft und Technologie gezeugt – die dritte moderne Großmacht. Gespiegelt in der Person Pascals heißt dies: Für die Rechenmaschine, die er nicht zu seinem Vergnügen, sondern als Hilfe für seinen Vater und Hauslehrer, einen vielbeschäftigten Steuergerichtspräsidenten im Dienste Richelieus, schließlich in über fünfzig Varianten baut, hat er sich umgehend das Patent zu besorgen versucht, hat Prospekte gedruckt und Pläne zur serienmäßigen Herstellung gemacht, die nur am Mangel von Mechanikern und Kapital scheitern. Noch in seinen letzten einsamen Jahren erarbeitet er die Pläne für einen Omnibusverkehr durch Groß-Paris, gründet eine Omnibusgesellschaft (vermutlich die erste Aktiengesellschaft des Kontinents), deren Funktionieren den

13

»Archimedes von Paris« noch berühmter machen sollte als selbst die Rechenmaschine. Das heißt: Mit Pascal ist der Typus des modernen Organisators und Unternehmers vorgeformt, den man in Frankreich unter dem neuen bedeutenden Finanzminister Colbert für seine merkantilistisch organisierte Wirtschaft mit ihren Manufakturen mehr denn je benötigen wird. Charakteristikum ist die »industrie« (bald auch im Deutschen ein wichtiges Fremdwort), jener »erfinderische Fleiß«, der die geistes- und sozialgeschichtliche Voraussetzung bildet für die im folgenden Jahrhundert sich in England und Frankreich abzeichnende »industrielle Revolution«: jener Übergang von der Agrar- zur Industriegesellschaft, der den größten ökonomisch-sozialen Umbruch seit der Entstehung der Landwirtschaft und der Städte darstellt und der das moderne Zeitalter schließlich zum industriellen Zeitalter machen sollte.

Was aber ist die Triebfeder, die treibende Kraft, die dieser geistes- und sozialgeschichtlichen Bewegung die ungeheure Schubkraft verleiht? Für das mittelalterliche, römisch-katholische Paradigma war »ecclesia sive papa« (Kirche = Papst) das Schlüsselwort, für die Reformation »Wort Gottes«. Und nun – für die Neuzeit, die Moderne? Das Schlüsselwort heißt »Ratio«, »Raison«, »Vernunft«! In der Tat: Die beispiellose Dynamik der Moderne gründet in einem großen Vertrauen auf die Vernunftnatur des Menschen: eine ganz und gar nicht kirchliche und erst recht nicht päpstliche »Raison«, wie sich im Fall Galilei – so sehr verschieden vom Fall Luther – zeigte. »Raisonnement« – die höchste Tätigkeit des Menschen; »räsonieren« – damals noch ganz und gar kein Schimpfwort. »Raison« und damit Maß, Gehaltenheit, Gleichgewicht, Proportion: sie sollen, sie werden ein menschengemäßes, humanes »savoir faire« und »savoir vivre« ermöglichen.

Gewiß: schon in der italienischen Renaissance und im Humanismus hatte sich bekanntlich eine neue Einstellung zum Leben und zur Welt, eine Besinnung auf die menschliche Würde vollzogen, die den Menschen aus dem mittelalterlichen Ordo herauslöste; insbesondere die Kunst war jetzt nicht mehr eingebunden in jenes ganz auf Transzendenz ausgerichtete mittelalterliche Ordnungsgefüge, sondern war Selbstzweck geworden: das Ästhetische ein Eigenwert, manifest in rein säkularen Kunsttheorien, Kunstgeschichtsschreibungen, Kunstsammlungen. Aber dies alles geschah mit deutlichem Blick zurück, in Rück-besinnung auf die Antike: Ri-nascimento hieß das Zauberwort, Wieder-geburt.

Jetzt aber, im 17. Jahrhundert beginnt die intellektuelle Elite Europas selbstbewußt, autoritätsunabhängig und offen nach vorne zu denken: in einer für die Moderne charakteristischen *Progressivität*, die sich nicht auf die Antike (Re-naissance) oder die Bibel (Re-formation), sondern auf des Menschen autarke Raison beruft. Voltaire zufolge ist es das Vernunftprinzip – als absoluter Maßstab menschlicher Gesinnung und Motor menschlichen Fortschritts –, welches das Zeitalter Ludwigs XIV. den anderen drei großen Kulturzeitaltern der europäischen Geschichte überlegen erscheinen läßt: nicht nur dem Athen des Perikles und dem Rom unter Augustus, sondern auch dem Florenz der Medici. In der Tat: jetzt erst beruft man sich ganz und gar zentral und nicht nur am Rande auf die autonome Vernunft, mit der der Mensch sogar den Verlust seiner Zentralstellung im All kompensieren kann. In dieser Verlust- und Gewinnerfahrung gründen nach Pascal des Menschen Schwäche und Macht zugleich: »L'homme n'est qu'un roseau, mais c'est un roseau pensant«, »Der Mensch ist nur ein Schilfrohr, aber er ist ein denkendes Schilfrohr« (Fr 347).

Gewiß: die Theologie, der christliche Glaube bleiben von Autoritäten (Schrift, Väter) abhängig. In der Physik aber soll der Geist der *vernunftgemäßen Argumentation* herrschen. Ja, durch Descartes war der Geist der Mathematik zum Zeitgeist avanciert. Auch für Pascal, der wie besessen und doch in unbestechlicher Objektivität an mathematischen oder physikalischen Problemen arbeiten konnte, beruht die Wahrheit der Physik auf der Evidenz der Idee oder der Tatsachen. Sie wird die Wahrheit auf zwei Wegen finden: durch mathematische Deduktion oder das Experiment, wobei Pascal sehr viel mehr als Descartes experimentell, empirisch vorgeht. Sein Beweis für den leeren Raum etwa war ein imponierender Sieg der neuen mathematisch-empirischen Naturforschung über ein Grunddogma der traditionellen aristotelisch-thomistischen Physik und Metaphysik (»horror vacui«), das auch noch Galilei und Descartes voraussetzten. Nein, Pascal ist wie Descartes alles andere als ein Dogmatiker: Der Mensch soll seine Vernunft immer besser anzuwenden lernen, um in wissenschaftlicher Aufklärung die Natur und ihre Gesetze, vor allem aber sich selbst und schließlich auch die gesellschaftlichen Verhältnisse in all den verschiedenen Aspekten unvoreingenommen systematisch zu überprüfen und zu untersuchen.

Und doch tendiert Pascal nicht wie Descartes auf ein universales System, und manches wäre anders gegangen in der Geschichte der Neuzeit, hätte man von vornherein im Geiste Pascals um des vollen Menschseins und echter Aufklärung willen die *rationalistische Verabsolutierung der Vernünftigkeit abgelehnt*. Denn Pascal zufolge gibt es nicht nur die diskursive Vernunft, sondern auch das intuitive Erkennen! Nicht nur die langsame analytisch-synthetische Konstruktion des Verstandes, sondern auch das einfache, rasche Erfühlen! Gefühlsbetonte Menschen bedürften mehr des »raisonnement«, rationale aber auch des »sentiment«!

Ob es der durch Wissenschaft, Technologie und Industrie beschleunigt rationalisierten Moderne nicht vor allem an dem gefehlt hat, was Pascal umfassend »*le coeur*«, »*das Herz*«, nennt? »Wir erkennen die Wahrheit nicht mit der Vernunft allein, sondern auch mit dem Herzen« (Fr 282). Sentimentalität, Rührseligkeit, Gefühlsduselei? Nein, Herz bezeichnet nicht das Irrational-Emotionale im Gegensatz zum Rational-Logischen, sondern jene geistige Personmitte des Menschen, für die das körperliche Organ nur Symbol ist: sein innerstes Wirkzentrum, den Ausgangspunkt seiner dynamisch-personalen Beziehung zum Anderen, das exakte Organ menschlicher Ganzheitserfassung. Herz meint zwar den menschlichen Geist, aber nicht insofern dieser rein theoretisch denkt und schlußfolgert, sondern insofern er spontan präsent ist, intuitiv erspürt, existentiell erkennt und ganzhaft wertet, ja, insofern er im weitesten Sinn liebender (oder aber hassender) Geist ist. Wer versteht von daher nicht Pascals berühmtestes, aber kaum gut zu übersetzendes Wortspiel: »Le coeur a ses raisons, que la raison ne connaît point: on le sait en mille choses« – »Das Herz hat seine (Vernunft-) Gründe, die die Vernunft nicht kennt; man erfährt das in tausend Dingen« (Fr 277). Ja, es gibt

16

eine Logik des Herzens, und das Herz hat seine eigene Vernunft!

Heute, im Übergang zur Postmoderne, liest man – von zahlreichen Alternativbewegungen her – mit neu geschärftem Problembewußtsein die Ausführungen Pascals über den »*esprit de finesse*«, das »Feingefühl« (Fingerspitzengefühl, Takt, Empfindsamkeit, Witterung, Spürsinn), der den »esprit de géométrie«, den »Geist der Mathematik«, ergänzen muß; wir erkennen betroffen, wieviel wir verdrängt, ignoriert und auseinandergerissen haben; C. P. Snow hat von »zwei Kulturen« geredet. Nach Pascal sollten alle »Geometer«, alle Mathematiker, Physiker und Techniker auch feinfühlig sein, Sinn haben für Zusammenhänge, Stimmungen, die Dynamik des Ganzen, umgekehrt aber sollten alle Feinfühligen auch »Geometer« sein. Feinfühligen, die nur spontan zu urteilen gewöhnt sind, verschlägt es den Atem, wenn sie mit Rationalität, mit Definitionen und Prinzipien der exakten Wissenschaft konfrontiert werden. Die exakten Wissenschaftler aber sollen sich nicht lächerlich machen dadurch, daß sie Fragen des Feingefühls auf geometrische Weise behandeln wollen. Von daher wird man zweifellos verstehen, warum Pascal vorhat, in seinem großen Werk ein höchst kritisches Kapitel gegen den bedeutendsten Repräsentanten des »esprit de géométrie« zu schreiben, wie eine ominöse Notiz belegt: »Gegen die Leute schreiben, die allzu tief in die Wissenschaft eindringen: Descartes!« (Fr 76).

Wie Pascal kein Rationalist ist, so freilich auch kein Irrationalist, und wie kein Dogmatiker, so auch kein Skeptiker oder Krypto-Freidenker. Wenn auch mit ganz anderer Akzentsetzung, geht es ihm wie Descartes um die Wahrheit, um die *objektive und innere Gewißheit* – und dies ganz selbstverständlich im Rahmen katholischer Geistigkeit. Gegen auch heute noch immer verbreitete Vorurteile hat es neuerdings der amerikanische Wissenschaftshistoriker Benjamin Nelson in seinem Buch über den »Ursprung der Moderne« (1977) in Auseinandersetzung mit der neuesten Literatur bestätigt: »Kopernikus, Galilei, Descartes, Pascal und viele andere erstrangige Innovatoren aus den Anfängen der neuzeitlichen Revolution in Wissenschaft und Philosophie erhielten ihre geistige Bildung in Berei-

17

chen katholischer Kultur... Es lag nicht in der Absicht der Pioniere, die religiösen Gefühle der Ungebildeten zu zerstören, auch waren sie keine Krypto-Freidenker oder Skeptiker. Ihre Feindschaft galt vielmehr einem Komplex von Ansichten, die die Unterstützung ihrer eigenen Lehrer genossen und unter den Führern des religiösen Establishments ihrer Zeit vorherrschten, darunter Kardinal Bellarmin und Papst Urban VIII., den Hauptgegnern Galileis« (S. 102).

Aber unter all diesen »erstrangigen Innovatoren« des modernen Paradigma ist Pascal ohne alle Zweifel derjenige, der die schwerwiegenden Konsequenzen für den Menschen am scharfsinnigsten sichtet und *den Menschen* hellsichtig wie kaum einer *in seiner Grundambivalenz* analysiert. Er beschreibt die Zwiespältigkeit der menschlichen Natur – psychologischer Entlarver längst vor Kierkegaard, Dostojewski, Nietzsche, Freud und Kafka – unbarmherzig bohrend in allen möglichen Situationen, Gewohnheiten, Zufälligkeiten. Ein Denker in »vérités opposées«, ein Dialektiker also par excellence.

Vor allem spürt Pascal, was die *kosmologischen* Entdeckungen eines Kopernikus, Kepler und Galilei für den Menschen existentiell bedeuten: das Gefühl der Verlorenheit im endlosen, undurchdringlichen Weltall, aus welchem keine Stimme des Schöpfers mehr zu hören ist. »Das ewige Schweigen dieser unendlichen Räume erschreckt mich« (Fr 206), notiert er. Was ist dann angesichts dieser Unendlichkeit des Raumes der Mensch? Vor dem All ist er ein Nichts! Aber doch auch umgekehrt: was ist angesichts des Mikrokosmos, der Unendlichkeit im Kleinen, der Mensch? Vor dem Nichts ist der Mensch ein All! Dies macht die Disproportion, das grundlegende Mißverhältnis, macht Elend *und* Größe des Menschen in der Welt aus: »Ein Nichts gegenüber dem Unendlichen, ein All gegenüber dem Nichts, eine Mitte zwischen Nichts und All. Unendlich entfernt vom Begreifen der äußersten Grenzen, sind ihm das Ziel aller Dinge und ihr Ursprung unüberwindbar verborgen in einem undurchdringlichen Geheimnis« (Fr 72). Daß aber der Mensch um diese seine problematische, hochgefährdete Zwitterstellung weiß, das macht seine Würde aus: »Wenn das All ihn vernichtete, wäre der Mensch doch noch edler als was ihn tötet, da er weiß, daß er stirbt und die Übermacht des Alls kennt; das All aber weiß davon nichts« (Fr 347).

Pascal indessen ist nicht nur ein sensibler Analytiker der kosmologischen, sondern auch der *psychologischen* Ambivalenz des Menschen: einer der frühen großen »Entdecker des Ich« (Richard Friedenthal). In immer neuen Formen beschreibt er die Doppelbödigkeit alltäglich-menschlicher Existenz. Was verbirgt sich hinter all dem gesellschaftlichen Ämter-Betrieb, den Liebesabenteuern, hinter Jagd und Tanz, Spiel und Sport? Was entdeckt man, schaut man hinter alle Masken? Ist es nicht überall eine Angst des Menschen vor dem Alleinsein? Entsteht nicht von daher ein Gefühl von Verlorenheit, Ohnmacht, ja Leere? Pascal notiert: »Unversehens steigt da vom Grund seiner Seele die Langeweile herauf, die Melancholie, die Traurigkeit, der Gram, der Überdruß, die Verzweiflung« (Fr 131).

So könnte man nun Fragment um Fragment interpretieren, um die menschliche Situation in all ihren Schattierungen von Pascal skizziert zu finden. Ich will nur eines hier ins Zentrum stellen, das uns besonders nahe ist und beinahe die Stimmung der heutigen No-future-Generation zum Ausdruck bringt: »Ich weiß nicht, wer mich in die Welt gesetzt hat, noch was die Welt ist, noch was ich selbst bin. Ich bin in einer schrecklichen Unkenntnis aller Dinge, ich weiß nicht, was mein Leib ist, was meine Sinne, meine Seele, sogar was jener Teil meines Ich ist, der denkt, was ich sage, der über alles und über sich selbst nachdenkt und sich selbst ebensowenig erkennt wie alles übrige. Ich sehe diese grauenvollen Räume des Alls, die mich einschließen, und bin an einen Winkel dieses weiten Weltenraumes gefesselt, ohne zu wissen, weshalb ich an diesen Ort gesetzt worden bin und nicht an einen anderen; warum die kurze Zeit, die mir zum Leben gegeben ist, gerade in diesem Moment und nicht in einem anderen der ganzen Ewigkeit, die mir vorausgegangen ist und mir folgt, gemessen wurde. Ich sehe ringsum nur Unendlichkeiten, die mich einschließen wie ein Atom, und wie einen Schatten, der nur einen Augenblick dauert ohne Wiederkehr« (Fr 194). Und Pascal endet mit einem Ausblick auf das Sein zum Tod: »Alles was ich kenne, ist, daß ich bald sterben muß, aber was ich am wenigsten kenne, ist gerade dieser Tod, den ich nicht zu vermeiden weiß. – Wie ich

19

nicht weiß, woher ich komme, weiß ich auch nicht, wohin ich gehe; ich weiß nur, daß ich beim Verlassen dieser Welt für immer entweder in das Nichts oder in die Hände eines erzürnten Gottes fallen werde, ohne zu wissen, welche dieser beiden Möglichkeiten auf immer mein Teil sein muß. Das also ist meine Situation, voll der Schwäche und Ungewißheit« (ebd).

Worum also geht es diesem Mann? Pascal geht es anders als Descartes nicht nur um die Ungewißheit des menschlichen Wissens, sondern um die *radikale Ungesichertheit der menschlichen Existenz.* Kierkegaard, Dostojewski und Kafka, Heidegger, Jaspers und Sartre werden diese später noch eingehender analysieren, aber auch keine dramatischeren Worte finden als Pascal, der schließlich ausruft: »Was für eine Chimäre ist doch der Mensch! Was für eine Novität, was für ein Monstrum, was für ein Chaos, was für ein Subjekt des Widerspruchs, was für ein Wunder! Richter aller Dinge, einfältiger Erdenwurm; Verwalter des Wahren, Kloake der Ungewißheit und des Irrtums; Glanz und Auswurf des Weltalls« (Fr 434).

Was soll da noch Philosophie? Ist die Philosophie hier nicht überhaupt am Ende? In der Tat erfolgt bei Pascal an diesem Punkt eine völlig *überraschende Wende*: »Erkenne also, hochmütiger Mensch, was für ein Paradoxon du dir selber bist« (ebd). Worauf ein geradezu diktatorischer Appell an den Menschen ergeht, zu erkennen, daß die Lösung des Widerspruchs gar nicht vom Menschen erwartet werden kann und der Mensch auf ein anderes verwiesen ist, das ihn übersteigt: »Demütige dich, ohnmächtige Vernunft; schweige, armselige Natur. Lerne, daß der Mensch den Menschen unendlich übersteigt, und vernimm von deinem Meister deinen wahren Zustand, den du nicht kennst. Höre auf Gott!« (ebd)

Ein Sprung – gewiß. Aber für Pascal nicht ein Sprung des Gedankens, sondern ein Sprung, das *Wagnis des* – keineswegs unvernünftigen – *Glaubens*. Anders als Descartes kann er, der die Ambivalenz menschlicher Vernunft durchschaut hat, seine Gewißheit nicht auf ein »cogito ergo sum« (»Ich denke, also bin ich«) gründen, sondern – konsequent – auf ein »credo ergo sum« (»Ich glaube, also bin ich«). Und nicht die Vision einer mathematisch orientierten Universalwissenschaft, wie sie

20

Descartes in einer Novembernacht in Ulm an der Donau hat, bestimmt diesen Mann, sondern ein religiöses Grenzerlebnis, eine »Konversion«, eine »Vision« ähnlich der des Mose vor dem brennenden Dornbusch. Nur zufällig hat bekanntlich ein Diener nach Pascals Tod das immer wieder neu in seinen Rock eingenähte Erinnerungsblatt (»mémorial«), ebenfalls aus einer Novembernacht und nach einer langen Vorgeschichte, gefunden, das mit dem groß geschriebenen Wort »Feu«, »Feuer«, beginnt und von einer Erfahrung der Gewißheit, des Sentiment, der überwältigenden Freude und eines alle Verlassenheit überwindenden Friedens berichtet. Sie hatte Pascal nicht beim abstrakten »Gott der Philosophen und Gelehrten«, sondern beim lebendigen »Gott Abrahams, Isaaks und Jakobs, dem Gott Jesu Christi« erfahren. Eine »mystische« Erfahrung im eigentlichen Sinn der Einheitserfahrung ist das nicht, wohl aber die intensiv-innige Erfahrung des göttlichen Gegenüber im Geist der Väter und Propheten Israels.

Für Pascal ist damit ein letzter Grund der Gewißheit gefunden, an dem nun nicht mehr gezweifelt werden, auf dem man alle Gewißheit aufbauen könne: nicht das eigene Selbstbewußtsein des denkenden Menschen, nicht ein Begriff, irgendeine Idee von Gott, sondern der wirkliche, *lebendige Gott der Bibel*, der zwar immer gegenwärtig, aber äußerlich abwesend ist: der verborgene Gott, der sich nur dem Glaubenden offenbart. Eine Urgewißheit also nicht einfach aus dem Denken, sondern aus dem Glauben. Und das ist für ihn der Glaube: »Gott spürbar dem Herzen und nicht der Vernunft« (Fr 278). Dabei soll die Vernunft nicht etwa abgewertet oder vergewaltigt werden: »Nichts ist der Vernunft so angemessen wie dieses Nichtanerkennen der Vernunft« (Fr 272). Warum? »Der letzte Schritt der Vernunft ist, daß sie anerkennt, daß es unendlich viele Dinge gibt, die sie übersteigen« (Fr 267). Kurz, es braucht beides: »Unterwerfung und Anwendung der Vernunft: darin besteht das wahre Christentum« (Fr 269).

Daß sich Descartes um das wahre Christentum, um den wahren christlichen Gott in seiner Philosophie überhaupt nicht kümmert, findet Pascal unverzeihlich: »Das kann ich Descartes nicht verzeihen: er hätte am liebsten in seiner ganzen Philosophie auf Gott verzichtet« (Fr 77). Für Pascal jedoch

21

ist eine dreifache dialektische Wahrheit klar und deutlich: »Das Wissen von Gott ohne Kenntnis unseres Elends zeugt Dünkel. Das Wissen unseres Elends ohne Kenntnis von Gott zeugt die Verzweiflung. Das Wissen von Jesus Christus schafft die Mitte, weil wir in ihm sowohl Gott als unser Elend finden« (Fr 527). Auf diese Mitte – in der Dialektik von Sündenfall und Erlösung – sind die übrigen Fragmente Pascals ausgerichtet, die alle Teile seiner Apologie bilden sollen: über das Alte Testament (Gesetz, Prophezeiungen, den verborgenen Gott), über Jesus Christus (Erfüllung der Prophezeiungen, Wunder, Erlösung und Gnade, Moral und Heilswege), die Kirche (Begründung, Kontinuität, Infallibilität) und das Geheimnis der göttlichen Liebe... Nicht zu Unrecht hat man die »Pensées« den »ersten Dialog des modernen Menschen mit dem Glauben« genannt, in welchem »die Gratwanderung sichtbar« werde, »welche das Christentum der folgenden Jahrhunderte zu gehen hatte« (I. E. Kummer, Pascal, 1978, S. 25).

Pascals höchst ekstatische *und* höchst bewußte Erfahrung einer neuen Gewißheit des Herzens am 23. November 1654 »von ungefähr zehneinhalb abends bis ungefähr eine halbe Stunde nach Mitternacht« – im selben Jahre, Ludwigs XIV. Krönungsjahr, hat er der Pariser Akademie seine Abhandlungen über das arithmetische Dreieck und über die Wahrscheinlichkeitsrechnung vorgelegt – ist für ihn Höhepunkt und Lösung einer *Krise.* Voll innerer Unruhe und geistiger Ungeduld, krank und angewidert vom mondänen Treiben in Paris, halfen ihm die zahlreichen Gespräche mit seiner kongenialen Lieblingsschwester Jacqueline, die gegen seinen Willen in das streng jansenistische Kloster von Port-Royal eingetreten war, ein geistliches Zentrum, das später immer mehr zum geistigen Gegenpol des nahen Versailles werden sollte.

Dieser augustinische *Jansenismus* wird nun zu Pascals Schicksal: eine strenge theologisch-moralische Reformbewegung im Geiste Augustins, die vom belgischen Bischof Cornelius Jansen und dessen französischem Freund, dem Abbé de Saint-Cyran, geistlicher Inspirator vom Port-Royal, ausgegangen war. »Totale Unterwerfung unter Jesus Christus und meinen geistlichen Führer« hat es – ganz jansenistisch – am Ende

22

des »mémorial« bei Pascal gelautet. Und das heißt: Zur Spannung zwischen Vernunft und Glauben ist nun die zwischen Freiheit und Gnade hinzugekommen. In seinen letzten Jahren wird Pascal so zum wichtigsten Kämpfer im »Großen Gnadenstreit« zwischen den

Jansenisten, die – mit Augustin – gegenüber der unwiderstehlichen Begierlichkeit des Menschen Gottes unwiderstehliche Gnade betonen und die strengen moralischen und disziplinarischen Ideale der frühen Kirche verteidigen, und den

Jesuiten, die – modern – für die Freiheit und Aktivität des Menschen unter Gottes Gnade und für eine liberalere Moral (Probabilismus) und Sakramentendisziplin (Beichte) eintreten.

Es folgt eine Zeit, in der der Streit um die Gnade zunehmend gnadenloser ausgetragen wird – bis in die Salons und Theater hinein (Corneille gegen – Racine für die Jansenisten). Die kleine Gruppe von Nonnen und von Einsiedlern, die aber nicht Priester oder Mönche werden wollen (die »Messieurs«, »Freunde des heiligen Augustinus«, wie sie sich selber nennen, eröffneten dafür verschiedene kleine Schulen), haben ihn durchzustehen – mit zahlreichen hochgestellten Sympathisanten auf ihrer Seite: für die frivole Gesellschaft der Hauptstadt immer mehr eine lästige Mahnung, für das absolutistische System gar eine gefährliche Abweichung und Herausforderung.

Erst als nach römischer Verurteilung (1653) schließlich auch die Sorbonne – ein gutes Jahr nach Pascals Vision – eine Verurteilung ausspricht (1656), tritt Pascal in die Auseinandersetzung ein, aber sofort mit vollem Engagement. Pascal – auch darin ein Initiator der Moderne – wird so über Nacht zum ersten großen Journalisten Frankreichs. Seine anonymen Flugschriften, »Lettres Provinciales«, voll von Ironie und Satire, scharfsichtig in ihrer Logik, in einem knappen, geschliffenen, überlegenen Stil abgefaßt, sind eine Sensation, ja ein Skandal. Sie haben den Jesuitismus und die moralistische Kasuisterei bis auf den heutigen Tag in Verruf gebracht und der Aufhebung der Gesellschaft Jesu im 18. Jahrhundert geistig den Boden bereitet. Schon im folgenden Jahr werden die »Lettres Provinciales« von Rom auf den Index der verbotenen

Bücher gesetzt und später auch in Paris vom Staatsrat verurteilt und öffentlich durch Henkershand zerfetzt und verbrannt.

Strikt gegen jeden Kompromiß mit Rom, verwirft Pascal die diplomatische Taktik von Port-Royal als unwahrhaftig. In einer heftigen Diskussion mit seinen Freunden verliert er darüber das Bewußtsein. Er hat jetzt nur noch wenige Monate zu leben. Aus dem Gewissensdilemma, Papst und Kirche auf der einen, persönliche Glaubensüberzeugung auf der anderen Seite, findet selbst sein überscharfer Geist keinen Ausweg. Hier liegen ja auch nicht mehr Glauben und Vernunft im Streit, sondern Glaube und Glaube!

Gegen die Indizierung seiner Flugschriften hat er, auf einem Notizzettel überliefert, an ein höheres Gericht appelliert: »Wenn meine Briefe in Rom verdammt werden, so ist doch das, was ich in ihnen verdamme, im Himmel verdammt! Ad tuum, Domine Jesu, tribunal appello. An dein Gericht, Herr Jesus, appelliere ich!« Tödlich geschwächt durch eine Krankheit, deren Natur auch gelehrte medizinische Abhandlungen bis heute nicht eindeutig feststellen konnten, aber auch durch rücksichtslose Bußübungen, darf er endlich, als er bereits in Agonie liegt, die Sterbekommunion empfangen, gespendet von seinem Pfarrer, der sich später beim scharf antijansenistischen Erzbischof von Paris dafür verantworten muß. Pascal stirbt ohne Widerruf in der Überzeugung, ein treuer Katholik zu sein, erst 39 Jahre alt, am 9. August 1662, neun Monate nach Port-Royals Unterschrift unter die Verurteilung von Port-Royal. »Möge Gott mich nie verlassen« sind seine letzten Worte.

Wer könnte – wann immer man sich mit Pascals Person, Werk und Leben beschäftigt – seine Betroffenheit verleugnen? Was wäre seinen Schriften hinzuzufügen? Wo philosophisch-theologische Fragen derart zu Schicksalsfragen werden und einen Lebensweg zum Leidensweg machen: verbietet sich da nicht ein Urteil über die Person? Fürwahr: nicht um seine Person kann es gehen. Aber es muß erlaubt sein, an seine Position im Kontext unserer Fragestellung nach Religion und Moderne Fragen zu stellen. Sie lassen sich in die eine zusammenziehen:

Warum konnte die Religion Pascals, die sich so scharfsinnig gegen die Herausforderungen der neuen Zeit zu behaupten verstand, nicht die *Religion der Moderne* werden? Umstritten war Pascal schon zu seinen Lebzeiten, und auch aus der Rückschau werden viele Zweifel an Voraussetzungen und Folgen seines Glaubens wieder wach. Ich gruppiere sie um drei Stichworte: anthropologischer Pessimismus, moralischer Rigorismus, unpolitischer Privatismus.

1. Ein Religionsverständnis auf der Basis eines *anthropologischen Pessimismus* im Geiste des älteren Augustin konnte auf die Dauer nicht tragfähig sein; erst recht konnte es nicht die seit Thomas, Humanismus und Renaissance auch in der scholastischen Theologie verbreitete und besonders von Jesuitentheologen bejahte Hochschätzung des Menschlichen ersetzen. Wie sollte es sich mit der Vernunft vereinbaren lassen, daß jeder Mensch ohne Rücksicht auf seine Taten durch einen unerforschlichen Ratschluß Gottes zum Heil oder eben zum Unheil vorherbestimmt sei, daß er in jedem Fall durch die Ur- und Erbsünde in seiner Natur verdorben und in seinem Willen unwiderstehlich von der bösen Begierlichkeit beherrscht werde – überwindbar nur durch Gottes ebenfalls unwiderstehliche Gnade?

2. Eine Religionspraxis mußte für die Zukunft der Moderne untauglich sein, die auf *moralischem Rigorismus* basiert: Dem Menschen wird strenge Entsagung und Demütigung, asketische Selbstquälerei und ein sinnenfeindlicher Spiritualismus zugemutet, Musik und Komödie (nicht die Tragödie!) abgelehnt, überhaupt alles Vergnügen lebenspessimistisch verdächtigt; in der religiösen Disziplin werden die Anforderungen (für Beichte und Kommunionempfang) verschärft. Darf man aber Selbsterniedrigung vor Gott statt als Dienst am Mitmenschen als Selbstzerstörung begreifen? Muß man sein eigenes Ich hassen, um Gott von Herzen zu lieben? Führt der christliche Weg zu Gott nicht eher über die Zuwendung zum Du statt über die Vernichtung des Ich: die Nächstenliebe (nach dem Maß der Eigenliebe!) als Erfüllung der Gottesliebe? Tatsächlich, solche Art äußerer »Askese« (»Übung« der Entsagung, Abtötung, Selbstverleugnung) auf Kosten des Menschlichen und Mitmenschlichen, für die es im Neuen Testament

25

keine Grundlage gibt, hat in der Neuzeit nicht wenigen humanistisch Gesinnten Gottesglauben und Christentum gründlich vergrämt.

3. Eine Religion mußte bei der Gestaltung der aufsteigenden Moderne versagen, die sich auf den Bereich des Privaten beschränkt und zu wenig gesellschaftlich und politisch wirksam ist: Religion auf der Grundlage eines *unpolitischen Privatismus?* Hier müssen wir noch ein letztes Mal einen Blick in das französische 17. Jahrhundert werfen, welches ja nicht nur das Goldene Zeitalter der französischen Philosophie, Wissenschaft und Literatur, sondern auch das der absoluten Monarchie, des Elends der Bauern, ständiger Revolten und ihrer blutigen Unterdrückung ist.

Keine Frage: jene spiritualistisch-verinnerlichte Frömmigkeit bildet den Hintergrund dafür, warum Pascal, so hochempfindsam er in vielfacher Hinsicht ist, doch keine Witterung zeigt für die Heraufkunft jener sich ebenfalls schon im 17. Jahrhundert – in der Säkularisierung von Politik und Staatslehre – ankündigenden vierten modernen Großmacht, der *Demokratie!*

Ist dies anachronistisch gefragt? Keineswegs: das Durchbrechen demokratisch-liberaler Ideen im folgenden Jahrhundert der Aufklärung wurde ja vorbereitet durch jene Naturrechtslehrer einer »Frühaufklärung«, die zur Zeit Pascals in England und Frankreich unter dem Einfluß von Stoa und spanischer Barockscholastik Staatsverfassung, Wirtschaftsordnung, Moral und Religion auf der »Natur« oder in der »Vernunft« des Menschen begründet sehen und diese gegenüber den geschichtlich gewordenen Zu- und Mißständen zur kritischen Norm erheben. Dem Menschen werden jetzt *natürliche,* auch für den Herrscher verbindliche *Rechte* zugeschrieben, die freilich nicht mehr, wie in der mittelalterlichen und spanischen Scholastik, im Ordnungswillen des Schöpfers verankert, sondern in der eigenen Einsicht der menschlichen Vernunft begründet gesehen werden. So lebt in Paris viele Jahre jener holländische protestantische Emigrant, der wie Pascal eine Apologie des Christentums mit dem genau gleichen – freilich lateinischen – Titel (»De veritate religionis christianae«) geschrieben hat, *Hugo Grotius* (1583–1645). Anders als Pascal

26

vertritt er auf der Linie des Erasmus von Rotterdam eine un-
dogmatische, grammatisch-historische Exegese, verselbstän-
digt zugleich das Naturrecht und bringt in Anlehnung an den
spanischen Barockscholastiker Francisco Suárez die Entwicklung des modernen Völkerrechts in Gang (»De iure belli ac
pacis«, 1625, von Rom indiziert).

Und Blaise Pascal selbst? Unter der Diktatur Richelieus,
dann Kardinal Mazarins und schließlich Ludwigs XIV., die
allesamt eine machiavellistische Politik jenseits von Moral,
Konfession und Religion praktizieren, ist Kritik am fürstlichen
Absolutismus, seiner Volksausbeutung (Versailles später mit
einem Hofstaat von 4000 Personen) und seinen unablässigen
Kriegen (Religionskriege, Steuerkriege, Bauernkriege, Kabi-
nettskriege) praktisch unmöglich; jede Kritik der »grandeur«
des einen und der »misère« der vielen wird mit Hilfe der
Zensur, eines Spitzelsystems und plötzlicher Verhaftungen
sofort ausgeschaltet. Verschiedene seiner »Pensées« lassen
deutlich durchblicken, daß Pascal, der wie viele Jansenisten
aus einer Familie der »noblesse de robe« (Beamtenadel)
stammt, mehr denkt, als er sagt: Die Macht der Könige gründe
auf der Vernunft, noch mehr aber auf der Dummheit des
Volkes, schreibt er. Sonst äußert er sich nur im allgemeinen
über Recht und Gesetze, findet es aber gefährlich, dem Volk zu
sagen, daß die Gesetze ungerecht seien.

Die ungeheure Not des Volkes, das später den Tod des Roi-
Soleil, des Sonnenkönigs, mit Verwünschungen und Steinen
auf dessen Sarg begrüßen wird, ist Pascal wohlbekannt. Bis an
die Grenzen des finanziell Tragbaren setzt er sich besonders in
seinen letzten Jahren in Paris tagtäglich für die Armen und
Hungernden ein: Die Einkünfte der Omnibusgesellschaft ver-
macht er Spitälern; eine mittellose Familie (mit einem an Pok-
ken erkrankten Kind) nimmt er in sein Haus auf; Pferde,
Karosse, Gobelins, Silber, Möbel verkauft er; sterben will er im
Hospital der Unheilbaren. Nein, anders als etwa nach ihm
Rousseau lebt Pascal das, was er sagt. Aber bei allem Respekt
vor seiner Person: Können christliche Nächstenliebe, fromme
Worte, Almosen und individuelle Caritas das politische Engagement auf Dauer ersetzen? Obwohl das Königtum, die größte
und wichtigste Sache der Welt, die Schwäche, nämlich die

Dummheit des Volkes, zum Fundament habe, meint Pascal, könne es trotzdem erstaunlich sicher sein: weil nämlich nichts so sicher sei wie dies, daß das Volk schwach bleiben werde.

Darin aber sollte er sich täuschen. Als das »Licht der Vernunft« sein Werk der *Aufklärung* auch im Volke zu tun begann, als der epochale Mißbrauch der Religion zugunsten der Herrschenden immer mehr durchschaut und jenes (seit den Karolingern auch im Westen herrschende) Gottesgnadentum der Fürsten auf natürliche Gegebenheiten (kündbarer Staatsvertrag) zurückgeführt worden war, schlug auch die Stunde des Absolutismus: Der König wurde guillotiniert, der Adel dezimiert, viele Kleriker gehenkt, vertrieben oder in Disziplin genommen und der christliche Gott durch die atheistische Göttin »Vernunft« ersetzt.

Die Moderne hatte ihre Klimax erreicht und machte sich daran, das 19. Jahrhundert zu erobern; die philosophisch-wissenschaftliche Revolution hatte in der *politischen Revolution* ihr Pendant gefunden und konnte schließlich in der industriellen Revolution ihre ganze gigantische Macht zeigen. Die christliche Religion, die seit Konstantin Europa dominiert hatte, wurde zum ersten Mal in der europäischen Geschichte gewaltsam exekutiert, und, wo sie überlebte, von den Aufgeklärten bestenfalls toleriert, mehr und mehr aber ignoriert, verdrängt und oft auch unterdrückt.

Blaise Pascal, der Homo mathematicus, der Homo faber, der Physiker, Konstrukteur und Organisator, war ein durch und durch moderner Wegweiser für Naturwissenschaft, Technologie und selbst – in Anfängen – für die Industrie. Aber Pascal, der Homo religiosus, der Homo christianus, konnte dieser Wegweiser in die Moderne kaum in gleicher Weise sein. Bei allen genialen Einsichten in das widersprüchliche Wesen des Menschen schaut er, der Christ, der sich nicht Jansenist nennen will, in Sachen des Glaubens zurück zu dem immer von neuem gepriesenen und zitierten Augustin, der das mittelalterliche Paradigma von Theologie und Frömmigkeit grundgelegt hat. Mitten im Übergang vom mittelalterlich-gegenreformatorischen zum modernen Paradigma bleibt Pascals Position für uns *zwiespältig*. Modern und mittelalterlich zugleich: fortschrittlich-dynamisch-prospektiv im wissenschaftlich-technologischen Bereich, aber statisch-konservativ-ungeschichtlich in Kirchenlehre, Kirchenmoral, Kirchendisziplin. Nein, vom Menschen der modernen Zeit konnte man vieles an Hingabe und Engagement erwarten, aber gewiß nicht, daß er heimlich einen Stachelgürtel auf dem bloßen Leib trage, um ihn sich beim bloßen Gedanken an Stolz oder weltliche Freude, beim Lob schöner Frauen oder der Liebkosung von Kindern in die Haut zu pressen...

Noch einmal – bei allem Respekt: Dieser Religiosität haftet etwas Elitäres, Puritanisch-Prüdes an, es ist eine spiritualistische Spiritualität der »wenigen Auserwählten« gegen die Masse der Ungläubigen. »J'ose prendre le parti de l'humanité contre le misanthrope sublime« – »Ich wage es, Partei für die Humanität zu ergreifen gegen den erhabenen Menschenfeind«, wird Voltaire – bei all seiner Spötterei gut französisch doch ein Moralist – in seinen »Bemerkungen zu den Pensées« (1734 in seinen »Lettres philosophiques«) schreiben, und hat er ganz unrecht?

Wie immer man aber zu Pascal im einzelnen steht, ob mit Voltaire und den Enzyklopädisten, mit Aldous Huxley und manchen Marxisten sehr kritisch oder mit zahllosen Philosophen, Theologen und Literaten von Chateaubriand bis Charles Péguy voll der Bewunderung, man wird es zugeben müssen: Während Descartes, der bedeutendste Philosoph des französischen 17. Jahrhunderts, heute fast nur noch von Philosophen gelesen wird und der Hofbischof Bossuet, der einflußreichste Theologe und Prediger desselben Jahrhunderts, bestenfalls nur noch von historischem Interesse ist, gilt von Pascal: »Nach drei Jahrhunderten steht er da, mitbeteiligt an unseren Streitfragen, ein Lebendiger. Auch seine geringsten Gedanken verwirren, entzücken und ärgern uns, aber er wird augenblicklich, schon beim ersten Wort, verstanden, viel besser als zu seinen Lebzeiten...« (François Mauriac).

»Gewißheit! Gewißheit!«

»Man stelle sich eine Anzahl Menschen vor, in Ketten gelegt und alle zum Tode verurteilt, von denen immer einige Tag für Tag vor den Augen der anderen erdrosselt werden; so daß die, die zurückbleiben, ihre eigene Lage in der ihresgleichen sehen und voller Schmerz und ohne Hoffnung aufeinander schauen und warten, daß die Reihe an sie komme. Das ist ein Bild der Lage des Menschen.«

Prophetie des Entsetzens. *L'homme sans dieu*, der sich autonom setzende, gottferne Mensch: Das ist für Pascal nicht nur ein verworfenes und verlorenes, verirrtes und verzweifeltes Wesen – es ist der Todeskandidat, der in der Stunde der Wahrheit, wenn's ans Sterben geht, sein Ende wie eine Hinrichtung erlebt: stumm und hoffnungslos im Angesicht der Pelotons, die auf ihn warten.

Die Massenhinrichtungen des zwanzigsten Jahrhunderts, mit den aneinandergeklammerten Menschen, die, nackt und ihrer Würde beraubt, auf die Genickschüsse warten, werden in wenigen Sätzen von Pascal antizipiert, und der einsamste Tod, den es gibt, der erbärmlichste und sinnloseste, sieht sich in einer Weise vorweggenommen, die, stellvertretend, auf die divinatorische Kraft großer, von visionären Bildern bestimmter Poesie verweist. Wie anders lesen wir heute, nach Auschwitz, Oradour oder My-Lai, Pascals Beschreibungen des »letzten Akts«: »Wie schön auch immer das Schauspiel war, im letzten Akt fließt Blut; am Ende wirft man die Erde auf den Schädel und damit für immer.«

Aber anders als zur Zeit des Faschismus, anders als unter Stalin oder Pinochet sind es nicht die Unschuldigen, Juden, Dissidenten und Sachwalter der Humanität, sondern die im Namen des Glaubens für schuldig Erklärten, die Gottvergessenen, ihrer ersten Natur nicht mehr Gedenkenden, denen Pascal sein »damnati eritis in saecula saeculorum« zuruft, *verloren für Zeit und Ewigkeit;* anders – auch und vor allem! – nimmt sich die Analyse der Hinrichtung aus, wenn man bedenkt, daß die Vision vom blutig-gewaltsamen Tod den Charakter einer Warnung hat. Nicht erst am Ende, sondern Tag für Tag – so die Intention von Pascals Erwägung – stirbt der Mensch, der weder auf die Zeit vor dem Sündenfall zurückblickt noch die Erlösungsmöglichkeit am Ende der Tage vorausbedenkt, seinen erbärmlichen, ja entsetzlichen Tod.

Wenn der Autor der »Pensées« die Lage des Menschen beschreibt, dann wählt er die Position eines Bußrichters, der in letzter Sekunde Einhalt gebieten, Erkenntnis provozieren und Umkehr ermöglichen möchte, und das nicht in der Form einer philosophischen Meditation, sondern in entzückter, aber gleichwohl logischer Rede – einer Rede, die Bilder auf den Begriff bringt, Begriffe ins Bild setzt und den anderen, den gedankenlos Dahinlebenden, in gleicher Weise wie dem eigenen Ich gilt.

Die »Pensées« sind keine akkurat und bedachtsam pointierten Maximen, wie sie die französischen Moralisten schrieben, La Rochefoucauld oder Vauvenargues, sondern Fragezettel, Einwürfe, Merkblätter, auf denen Atheisten so gut wie Gläubige das Ihrige sagen, Notizen, die Selbstgespräche festhalten, vorläufige Skizzen, die – wie Emil Noldes »ungemalte Bilder« aus der Zeit der Verfolgung – später ausgemalt und zu einer umfassenden Apologie der christlichen Religion ergänzt werden sollten. Da wird nicht mit *einer*, sondern mit unzähligen Stimmen gesprochen. Unter die Rede des Büßers und Warners mischt sich die Sprache des Weltmanns; der aufgeklärte Erbe Montaignes, Mathematiker und Honnête homme, kommt in gleicher Weise zur Geltung wie der Geistliche mitsamt seiner radikalen innerweltlichen Absage an höfische Etikette und eitlen Betrieb im Kreis der regierenden Schichten... Und dann, auf einmal, redet nicht mehr der immer neuer Maskierungen, immer verwegenerer Rollenspiele fähige Literat, sondern die Perspektive verändert sich radikal – nicht Blaise Pascal betet zu Christus, sondern Jesus selbst nimmt das Wort und wendet sich, in unmittelbarem Appell, an den, der ihn ruft: »Vergleiche dich nie mit anderen, sondern mit mir... Ich bin Gott in allem und spreche oft zu dir und tröste dich...«

Mit einem Satz: In den »Pensées« wird nicht, auf *einer* Ebene, mit einer einzigen Stimme, sondern, zwischen Himmel und Hölle, mit ganzen Chören von Stimmen geredet, so daß sich Widersprüche und eklatante Brüche ergeben, die sich jeder harmonisierenden Glättung (und damit auch einer freundlichen Ordnung) entziehen.

Pascal, das macht sein Wesen aus, sagt immer ja und nein zugleich, ist niemals festzulegen auf ein »so und nicht anders«, ein »endgültig« und »unwiderruflich«. Der nach der Niederschrift des Memorial am 23. November 1654 scheinbar für Zeit und Ewigkeit zu radikal christlicher Praxis Entschiedene (»Gewißheit! Gewißheit!«) meditiert dennoch, besessen von der Wahrscheinlichkeitsrechnung, über Spielchancen beim Roulette... und nicht nur beim metaphysischen, wo es darauf ankäme, das Endliche zu wagen, um das Unendliche zu gewinnen, ohne deshalb über der Sicherheit des Risikos die Unsicherheit des Erlöses aus dem Blick zu verlieren.

Widersprüche, wohin immer man blickt. Da redet einer, im Memorial, mit herausgeschleuderten Kurzsätzen von der Feuervision, die ihn überkam – und mißt dabei genau die Zeit (»seit ungefähr zehneinhalb bis ungefähr eine halbe Stunde nach Mitternacht«: »ungefähr« – Pedanterie mitten in mystischem Aufschwung!), schreibt das Hingeworfene fein säuberlich ab und näht es in seinen Rock... was übrigens nicht absonderlich, sondern eher ritualisiert, durch höfische Etikette abgesegnet war: Auch Richelieu ließ Notizen in seinen Mantel einnähen.

Ein Mensch, nochmals, in seinem Widerspruch. Pascal, der Vorgänger Kierkegaards, erfindet eine Rechenmaschine; Pascal, der, außerhalb des Klosters, wie ein Asket lebt und, von seiner Schwester darob hausfräulich getadelt, sogar den Besen zu einem überflüssigen Möbel ernennt... derselbe Pascal bewegt sich zu gleicher Zeit, als wäre er ein Vorläufer Marcel Prousts, in den Kreisen des Adels, parliert mit dem Chevalier de Meré und dem Herzog von Roannez, gibt sich arrogant und herablassend gegenüber dem Pöbel, dessen Unwissenheit er verachtete, und ist doch bei alledem, von Leopardi und Nietz-

sche später deswegen voll Mitleid betrachtet, der Schmerzensmann, dem das Leben, seit seinem achtzehnten Jahr, zu einer
einzigen physischen Qual wurde.

Das kranke Genie – eine Leitfigur des neunzehnten Jahrhunderts, präfiguriert in Pascal! »Manche ganz ungewöhnli-
chen Geister«, schreibt Giacomo Leopardi am 17. Juni 1821,
»die die Natur einige Male wie durch ein Wunder hervorgebracht hat..., haben rasch ihren Körper und sogar ihre geistigen Fähigkeiten, ja ihr Genie selbst aufgebraucht. Die überaus
große Zartheit ihrer Organe bringt es mit sich, daß sie sich
leichter aufzehren und leichter verderben, da ihre Organe den
weniger zarten und vollkommeneren unterlegen sind. Beweis
dafür ist Pascal, der mit 39 Jahren starb – bereits einer Art von
Irrsinn verfallen.« (Geschrieben von einem Mann, Leopardi,
der selbst im Alter von 39 Jahren starb: am Rand der Umnachtung.)

Pascal, ein souveräner Spieler, Lessing verwandt, *und* eine
hilflose, schmerzgeplagte Kreatur; immer rastlos und projekt-
besessen, ein Mann der Konzeption und nicht der Ausführung; einer, der verlangte, das Ich, um der Liebe zu Gott
willen, auszulöschen, und der dennoch eine unverwechselbare, mit nie erlahmendem Elan von sich selbst redende Individualität blieb; einer der präzisesten Denker im Raum der religiösen Literatur (»Pascal«, schreibt Nietzsche im November
1888, »den ich beinah liebe, weil er mich unendlich belehrt hat;
der einzige *logische* Christ«), aber wie Nietzsche ein Denker
ohne System.

Widersprüche im religiösen, Widersprüche im politischen
Bereich. Der Apologet herrscherlicher Macht und Anwalt des
Status quo, der seinen Machiavelli trefflich studiert hat (»Gefährlich ist es, das Volk zu lehren, daß die Gesetze nicht
gerecht seien, denn es achtet sie nur, weil es sie für gerecht
hält. Deshalb muß man ihm zugleich sagen, man müsse sie
achten, weil sie Gesetze sind, ähnlich, wie man den Vorgesetz-
ten gehorchen müsse, nicht weil sie gerecht, sondern weil sie
Vorgesetzte sind«)..., dieser Macht-Denker aus aufgeklärtem
juristischen Hause (Descartes hatte die gleiche Herkunft)
durchschaut in eins damit den Ideologie-Charakter der Macht
und stellt den seiner Klasse gemäßen, den einen gesellschaftli-

chen Status quo absichernden Meditationen seine »geheimen Gedanken« gegenüber, Gedanken in Wunsch-Form, Traum- und Befreiungsgedanken des Rollenspielers Pascal: »Wenn ein einfacher Soldat das Barett eines Gerichtspräsidenten nähme und es aus dem Fenster würfe...«

Aber was er auch tat, Blaise Pascal: einerlei, ob er ja oder nein sagte (am liebsten beides zugleich) – er spielte immer *va banque* – *va banque* im Sinne des berühmten Dialoges über die Wette: *vous êtes embarqué*; Sie sind an Bord, mein Herr, jetzt wird gesetzt; wählen Sie »Schrift«, riskieren Sie's und wetten, daß Gott existiert: »Wenn Sie gewinnen, gewinnen Sie alles; wenn Sie verlieren, verlieren Sie nichts.«

Der Ja- und Nein-Sager, der um die Unsicherheit und Unge- wißheit all dessen, was menschlich ist, wußte, war kein Un- entschiedener, kein »sowohl als auch«-Redner, sondern – so, noch einmal, Nietzsche – »in der Vereinigung von Glut, Geist und Redlichkeit der erste aller Christen« – ein Mann, der selbstgestellte Probleme bis zur letzten Konsequenz, bis zur nur noch im Paradox erhellbaren Pointe, durchdachte, auch auf die Gefahr hin, sich darüber am Ende in Antinomien zu verstricken, die einen von der Wahrheit Besessenen, zu kei- nerlei Kompromissen Bereiten, wie Pascal es war, um den Verstand bringen, ja, ihn, wortwörtlich, den »Kopf kosten« mußten. Als der Papst im Oktober 1661 die *bedingungslose* Unterzeichnung des Formulars verlangte, das die Lehre des Jansenius als ketzerisch verdammt, und die Kompromißler von Port Royal sich unterwarfen, riskierte Pascal den Zwei- frontenkrieg gegen Rom *und* gegen die alten Verbündeten, für deren Interessen er einst, in den »Lettres Provinciales«, die Jesuiten hatte über die Klinge springen lassen. (Jawohl: über die Klinge springen!)

Gemeinsam mit dem Juristen Domat entwarf er, seinen alten Kampfgenossen gleichsam jesuitische Weltverfangen- heit vorwerfend, einen »grand écrit«, ein letztes großes Send- schreiben – es ist nicht erhalten –, in dem er, nunmehr endgül- tig zwischen Gott und Papst gestellt, dem Bischof zu Rom vorwarf, er habe die »teuflische Intention gehabt, den Lehr- sinn des Jansenismus zu verurteilen«.

Hüben die Kirche und ihr Oberhaupt, ohne die für den

Katholiken aus Clermont ein Leben im Zeichen des Heils undenkbar war, und drüben Gott und die Wahrheit: Am Ende seines Lebens sah Pascal sich vor eine Antinomie gestellt, die zweihundert Jahre später Dostojewski in der Parabel vom Großinquisitor zu Ende gedacht hat... auch er, Dostojewski, vom gleichen Willen zur Konstruktion unabweisbarer Antinomien beseelt und einem Manichäismus verpflichtet, der ebenso grandios wie inhuman ist. Inhuman, weil von jenem Freund-Feind-Denken, der »Christ-Antichrist«-Opposition, bestimmt, die auch die Argumentationsmuster Pascals akzentuiert – Pascals, »der«, so Romano Guardini, »ein gewaltiges Bewußtsein persönlicher Auserwählung mit einer Empfindlichkeit verband, die allein schon Anzeichen einer letzten Unsicherheit war. Mit dieser Neigung hängt... die Dämonie des Kampfes zusammen; der Wille zum Kampf schlechthin. Dieser, der Vernichtungskampf, wird in dem Augenblick möglich, ja erhält geradezu eine religiöse Weihe, da der Gegner zum absoluten Gegner wird: zu jenem, der gegen die Wahrheit als solche steht, sie verrät und mißbraucht. Das ist der satanische Gegner; der Großinquisitor Dostojewskis; der Antichrist.«

Kein Zweifel, daß Pascal zuallerletzt Versöhnler war – eher einer, dem das Hier und Jetzt, die konkrete Geschichte und die Welt, in der Gottes Geschöpfe sich um ein Leben im Geist Christi bemühen, wegen der von ihm entworfenen Totalitäts- und Absolutheits-Konzeptionen aus den Augen gerieten. Von franziskanischem Geist – in der Theorie, wohlgemerkt, nicht in der *praxis pietatis*, dem Leben an der Seite der Armen und dem Sich-Kümmern um die Lebensfähigkeit der Kinder –, von Mitleid und Liebe zu aller Kreatur ist bei Pascal wenig zu spüren. »Ehrfurcht und allgemeine Pflicht der Menschlichkeit«, wie sie Montaigne vorschwebte, eine »Humanität«, die – ein Zitat aus dem zweiten Band der Essays – »uns nicht bloß mit den lebenden und fühlenden Tieren verbindet, sondern auch mit Bäumen und Pflanzen«... solche *humanité*, die in den Geschöpfen den Schöpfer verehrt, war Pascal von Grund auf suspekt – Ausdruck der Heterodoxie im Sinne einer Umkehr gottgewollter Rangordnung.

Kein Wunder, bei alledem, daß vor allem die französische

Aufklärung, Voltaire an der Spitze, im Namen ebendieser Humanität, Einspruch gegen Pascals rigide Eingrenzung des Menschen erhoben hat: gegen die Ausschaltung aller sinnstiftenden Horizontal-Bezüge – Ich und Welt, Ich und Du – zugunsten des allein dominierenden, allein der ersten Natur wieder Geltung verschaffenden Vertikal-Bezugs zwischen Gott und Mensch.

Einspruch, mein Herr! Ihre Vergleiche sind nicht gerecht! In Wahrheit, so, in einer Punkt-für-Punkt-Auseinandersetzung mit Pascalschen Fragmenten, die *Philosophischen Briefe* Voltaires... in Wahrheit ist das naturgegebene Schicksal des Menschen nicht: angekettet und erdrosselt zu werden, sondern, wie die Tiere und Pflanzen, zu wachsen, eine Zeitlang zu leben, sich zu vermehren und zu sterben.

Einspruch, mein Herr! Einspruch gegen Ihre These, die da besagt, man habe – wenn es ihn gibt – nur Gott zu lieben und nicht die vergänglichen Geschöpfe, die uns von ihm ablenkten und uns verführten, an anderes zu denken als allein an ihn. (»Das alles ist böse.«) In Wahrheit, postuliert Voltaire, gelte es, jegliches Geschaffene, die Heimat so gut wie Ehegatten, Kinder und Eltern zärtlich zu lieben und das Seine zur Vervollkommnung der menschlichen Gesellschaft zu tun.

Pascal, der Anti-Aufklärer und theomane Individualist, ein besessener Denunziant menschlicher Fehlbarkeit und menschlicher, aus der Absage an Gott resultierender Blindheit? War er das wirklich? Ich denke, wer so argumentiert und von Montaigne und Voltaire aus allein den weltflüchtigen Bußprediger ins Blickfeld rückt, verliert den Ja- *und* Nein-Denker (man könnte auch sagen: den genuinen Dialektiker) aus den Augen und vergißt den *anderen* Pascal, der ein Freund vernünftigen Denkens, witzigen Paradoxens und treffsicheren Argumentierens war und, ungeachtet aller Skepsis gegenüber der »zweiten Natur«, dem Fortschritt der *species* Mensch in einer Weise das Wort geredet hat, die ihn eher dem Kreis der Enzyklopädisten als den Einsiedlern von Port-Royal zugehörig sein läßt: So wie der Mensch »Kenntnisse aufbewahrt«, heißt es in einem frühen Fragment über die Leere, »ist er auch imstande, sie leicht zu vermehren; so daß die Menschen, die heute leben, gewissermaßen in eben der Lage sind, in der sich jene alten Philosophen befinden würden, wenn sie bis in die Gegenwart hätten leben können und wenn sie vermocht hätten, den Kenntnissen, die sie besaßen, die hinzuzufügen, die sie im Laufe so vieler Jahrhunderte durch ihre Studien hätten erwerben können. Das ist der Grund, daß durch ein eigentümliches Vorrecht nicht nur der einzelne Mensch in den Wissenschaften von Tag zu Tag vorwärtskommt, sondern daß alle Menschen gemeinsam in dem Maße, in dem das Weltall älter wird, ständig fortschreiten; denn in der Abfolge des Menschen wiederholt sich das gleiche wie in den verschiedenen Lebensaltern eines einzelnen. So daß man die ganze Folge der Menschen im Ablauf so vieler Jahrhunderte wie einen Menschen betrachten kann, der immer lebt und ständig lernt.«

Ein frühes Zeugnis, gewiß: erfüllt vom Fortschritts-Optimismus Bacons oder Descartes' – aber eben auch ein Dokument, das lehrt, wie die Betrachtung des Theologen Pascal ständig im Hinblick auf den Wissenschaftler konterkariert werden muß. Der Mann, der als erster nachmittelalterlicher Schriftsteller zu denken und zu beschreiben wagte, was Unendlichkeit sei und was das bedeute für das Bewußtsein des Menschen: im Irgendwann und Irgendwo zu leben, wo sich alles in rasender Bewegung befände; der Mann, der Theologie mathematisierte, indem er Begriffen wie »endlich, unendlich, Nichts und All« eine neue, sich auf Wissen und nicht auf Spekulation gründende Bedeutung gab; der Mann, der bei der Beschreibung des zwischen Elend und Größe hin und her pendelnden Doppel-Wesens Mensch die sein eigenes Leben und Denken bestimmende Ambiguität objektivierte, indem er dem Privaten den Charakter des Allgemein-Verbindlichen gab: dieser Mann war, ungeachtet aller Akzent-Verschiebungen zwischen seinem zwanzigsten und vierzigsten Lebensjahr, immer ein »großer Christ«, wenn er Wissenschaft trieb (also über das Gleichgewicht der Flüssigkeiten oder die Berechnung der Kegelschnitte schrieb), und er war immer Mathematiker, wenn er über Gott meditierte und, um dessen Sondersein zu erhellen, mit dem Begriff »unteilbar« arbeitete.

Keiner, soviel darf gesagt sein, hat – Augustin und Luther nicht ausgenommen – das Unendliche wie das Endliche, die Möglichkeit Gott und die Ungewißheit Mensch, so exakt wie

Pascal dargestellt – Pascal, der zumal als Psycholog und, wie Nietzsche sagt, Freund der »großen Jagd«, der Erkundung der menschlichen Seele und ihrer Grenzen, erst zwei Jahrhunderte später ranggleiche Kombattanten finden sollte – in einem Augenblick, wo ein Begriff wie Langeweile (*ennui*), zwischen Baudelaire und Kierkegaard, zur Zentralkategorie wurde, unter der man jene Einheit von Schwermut und Gottesferne, Melancholie und Einsamkeit analysierte, die Pascal gleichsam vorausentdeckt hatte – auch in diesem Punkt übrigens die eigene Krankheit als Krankheit der Zeit diagnostizierend. (»Der Mathematiker«, lautet ein alter Topos, »ist ein trauriger Gesell«; die Melancholie auf Dürers berühmtem Bild hat die Gerätschaft des Naturwissenschaftlers in ihrer Nähe.)

»Ich belaure mich aus der Nähe und meine Augen sind ununterbrochen auf mich gerichtet...; das Ergebnis ist, daß ich kaum wagen kann zu gestehen, welches Maß von Nichtigkeit und Schwäche ich in meinem Inneren entdecke, mein Gang ist schwankend und unsicher..., viele Stimmungen überfallen mich aufdringlich und unerwartet; einmal bin ich melancholisch, einmal cholerisch..., es geht in mir hin und wieder her«: so, auf der Suche nach sich selbst und darüber hinaus nach der *conditio humana* als dem möglichen Resultat solcher Suche, Michel de Montaigne im berühmten 12. Kapitel seines zweiten Essay-Buchs, der Apologie des Raimond Sebond, und so, in Montaignes Spuren, auch Pascal: über sich selbst gebeugt, den eigenen geheimsten Seelenregungen nachsinnend und eine Psychologie-Kunst betreibend, für die sich, nach seinen Worten, niemand interessierte, obwohl doch nichts wichtigeres sei, als jenem Menschen Konturen zu geben, der, weder Tier noch Gott, weder im Dunkeln noch im Hellen, ohnmächtig: aber, im Unterschied zum Tier, um seine Ohnmacht wissend, *realiter* nichts (oder so gut wie nichts) sei und *potentialiter* alles sein könne – ein Wesen, das die Mitgift und Verpflichtung erhalten habe, sich selbst zu transzendieren. Wie Platon im »Phaidros« das Fabeltier sich im Zustand plötzlichen Liebesentzückens befiedern und das von jäher Erinnerung ergriffene Traumbild die göttliche Seele in sich freilegen läßt, so »christianisiert« Pascal die Platonische Anamnesis, indem er, wieder und wieder, den Menschen vorstellt, der, wachgerüttelt vom Bußprediger und dessen zermalmenden Paradoxien, das ferne Ahnen von seiner ersten Natur als Gewißheit erfährt – als Gewißheit, in eins damit auch, daß er zum Unendlichen geschaffen sei (ad deum creatus) und über ein Organ verfüge, das ihn, den endlichen Menschen, mit dem unendlichen Schöpfer vereine: sein *Herz*, das befähigt sei, Visionen zu denken und Gedanken ins Bild zu übertragen.

Coeur als Zentrum plötzlichen und totalen Erkennens – und *Wieder*-Erkennens zumal, platonischen Wiederkennens, das, an der Grenze von höchster Bewußtheit und Intuition (mit Musil zu sprechen: im Zustand »tagheller Mystik«), Vernunft und Liebe miteinander vereinend, »auf Gott hin« zu denken beginnt und damit das, was nur noch »Narbe und leere Spur, blasses Merkmal und verwehte Bahn« ist: Erinnerungsvermögen an die erste Kreatur, verlebendigt, so daß der Mensch, aus Trug und Wahn und Zerstreuung und Langeweile herauskatapultiert, sich wieder als den König versteht, der er einmal war. Den König, der sich selbst entthront hat, im Garten Eden, aber darauf vertrauen darf, daß er, losgekauft und von seinen Fesseln befreit, den Thron (besser: ein Schemelchen zu Gottes Füßen) wiedergewinnen wird.

So betrachtet ist es das eigentliche – und höchste! – Ziel der Pascalschen Literatur, die Sehnsucht nach der verlorenen Heimat zu mobilisieren, den Menschen – wie im Platonischen Höhlengleichnis – zu zeigen, daß sie in einer Scheinwelt leben, in die gleichwohl noch ein winziger Abglanz der Sonne – als des Symbols der göttlichen Idee – dringt, und die Einsicht zu stärken, daß das bestehende Elend, ist es erst einmal erkannt, die einstige Größe um so sichtbarer macht: »Es ist das Elend eines großen Herrn, das Elend eines entthronten Königs.«

Elend und *Königtum*. Das sind Begriffe, die ihre Polyvalenz, ihre Pascalsche Verweisungskraft, dadurch gewinnen, daß sie nicht nur die Pole menschlichen Welt- und Heilsverständnisses bezeichnen, sondern zugleich die Ambivalenz des Christlichen zeigen. Zwischen Elend und Königtum ist auch der angesiedelt, Jesus von Nazareth, der dem Menschen das Zeichen des verborgenen Gottes enthüllt und ihm zugleich die selbstverschuldete, durch die Tatsache *deus absconditus est* (Gott ist nicht mehr sichtbar) belegte Niedrigkeit zeigt.

Jesus – Inbegriff eines Menschen, der den Menschen transzendiert; Jesus als Paradox ruhmlosen Ruhms: Nirgendwo bewährt sich Pascals Fähigkeit, die Wahrheit dialektisch in Szene zu setzen, glanzvoller als dort, wo er jenen beschreibt, ohne den die Welt für ihn ein Höllenreich war – Jesus Christus, dem er im »Mysterium Jesu« das ergreifendste, weil menschlichste Totenlied singt, das Totenlied auf einen einsamen, angstgepeinigten Mann, das mit einer Meditation beginnt und in einem Zwiegespräch, an der Grenzscheide von Elend und Königtum, kulminiert: »In einem Garten ist Jesus, nicht in einem der Wonne wie der erste Adam, der dort sich und das ganze Geschlecht der Menschen verdarb, sondern in einem der Qualen, in dem er sich und das ganze Menschengeschlecht erlöst hat. Diese Qual und diese Verlassenheit leidet er in den Schrecken dieser Nacht. Ich glaube, außer diesem einen Mal beklagte sich Jesus niemals; nun aber klagt er, als habe er seinen übergroßen Schmerz nicht mehr ertragen können: ›Meine Seele ist betrübt bis in den Tod.‹ Gemeinschaft und Linderung sucht Jesus bei den Menschen. ... Aber er findet sie nicht, denn seine Jünger schlafen. Bis an das Ende der Welt wird die Agonie Jesu dauern: nicht schlafen darf man bis dahin.«

Agonie des Erlösers: Das ist eines jener Paradoxe, das erbarmungsloseste vielleicht, mit deren Hilfe Pascal die Widersprüchlichkeit und Ambivalenz von Mensch und Welt, hier und jetzt, sinnfällig macht – einen Antagonismus und eine Doppeldeutigkeit, die der Autor der »Pensées« verdeutlicht, indem er einen Stil wählt, der den Leser Satz für Satz in Verwirrung und Unsicherheit stürzt. Wird hier vom Menschen, so dort von Gott aus argumentiert, geht's hier mathematisch, so dort, übergangslos, hochpoetisch und pathosbestimmt zu..., alles mit dem Ziel, den Leser zu provozieren, ihn nie zur Ruhe kommen zu lassen, sondern Bluff, Theaterspiel, Paradoxie und unaufhörlichen Wechsel der Töne einzusetzen, um das immer mitgedachte, mit stupender Menschenkenntnis einbezogene Gegenüber in Unruhe zu versetzen, und zwar wohl kalkuliert, bei genau berechneter Wahl jener Stilmittel, die dienlich sein könnten, den Widerstreit zwischen Vernunft und triebhafter Irrationalität auf dem Seelenschauplatz zugunsten der Vernunft zu entscheiden, einer Vernunft freilich, die nicht mit Ratio, sondern mit einem – durch blitzende Paradoxe in Bewegung zu setzenden – Denken identisch ist, von dem einer, dem es wie Pascal um sinnlich-präzise Darstellung ratoider Phänomene zu tun war, Robert Musil, gesagt hat, es beschränke sich »mit seinen Ansprüchen auf Tiefe, Kühnheit und Neuheit vorläufig noch auf das ausschließlich Rationale und Wissenschaftliche. Aber dieser Verstand frißt um sich, und sobald er das Gefühl erfaßt, wird er Geist. Diesen Schritt zu tun, ist Sache der Dichter.«

Der Dichter oder der Philosophen vom Schlage jenes Blaise Pascal, der dem Vorwurf, er habe im Grunde nichts gesagt, was nicht schon bekannt gewesen sei, mit der These begegnete, einem echten Schriftsteller-Axiom: Immerhin sei bei ihm zumindest die Anordnung neu. »Jeder spielt, wenn man Ball spielt, mit dem gleichen Ball, aber einer setzt ihn besser.«

Und das, denke ich, hat er getan, Pascal, indem er für eine Situation, die durch die Möglichkeit, aber nicht die Gewißheit eines existierenden Gottes und die Möglichkeit *und* Gewißheit eines den Menschen übersteigenden, in Jesus präfigurierten Menschen gekennzeichnet wird, den adäquaten Ausdruck fand: das Paradox.

Kein Zweifel, Montaigne, dessen Essays neben den Mathematikbüchern und der Bibel zu Pascals »letztem Bestand« gehörten, hätte seinen Nachfahren dieses verwegenen Paradoxens wegen, von Exzentrizität und Maßlosigkeit sprechend, zur Ordnung gerufen. Klingt es nicht wie eine vorweggenommene Pascal-Kritik, das große, sehr menschliche, sehr heidnische, sehr aufklärerische Finale der Essays, ein leises Decrescendo, das sich an die antike Maxime »Du bist um so mehr ein Gott, als du dich als Mensch erkennst« anschließt: »Es ist eine höchste und fast göttliche Vollkommenheit, sein Dasein auf rechte Weise genießen zu können. Wir sind stets auf der Suche nach anderen Daseinsweisen, weil wir nicht verstehen, die unsere zu nützen, und wir gehen aus uns heraus, weil wir nicht wissen, was in uns ist. Wir mögen ruhig auf Stelzen steigen, auch auf ihnen müssen wir unsere Beine gebrauchen. Und selbst auf dem höchsten Thron der Welt sitzen wir doch auf unserem Hintern. Die schönsten Leben sind meinem Geschmack nach solche, die sich dem allgemeinen und menschlichen Muster einfügen, wohlgeordnet, ohne Wunder und ohne Ungewöhnliches.«

Ich meine, es sei nützlich, nach den »Pensées« Montaignes Essays zu lesen; aber es ist ebenso nützlich, nach der Lektüre der dem Tag und der Stunde zugewandten Meditationen zu Pascal zurückzukehren. Keiner, dies will wiederholt sein, ist weiter im Weltraum gewesen als er – im kosmischen so gut wie im Weltraum der Seele. Keiner hat exakter beschrieben, wie sich, am immer noch von uns gelebten ptolemäischen Weltgefühl gemessen, ein denkendes Existieren im Horizont der Unendlichkeit ausnimmt. Keiner hat bildschärfer entwickelt, auf welche Weise Ewigkeit erfahrbar gemacht und, im gleichen Atemzug, die Relativität menschlichen Daseins angesichts einer heute zwar gewußten, aber mitnichten herzbestimmend gewordenen Unendlichkeit von Raum und Zeit auf den Begriff gebracht werden könnte: »Wie viele Königreiche« – Pascal, Pensées, Fragment 207 – »wissen von uns nichts.«

ANDREAS GRYPHIUS

Gedichte

Religion im Bann der Reformation

»In meiner ersten Blüt'. Im Frühling zarter Tage
Hat mich der grimme Tod verwaiset / und die Nacht
Der Traurigkeit umhüllt / mich hat die herbe Macht
Der Seuchen ausgezehrt. Ich schmacht' in steter Plage.
Ich teilte meine Zeit / in Seufzer / Not und Klage /
Die Mittel / die ich oft für feste Pfeiler acht /
Die haben (leider!) all' erzittert und gekracht
Ich trage nur allein den Jammer / den ich trage.«

So beginnt das Sonett (kleines »Klinggedicht«, ital. »sonetto«)
»Dominus de me cogitat« von Andreas Gryphius (1616–1664).
Der, der hier spricht (Gedichte, Reclam-Ausgabe, S. 16), weiß,
was Tod und Seuchen, was Not und Klage bedeuten, und die
Wendungen wie die von den »festen Pfeilern«, die »erzittert
und gekracht« haben, sind für ihn alles andere als schöne
poetische Bilder. Sie sind in Poesie umgesetzte existentielle
Erfahrungen. Seine Jugend im schlesischen Glogau, Görlitz,
Frauenstadt, dann in Danzig und Schönborn ist ganz von den
Schrecken des Dreißigjährigen Krieges überschattet. Den Vater verliert er mit fünf, die Mutter mit elf Jahren, engste Freunde, die ihm die Familie ersetzen, sterben infolge der Kriegser-
eignisse durch Pest; von den sieben eigenen Kindern sterben
vier sehr früh, und noch zwei weitere werden von Schicksals-
schlägen hart getroffen. Ja, dieser Mann weiß, wovon er redet.

Und doch wäre Gryphius eben nicht Gryphius, gäbe es in
seinen Texten nicht immer wieder diese charakteristische
Wende, diese ganz unprätentiöse, unaufdringliche Kehre ins
Fromme, Christliche, Gottergebene. Ganz ruhig setzt das Gedicht einen Kontrapunkt:

»Doch nein! der treue Gott beut' mir noch Aug und Hand
Sein Herz ist gegen mir mit Vatertreu' entbrannt /
Er ist's / der jederzeit für mich / sein Kind muss sorgen.
Wenn man kein Mittel findet / sieht man sein Wunder-
werk /
Wenn unsre Kraft vergeht beweist er seine Stärk /
Man schau't ihn / wenn man meint / er habe sich verbor-
gen.« (S. 17)

Wir werden in dieser Vorlesung über Herkunft, Stellenwert
und Struktur dieser charakteristischen Wende in den Gryphius-Texten ausführlich zu sprechen haben. Wir werden das
Spezifikum dieses Mannes und seiner Werke theologisch und
literarisch zu diagnostizieren versuchen. Der Theologe aber
sollte gerade hier zunächst Zurückhaltung üben. Die Gry-
phius-Texte – gerade die populären unter dem Zeichen des
Vanitas-Motivs – könnten allzuleicht dazu führen, den ganzen
Gryphius mit nichts als existentieller Betroffenheit und religiöser Ergriffenheit zu interpretieren. Der Literaturwissenschaftler wird das Nötige zu den großen Gryphius-Texten sagen.
Um aber die ganze Person dieses Dichters sowie den ganzen
Zeitkontext seines Werkes zu sichten, müssen wir auch hier
wieder zunächst in aller Nüchternheit eine historische Stand-
ortbestimmung vornehmen. Es geht uns in diesen Vorlesungen ja nicht um die vielleicht interessante Aneinanderreihung
disparater religiöser Werke, auch nicht ausschließlich um eine
Einzelinterpretation der ausgesuchten Texte, sondern auch
um eine geistes- und kulturgeschichtliche Erhellung der großen Zusammenhänge zwischen den einzelnen Epochen unter
der einen Leitfrage: Wie wurde mit Religion in der Moderne
umgegangen, und was hat die Religion selber mit der Moderne gemacht?
Schon im 19. Jahrhundert, das der Barockliteratur wenig
Verständnis entgegenbringt, nennt der Literaturhistoriker
G. G. Gervinus Gryphius den »selbständigsten und vielseitig-
sten aller Dichter des 17. Jahrhunderts« (»Geschichte der
Deutschen Dichtung« III, S. 349 f); doch erst die Barockfor-
schung unserer Zeit (vor allem M. Szyrocki, W. Flemming,
H. H. Krummacher und W. Maurer) hat die Bedeutsamkeit

und das Gewicht dieses schlesischen Dichters herausgearbeitet. Andreas Gryphius – er war ein Mann der deutschen Provinz, gewiß. Sie aber war zur selben Zeit das Schlachtfeld Europas! In ganz anderer Weise als den Pariser Pascal hat ihn das Leiden am Krieg zur großen literarischen Gestaltung herausgefordert. Er ist so für uns ein anderer großer Repräsentant dieser Epoche der europäischen Geschichte, die in europäischem Kontext noch viel zuwenig gewürdigt wurde; er darf sich getrost in unserer Reihe sehen lassen.

Es ist auch in Deutschland ein *Leben inmitten einer Zeitenwende,* die gleichzeitig die kirchlichen wie die politischen Strukturen, die theologisch-literarischen wie die wirtschaftlich-gesellschaftlichen Entwicklungen, die religiösen wie die sozialen Bewegungen ergreift. Gewiß: Historiker streiten über die Interdependenzen zwischen Religiösem und Politischem, Theologischem und Sozialem; und die Forschungsergebnisse der Kirchen- und Theologiegeschichte wurden bisher noch viel zuwenig mit denen der Kultur- und Geistesgeschichte, der Rechts- und Verfassungsgeschichte, der Wirtschafts- und Sozialgeschichte in innere Beziehung gebracht. Umstritten ist erst recht die Periodisierung, die nun einmal nach verschiedenen Gesichtspunkten und Disziplinen verschieden angesetzt werden kann. In den meisten allgemein-historischen wie kirchen-historischen Werken wird jedoch nach Reformation, nach lutherischer und reformierter Orthodoxie und katholischer Gegenreformation, dem Zeitalter des Konfessionalismus, *in der Mitte des 17. Jahrhunderts* eine zweite große Wasserscheide der neueren Geschichte angesetzt: die Krise des reformatorischen (gegenreformatorischen) Paradigmas als Voraussetzung des Übergangs zu einer neuen Gesamtkonstellation, zu einem neuen *Paradigma der Moderne,* charakterisiert durch die neue Wissenschaft, Technologie, Industrie, Demokratie.

Nicht nur Deutschland, ganz Europa befand sich damals – das haben neuerdings zahlreiche englischsprachige (E. J. Hobsbawm, H. R. Trevor-Roper, Th. K. Rabb), französische (R. Mousnier) und deutsche (H. Lehmann) Untersuchungen im Detail aufgezeigt – in einer tiefen, anhaltenden Krise: Bevölkerungsstagnation, Konjunkturrückgang in Landwirtschaft, Handel und Gewerbe, Zunahme des Analphabetentums, verbunden mit einer tiefgreifenden Verunsicherung moralischer Werte und Normen. Eine Krise also nicht nur von Politik und Ökonomie, sondern auch von Theologie, Kirche und Frömmigkeit. Anders gesagt: Im Unterschied zu Luthers und Calvins Zeiten beeinflussen jetzt nicht so sehr religiös-theologisch-kirchliche Forderungen die politischen, wirtschaftlichen, sozialen und kulturellen Prozesse, sondern umgekehrt: Kirchenorganisation, Frömmigkeitsbewegungen und Theologie werden zunehmend von politisch-wirtschaftlich-sozial-kulturellen Faktoren bestimmt. Auch dies Anzeichen der heraufkommenden Moderne: das Auseinanderdriften von Kultur und Religion als Beginn eines zunehmend alles bestimmenden *Prozesses der Säkularisierung*.

✳

Wo steht in dieser Umbruchsituation Andreas Gryphius – Zeitgenosse von Pascal und Descartes in Deutschland? War dieser führende Repräsentant der deutschen Literatur um die Mitte des 17. Jahrhunderts – anders als Pascal – *theologisch* bereits ein Mann der Moderne? War er in seiner Gläubigkeit, seiner Theologie bestimmt von den Grundkräften der neuen Naturwissenschaft, der Technologie, der Industrie, gar Demokratie? War es ihm gelungen, auf das Paradigma der Moderne theologisch adäquater zu reagieren?

Neue Naturwissenschaft? Eines der bedeutsamsten Epigramme des Protestanten Gryphius ist einem katholischen Domherrn im königlich-polnischen Preußen gewidmet, von dem man weiß, daß er die Veröffentlichung seines Lebenswerkes aus Angst vor Indizierung und Scheiterhaufen bis fast zu seinem Tod hinausgezögert hatte: *Nicolaus Copernicus* (1473–1543). Er hatte bekanntlich in seinem Werk »De revolutionibus orbium coelestium libri VI« (an seinem Todestag soll er das erste Druckexemplar erhalten haben) aufgrund eigener Beobachtungen, Berechnungen und geometrisch-kinetischer Überlegungen ein neues, wahrhaft revolutionäres Weltsystem grundgelegt: das heliozentrische. Ein »Paradigmenwechsel« par excellence in der Tat, zunächst in der Physik, dann aber auch mit Auswirkungen auf die gesamte Welt-Anschauung, auch die »Meta-physik« des Menschen. Ein »Wechsel der Gesamtkonstellation«, zunächst nur theoretisch begründet, doch schon von den Reformatoren Luther und Melanchthon verworfen, um den dann, nach den definitiven Beweisen durch Galilei und Kepler, auch in Rom ein wilder Kampf tobte: Pascal in Paris, Descartes in Holland und auch Gryphius in Schlesien verfolgten den Ausgang dieses Streites höchst aufmerksam. 1616, im Geburtsjahr des Gryphius, war Kopernikus auf den Index der verbotenen Bücher gesetzt worden.

Der junge Gryphius nun schreibt ein begeistertes Kopernikus-Epigramm – wohl schon unter dem Einfluß seines Danziger Gymnasialprofessors Peter Crüger, eines bedeutenden Mathematikers und Astronomen. Es nimmt in seiner ersten Epigrammata-Sammlung (1643) die symbolisch bedeutsame siebte Stelle ein (S. 107). In der Zwischenzeit hatte Gryphius fünf Jahre lang, von 1638 bis 1643, an der holländischen Universität Leyden mit den alten und neuen Sprachen auch Jus, Philosophie, Geschichte und sogar Naturwissenschaft studiert (schließlich auch doziert) und sich so einen hohen Bildungsgrad erworben. Kopernikus ist der »dreimal weise Geist« für ihn, der »mehr als große Mann«, »dem nicht die Nacht der Zeit die alles pochen kann/ dem nicht der herbe Neid die Sinnen hat gebunden/ die Sinnen/ die den Lauf der Erden neu gefunden«. Lob hatte dieser Mann verdient, weil er »der Alten Traum und Dünkel« widerlegt und »recht« (mathematisch überzeugend) »uns dargetan« habe, »was lebt und was sich regt«. Deshalb gebühre ihm Ruhm:

> »Schau jetzt und blüht dein Ruhm, den als auf einem Wagen/
> der Kreis, auf dem wir sind, muß um die Sonnen tragen.«

Ein dreimal weiser »Geist«? »Geist« ist hier sicher nicht im rationalistischen Sinne des Descartes zu verstehen; Gryphius ist nicht, wie Herbert Schöffler zu beweisen suchte, der erste lutherische Kenner des Cartesius, erst recht nicht der erste lutherische Cartesianer. Ebensowenig ist in seinem hochpoetischen Sonett »An die Sternen«, die er als »Wächter Gottes« bezeichnet (»Ihr Lichter/ die ich nicht auf Erden satt kann

gen, ohne alle Gewaltenteilung zugleich Legislative, Exekutive und Judikative in einer Person verkörpernd.

Besonders in seinen großen moralisch-didaktischen Trauerspielen »Leo Armenius oder Fürsten-Mord«, »Ermordete Majestät oder Carolus Stuardus, König von Groß Britannien« und »Großmütiger Rechtsgelehrter oder Sterbender Aemilius Paulus Papianus« – Tragödien, die schon Johann Elias Schlegel mit Shakespeares Königsdramen verglichen hat – wird deutlich: Für *Volkssouveränität* (und Widerstandsrecht), wie sie an seinem Studienort Leyden der (freilich schon 1621 vertriebene) Hugo Grotius gelehrt hat, wie sie sich ansatzweise im englischen Parlament gegenüber den absolutistischen Stuartkönigen manifestierte und wie sie von seinem Zeitgenossen Oliver Cromwell in der großen englischen Revolution vertreten wird, hat Gryphius nichts übrig. Wie auch? Ein eigentliches Volksbewußtsein, Voraussetzung für Volkssouveränität, konnte unter der Bedingung deutscher Kleinstaaterei kaum aufkommen! Für Gryphius bleiben zeitlebens Treue und Gehorsam die wichtigsten Tugenden des Untertanen; Auflehnung gegen den Herrscher ist zugleich Auflehnung gegen Gott. Willi Flemmings Urteil (in seiner Gryphius-Monographie präzis belegt) scheint deshalb begründet: In den Dramen des Gryphius manifestiert sich in der Tat »der auf Luther basierte patriarchalische Absolutismus, wie er in Mitteldeutschland aufgefaßt und praktiziert wurde, und wie ihn Gryphius von Anfang an vertrat« (S. 101).

In summa: So wie Gryphius religiös-konfessionell gesehen einen klaren Standpunkt hatte, so auch gesellschaftlich-politisch. Er war ein *monarchisch gesinnter Christ*, der den fürstlichen Ab-solutismus, die Los-gelöstheit von allen menschlichen Gesetzen und Satzungen, entschieden vertritt, aber jeden fürstlichen Despotismus, den Machiavellismus, die autonome »Staatsklugheit« oder »Staatsraison« bekämpft, und dies aus einem tiefen Rechtsbewußtsein heraus, das sich auf Gottes ewigem Recht begründet weiß.

Dies alles gilt es in Erinnerung zu behalten, wenn wir jetzt die Position des Gryphius in der Krise seiner Zeit *theologisch* präziser zu umreißen versuchen. Wie hat dieser Pastorensohn die bedrückenden Lebensängste des Jahrhunderts (über die verschiedenen religiös-theologischen Positionen der Zeit informiert vortrefflich Hartmut Lehmann, »Das Zeitalter des Absolutismus, Gottesgnadentum und Kriegsnot«, über die verschiedenen Gryphius-Interpretationen Hans-Henrik Krummacher, »Der junge Gryphius und die Tradition«) für sich und andere bewältigt? Wo steht er?

1. Es ist ganz und gar verständlich, daß insbesondere der furchtbare, dreißig Jahre dauernde Krieg in christlichen Kreisen apokalyptisches Bewußtsein wachrief. Der ungeheure äußere Druck der Angst konnte nur dadurch kompensiert werden, daß man das baldige Kommen des Weltendes erwartete. Enthielt das Daniel-Buch des Alten Testaments oder die Geheime Offenbarung des Neuen nicht genug Hinweise, die man mit komplizierten Berechnungen erhärten konnte? Gab es nicht für die baldige Wiederkunft Christi überall angeblich beweiskräftige »Zeichen der Zeit«? Den Wiederaufstieg des päpstlichen Antichristen, die Erfolge der Gegenreformation, die Vorstöße der Türken, aber auch Aufruhr, Seuchen, Naturkatastrophen und besonders das Erscheinen »unglückbringender« Kometen? Im Todesjahr des Gryphius 1664 und im folgenden Jahr werden 130, um wissenschaftliche Erklärungen meist völlig unbekümmerte Flugschriften über Kometen publiziert. Aber Gryphius, wenngleich hochempfindsam und von erstaunlicher Rezeptivität, ist *kein apokalyptischer Schwärmer*. So sehr er an einen Jüngsten Tag glaubt – schon eines der frühesten Sonette des Zwanzigjährigen ist ihm gewidmet –, so wenig zeigt er etwas von der aufgeregten Angespanntheit eines sektiererischen Apokalyptikers. Mehr als mit dem allgemeinen Weltgericht rechnet er – die Sonette zeigen es – täglich mit dem persönlichen Todesschicksal; und dies erscheint ihm – kaum verwunderlich – als Befreiung, als Durchgangstor ins ewige Leben.

2. Gryphius, wiewohl ein Mann des Gewissens, der Standfestigkeit (constantia) und des mutigen Einsatzes, ist auch kein *repressiver Fanatiker*. Er gehört nicht zu denen, die – oft ebenfalls vor apokalyptischem Horizont – ihre Ängste auf andere, auf »Sündenböcke«, projizieren und so mit Verfolgung antworten. Nirgendwo eine Zustimmung zu Juden- und

Hexenverfolgungen, die in diesem Jahrhundert der äußeren und inneren Ungesichertheit einen schaurigen Höhepunkt erreichen:

Was die *Juden* betrifft, so war es nach der antijüdischen Bulle Pauls IV. im Jahre des Augsburger Religionsfriedens 1555 (nicht zu vergessen die antijüdischen Schriften des alten Luther) zu Judenverfolgungen im Kirchenstaat und in Italien sowie zu Beginn des 17. Jahrhunderts zu Judenvertreibungen aus Spanien und Portugal, zu Pogromen in Frankfurt, Worms und Wien gekommen, denen schließlich unmittelbar nach der Jahrhundertmitte als allerschlimmste die Judenverfolgung im polnischen Reich folgte. Von ihrem polnischen Dienstherrn im Stich gelassen, wurden mehr als 250000 Juden von den aufständischen Kosaken umgebracht und mehr als 700 Gemeinden zerstört.

Und was die *Hexen* betrifft, so waren – ideologisch abgedeckt durch Erklärungen der Päpste, aber auch Luthers und Calvins – vom ausgehenden 16. bis zum ausgehenden 17. Jahrhundert in Europa schätzungsweise eine Million erbarmungswürdiger Frauen (und auch einige wenige Männer und Kinder) wegen Pakt mit dem Teufel und Schädigung von Menschen, Tieren und Sachen hingerichtet worden – und dies alles nach unvorstellbar grausamen inquisitorischen Verfahren, in denen es aufgrund des ganzen Procedere und der mit Folter erzwungenen Geständnisse keinen Ausweg für die Angeklagten, aber für Richter, Henker und Obrigkeit gute Gewinne gab. Der erste, der gegen die Hexenprozesse anging – ein halbes Jahrzehnt vor Gryphius' ersten Sonetten (1631) –, war bekanntlich der Jesuit Friedrich von Spee, der Dichter der »Trutz-Nachtigall«. Gryphius selber übt nicht nur nicht Repression, er gehört nach dem Dreißigjährigen Krieg im jetzt erneut habsburgischen Schlesien als Lutheraner selber zu den Opfern der Repression, den Opfern der Gegenreformation.

3. Aber wie zu den apokalyptischen Schwärmern und zu den repressiven Fanatikern, so gehört Gryphius auch nicht zu den rückwärts gewandten *doktrinären Orthodoxen*, die die lebendige Botschaft der Reformation in ein starres, praxisfernes philosophisch-theologisches System gießen und so zu einer Spannung zwischen Theologie und Frömmigkeit beitragen.

Nie zeigt er angesichts der Verwirrung der Zeit und der Gespal-
tenheit der Christenheit diese ängstliche Sorge um die reine
Lehre, die Unfehlbarkeit des Bibelbuchstabens, die Unantastbarkeit konfessioneller Tradition, die Auslegung einzelner
Lehrpunkte. Gryphius – wiewohl in bedrohter Lage überzeugter Lutheraner, treues Gemeindemitglied und kein überkon-
fessioneller Ireniker – ist orthodoxer Zänkerei und konfessioneller Polemik (wie viele Zeitgenossen seines Bildungsniveaus)
abgeneigt. Er spricht gegen Zwietracht und Streit in der Kirche,
zeigt sich an der Abgrenzung weder von der katholischen noch
von einer anderen protestantischen Konfession sonderlich interessiert und bringt gerade in seinen Gedichten – unter Zitie-
rung und Nachdichtung auch katholischer Autoren – vieles zur
Sprache, was man gemeinchristlich nennen darf.

4. Gryphius ist aber auch *kein Voraufklärer*: Im Zeichen einer
oft simplistischen Entgegensetzung von »Renaissance-Opti-
mismus« (des Welt- und Selbstvertrauens) und »Barock-Pessi-
mismus« (der Ausweglosigkeit und Verzweiflung) wollte man
Gryphius zu einem nur äußerlich lutherischen Voraufklärer
(Gerhard Fricke), gar Rebellen (C. von Faber du Faur), ja, so
etwas wie einem Mystiker der Negativität machen: Vertreter
eines »Kosmischen und Anthropologischen Nihilismus«
(Wolfgang Philipp, »Das Zeitalter der Aufklärung« S. 15). So
aber löst man des Gryphius Vanitas-Dichtung völlig aus dem
Kontext lutherischer Gläubigkeit. Man verabsolutiert den einen Pol seiner Spiritualität (Nichtigkeit der Welt), ignoriert den
anderen (Vertrauen auf Gott) und setzt ihn grundlos dem
Verdacht einer abgrundtiefen Zwiespältigkeit, gar intellektueller Unredlichkeit aus. Das eingangs zitierte Gedicht und zahlreiche andere Texte widerlegen dies überdeutlich. Das »Es ist
alles eitel (nichtig)« ist zu sehen vor dem Hintergrund dessen,
»was ewig ist«:

> »Du siehst/wohin du siehst nur Eitelkeit auf Erden...
> Ach! was ist alles dies/was wir vor köstlich achten/
> Als schlechte Nichtigkeit/als Schatten/Staub und Wind;
> als Wiesen-Blum/die man nicht wiederfindt.
> Noch will was Ewig ist kein einig Mensch betrachten!«
> (S. 5).

5. Andererseits ist Gryphius aber auch *kein Mystiker*: Im Zeichen der bevorzugten Behandlung mystischer Religiosität durch die Germanistik und deren schroffen Entgegensetzung zur orthodoxen Theologie wird Gryphius zum Vertreter einer Mystik im positiven, eigentlichen Sinn gemacht (so Karl Vietor). Doch nicht um eine (dann letztlich vergebliche) unmittelbar-intuitive Einheitserfahrung geht es diesem Poeten (weniger das eigene Innere als das Bibelwort ist Offenbarungsquelle!); nicht um das Bewußtwerden einer von vornherein bestehenden Einheit des Menschen mit dem Ungrund und Urgrund, des »Seelenfünkleins« mit dem »fließenden Licht« der Gottheit ist es ihm zu tun, nicht um kosmologische Spekulationen à la Giordano Bruno, theosophische Gedankengänge à la Jakob Böhme, pansophische Rosenkreuzler-Visionen à la Johann Valentin Andreae, sondern gut lutherisch – angesichts einer unaufhebbaren Unterschiedenheit von gnädigem Gott und sündigem Menschen – um das vom Heiligen Geist geschenkte Licht, eine Gnade, die nie zur mystischen Identifikation mit Gott, sondern zum Schauen Gottes von Angesicht zu Angesicht führt.

> »Mein oft bestürmtes Schiff der grimmen Winde Spiel
> Der frechen Wellen Ball/das schier die Flut getrennet/
> Das über Klipp' auf Klipp'/und Schaum/und Sandt gerennet.
> Kommt vor der Zeit an Port/den meine Seele will.
> Oft/wenn uns schwarze Nacht im Mittag überfiel
> Hat der geschwinde Blitz die Segel schier verbrennet!
> Wie oft hab ich den Wind/und Nord und Sud verkennet!
> Wie schadhaft ist der Mast/Steur/Ruder/Schwert und Kiel.
> Steig aus du müder Geist/steig aus! wir sind am Lande!
> Was graut dir für dem Port/itzt wirst du aller Bande
> Und Angst/und herber Pein/und schwerer Schmerzen los.
> Ade/verfluchte Welt: du See voll rauher Stürme!
> Glück zu mein Vaterland/das stete Ruh im Schirme
> Und Schutz und Frieden hält/du ewig-lichtes Schloß!«
> (S. 9 f)

6. Sind also Gryphius' Arbeiten nicht im Zusammenhang jener damals aufkommenden *Erbauungsliteratur* zu verstehen? Einer Literatur, die sich aufgrund der trostlosen, trostsuchenden Not- und Krisenzeit einer steigenden Nachfrage erfreut, besonders nachdem Johann Arndt – wie sein Vorgänger Philipp Nicolai (»Freudenspiegel des ewigen Lebens« 1599) stark von der mittelalterlichen Mystik beeinflußt – seine vielbändigen Erörterungen »Vom wahren Christentum« (1606-10) veröffentlicht hatte? Gehören sie nicht in die Gattung Frömmigkeitsliteratur, der es – statt auf theologische Gelehrsamkeit und objektive Richtigkeit der Lehraussagen – auf Vertiefung, Verinnerlichung, auf Praxis ankommt, die auch auf katholischer Seite mit Franz von Sales, Kardinal Bérulle, Miguel de Molinos ihre Parallelen hatte und die im evangelischen Bereich von einer beispiellosen Blüte des Kirchenliedes (Paul Gerhardt), aber auch einer Flut von Trostschriften, Leichenpredigten, Trauergedichten und Gebetssammlungen begleitet war?

Zweifelsfrei haben neuere Untersuchungen (P. Böckmann, E. Geisenhof, K. O. Conrady, A. Schöne, H. H. Krummacher, D. W. Jöns, H. J. Schings) Verbindungen des Gryphius zur Erbauungsliteratur (besonders zu Arndt, Heermann, Herberger, Meyfart, Stegmann) und zur ihr nahestehenden lutherischen »Reformorthodoxie« nachgewiesen. Und doch: Gryphius ist nicht ein im eigentlichen Sinn erbaulicher Schriftsteller, der geistlichen Trost spenden will. Er – am Ende einer Epoche des Streits um Glauben und Bekenntnis und an der Schwelle einer neuen Zeit des Wissens und der Wissenschaft – ist ein stark *vernunftorientierter Poet*, der – das ist charakteristisch für ihn – aus tiefer persönlicher Gläubigkeit heraus lutherische Bibelfrömmigkeit mit humanistisch-rhetorischer Bildung verbindet, um so vor allem eine Elite von Gebildeten ansprechen zu können. Obwohl also persönlich durchaus beteiligt und gleichzeitig sehr realitätsbezogen, will er in seiner Poesie nicht einfach fromme Gefühle vermitteln, persönliche Erlebnisse vorführen, Erlebnislyrik produzieren (selbst in bezug auf die Darstellung Jesu hält er sich sehr zurück). Nein, als poeta philo-sophus will er durch seine Poiesis Sophia vermitteln: verdichtete Erkenntnis, *Weisheit*. In knapper, kompakter, bis ins letzte kunstvoll geschliffener und doch kraftvoll bildhafter Sprache (Walter Jens wird dies noch im Detail analysieren) versteht er es, in immer wieder anderen Zusammenhängen deutlich zu machen, *was der Standort des Menschen ist auf diesem Planeten*, in diesem ganzen großen Ordnungsgefüge, bestimmt von Zeitlichkeit und Ewigkeit, Finsternis und Licht, Leben und Tod, Heil und Unheil.

Was also zeichnet ihn aus, diesen Mann, der kein Apokalyptiker ist – trotz aller apokalyptischen Wehen der Zeit; kein Fanatiker – trotz aller grauenhaften Glaubenskämpfe der Epoche; kein Orthodoxer – trotz aller bedingungslosen Bindung an den evangelisch-lutherischen Glauben; kein Pietist – trotz aller sehr persönlichen Wärme seiner Texte; kein Mystiker – trotz allem weltverneinenden Sinnen über den Urgrund menschlicher Existenz?

Ja, was zeichnet ihn aus, diesen Mann, der mehr Melancholiker ist als Mystiker, mehr Homo spiritualis als Intellektueller, der ein Theoreticus und Practicus genannt wurde? Es ist – so werden wir sagen müssen – seine überlegene Weisheit, und so seine Freundlichkeit, sein Großmut, *das Unfanatische in einer fanatischen Zeit*. Seine Texte zeugen davon, wie sehr er stets eine letzte Kontrolle über sich behält trotz aller Leidenschaft, eine Strenge gegen sich selbst trotz aller Gefühle, eine Zurückhaltung trotz aller Betroffenheit. Er ist kein Mann der maßlosen, hoffnungslosen Klage. Er bleibt – die Stoa hat ihn mitgeprägt – der Vernünftig-Maßvolle, in seinen Texten wie in seinem Glauben. In vielem ist er Johann Sebastian Bach vergleichbar. So, wie seine Emotionen das klassische Maß (Alexandriner, Sonette) nicht sprengen, so sprengen die Zeitkatastrophen nicht seinen Glauben. Trotz aller Erschütterungen eine letzte Unerschüttertheit, trotz aller Rückschläge ein bedingungsloses Vertrauen auf seinen Gott, den Felsen der Beständigkeit.

> Auf Herz! wach' und bedenke
> Dass dieser Zeit Geschenke/
> Den Augenblick nur dein.

Was du zuvor genossen?
Ist als ein Strom verschossen/
Was künftig: wessen wird es sein!

Verlache Welt und Ehre/
Furcht/Hoffen/Gunst und Lehre/
Und fleh den Herren an.
Der immer König bleibet:
Den keine Zeit vertreibet:
der einig ewig machen kann.

Wohl dem der auf ihn trauet!
Er hat recht fest gebauet/
Und ob er hier gleich fällt:
Wird er doch dort bestehen/
Und nimmermehr vergehen
Weil ihn die Stärke selbst erhält.

Wenn man es moderner ausdrücken soll: Mitten in einer *Orientierungskrise* großen Stiles, in der alle Maßstäbe und der Sinn des Lebens abhanden zu kommen drohen, will dieser vielseitige Mann praktischer Politik als engagierter, gelehrter Dichter ohne Lamento und falsches Pathos in hochpoetischer Form eine christliche *Orientierungshilfe* (W. Mauser) bieten: nicht neue theologische Theorien, sondern einen neuen Sinn, neue Maßstäbe, eine in christlichem Glauben verankerte Praxis: was Nachfolge Jesu Christi auch in einer Notzeit ganz praktisch bedeutet.

Vielleicht ist es diese merkwürdige *Mischung aus Krisenwahrnehmung und unerschütterbarem Gottvertrauen*, was uns, die wir in einer ähnlichen Krise des Übergangs zu einem neuen Paradigma stecken, diesen Gryphius nah und fern zugleich macht, was in uns zugleich Zustimmung und Distanz wachruft. Ja, *Zustimmung* immer wieder – liest man die Texte – zur Beschreibung der ganzen Ungesichertheit unseres Lebens, all der Angst, Furcht und Sorge. Zustimmung zur Beschreibung der Krisen der Zeit. Zustimmung zur Benennung der Tatsache, daß unser Leben vor Gott *letztlich* eitel ist, vergänglich, verwehen wird wie Rauch vor starken Winden. Zustimmung also dazu, daß die Gryphiussche Gläubigkeit mit der Wahrnehmung von Krisen zusammengeht und nicht unter Absehen von all den tausendfältigen Bedrohungen zu denken und zu leben ist. Hier ist dieser Mann uns nahe, weil auch wir wieder in einem »Zeitalter der Angst« leben und den apokalyptischen Untergang sogar als technische Möglichkeit kennengelernt haben.

Zustimmung, ja, und doch auch *Distanz*. Distanz dazu, daß die Krisendiagnose, die Angstwahrnehmung und Bedrohungsanalyse des Gryphius nur mit radikaler Weltabwertung zusammengeht, daß die Hoffnung auf Gott mit der Düsterkeit gegenüber der Welt erkauft werden muß. Freilich: Gryphius konnte die Katastrophen der Zeit ertragen, weil er seines Gottes als Fluchtpunkt, als Hafen von Frieden, Ruhe und Harmonie, gewiß war. Uns aber sind vielfach Dostojewski und Kafka näher, für die in den Krisen ihrer Zeit auch Gott selber in die Krise kam. »Theodizee« wird schon vom 18. Jahrhundert an das Schlüsselwort, das Gryphius selber noch nicht kennt. Und das volle Erwachen der menschlichen Vernunft zur modernen Autonomie – das wird sich bei Lessing zeigen – wird einerseits Welt und Mensch ungeheuerlich aufwerten und wird andererseits nicht nur den mittelalterlich-römischen, sondern auch den reformatorischen Glauben an Gott in einer Weise in Frage stellen, wie dies Gryphius und die letzte Generation des konfessionellen Zeitalters nicht ahnen konnten.

Aber die Tatsache, daß das Paradigma nun auch in Deutschland wechseln wird, nimmt seinem reformatorisch geprägten Glauben nichts von seiner Bedeutsamkeit. Manche der tieffrommen Gebete aus der Zeit des Gryphius haben sich bis heute erhalten, manche der kraftvollen Choräle von damals gehören noch zum heutigen Liedgut, wiewohl wir uns dabei fast alles in unsere Zeit neu übersetzen müssen:

> »Nun danket all und bringet Ehr, ihr Menschen in der Welt,
> dem, dessen Lob der Engel Heer im Himmel stets vermeldt.«

Wiewohl in einem vergangenen Paradigma, so doch noch immer derselbe christliche Glaube: das gilt wie von den Chorälen Paul Gerhardts so von den Gedichten seines Zeitgenossen Gryphius. Und dies sei zum Schluß noch einmal deutlich gemacht anhand eines wenig beachteten Sonetts, auf das mich Walter Jens aufmerksam machte. Es stammt aus dem Nachlaß, hat den Geburtstag seiner Tochter Maria Elisabeth und das Fest Concordiae zum Anlaß und ist in der späteren Glogauer Zeit geschrieben, jedenfalls nach Kriegsende (Gesamtausgabe, hrsg. von M. Szyrocki/H. Powell, I, 112).

Noch einmal mache man sich klar: Er, der in seiner Kindheit die Vertreibung seines Stiefvaters durch katholische Truppen mit ansehen mußte; der in seinem verehrten Gönner Schönborner einen hochgebildeten, doch glaubensmäßig zerrissenen Mann kennengelernt und erfahren hat, was es heißt, wenn Gegenreformation mit ständiger Drohung, Schikane, ja Gewalt durchgesetzt wird; er also, der ein Leben lang – mal stärker, mal schwächer – Opfer katholischer Repression ist und der bei anderer Gelegenheit klagt über den von niemandem gebilligten Zwang der ungezwungenen Seelen und das verkehrte gewaltsame Bekehren: ihm kommt dennoch kein Wort des Hasses oder der Feindschaft über die Lippen. Nein, »es werd' in deinem Mund kein zornig Wort gefunden« – was er der Tochter sagt, gilt auch für ihn. Obwohl er mit ansehen mußte, wie sehr sich die christlichen Kirchen selbst »in rasend vollem Zank« zerfleischt hatten, so hält er doch dem Grimm und der Wut, dem Zank und der Trennung, dem ganzen Chaos ungebundener Sitten in christlichem Glauben unbeirrt das Gegenbild von Eintracht, Frieden, »lieblich Einigkeit« entgegen: »Concordia«! Die Gryphiussche Gläubigkeit lebt vom Vertrauen, daß Gott Frieden ist, daß des einen Gottes Geist der Geist der Eintracht ist und daß man in diesem Geist des Friedens zur Tochter Gottes, zum Kind Gottes also, werden kann. Ergreifend dieser Text deshalb nicht nur als christliches, zutiefst menschliches Kontrastprogramm gegen die Getrenntheit der Nationen und Konfessionen, ergreifend auch als demütige Selbstzurücknahme gegenüber Gott: »Bitt' aber ich zuviel / so bleibe deinem Gott mit Eintracht doch verbunden.« Was heißt dies anderes, als daß selbst bei Unfrieden in Welt und Kirche der Friede mit Gott doch möglich ist, daß aber der Concordia mit Gott die Concordia mit den Menschen entsprechen muß, daß Innen und Außen zur Versöhnung gebracht werden müssen. In der Tat, ein zutiefst christlicher, ein wahrhaft ökumenischer Text – uneingelöst bis heute:

>»Komm Pfand der Eintracht komm / die grimmen Völker wüten /
>   In rasend vollem Zank / die Kirche wird getrennt /
>   Und zwar von dieser Schar / die sich von Christo nennt /
>Du findest nichts allhier / als ungebundne Sitten /
>Ach wenn des Höchsten Herz von Menschen zu erbitten
>   Daß Er / der einig nur die Eintrachts Mittel kennt /
>   Durch seines Geistes Glut / die nur bei Frieden brennt /
>Wollt aller Menschen Sinn / weil du noch lebst / begüten.
>   Ist's möglich / es gescheh: Bitt' aber ich zuviel /
>So bleibe deinem Gott mit Eintracht doch verbunden /
>   Die lieblich' Einigkeit sei deiner Sinnen Ziel /
>Es werd' in deinem Mund kein zornig Wort gefunden.
>   Erreichst du diesen Wunsch / so wirst du nicht nur mein:
>   Nein: sondern dreimal mehr / des Höchsten Tochter sein.«

»Das Schwert in einen Pflug verkehrt.«

Tübingen vor 350 Jahren. Ein Herbsttag, der große Krieg neigt
sich dem Ende zu, viele Dörfer sind in Schutt und Asche
gelegt, marodierende Truppen ziehen durchs Land, die Äcker
sind verwüstet, die Viehherden vertrieben, Pestilenz und Seuchen regieren ringsum: Das ist die Zeit, in der ein Professor der
Mathematik und Orientalistik, Wilhelm Schickard – als Konstrukteur einer Rechenmaschine zu Ruhm und Ehren gelangt
– im Fakultätsbuch zu Protokoll gibt: »Von allen im Stich
gelassen – auch die Räte und die Vornehmen des Landes
waren geflohen –, versammelten wir uns zitternd mitten in der
Nacht im Senat und unterwarfen uns, um das Blut unschuldiger Kinder zu schonen, der Milde des Siegers.«

Von allen im Stich gelassen – das hieß im Dreißigjährigen
Krieg: der Soldateska wehrlos ausgesetzt zu sein (Schickards
alte Mutter wurde niedergemacht), entwürdigende Kontribu-
tionen zahlen zu müssen, in verseuchten Häusern zu leben,
die kein Arzt mehr betrat: »O guter Jesus«, schreibt Schickard
ins Universitäts-Register, »zu welchem Ende werden wir verschont?«

Deutschland, im siebzehnten Jahrhundert, um die Mitte der
dreißiger Jahre, kurz vorm Westfälischen Frieden: Da waren,
im Schwäbischen, aus blühenden Feldern Heide und Sümpfe
geworden, und ein Bote, der von Kursachsen nach Berlin ritt,
hatte einen ganzen Tag lang, vom frühen Morgen bis zur
Nacht, nur unbebautes Land und strüppiges Nadelgehölz zu
passieren. Kein einziges Dorf, in dem er ausruhen konnte.

»Wegen des elenden und betrüblichen Zustandes in zwei
Jahren und darüber kein Kind zur Welt geboren worden«: Die
Notiz aus einem Kirchenbuch im Coburgischen steht exempla-
risch für die Katastrophe eines Kriegs, dem im Thüringischen,

Pfälzischen, Mecklenburgischen, Pommerschen und Württembergischen zwei Drittel der Bevölkerung zum Opfer fielen. Kein Saatgut, kein Vieh, keine Arbeit – an Wiederaufbau war auf Jahre hinaus nicht zu denken.

»Ist jemals, seit der Bau der großen Welt gestanden, so grimme Tyrannei und Greuel auch erhört? Ist was, das nicht durch Krieg, Schwert, Flamm und Spieß zerstört?« Der Mann, der diese Zeilen in einem feiertäglichen Sonett für den 25. Sonntag nach der Heiligen Dreieinigkeit schrieb, Andreas Gryphius, wußte, wovon er sprach. Er hatte erlebt, was Krieg, Brand, Pest, Mord, Verlust der nächsten Angehörigen, Glaubensnot und Plünderung an Leib und Seele bedeuteten. Sein Leben hat den Charakter eines *memento* – in welchem Ausmaß, das zeigen seine Grabreden, Gedenksonette und Traueroden in gleicher Weise wie die Beschreibung der Pest von Glogau: ein Tränen- und Danklied nach überwundener Gefahr, in der die Würgeengel mit den Notleidenden Zwiesprache halten und, ehe am Ende die Engel des Bundes erscheinen, nicht der Friedensvater, sondern der schreckensreiche, dem Krieg nahe Zorngott im Mittelpunkt des Gesangs steht, der Gott Hiobs – »warum verbirgst du dein Antlitz und hältst mich für einen Feind?« –, den Gryphius in einer Klage zitiert, die an der Grenze der Anklage steht: »Ach! Er verdeckt sein Angesichte! Macht mich in höchster Not zunichte/Er heischt mich in den Kampf/Hat feindlich sich auf mich verschworen, Mich zu dem Ziel der Rach erkoren! Die ich doch nichts denn Staub und Dampf.«

Wenn es, in der Literatur, je einen Schriftsteller gegeben hat, der den Krieg, mitsamt seinem Gefolge, als Inbegriff menschlicher Heilsvergessenheit beschrieben hat: als Provokation des Zorns vom Himmel herab – dann ist es Andreas Gryphius gewesen. Früh verwaist und elternlos herumgestoßen, einmal hierhin, einmal dorthin (später, da Schlesiens Protestanten keine Hochschule hatten, gezwungen, im Ausland zu studieren), so ist er, nach seinem ersten Biographen, Baltzer Siegmund von Stosch, ein Kind ohne Heimat gewesen: »Da in ganz Deutschland alles verkehrt und verheert ward, hat er... keinen Raum in der Herberge gefunden.« Glogau: verwüstet. Freystadt: untergegangen wie jene deutschen

Städte im Zweiten Weltkrieg, deren eine, Hamburg, Hans Erich Nossack in seinem Bericht über den Untergang Hamburgs derart beschrieben hat, daß die Vorlage, Gryphius' Gedicht über den Untergang der Stadt Freystadt, noch erkennbar ist – ein Gedicht, das mit den Versen schließt: »Was nicht die Pest genommen, hat Büchs und Säbel hin! Was diese nicht bekommen, frißt die erhitzte Glut! Was läßt der Flammen Raub von Freystadt? Was du siehst, die Handvoll Asch' und Staub.«

Kein Zweifel, so betrachtet, daß in einer deutschen Friedensbibliothek – von der Art, wie sie dem Pazifisten und Arzt Georg Friedrich Nicolai zur Zeit des Ersten Weltkriegs vorschwebte – Andreas Gryphius ein Ehrenplatz zukommen würde, ein wenig herausgehoben unter den anderen Schriftstellern, die, gleichfalls mit klarer Stimme und ohne ideologische Verklärung des Schreckens, geschildert haben, was Friedlosigkeit für die Menschen bedeutet, Friedrich von Logau zum Beispiel, der, in der Form eines Akrostichons, die Buchstaben des Krieges auffahren ließ:

> Kummer, der das Mark verzehret/
> Raub, der Hab und Gut verheeret/
> Jammer, der den Sinn verkehret/
> Elend, das den Leib beschweret/
> Grausamkeit, die Unrecht fehret/
> Sind die Frucht, die Krieg gewehret.

In der Tat, eine Interpretation des Gryph'schen Dichtens *sub specie religionis*, die vergäße, daß zur Zeit des großen Krieges die Hölle leibhaftige Realität war (Logau: »Weil Krieg wie Feuer brennt, weil Menschen Teufel sein«), verlöre ihren Gegenstand von vornherein aus den Augen und stünde in Gefahr, sich in luftleerer Spekulation zu verlieren.

Krieg: das bedeutete die Herrschaft des Bösen in aller Welt, nicht nur auf dem Kampfschauplatz selbst. Krieg war für die Schriftsteller gleichbedeutend mit Bedrohung ihrer Existenz, der leiblichen so gut wie der geistigen. Krieg hieß zum Beispiel: Predigen auf freiem Feld oder in Behelfskirchen. (Allein in Schlesien wurden von seiten der Katholiken 650 evangelische Gotteshäuser geschlossen.) Krieg hieß: Krankheit und früher Tod. Keiner der großen deutschen Poeten im 17. Jahrhundert, Opitz, Logau, Gryphius, Grimmelshausen, ist älter als 55 Jahre geworden. Krieg hieß aber auch – und zuletzt!–, in Form einer transzendierenden Vision den großen Friedenstraum zu träumen, den Traum allgemeiner Versöhnung, wie sie damals ein Land präsentierte, das den Schriftstellern um 1650 zugleich unendlich fern, eher himmlisch als irdisch lokalisiert, und dank blitzartiger, höchst realistischer Gegen-Vision, nah und erreichbar war: die Schweiz. Erschütternd zu lesen, wie Grimmelshausens Simplicius und sein Gefährte Herzbruder, »mit schwarzen langen Röcken, Pilgerstäben und Rosenkränzen montiert«, sich vom Schwäbischen aus als Wallfahrer in die Schweiz begeben – in eine andere, scheinbar auf fernen Gestirnen gelegene und doch bodenseenah greifbare Welt: »Das Land kam mir so fremd vor gegen andere teutsche Länder«, läßt der Pilger Simplicius wissen, »als wenn ich in Brasilien oder in China gewesen wäre. Da sah ich die Leute in dem Frieden handeln und wandeln, die Ställe standen voll Vieh, die Bauernhöfe liefen voll Hühner, Gäns und Enten, die Straßen wurden sicher von den Reisenden gebraucht, die Wirtshäuser saßen voll Leute, die sich lustig machten. Da war ganz keine Furcht vor dem Feind, keine Sorg vor der Plünderung und keine Angst, sein Gut, Leib noch Leben zu verlieren; ein jeder lebte sicher unter seinem Weinstock und Feigenbaum, und zwar, gegen andere teutsche Länder zu rechnen, in lauter Wollust und Freud, also daß ich dieses Land für ein irdisch Paradies hielt...«

Da wird, *ex negatione*, sichtbar – *ex negatione belli!* –, wie freundlich der Friede ist und wie paradiesnah, bezeugt durch die biblischen Begriffe Weinstock und Feigenbaum, das irdische Hier und Jetzt sich ausnehmen könnte. Eine kleine, sehr zarte, sehr konkrete Vision in der Weise Bert Brechts (»ein irdisch Paradies, wiewohl es von Art rauh genug zu sein schien«), eine poetische Vorwegnahme von Empfindungen, die dreihundert Jahre später, im faschistischen Deutschland nach 1939, zu einer Art von Kollektivtraum werden sollten: Simplicius' und Herzbruders Einsiedel – ein Garten Eden auf einem Stern, dessen Nähe, da sie unerreichbar war, seine Ferne ausmachte: »Da war ganz keine Furcht vor dem Feind... und keine Angst.«

Das himmlische Jerusalem, gespiegelt im Gleichnis eines bäurisch-eidgenössischen Friedensgefilds, wo helvetische Enten und Gänse um Weinstöcke und Feigenbäume spazieren, die, real und irreal zugleich, ins Biblisch-Weltläufige weisen, nach Palästina und derart, mit einem poetischen Salto mortale, flugs unter die Himmel.

Wie anders, und doch, mit ihr korrespondierend, nimmt sich, an Grimmelshausens Vision gemessen, da Andreas Gryphius' Kriegs-Klage aus, die in der Urfassung, 1637, »Traurklage des verwüsteten Deutschlandes«, sieben Jahre später, im Rahmen der Leydener Sonett-Sammlung »Threnen des Vatterlandes / Anno 1636« hieß (und im folgenden, zeitgemäßer Sprechweise angenähert, zitiert wird).

Tränen des Vaterlandes / Anno 1636

Wir sind doch nunmehr ganz / ja mehr denn ganz verheeret!
Der frechen Völker Schar / die rasende Posaun
Das vom Blut fette Schwert / die donnernde Cartaun
Hat aller Schweiß / und Fleiß / und Vorrat aufgezehret.
Die Türme stehn in Glut / die Kirch ist umgekehret,
Das Rathaus liegt im Graus / die Starken sind zerhaun
Die Jungfraun sind geschänd't / und wo wir hin nur schaun
Ist Feuer / Pest / und Tod der Herz und Geist durchfähret,
Hier durch die Schanz und Stadt / rinnt allzeit frisches Blut.
Dreimal sind schon sechs Jahr als unser Ströme Flut
Von soviel Leichen schwer / sich langsam fortgedrungen.
Doch schweig ich noch von dem, was ärger als der Tod.
Was grimmer denn die Pest / und Glut und Hungersnot
Daß nun der Seelen-Schatz / so vielen abgezwungen.

Ein Gedicht, die »Tränen des Vaterlandes«, das Erlebnisse darstellt – aber kein »Erlebnis«-Gedicht; ein Sonett, das von Elementen der Wirklichkeit strotzt, aber gleichwohl alles andere als »realistisch« ist. Ein Poem, in dem der Schreibende sich in den Text hineinnimmt – »*wir* sind verheeret« –, und dennoch kein Stück Bekenntnis, das auf ein Individuum mit unverwechselbaren Zügen oder gar ein auf radikale Subjektivität gestimmtes lyrisches Ich verwiese. Wer in Gryphius einen Zwillingsbruder seines Zeitgenossen Pascal, ein in klarer Frontstellung gegen andere operierendes herrscherliches (wenngleich auch zur Demut fähiges) Ich erwartet, geht in die Irre.

In den »Tränen des Vaterlandes« wird kein Gefühl verströmt, sondern ein hochpathetisches *exercitium spirituale* durchgeführt: exakt, rational und verständlich. Die vorgegebene Sonett-Form – zweimal vier, zweimal drei Verse, obligatorische Reimung am Ende des ersten, vierten, fünften und achten, beziehungsweise des zweiten, dritten, sechsten und siebten Verses, übliche, aber nicht verpflichtende Reim-Korrespondenz von neuntem und zehntem, elftem und vierzehntem, dazu zwölftem und dreizehntem Vers... dieses von Martin Opitz im siebten Kapitel seines Buchs von der deutschen Poeterei beschriebene Schema, das Deutschlands Autoren anspornte, mit illustren romanischen Formkünstlern, von Petrarca bis Ronsard, künftig Schritt zu halten, ließ für Extravaganzen, originelle Gedanken und höchst private, der Objektivation unfähige Gefühle keinen Raum: nicht das Sonett mit seinen vierzehn Zeilen, nicht der (wiederum übliche, aber keineswegs obligatorische) Alexandriner mit seinen jambisch strukturierten zwölf oder dreizehn Silben und der dramatischen Zäsur nach der akzentsetzenden sechsten: »Wir sind doch nunmehr *ganz* / ja mehr denn ganz verheeret! Der frechen Völker *Schar* / die rasende Posaun, das vom Blut fette *Schwert* / die donnernde Cartaun hat aller Schweiß und *Fleiß* / und Vorrat aufgezehret.«

Alles bis ins Detail hinein auskalkuliert. Klingende und stumpfe, weibliche und männliche Endungen, übergreifend, paar- oder kreuzweise, aufeinander bezogene Reime. Zäsuren, die eine Strukturierung des Texts durch Antithesen und Parallelismen verlangen. Nein, da kann einer sowenig mogeln wie bei der jedem Poeten abverlangten Verpflichtung, sein Gedicht nach dem Schema *Themenstellung* (propositio), *Durch-*

67

führung (argumentatio) und pointierter *Zusammenfassung* (conclusio), am besten mit Hilfe einer überraschenden Schluß-Volte, zu ordnen.

Man lese die »Tränen des Vaterlandes«. Was sich auf den ersten Blick als individuelle Beschreibung anbietet, ist in Wahrheit ein Schulstück rhetorischer Kunstfertigkeit: Der themasetzenden Behauptung (»Wir sind doch nunmehr ganz / ja mehr denn ganz verheeret«) folgt die beweiskräftige Analyse in Gestalt einer Deskription, deren Ziel es ist, die eingangs aufgestellte Behauptung dem Hörer und Leser durch Aufzählung sinnfälliger Details derart nahezubringen, daß beide das Geschehen gleichsam unmittelbar vor Augen sehen: »Die Türme stehn in Glut / die Kirch ist umgekehrt. Das Rathaus liegt im Graus / die Starken sind zerhaun.«

Amplificatio, Zergliederung, Differenzierung, evidente Verdeutlichung des Themas, heißt das Schlüsselwort des poetischen Handwerks. Amplifikation durch Beschreibung von Dingen, Menschen und Lokalitäten: Amplifikation in der Absicht, den Leser zum Augenzeugen des beschriebenen – ausdifferenzierten, ausgedeuteten, auserzählten – Vorgangs zu machen: »Hier durch die Schanz und Stadt / rinnt allzeit frisches Blut.«

Auf diese Weise entsteht, im Hauptteil des Sonetts, nach und nach ein plastisches Bild *(imago)*, das am Ende, in einer den Terzetten vorbehaltenen Volte, seine überraschende, die malerische Beschreibung auf den Begriff bringende Deutung erfährt... Deutung durch eine Korrektur. So grauenvoll, macht Gryphius sichtbar, die Verwüstung der Erde auch ist – eine Verwüstung, die selbst das Wasser, den Inbegriff der Bewegung, stocken läßt (»als unser Ströme Flut von so viel Leichen schwer/ sich langsam fortgedrungen«): schlimmer als die Zerstörung des Leibes ist die Gefährdung der Seelen, die der Sonett-Schreiber nahezu beiläufig, in der Form dramatischen Verschweigens, erwähnt, um ihr eben dadurch eine Relevanz zu geben, die sich durchs Verstummen eher als durch ein Beschwören mit »Zentner-Worten« ergibt: »Doch schweig ich noch von dem, was ärger als der Tod. Was grimmer denn die Pest / und Glut und Hungersnot. Daß nun der Seelen-Schatz so vielen abgezwungen.«

Da wird das *politische* plötzlich zu einem *religiösen* Gedicht; da wird die Verheerung – genauer: das durch die rhetorische Figur der Hyperbel bezeichnete »mehr als Verheertsein« auf den Verlust des Glaubens, auf erzwungene oder freiwillig geleistete Konversion, auf die Preisgabe des Gewissens und den Verrat des reformatorischen Bekenntnisses bezogen. Nicht Feuer, Pest und Tod, sondern das Versagen unter dem Kreuz, die Aufkündigung der Gemeinschaft mit Jesus Christus stehen im geheimen Zentrum des Sonetts. Von der Peripherie aus – vom Schlußvers her – wird deutlich, daß der eigentliche – und letzte – Schrecken des Krieges im ewigen, durch Glaubensverlust und beschädigte Seele selbst geschaffenen Tod liegt: im Tod, der nicht für den Eingang in Gottes Herrlichkeit, sondern für die Verdammnis *in saecula saeculorum* steht.

»Tränen des Vaterlandes«: ein Kriegs-Gedicht, das sich, vom Schluß her betrachtet, als ein Sonett erweist, das seine Signifikanz durch ein Ungenanntes gewinnt – das Kreuz Christi, das die Unantastbarkeit des Seelenschatzes verbürgt. Das Kriegsgedicht eines Christen also, der den großen Zwist unter den Menschen als Triumph der gefallenen Natur begreift: bezahlt mit der Preisgabe des ewigen Lebens.

Ein frommes Lied – und, dies sei wiederholt, ein meistersängerliches dazu. Schulgerecht und rhetorisiert bis ins Detail – metaphernreich und durchdacht, bilderträchtig und exakt kalkuliert. Gryphius war – wie Pascal – ein präziser Denker und umfassend gebildeter Mann, Jurist und Naturwissenschaftler, Verwaltungsbeamter, Laienprediger, Anatom und Poet dazu. Ein studierter Herr und kein tiefsinniger Dichter (den man später in ihm sah). Eher humanistisch geschulter Protestant als faustischer Vorläufer des Expressionismus (zu dem man ihn schließlich auch noch gemacht hat).

Mochte er die Welt verachten – er kannte sie gut und wußte sich, zu Amt und Geschäft gekommen, einzurichten in ihr. (Günter Grass, der dem für kurze Zeit in Danzig aufgetauchten Gryphius die Reverenz erweist, hatte am Ende so unrecht nicht, als er, im »Treffen in Telgte«, dem Kollegen und Nachbarn unter anderem auch eine gute Portion Schlitzohrigkeit unterstellte.)

Nein, ein romantischer Schwärmer ist Andreas Gryphius gewiß nicht gewesen. Wenn er – immer wieder – den Tod beschreibt, den »blassen«, »schwarzen«, »trüben«, »kalten«, »grausen«, »frechen« Tod, dann redet er – in den »Kirchhofgedanken« vor allem – als einer, der weiß, wie man kundig seziert und welche Funktion jedem Skelettknochen zukommt. Erst kam die Anschauung für Gryphius, dann die metaphorische Deutung; erst die Realität, dann deren Allegorisierung im wirklichkeitstranszendierenden Bild: *primum vivere deinde philosophari*, zuerst das Leben, dann das Denken.

»Ich erinnere mich«, heißt es in Gryphius' Totenreden, »daß auf dem berühmten Anatomischen Schauplatz der durch die Welt berufenen« (in aller Welt berühmten) »hohen Schule zu Leiden unter vielen anderen auch ein Totengerippe steht, welches in der Fahne die bekannten Worte führt: *Nosce te ipsum*, erkenne dich selbst.«

Das Gryph'sche Pathos ist ein Pathos der Nüchternheit, nicht der visionären Ekstase. Die Schreckensphantasmagorien auf dem »Kirchhof« täuschen nicht darüber hinweg, daß hier ein Schriftsteller am Werk ist, der zum ersten im Schauhaus Bescheid weiß und zum zweiten seinen Ehrgeiz dareinsetzt, durch möglichst naturgetreue Beschreibung dem rhetorischen Ideal der *evidentia* (der prallen Plastizität) möglichst nahe zu kommen und damit der Vorschrift »ut pictura poesis« (die Kunst des Dichters sei identisch mit der Technik des Bildermalers) Genüge zu tun.

Monstrositäten-Schau und Todesspektakel als Kunst-Erweis eines protestantischen Dichters, der mit den Jesuiten auf deren ureigenem Feld, der Inszenierung des Großen Welttheaters unter der Ägide des Spielleiters Tod konkurriert... wie ein junger Schiller tritt er auf, der im Theatrum anatomicum zu Leiden geschulte Rhetor, Kolportage und Metaphysik in frommem Lehr- und Schauer-Gedicht miteinander verbindend:

> Der Augen ausgelöschtes Licht
> Beginnt sich scheußlich zu bewegen/
> Durch innerlicher Würmer Regen /
> Die Nase rümpft sich und zerbricht.

Die zarten Wangen schrumpfen ein /
Kinnbacken, Zung' und Zähne blecken /
Der Lefzen ihr Korallenschein /
Ist ganz verstellt mit schwarzen Flecken.
Die Stirne reißt. Des Halses Schnee
Wird Erdfarb / wie wenn nun die Sonnen
Dem strengen Frost hat abgewonnen
Und heißer strahlt von ihrer Höh'.

Was lispelt durch der Kehle Röhr?
Was merk ich in den Brüsten zischen?
Mich dünket / daß ich Schlangen hör
Mit Nattern ihr Gepfeife mischen.
Welch unerträglich-fauler Schmauch
Erhebt sich durch die bangen Lüfte!

Nein, ein Mann des behutsamen Worts, Sachwalter der »Innerlichkeit« und des mystischen Aufschwungs war Gryphius zuallerletzt. Das Jesuitentheater mit allem Pomp, dessen Praktiken er, wie nicht zuletzt die Szenenanweisungen seiner Dramen beweisen, meisterlich beherrschte, war ihm nicht minder vertraut als das Kirchenlied protestantischer Prägung. Er hat von beidem gelernt, war ein Handwerker, der, hüben und drüben, Meister hatte, in deren Schule er ging, einerlei, ob der Lehrherr nun Johannes Heermann hieß, seines Zeichens evangelischer Erbauungsliedschreiber, oder Jakob Balde, ein Jesuit, dessen Friedhof-Gedichte Gryphius mit Takt und viel Variationslust verdeutschte: immer bestrebt, die für richtig erachtete Sache durch ein Höchstmaß von Kunstfertigkeit zu legitimieren und die avanciertesten Techniken dort zu verwenden, wo es galt, den Glauben, vor dem Forum der Gebildeten, in die ihm gebührenden Rechte zu setzen. Darum das Spiel mit Antithesen, Chiasmen, Metaphern, Oxymora im Alexandriner; darum die Bevorzugung schwieriger Formen, des Sonetts, des Epigramms, der pindarischen Ode, deren Beherrschung darauf verweist, daß der Glaube des Christenmenschen sich nicht in Raunen und Stammeln an der Grenze des Verstummens, sondern in kenntnisreicher Rede und formvollendetem Vers am überzeugendsten repräsentiere.

Der Goethesche Satz »Es trägt Vernunft und rechter Sinn mit wenig Kunst sich selber vor« wäre den Barock-Dichtern von Gryphius' Schlag als Aberwitz und Blasphemie erschienen. Je geistvoller, artistisch ausgefeilter, ja, höfisch anspruchsvoller – so die Kunst-Devise des 17. Jahrhunderts – eine Sache sich darbieten könne, desto höher ihr Rang und desto größer ihre Überzeugungskraft: »Ich bin der Meinung gar nicht zugetan«, heißt es in der Einleitung zum Oden-Buch »Tränen über das Leiden Jesu Christi«, »...der Meinung, die alle Blumen der Wohlredenheit und Schmuck der Dichtkunst aus Gottes Kirche verbannt« – im Hinblick darauf zumal, »daß die Psalmen selbst nichts anderes als Gedichte (sind), deren etliche übermaßen hoch und mit den schönsten Arten zu reden die himmlischsten Geheimnisse ausdrücken. ... Die allertrefflichsten Wohltaten des Höchsten werden von den Alten nicht so wohl beschrieben als besungen, die heilige Schwester des großen Gesetzgebers braucht zugleich Pauke und Zunge, als der Tyrann in dem roten Meer ertrank. Moses selbst weiß diese wunderbare Errettung nicht besser als auf solche Art herauszustreichen und seine letzte Weissagung besteht in seinem letzten Gesang.«

Der Jahrhunderte anhaltende Streit über die poetisch angemessene Darstellung von biblischen Sachverhalten, in deren Umkreis, anders als in weltlichem Bereich, das Kleinste und Unscheinbarste, da es eben, als ein Geheiligtes, nicht unscheinbar und klein sein könne, möglicherweise ebensosehr der dramatischen, ja pathetisch-entzückten Wiedergabe bedürfe wie, andrerseits, das Erhabene, Kreuzigung und Auferstehung, am ehesten noch durch die ergreifend-schlichte Beschreibung vorgestellt werden könne: dieser Streit um die rechte Bekleidung (sprich: das angemessene Ins-Wort-Setzen) der Allerheiligsten Sache wird von Gryphius, in der Vorrede zu den »Tränen über das Leiden Jesu Christi«, im umfassenden historischen Rückblick dahin entschieden, daß der Wirkungsbereich der Dichtung unbeschränkt sei und die mit dem »Blut des unbefleckten Lamms« genetzte Feder das Biblisch-Schlichte in gleicher Weise wie das Rednerisch-Überzeugende aufschreiben könne – beides mit dem *einen* Ziel: »die Musen um das Kreuz des Herrn singen zu lassen«.

Wie immer er geschrieben hat, Andreas Gryphius, in Predigten, Trauerspielen, Komödien, Oden, Epigrammen, Kirchenliedern und Spottversen: ein Vor-sich-hin-Dichten, Sich-selbst-Aussprechen, Sich-im-Akt-des-Schreibens-Verwirklichen gab es – im siebzehnten Jahrhundert eine Selbstverständlichkeit – nie.

Nosce te ipsum, die alte, der Leidener Anatomie als Motto dienende Sentenz, war auch Gryphius' Wahlspruch – die Devise eines Schriftstellers, der mit dem ihm eigenen Mittel, der im ersten Reyen (einer Art von Chorlied) des Dramas »Leo Armenius« enthusiastisch gefeierten Rede als der vorzüglichsten, ihn allein unter allen Lebewesen auszeichnenden Gabe des Menschen, die Leser zur Erkenntnis ihrer selbst, zum Verständnis der Welt und zur Einsicht in die Rolle führen wollte, die dem Einzelnen im Rahmen des christlichen Welttheaters zukäme: auf der »Rennebahn« hinieden, in der »Schauburg«; mit dem Blick auf die »Schule« (den Friedhof), im »Spiel der Zeit« *sub specie aeternitatis*, auf den Brettern dieser Welt, wo der Tod den Primpart spielt und Gott allenfalls als ein unendlich weit entfernter, irgendwo hoch oben thronender Zuschauer ins Blickfeld rückt: »Spielt denn dies ernste Spiel, weil es die Zeit noch leidet.«

Andreas Gryphius war ein Poet, aber zu gleicher Zeit auch, in Luthers Spuren, ein geistlicher Redner, Bußprediger, beschwörender Warner in letzter Stunde – ein Schriftsteller, der mit wahrer Besessenheit die Welt von deren Ende, das irdische Dasein vom Tod her auszulegen versuchte.

Schreckensvisionen eines Christenmenschen im Dreißigjährigen Krieg: »Die Welt ist die Hofstadt des Tyrannen Dracula, besetzt und umringt mit Spießen, Galgen und Rädern, von welchen das Blut, die Fäule und der Eiter der unschuldig Erwürgten rinnt. ... Sie ist ein großes und weitläufiges Beinhaus, darinnen nichts als verdorrte Knochen der Abgeseelten (sind). Sie ist die Folterkammer, darinnen man nichts höret als das Dräuen der Richter, das Anschreien der Henker, das klägliche Winseln der Gemarterten, den Klang der Ketten und den Gestank der angesteckten Schwefelkerzen.«

Gryphius' Welt besteht aus einem Totenreich, zu dessen Paradoxien es gehört, daß sich die Menschen, ungeachtet aller

Foltern und Greuel, über das Wesen der von ihnen bewohnten Lokalität im unklaren sind; daß sie das Flüchtigste für dauerhaft und die Zeit für Ewigkeit halten; daß sie das Glück der Sekunde mit beständiger Wohlfahrt verwechseln und sich in keinem Augenblick bewußt sind, wie sehr sie, von Tod, Vergänglichkeit und Abschied gezeichnet, im Ungesicherten und Vorläufigen leben, sondern vergessen haben, daß mit jedem Augenblick, der vergeht, die Chance geringer wird, sich des ewigen Heils zu versichern. Und deshalb eben Gryphius' *Große Didaxe*, sein Insistieren auf den Topoi »vanitas vanitatum« und »Es ist alles eitel«; deshalb sein – gelegentlich in stereotype Benennung entartendes – Zitieren mittelalterlicher Totentanz-Motive; deshalb seine Entschlossenheit, das Hier und Jetzt unter der Perspektive von Endzeit und Jüngstem Gericht zu betrachten und Weltverachtung – »Ich muß die Trübsal preisen« – als eine dem Christen gemäße Vorbereitung auf den Tag aller Tage zu interpretieren; deshalb die Nähe seiner akkuraten und wohlgesetzten Todes-Phantasmagorien zu den Beschreibungen des »Höllischen Sodoma« und der »Tuba novissima« aus der Feder des Predigers und Poeten Johann Matthäus Meyfart; deshalb schließlich sein vom Geist des *metanoeite* (kehrt um und tut Buße) geprägter Verweis auf den Augenblick als jene Sekunde, die es dem Menschen ermöglicht, das punktuelle Gegenbild der Ewigkeit als dessen vorscheinartig wirkendes (wenngleich verstelltes) Abbild zu begreifen.

Betrachtung der Zeit

Mein sind die Jahre nicht die mir die Zeit genommen /
Mein sind die Jahre nicht / die etwa möchten kommen
Der Augenblick ist mein / und nehm' ich den in acht
So ist der mein / der Jahr und Ewigkeit gemacht.

Zeit und Ewigkeit in eins zu denken und durch stilistische Mittel vom Rang des Oxymorons, das Widersprüche auf höherer Ebene als vereinbar erweist, die Interdependenz von Tod und Leben, Licht und Dunkel zu erhellen, im »Blockhaus« und der »Folterkammer« dieser Welt das Signum der Ewigkeit als »Entgegenhaltung unseres zeitlichen Lebens« durchscheinen zu lassen – dies, und nichts anderes, war Gryphius' theologisches *und* poetisches Ziel. Nacht und Tag, die Realität von Golgatha und die Möglichkeit von Bethlehem sollten in ihrem Bezugs- und Verschränkungsverhältnis benannt sein. Nicht zufällig geht dem Sonett »An den gekreuzigten Jesum«, ebenfalls in Sonett-Form, das Gedicht über die Geburt Jesu voraus – ein Gedicht, das beispielhaft zeigt, mit welcher Konsequenz Gryphius die Form des literarischen Paradoxons benutzte, um die Aufhebung naturgegebener Widersprüche durch den in der Nacht von Bethlehem verbürgten Neuen Äon ins Licht der Poesie und damit, für Gryphius, in die Helligkeit der Wahrheit zu rücken.

> Nacht mehr denn lichte Nacht! Nacht lichter als der Tag /
> Nacht / heller als die Sonn' / in der das Licht geboren /
> Das Gott / der Licht / in Licht wohnhaftig / ihm erkoren:
> O Nacht / die alle Nächt' und Tage trotzen mag.
>
> O freudenreiche Nacht / in welcher Ach und Klag /
> Und Finsternis und was sich auf die Welt verschworen
> Und Furcht und Höllenangst und Schrecken war verloren.
> Der Himmel bricht! doch fällt nunmehr kein Donnerschlag.
>
> Der Zeit und Nächte schuf, ist diese Nacht ankommen!
> Und hat das Recht der Zeit / und Fleisch an sich genommen!
> Und unser Fleisch und Zeit der Ewigkeit vermacht.
>
> Der Jammer trübe Nacht, die schwarze Nacht der Sünden
> Des Grabes Dunkelheit / muß durch die Nacht verschwinden.
> Nacht lichter als der Tag; Nacht mehr denn lichte Nacht!

Wiederum, exemplarisch für Gryphius, ein frommes *und* artifizielles Gedicht. Verkündigung, christliche Paränese, in der Form einer rhetorisch durchgeführten Denk-Operation, die in der letzten, den Eingangs-Vers umkehrenden Zeile am Ziel ist.

Was zu Beginn behauptet wurde: daß Nacht heller als Tag sein kann, hat durch eine theologische Analyse der Heilsstatt Gottes Beweis-Charakter gewonnen. Die These: Es gibt eine Sonne der Nacht und ein Licht der Finsternis (*der* und nicht nur *in* der Finsternis) sieht sich durch den Rekurs auf Christus, der die Nacht, die schwarze, sündenträchtige, die Grabesnacht, aufhebt, indem er sie sich zu eigen macht und dadurch außer Kraft setzt, belegt. In einer verwegenen, nahezu seiltänzerischen Auseinandersetzung mit den johanneischen Sätzen »Und das Licht scheint in der Finsternis und die Finsternis hat's nicht begriffen« und »Das aber ist das Gericht, daß das Licht in die Welt gekommen ist und die Menschen liebten die Finsternis mehr als das Licht« benennt Gryphius die Nacht und nicht das Licht, die Sonnen-Nacht Gottes, als Erlösungsboten: die ewige Nacht, die irdischen Tagen und Nächten trotzt, weil sie die Ankunft dessen repräsentiert, der allen Zeiten und Nächten voraus ist – Jesus, ein »Durcheinanderwirbler« im Licht, durch dessen Geburt Gott und Mensch sich miteinander versöhnen, weil Ewigkeit sich in Zeit und Fleisch realisiert, Fleisch und Zeit, auf der anderen Seite, nach Bethlehem zu Selbstaufhebung und Transzendenz fähig sind.

Vierzehn Verse lang wird, in immer neuer, immer kühnerer Variation des Grundaxioms »Nacht lichter als der Tag«, ein Kampf zwischen der Nacht und den Nächten, der Sonnen-Nacht und der Finsternis, der Tag-Nacht und der Dunkelheit des Grabes, des Jammers und der Sünde inszeniert – inszeniert als versifiziertes Schau- und Demonstrationsstück, das auf der Gedankenebene spielt. Im Unterschied zu einem Sonett wie »Tränen des Vaterlandes« bleiben die Realien – kaiserliches Gebot, Stall, Krippe, Kind und Magier – außer Betracht. Nicht die – am Schluß auszudeutende – *imago*, das anschauliche Bild, sondern allein die *significatio*, die Interpretation des Bedeutungsgehalts, bestimmt die Struktur des Gedichts. Wo andere sich in – hier idyllisierender, dort nüchterner – Beschreibung des Vorgangs ergehen, legt Gryphius, der Sachkenntnis des Lesers vertrauend, alles Gewicht auf die heilsgeschichtliche Analyse eines *kairos*, in dem das Nachtkind, den *ordo Christianus* begründend, die Menschen am Licht Gottes teilhaben läßt: einmal und damit für immer.

Ist, frage ich mich, »christliche Dichtung« (besser: Dichtung eines Schriftstellers, der sich als Christ versteht) jemals weiter in der Versinnlichung von Theologie gekommen als in diesem Weihnachts-Sonett? Wenn irgendwo, dann hat Gryphius mit seinem anno 1643 publizierten Gedicht über die Geburt Jesu eine Grenze erreicht, in der Bild (Sonne, Donnerschlag, berstender Himmel, Grabesdunkelheit) und Gedanke sich miteinander verschwistern und eine Abstraktionskraft, die vor keinem Wagnis zurückschreckt (fünfzehnmal »Nacht« in vierzehn Versen!), etwas zuwege bringt, was bis heute kaum wieder einem Schriftsteller gelungen ist: in der Weise und auf der Sinnebene des Evangelisten Johannes zu dichten – allen Nacherzählungen der Episode von Jesu Geburt, wie sie die Synoptiker bieten, um Dimensionen voraus!

Andreas Gryphius, der die Vernunft mißachtete, ja, wieder und wieder die These vertrat, daß der wahrhaft Weise die Weisheit zu verlachen habe, wolle er Mensch: also Gottes Kind sein... eben dieser Gryphius war, als Poet, ein »Rationalist« höchsten Ranges, nüchterner Handwerksmeister – die ausgeklügelte Technik seiner Sonette, Umarbeitungen von Fassung zu Fassung! –, wort- und gedankenmächtiger Aneignungs- und Umsetzungskünstler, Beherrscher der sinnreichen Fügung, ein Rhetor, der Vernunft einsetzte, um, vor allem durch »Zentnerworte«, insistierende Nennung, Metaphorik und Exklamation («Oh«, »Ach«, »Auf«), hochpathetisch und herzbewegend zu wirken – ein Disputator, geschult in Leiden, Artist und Cartesianer, soweit es um die Erfindung »geistreicher« Figuren, Tropen und Reimschemata ging... und doch zu gleicher Zeit ein kindlich-frommer Mann, der, wie Pascal, sein lebenslanges Zwiegespräch mit jenem Schmerzensmann führte, dem Märtyrer Jesus, der ihn zu immer neuer Darstellung provozierte, während der Auferstandene in der Glorie von Gryphius eher akademisch, in traditionsbestimmter Weise dargestellt wurde. Aber der *Gefährte* Jesus, der Bruder Hiobs am Kreuz, der, wiewohl Gottes Sohn, in Versuchung geriet... Jesus, Widerpart des »grausamen Gottes« (».. .was man leiden müsse von Gott, wenn er sich in einen Grausamen verwandelt«, heißt es in den »Dissertationes funebres«): Jesus, dem unter den Nachlaß-Gedichten allein sieben Sonette gelten

– der niedrige, in Tränen-Oden, strophischen Meditationen unterm Kreuz und Passionsgesängen hochpathetisch beschworene Jesus war für Gryphius die Leitfigur, in deren Schatten er – wie die Sonn- und Feiertags-Sonette beweisen – die biblischen, den Perikopen zugrunde liegenden Texte ins Zeitgenössisch-Aktuelle umfunktionierte: in vorgeprägten, von den Evangelien gelegten Spuren gehend und zugleich, in Paraphrase, didaktischer Bearbeitung und bekenntnishafter Variation der um und um gewendeten Muster, das Verständnis leitende, zeit- und personenbezogene Interesse an Geschichten verratend, die er – wie beispielhaft das Sonett vom barmherzigen Samariter, eine Variation des Gleichnisses Lukas 10, Vers 30 ff, beweist – zu seinen eigenen machte.

> Bis auf den Tod verwund't / zerfleischt / zermalmt / zerschlagen
> Verschmacht ich und vergeh / itzt schwindet mein Gesicht/
> Der schwache Leib erstirbt / mein mattes Herze bricht;
> Der müde Geist vergeht in tausendfachen Plagen.
> Die Adern starren schon / der Mund kann nicht mehr klagen.
> Der Tod schwebt über mir / ich weiß schier selbst nicht
> Wie schwer der Schmerzen sei! O wahres Lebens Licht!
> Herr Jesu willst du auch so wenig nach mir fragen.
> Als Priester und Levit! Ach Samariter komm
> Und gieß mir Öl und Wein / den Blut- und Wasser-Strom
> Aus deiner Seite ein! Die rauhen Wüsteneien
> Der mördervollen Welt vermehren nur die Not /
> Ich will ins Kirchenhaus / da man auf dein Gebot
> Durch Wort und Sakrament kann von dem Tod befreien.

Da sind sie noch einmal vereint, das fromme Pathos und die allegorische Kunst, das schlichte Gebet und die Beschreibungspartie mit ihren Aufzählungen, die, hier wie anderswo, aus vorgeprägten Versatz-Stücken, Partikeln abrufbarer Leidenskataloge besteht. Und dann, plötzlich, die Volte : Interpretation des Gleichnisses nach seinem geistlichen Sinn. Jesus als Samariter. Öl und Wein als Speise vom Leib des geschundenen Herrn. Die Herberge als Kirche, das *Wirts*haus, wo der Gemarterte gepflegt wird, als *Gottes*haus, in dem der Pfarrer, ein wortmächtiger evangelischer Christ, den Heilsbedürftigen, gut lutherisch, durch Wort und Sakrament vor dem ewigen, mit dem Verlust des Seelen-Schatzes verbundenen Tode bewahrt.

Protestantische Dichtung, vertreten von einem Mann, der sich stets als gehorsamer Sachwalter seiner Landeskirche verstand. Dichtung zur Zeit der Glaubensspaltung und des großen Kriegs: Ausdruck der Friedenssehnsucht – Frieden in Christi Kirche, Frieden in der Welt –, gesprochen aus der Perspektive der geschundenen Kreatur, die in der Sekunde äußerster Not ihren Nothelfer einzig im Leidensmann und ihre Heimstatt in einer Kirche erkennt, die nicht Tempel, sondern Herberge und Pflegehaus ist. Pflegehaus für jene Opfer, in deren Namen Andreas Gryphius – »Über den Untergang der Stadt Freystadt« – in dunkler Zeit die Vision einer künftigen, vom Geist Jesu Christi bestimmten Heimstatt artikuliert: »Der Spieß, das halbverroste Schwert wird werden in ein Beil und einen Pflug verkehrt.«

Geschrieben, als verwegene Utopie, 1637 – in einer Situation, da die Christenheit weiter denn je davon entfernt war, die »mördervolle Welt« in samaritanischem Geist zu reformieren. Im Gegenteil, ein Sinngedicht Friedrich Logaus verweist, anders als Gryphius' irenische Vision von den in Pflugscharen verwandelten Schwertern und der Versöhnung im Zeichen des gemarterten Nothelfers, auf die Realität, wie sie sich am Ende des großen Kriegs darbot:

> Luthrisch, päpstisch und calvinisch,
> diese Glauben alle drei
> sind vorhanden, doch ist Zweifel,
> wo das Christentum dann sei.

Gotthold Ephraim Lessing
Nathan der Weise

HANS KÜNG
Religion im Prozeß der Aufklärung

Der Junge war zwölf Jahre alt, als er in der Aufnahmeprüfung seiner Schule saß. Verlangt war eine lateinische Übersetzung über den Einfluß des Christentums bei der Überwindung antiker Vorurteile gegenüber barbarischen Völkern. Als nach getaner Arbeit noch Zeit übrigblieb, fügte er aus eigenem Antrieb (offenkundig schon damals von erstaunlicher Unerschrockenheit, Scharfsinnigkeit und Wortgewandtheit) einige wohlgesetzte Sätze hinzu – auf latein wohlgemerkt:

Es sei barbarisch, zwischen den Völkern einen Unterschied zu machen, da doch alle von Gott geschaffen und mit Vernunft ausgestattet worden seien;

besonders Christen gezieme es, den Nächsten zu lieben; Christus zufolge sei derjenige der Nächste, der unserer Hilfe bedürfe, und – so folgerte er – da wir alle der Hilfe der anderen bedürften, seien wir alle untereinander Nächste.

»Deshalb wollen wir die Juden nicht verurteilen, obwohl sie Christus verurteilt haben« (»Itaque nolumus damnare Judaeos, quamquam Christum damnaverunt...«), forderte der Zwölfjährige, »wollen wir die Mohammedaner nicht verurteilen; auch unter Mohammedanern gibt es anständige Menschen« (»nolumus damnare Mahomedanos, etiam inter Mahomedanos probi homines sunt«). »Schließlich ist niemand ein Barbar, außer der inhuman und grausam ist« (»Denique nemo est barbarus, qui non inhumanus et crudelis est«; mitgeteilt von E. A. Diller, zit. bei K. Aner S. 14).

Merkwürdig ist es schon, welch innere Stetigkeit sich mit solchen Sätzen im Leben dieses äußerlich Unsteten abzeichnet. Man hätte sie als Motto seines allerletzten Dramas erwarten können, dessen Aufführung er nicht mehr erlebte. Aus dem spielend leicht lernenden Knaben, der in einem zwar toleranten, aber hochorthodoxen sächsischen Pfarrhaus im Januar 1729 geboren wurde und der 1781 – im Jahr von Kants »Kritik der reinen Vernunft« – starb, war der gefürchtetste Literaturkritiker seiner Zeit und zugleich ihr einfalls- und ideenreichster Dramatiker geworden: Gotthold Ephraim Lessing.

Doch wir halten noch einen Moment inne und blenden zurück. Pascal und Gryphius waren fast zur gleichen Zeit gestorben (1662/1664). Noch zu ihren Lebzeiten arbeitete in aller Verborgenheit in Amsterdam ein Mann, dessen Buch, am Ende des Jahrzehnts (1670) veröffentlicht, auf vehemente Ablehnung gestoßen war. Vier Jahre nach der Publikation verbot man es sogar im liberalen Holland, und sein Autor war schon 1656 (dem Jahr der römischen Verurteilung Pascals) aus seiner eigenen Glaubensgemeinschaft ausgeschlossen worden. In seinem Tractatus Theologico-Politicus erhob nun dieser mehr als jeder andere beschimpfte religiöse Philosoph der frühen Neuzeit, der Rabbinerschüler *Baruch de Spinoza* (1632-1677), in der Tat höchst radikale Forderungen, die über alles, was die Reformation gebracht hatte, weit hinausgingen:

1. unbeschränkte Freiheit des Glaubens des Einzelnen – ob Christ, Jude oder was auch immer – gegenüber Kirche und Staat.

2. Kritik an der Bibel selbst als einem menschlichen (oft widersprüchlichen) Dokument jüdisch-christlichen Glaubens.

3. Ein neues, von Anthropomorphismen gereinigtes Gottesverständnis: Gott nicht länger außerhalb, sondern in dieser Welt, alles umfassend, alles durchwaltend, alles seiend.

Was freilich damals um 1670 noch als völlig inakzeptabel, ja verdammungswürdig galt, wird jetzt, einhundert Jahre später, gerade von Lessing weithin akzeptiert. Man (das heißt weite Kreise der Gebildeten) ist – ein Ausdruck aus dem französischen 18. Jahrhundert – *modern* geworden. Unterdessen hatten sich in der Tat die *Zeiten gründlich verändert*, und der um die Mitte des 17. Jahrhunderts einsetzende Paradigmenwechsel von der protestantischen und gegenreformatorischen Orthodoxie zur Moderne hat sich – vom verinnerlicht-individualistischen Pietismus und einer frommen englischen Naturtheologie (»Physikotheologie«) eher gefördert als aufgehalten

– bei den geistigen Eliten Europas durchgesetzt. Mit der politischen Beruhigung setzt im 18. Jahrhundert auch eine Verbesserung der ökonomischen Verhältnisse, der Ernährungslage und der Lebenserwartung ein.

Man mag Paul Hazards genaue Datierung und Generalisierung der »Crise de la Conscience Européenne« (1935) auf die Jahre 1680 bis 1715 als zu eng kritisieren, aber es läßt sich nicht bestreiten, daß wir es in der geistigen Kultur Europas mit einem Wandel vom Alten zum Modernen, von der Orthodoxie zu neuen Glaubensformen zu tun haben. Die kulturellen Gewichte verschieben sich von Süden nach Norden. Ein Wandel, in dessen Folge der Teufels-, Hexen-, Kometen- und Wunderglaube zurückgedrängt wird und Ideen des für alle Menschen geltenden Naturrechts und Gesellschaftsvertrags sich mehr und mehr durchsetzen.

Auch *in der religiösen Grundstimmung und im ganzen Lebensgefühl* ist dieser *Umschwung* unverkennbar – verkörpert in der Philosophie eines Leibniz, des ersten modernen deutschen Philosophen von europäischem Format, für dessen berühmte »Theodizee«-Schrift (1710) Jesuiten das Wort »Optimisme« kreiert haben. Ein Wandel also »vom Jahrhundert der Angst zum Jahrhundert der Hoffnung« (H. Lehmann) – auch in Deutschland:

Zur Zeit des *Gryphius* – noch eine Atmosphäre der Lebensangst, der Vergänglichkeit und Vergeblichkeit, des Schuldbewußtseins und des Gnadenbedürfnisses.

Zur Zeit *Lessings* – in seinen Schriften mit Händen greifbar – eine Atmosphäre der Lebenshoffnung und des Vertrauens in die gute Menschennatur. Selbstverleugnung, Selbstverachtung treten zurück zugunsten von Selbstbejahung, Selbstverwirklichung; Leib- und Geschlechtsfeindlichkeit zugunsten von Natürlichkeit und Sinnenfreude. Statt Weltverneinung und Weltverzicht rückt Welteroberung ins Bewußtsein: Erschließung Nordamerikas und englische Kolonisierung Indiens (europäische Geschichte wird Weltgeschichte), Entwurf des Weltmodells der klassischen Physik durch Isaak Newton.

Aufklärung wird das Zauberwort der Epoche – Aufklärung, die, in Holland und England begonnen, in Frankreich (nach

84

Voltaires Englandbesuch) rasch ins Antikirchliche und Antichristliche, ja in Atheismus und Materialismus umschlägt. Im Deutschland des Leibniz, Christian Wolffs und dann eben Lessings verläuft sie freilich in sehr viel gemäßigteren (antimaterialistisch-theistisch-deistischen) Bahnen. Die Herausforderungen für Welt-, Gottes- und Menschenbild sind auch so unübersehbar: die Welt – »Gottes Schöpfung« – wird zur *Welt-Maschine*, Gott zur *höchsten Vernunft*, und gegen jeglichen anthropologisch-theologischen Pessimismus (Erbsünde!) wird die *Würde des Menschen* ins Zentrum gerückt: sein eingeborenes Gottesbewußtsein und das natürliche Sittengesetz, die Freiheit des Willens und die Unsterblichkeit der Seele. Kurz: eine naturgegebene, natürliche Religion zum Zweck der »Tugend« (»Tauglichkeit« zum Guten), der guten Moral, zur Beförderung edler Menschlichkeit also. Eine Religion der Aufklärung!

Aufklärung also durch Religion? Neuere Literatur der Aufklärungsforschung hat gerade im Zusammenhang mit Lessing darauf aufmerksam gemacht, daß der vielschichtige Prozeß des »En-lighten-ment«, des »siècle des lumières«, der »Aufklarung« nicht zuletzt religiöse Wurzeln und Komponenten gehabt habe. Die aufklärerische Rede von Licht und Erleuchtung läßt sich in der Tat zurückverfolgen von der pietistischen Erleuchtungsfrömmigkeit und von der lichtgeprägten Transzendenzerfahrung der englischen Naturtheologie (Physikotheologie) über Bonaventura und Augustin bis hin zur Philosophie eines Platon (zahlreiche Belege bei A. Schilson 1974). Und doch ändert dies nichts an der Tatsache, daß das entscheidende Charakteristikum und das eigentlich Moderne der Aufklärung – in Deutschland vor allem auf Philosophie und Theologie konzentriert – *ihre religionskritische Potenz* ist: die religiös-politische Emanzipation von Tradition und Dogma, Kirche und Christentum, also die *Aufklärung der Religion!* Das Wagnis der Mündigkeit also ganz nach der klassischen Antwort, die Immanuel Kant – konsequent auf der Linie von Descartes' Cogito – drei Jahre nach Lessings Tod auf die Frage »Was ist Aufklärung?« gibt: »Aufklärung ist der Ausgang des Menschen aus seiner selbstverschuldeten Unmündigkeit«, »Unmündigkeit« verstanden als »das Unvermögen, sich seines

Verstandes ohne Leitung eines anderen zu bedienen« (Werke, hrsg. von W. Weischedel, Bd. VI, S. 53). Und wenn irgendeiner den »Wahlspruch der Aufklärung«: »Sapere aude! Habe Mut, dich deines *eigenen* Verstandes zu bedienen« exemplarisch – gegen die von Kant konstatierte »Faulheit und Feigheit« der Menschen – realisiert, dann ist es Gotthold Ephraim Lessing, den Karl Barth zu Recht »einen vollendeten und vollendenden Menschen des 18. Jahrhunderts« genannt hat (S. 208).

Worum geht es dem Aufklärer Lessing in seiner Religiosität? Schon die ersten theologischen Aufzeichnungen des jetzt Einundzwanzigjährigen, Prototyp des freien Schriftstellers und Journalisten – auffälligerweise Gedanken über die Herrnhuter Brüdergemeinde –, lassen die Richtung deutlich werden: der Mensch sei »nicht zum Vernünfteln erschaffen«, sondern »zum Tun« (Werke in drei Bänden, Hanser-Ausgabe, III, S. 272). Darauf kommt es gegenüber der Orthodoxie sowohl Pietisten *wie* Aufklärern an, die oft fälschlicherweise nur als Gegner gesehen werden: der wahre christliche Glaube erweist sich gerade nicht im Räsonieren, sondern in der rechten *Praxis*. Er ist Wirken zum Nutzen des Menschen und seiner Glückseligkeit! Deshalb liegt der Akzent bei Lessing immer mehr auf dem Tun als auf der Theologie, mehr auf dem Leben als auf der Lehre, mehr auf der Moral als auf dem Dogma.

Von Tradition und Dogma hat sich Lessing *schon früh befreit.* Für ihn, der als Theologiestudent lieber Philosophie, Philologie, Archäologie und schließlich Medizin studiert, ist der Traditionalismus des Elternhauses schon an der Universität in Leipzig abgetan. Doch auch zu den theologisch prägenden Kräften seiner Zeit – lutherische Orthodoxie, Aufklärungsphilosophie à la Wolff, Neologie – hält er je spezifische Distanz. Man kann es ihm nicht verübeln: Die – nach ihm höchst »scharfsinnige«, aber blinden Glaubensgehorsam fordernde – lutherische *Orthodoxie* hatte trotz Luthers Attacken gegen die Vernunft und trotz grundsätzlicher schroffer Entgegensetzung von Vernunft und Offenbarung – nur um des Ausbaus ihres theologischen Systems willen – ausgerechnet jenen großen »Gauklerspieler« wieder zu Hilfe gerufen, den die moderne Physik und Philosophie jetzt endgültig in die Grube stoßen sollte: Aristoteles. Der aufklärerische Popularphilosoph *Wolff* und seine theologischen Gefolgsleute aber haben in beinahe thomistischer Manier wieder Vernunft- und Offenbarungsordnung (mit Akzent allerdings auf der Vernunft) harmonisiert und werden so nicht umsonst des Katholisierens verdächtigt. Und auch die mit dem Schimpfnamen bedachten »*Neologen*« (»neuen Theologen«) schließlich, welche die Dogmen – an erster Stelle jenes die optimistische Anthropologie der Aufklärung beleidigende Erbsündendogma, aber auch Trinität und Inkarnation – zwar der Kritik unterwerfen, aber die Widersprüche zwischen Offenbarung und Vernunft »neumodisch« wegrationalisieren, produzieren für Lessing nichts als ein »Flickwerk von Stümpern und Halbphilosophen«.

Denn schon lange hatte sich für die konsequent Denkenden die Frage gestellt: Wenn die »machina mundi« ein gestaltloses Unendliches ohne Zentrum und Begrenzung sein soll, wie schon Nikolaus von Kues, Marsilio Ficino und Giordano Bruno ahnten und wie man es seit Galilei und Pascal zu wissen glaubte, dann war die Himmels-Hierarchie sowohl des altkirchlich-hellenistischen wie des mittelalterlichen römisch-katholischen Paradigmas nicht mehr haltbar: Nach dem neuen Weltbild kann Gott der Vater unmöglich topographisch oben im Himmel thronen, der Logos, das Verbum, der Sohn aber hinabsteigen ins Zentrum der Welt (die Erde), ja, bis unter die Erde (die Hölle), um dann wieder hinaufzufahren am Tag seiner Himmelfahrt. Ist dies aber unhaltbar, so kommt vieles ebenso ins Wanken: nicht zuletzt die in Patristik und Scholastik beinahe monophysitisch überbeleuchtete Gottheit Christi, ja, das Christusgeschehen überhaupt.

In der katholischen Restauration freilich hatte man sich in Barockgewölben, Barockkuppeln und Barockdogmatiken einen Ersatzhimmel geschaffen, als ob noch immer Ptolemäus und Aristoteles die in allen Dingen unfehlbare Bibel zu stützen vermöchten. Für Lessing indessen entscheiden sich alle aufgeworfenen theologischen Fragen in der *Exegese*. Dabei ist wichtig: Er nimmt die Bibel nicht mehr – wie im Geist der alten und mittelalterlichen Theologie auch noch Pascal – als ein göttlich inspiriertes, verschlüsseltes Buch voller Symbole, Sinnbilder und Rätsel, die sich durch die schon von Origenes und Augustin geübte allegorische Methode entschlüsseln ließen. Nein, Lessing versteht die Bibel als ein sehr irdisches Dokument menschlicher Autoren im Geiste Spinozas und Richard Simons (1638-1712), jenes frommen Pariser Oratorianers, der kurz nach Pascals Tod längst vor allen Protestanten 1678 mit seiner »Kritischen Geschichte des Alten Testaments« die moderne Bibelkritik begründet und nach Unterdrückung seines Buches unter Bossuets Einfluß prompt aus dem Orden ausgestoßen wurde, was ihn an der intensiven wissenschaftlichen Weiterarbeit freilich nicht hinderte.

Und Lessing? Ihm geht es genau einhundert Jahre später nicht viel besser, als er 1778 – seit acht Jahren schließlich doch verbeamteter Bibliothekar der Herzoglichen Bibliothek von Wolfenbüttel – jene skandalösen »Fragmente eines Ungenannten« publiziert. Sie stammen von dem Hamburger Orientalisten Hermann Samuel Reimarus, der sie im geheimen ganz unter dem Einfluß der Natur- und Vernunftreligion englischer Deisten (Locke, Toland, Tindal u. a.) verfaßt hatte. Lessing seinerseits hatte sie nach dem Tod des Reimarus von dessen Tochter erhalten. In schonungsloser rationalistischer Kritik werden hier die Widersprüche der biblischen Texte aufgedeckt, die Glaubwürdigkeit der Jünger und Evangelienschreiber angegriffen und mit der Rückfrage auf den ursprünglichen Jesus von Nazaret das bestehende kirchliche Christentum radikal in Frage gestellt. Mit der Publikation der Reimarus-Fragmente begann die historische Leben-Jesu-Forschung in Deutschland, deren Odyssee Albert Schweitzer meisterhaft, allerdings unter groteskem Absehen von Lessings Argumenten, beschrieben hat.

Man hat den – zum Leidwesen der Orthodoxie gegen alle akademischen Spielregeln deutsch und verständlich und so vor der gesamten Öffentlichkeit ausgetragenen – *Fragmentenstreit*, der Lessings letzte Jahre ausfüllt, die stärkste Erschütterung der Kirche in Deutschland seit Luther genannt; indirekt war er auch für den absolutistischen Staat eine Bedrohung. Wie im Fall Galilei für die katholische Kirche, so geht der Streit hier für den Protestantismus um so etwas wie die »Entscheidungsschlacht« für ein *modernes Paradigma* von Theologie: eine Theologie, die, bei bleibender Verwurzelung in den biblischen Ursprüngen, doch die Ergebnisse der modernen Naturwissenschaft (Galilei) und der modernen Geschichtswissenschaft (Reimarus – Lessing) zur Kenntnis nehmen muß. Allen Stürmen der Entrüstung, des Hohnes, Protestes und Rufes nach Zensur zum Trotz (über fünfzig Gegenschriften!) verteidigt Lessing seinen Ungenannten, identifiziert sich aber bezüglich der Grundfrage nach dem Verhältnis von Vernunft und Offenbarung keineswegs total mit diesem.

Reimarus hatte gegen eine dogmatische Orthodoxie argumentiert: Christliche Glaubenswahrheiten oder Dogmen (zum Beispiel die Auferweckung Christi) seien unglaubwürdig, weil die entsprechenden Nachrichten der Evangelisten sich widersprächen. Die Orthodoxen dagegen – historisch hilflos: Die christlichen Glaubenswahrheiten seien glaubwürdig, denn die Nachrichten der Evangelisten widersprächen sich nicht. Lessing argumentiert gegen beide, und heutige kritische Theologie wird ihm im Prinzp zustimmen: Die Auferweckung Christi kann glaubwürdig sein, *obwohl* sich die Nachrichten davon widersprechen. Lessings Problemstellung: Gab es nicht zur Zeit Jesu Christi noch »Beweise des Geistes und der Kraft«? Wie aber soll einem Menschen die christliche Wahrheit heute einleuchten, wo es Beweise dieser Art nicht mehr gibt, sondern nur Nachrichten davon? Wie soll ich über den »garstigen breiten Graben« springen können, um vom Damals ins Heute und von der zufälligen Geschichtswahrheit zur notwendigen Vernunftwahrheit zu kommen?

Aus heutiger Sicht wird man sagen: Zu Recht lehnt Lessing – mit Reimarus gegen die Orthodoxie kämpfend – die Lehre von der wortwörtlichen Inspiration, *Verbalinspiration*, als Theologumenon ab; denn die Schrift enthält unleugbare naturwissenschaftliche und historische Widersprüche und Irrtümer. Zu Recht lehnt Lessing zugleich – hier sich gegen die Orthodoxen und Reimarus wendend – *historische Beweise* zugunsten der christlichen Glaubenswahrheiten ab; am Faden einer Spinne sollte man nicht die ganze Ewigkeit aufhängen. Aber unsere heutige Rückfrage an Lessing wird sein müssen: Ist es der menschlichen Vernunft wirklich gegeben, Offenbarungswahrheiten von innen her einzusehen in ihrer ewigen, vernünftigen Wahrheit, unabhängig vom biblischen Zeugnis? Und wenn das nicht möglich sein sollte, was dann? Im Zusammenhang mit Kierkegaard werden wir auf die Frage zurückkommen.

Jedenfalls seltsam zu denken, was geschehen wäre, hätten die Kirchen einen Mann wie Lessing ernster genommen. Ob die Einheit von Religion und Denken in der Neuzeit nicht weniger rasch zerbrochen wäre? Ob sich das Geistesleben, auch die Religiosität nicht weniger unabhängig von den etablierten Kirchen entwickelt hätten? Was wäre gewesen, wenn man die jetzt lawinenartig angewachsenen Probleme verarbeitet und neue Erkenntnisse rezipiert hätte, statt in Pastor-Goeze-Manier stur dogmatisch und humorlos an traditionellem Bibel-, Gottes- und Weltverständnis festzuhalten? Lessing selber – ein Brief an den jüdischen Aufklärungsphilosophen Moses Mendelssohn in Berlin bezeugt dies – hat seit ca. 1750 bereits eine Neuorientierung durchgemacht. Er müsse vieles wieder mit hereinholen, was er vorher aus gewissen Vorurteilen weggeworfen habe, schreibt er. Nein, er ist weder der forsche Rationalist, wie ihn frühere Forschung (etwa Karl Aner in seiner »Theologie der Lessingzeit« 1929) sah, noch der lutherische Christ, wie ihn in Reaktion darauf Theologen theologisch einzugemeinden versuchten. Er ist – nach wachsendem Konsens neuerer Forschung – ein genuin *dialektischer Denker* von strenger Logik und doch kein Systematiker, er, der oft »dogmatikōs« (grundsätzlich) verstanden wurde, wo er in zugespitzter Polemik nur »gymnastikōs« (übungshalber, taktisch) reden wollte –, und der insofern mindestens einem Mann wie Martin Luther nicht ganz unähnlich ist.

Ob Luther, dieser »große, verkannte Mann«, in eine neue Zeit versetzt, nicht ebenfalls seinen Standpunkt verträte? fragt Lessing jetzt seine Kontrahenten. Auf dem Höhepunkt der Auseinandersetzung ruft er Melchior Goeze – Hamburger Hauptpastor und einer der bedeutendsten Vertreter der damaligen Orthodoxie – zu: »Ich will schlechterdings von Ihnen nicht als der Mann verschrien werden, der es mit der Lutherischen Kirche weniger gut meint, als Sie... Wer bringt uns endlich ein Christentum, wie Du (spricht er Luther an) es *jetzt*

lehren würdest; wie es Christus selbst lehren würde! Wer – –«
(III, S. 441f). Schließlich an Goeze gerichtet – seine »Ritterliche
Absage nur kurz«: »Schreiben Sie, Herr Pastor, und lassen Sie
schreiben, so viel das Zeug halten will: ich schreibe auch.
Wenn ich Ihnen in dem geringsten Dinge, was mich oder
meinen Ungenannten angeht, Recht lasse, wo Sie nicht Recht
haben: dann kann ich die Feder nicht mehr rühren« (III,
S. 443).

Vier Monate später sollte »die Feder« ruhen. Nach elf Anti-
Goeze-Flugschriften – ähnlich Pascals »Lettres Provinciales«
polemische Literatur auf höchstem Niveau – wird durch Kabi-
nettsbefehl die Zensurfreiheit des Wolfenbüttler Bibliothekars
aufgehoben, eine Ordre, die einem Publikationsverbot von
Werken mit theologischer Thematik gleichkommt.

✳

Am selben 8. August 1778 jedoch, an dem Lessing dem Herzog wegen Entzugs der Zensurfreiheit antwortet, kündigt er,
der unerschrockene, wendige Einzelkämpfer und »Liebhaber
der Theologie« (wie er sich stets bescheiden nannte), jetzt erst
recht zum Kampf entschlossen, seine neue Aktion an: das
Versdrama »Nathan der Weise«! »Ich muß versuchen«,
schreibt er an Elise Reimarus, die Tochter seines Ungenannten, »ob man mich auf meiner alten Kanzel, auf dem Theater
wenigstens, noch ungestört will predigen lassen« (Ges. Werke, hrsg. von P. Rilla, IX, S. 798f). Nur den Kampfplatz also
hatte er gewechselt: und dies mit dem erklärten Willen, »den
Theologen einen ärgeren Possen zu spielen als noch mit zehn
Fragmenten«. Die Arbeit ging rasch vonstatten: schon ein
halbes Jahr später erscheint »Nathan der Weise« – unter Um-
gehung der Zensur.

Durch fünf Akte hindurch wird auch hier nach wie vor
subtil definiert, unterhaltsam argumentiert, aufgeklärt reflektiert, jetzt aber in schmiegsamen Blankversen. Gerade als Dramatiker bleibt Lessing ein scharfzüngiger Dialektiker, ein
Mann des geistvollen Gesprächs, der leidenschaftlich-witzi-
gen Rede und Gegenrede. Aber dieses Gespräch wird jetzt
nicht in einem beliebigen poetischen Zeit-Raum geführt, sondern an einem Ort, der die Phantasie der Zuschauer ergreifen

mußte, noch heute ergreift: Jerusalem! Heiligste Stätte von Juden, Christen und Muslimen, zur Zeit des Hochmittelalters, der Kreuzzüge und Judenverfolgungen Stätte unheiligster Konflikte. Jerusalem: umworben, umstritten, umkämpft bis heute.

Mit dem Blick für große Perspektiven verlagert Lessing die Auseinandersetzung mit der Religion auf eine höhere Ebene: Nicht mehr der oft kleinliche Konflikt zwischen einem orthodoxen Hauptpastor und einem aufgeklärten Schriftsteller interessiert, sondern das dramatische Gespräch zwischen den drei Weltreligionen semitischen Ursprungs, prophetischen Charakters, präsentiert in plastischen Bühnen-Figuren voll von Esprit und Verstand: einem aufgeklärten Juden (Nathan, der erste edle Jude in einem deutschen Theaterstück), einem aufgeklärten Muslim (dem bedeutenden Sultan Saladin) und einem unreifen, aber schließlich doch aufgeklärten Christen, einem jungen Kreuzritter, zugleich (mit dem einfachen Klosterbruder) das Gegenbild zu jener vom infam-pfäffischen »Patriarchen« repräsentierten autoritären Kirche, die ihren Absolutheitsanspruch machtpolitisch zur Not mit Scheiterhaufen absichert und die Menschen in unmündigem Gehorsam hält. Worum geht es in diesem Lehrdrama, das gegen alle Regeln der Kunst Komödie und Tragödie in einem ist? Was wären Folgerungen für heute? In drei vorsichtigen Schritten von außen nach innen versuchen wir eine Annäherung.

*

Was zunächst als ein individuelles *Familiendrama* erscheinen mag, erweist sich in Wahrheit als das *Drama der Menschheit* überhaupt. Das muß gegenüber theologischen Interpretationen betont werden, die Lessings Position verharmlosen durch Verlagerung seiner Grundproblematik: sei es auf die Frage nach der menschlichen Existenz, sei es auf die nach der göttlichen Vorsehung. Zwei Abgrenzungen sind nötig:

Eine erste: Gewiß verdient die *protestantische Lessing-Deutung* Helmut Thielickes Anerkennung, der schon 1936 mit seinen Studien zu Lessings Religionsphilosophie unter dem bezeichnenden Titel »Offenbarung, Vernunft und Existenz« ([5]1967) eine theologische »Rettung« Lessings eingeleitet hatte.

Das Verhältnis von Offenbarung und Vernunft, Geschichtswahrheit und Vernunftwahrheit wird neu reflektiert; klar wird, daß von Atheismus bei Lessing keine Rede sein kann. An Gott, Freiheit, Unsterblichkeit und Tugend hält dieser – wie mit ihm die ganze deutsche Aufklärung – fest. Und doch verfällt Thielicke einer zeittypischen existentialistischen Verengung, wenn er, wie damals so auch jetzt wieder im Lessing-Kapitel seines neuen Buches über »Glauben und Denken in der Neuzeit« (1983), die menschliche »Existenz« und ihre Gefährdung zu Lessings »Grundproblem« erklärt (»Wie kann ich, das Vernunftwesen, mich selbst als Geschichtswesen übernehmen, ohne dabei meine Existenz zu veruntreuen«, S. 124), wenn er Lessings »Nathan« im Kontext der »Subjektivität« abhandelt (S. 131) und zum Wahrheitsanspruch der verschiedenen Offenbarungsreligionen sich mit dem kargen »Hinweis« begnügt, dies sei »das tiefste Problem der Ringparabel« (S. 143), womit die für Lessing zentrale Religionsproblematik wieder einmal verabschiedet ist.

Eine zweite: Ohne Zweifel hat auch die in Tübingen entstandene *katholische Lessing-Deutung* Arno Schilsons ihre Bedeutung, zumal unter antimodernistischem Vorzeichen einhundert Jahre lang kein einziges Buch eines katholischen Theologen über Lessing erschienen war. Sie ist unter den neueren katholischen Interpretationen (zum Beispiel B. Bothe) die wohl umfassendste und erschienen unter dem Titel »Geschichte im Horizont der Vorsehung« (1974). Und doch scheint es mir eine Verharmlosung der Lessingschen Problematik, wenn »die Vorsehung« – für Lessing und die deutsche Aufklärung zweifellos eine wichtige Vernunftwahrheit! – statt (wie in Schilsons Titel) zum »Horizont«, unversehens zum Zentrum der Lessingschen Geschichtsphilosophie wird. Der »Nathan« wird somit schlicht – wie Schilson auch in einer neueren Veröffentlichung über »Lessings Christentum« (1980) formuliert – ein »Spiel von der Vorsehung« (S. 65) und die Religionsproblematik völlig ausgeblendet!

Was dem einen also – gut protestantisch – die Existenzdialektik ist, ist dem anderen – gut katholisch – die Problematik von Theozentrik und Anthropozentrik, von Vorsehungsglauben und Freiheit. Das Stück um den Juden Nathan aber wird in dessen *Grundproblemen verfehlt*: die schneidende Kritik an der patriarchalischen Machtinstitution Kirche, die Problematik von Christentum und Judentum, wichtige Desiderate theologischer Aufklärungsarbeit, vor allem auch die für Theologen besonders unbequeme Frage nach den Weltreligionen, sprich: nach der *wahren* Religion. Es ist deshalb nicht verwunderlich, daß der aufklärerische, nicht-akademische Offenbarungskritiker Lessing wie in der katholischen Theologie so auch in den meisten protestantischen Theologiegeschichten der Neuzeit (nach I. A. Dorner 1867 widmet ihm erst wieder K. Barth 1947 ein einfühlsames, aber letztlich verwerfendes Kapitel) glatt übergangen wird. »Engführungen« in der Rezeptionsgeschichte Lessings kommen hier ans Licht, »die bis zur Stunde (vor allem im Spätbarthianismus, bei denen, die sich auf das ›reformatorische Erbe‹ in einem sehr engen Sinne berufen, und dann bei den Fundamentalisten) nachwirken« (so W. Trillhaas, S. 62).

Was *theologische Aufklärungsarbeit* konkret bedeutet, zeigt Lessing schon im ersten Akt dieses analytischen Dramas. Witzig und ironisch räumt er mit einigen Vorurteilen auf – Vorurteile gegen Nathan, der »nur ein Jude« sei, und doch gegen alle Klischees »die Ehrlichkeit, die Großmut selber« (I/1), ja, ein jüdischer Antikapitalist, der, statt Zinsen zu nehmen, Geld verschenkt. Konkret verabschiedet wird jeglicher Wahnglaube: »macht dann der süße Wahn der süßeren Wahrheit Platz ... dem Menschen ist ein Mensch noch immer lieber, als ein Engel« (I/1). Verworfen wird der Mirakelglauben des »wundersücht'gen Volks«: »der Wunder höchstes ist, daß uns die wahren, echten Wunder so alltäglich werden können, werden sollen« (I/2). Verwiesen wird statt dessen auf die Praxis: »wieviel andächtig schwärmen leichter als gut handeln ist« (I/2).

Doch – und das ist ein zweiter Schritt – was so zunächst als ideologisches *Tendenzdrama* erscheinen kann, erweist sich tatsächlich als ein Kopf *und* Herz erleuchtendes, erwärmendes *Aufklärungsdrama*, das sich im zweiten und dritten Akt zunehmend auf große humane Desiderate konzentriert, denen evangelische wie katholische Theologen freilich schon immer gern aus dem Wege gegangen sind: kein Christsein auf Kosten des

Menschseins (II/1); nicht der Name Christi, vielmehr seine Tugend und Menschlichkeit seien entscheidend (II/1); der Same der Vernunft werde in die Seele der Menschen gestreut (III/1); Taten und Leiden (nicht Glaubensinhalte) seien das Heldenmäßigste am Glaubenszeugen (III/1)...

Humanität als Ideal der Menschheit von sich selbst: sie leuchtet auf in der Figur des Nathan! »Jud' und Christ und Muselman und Parsi, alles ist ihm eins« (II/2); »Wie frei von Vorurteilen sein Geist; sein Herz wie offen jeder Tugend, wie eingestimmt mit jeder Schönheit sei« (II/3); »Sind Christ und Jude eher Christ und Jude, als Mensch? Ah! Wenn ich einen mehr in Euch gefunden hätte, dem es gnügt, ein Mensch zu heißen!« (II/5).

Wer also ist diesem Stück zufolge »*der Weise*«? Nicht einfach der »Kluge« (III/5), der egoistisch rechnende und ironisch moralisierende Vernunftmensch »kalter Buchgelehrsamkeit« (V/6). Nein, es ist der Mensch mit Kopf und Herz, der leidgeprüft und kämpfend, in Vernunft seinen Willen mit dem Willen Gottes in Übereinstimmung zu bringen vermochte und gerade so aus überlegenem Wissen heraus in Selbstlosigkeit gegenüber seinen Mitmenschen zu handeln vermag: Nathan, der Jude, der im Drama des Lebens christlicher als der Christ erscheint: »Ihr seid ein Christ! – Bei Gott, Ihr seid ein Christ! Ein bessrer Christ war nie!« (IV/7), sagt der Klosterbruder (V/7). Nathan aber kehrt das Argument sofort um: »Wohl uns! Denn was mich Euch zum Christen macht, das macht Euch mir zum Juden!« Nicht Christsein oder Judesein, wenn sie Humanität verdunkeln, nein, das Menschsein, die Werte qualitativer Humanität, die beiden gemeinsam sein können, sind entscheidend. Und entscheidend ist überdies, daß Lessing – anders als der Franzose Voltaire kein skeptischer Religionsspötter ohne sittlichen Ernst (in seinem »Dictionnaire philosophique« bezeichnet er die Juden als »das abscheulichste Volk der Erde«) – Humanität in Religiosität gegründet sein läßt.

Doch – und dies ist ein dritter Schritt hin zur Mitte – was so zunächst als ein indifferentes *Toleranzdrama* erscheinen kann, erweist sich letztlich als ein utopisches *Versöhnungsdrama*. Es strahlt vor dem auch im optimistischen Jahrhundert unübersehbaren dunklen Hintergrund von Leid und Unglück, Hinrichtung und Pogromnacht tiefe Menschlichkeit, ja *Liebe*, eine »unbestochene, von Vorurteilen freie Liebe« aus, die überleben läßt, Kraft und Größe verleiht. Wahrhaftig, es geht im »Nathan« nicht nur um eine allgemeine Gott-Mensch- oder Existenzdialektik, auch nicht, wie manchmal oberflächlich interpretiert wird, um die unpolitische Individualethik einzelner guter Taten. Nein, es geht um die politisch-religiöse Utopie einer besseren Zukunft der Menschheit, symbolisch gespiegelt im Umarmungsfest der Menschen verschiedenen Glaubens am Schluß des Stückes: ganz im Geist von Lessings zukunftsgerichtetem Geschichtsdenken die noch heute und heute wieder neu inspirierende *Vision eines Friedens unter den Religionen als Voraussetzung eines Friedens in der Menschheit überhaupt*! Diese große religiöse Friedensvision ist es, die den »Nathan« weit über alle Werke eines Klopstock, Herder oder Wieland – Zeitgenossen Lessings – hinaushebt und das Publikum immer wieder neu aufrüttelt.

Eines freilich setzt diese große Zukunftsvision voraus: die Frage nach der wahren Religion muß gelöst sein. »Von diesen drei Religionen kann doch nur die eine die wahre sein« (III/5): Lessing löst das Problem bekanntlich mit Hilfe der alten, aus Boccaccios »Decamerone« entlehnten – aber völlig neu gestalteten – Parabel von den drei Ringen, deren zentrale Bedeutung durch ihre Zentralstellung im Drama (III/7) unterstrichen wird. Welches also ist der echte Ring, welches die wahre Religion, wenn theoretische Klärung nicht hilft (»der rechte Ring war nicht erweislich«)? Die Antwort: Nur die praktische Bewährung zählt, und jeder »eifre.. seiner unbestochnen von Vorurteilen freien Liebe nach!« Dann erweist sich die Kraft des Ringes: »mit Sanftmut, mit herzlicher Verträglichkeit, mit Wohltun, mit innigster Ergebenheit in Gott«. Bewahrheitung also nur durch gottergebene Humanität im Leben selbst! Mit einem Wort: Jede Religion ist echt, ist wahr, insofern sie faktisch und praktisch die »Wunderkraft« beweist, »vor Gott und Menschen angenehm« zu machen. Ein klarer Standpunkt?

Man kann sich fragen, ob dieses Drama möglicherweise nichts sei als die Veranschaulichung der Parole Friedrichs des Großen, jeder möge nach seiner Fasson selig werden. Ist das gemeint? Nein, dies hieße Lessings religiöse Friedensvision trivialisieren und die Differenziertheit seines Denkens unterschätzen. Schon in einem Brief an den Berliner Aufklärer Friedrich Nicolai, gut zehn Jahre vor dem »Nathan«, hatte er sich gegen die Reduktion der berlinischen Denk- und Redefreiheit auf die »Freiheit, gegen die Religion so viel Sottisen zu Markte zu bringen, als man will«, gewendet (Ges. Werke, hrsg. v. P. Rilla, IX, S. 327). Lessing sieht die großen Religionen nicht, wie Reimarus aus vulgäraufklärerischer Sicht, als abzulegende, vorläufige Hüllen einer reinen Vernunft- oder Naturreligion; er denkt nicht unhistorisch, will die geschichtlich gewachsenen Religionen nicht einfach zugunsten einer rein vernünftigen Universalreligion abschaffen. Ihm geht es im Gegenteil darum, Vernunft und Geschichte, Vernunft und Tradition, Vernunft und Offenbarung zusammenzudenken, um die für sein Zeitalter unglückselige Bewußtseinsspaltung zwischen Vernunft und Religion zu überwinden. Nein, Lessing will auch das Christentum trotz aller historischen Schwierigkeiten nicht wie eine alte Haut abstreifen; er will es neu interpretieren und von innen her kühn nach vorne transponieren.

Denn zusammen mit dem Judentum sieht Lessing das Christentum als den »Teil des Menschengeschlechts, den Gott in *Einen* Erziehungsplan hatte fassen wollen« (§ 54). Dies ist es, was der stets mehr an Grundsatz- als an Detailfragen interessierte Literat in seiner folgenreichen letzten großen Programmschrift dargelegt hat, die ebenfalls in Auseinandersetzung mit Reimarus entstanden ist und ein Jahr vor seinem Tod (zur Tarnung anonym) veröffentlicht wurde: »*Die Erziehung des Menschengeschlechts*« (1780). Der Begriff der »Erziehung« im weitesten Sinn lag in der Aufklärung – einem »Säkulum der Erziehung« – in der Luft. Die theologischen Topoi von Lessings Schrift reichen freilich bis in die Patristik zurück. Denn sowohl die Idee eines »Geschichtsplanes« (einer »Ökonomie des nämlichen Gottes«, § 88) als auch der Gedanke von Gott oder Christus als einem »Pädagogen« der Menschheit findet sich bei den Lessing wohlbekannten griechischen Kirchenvätern, die Vorstellung von den drei Zeitaltern dagegen (Alter

Bund – Neuer Bund – Ewiges Evangelium) bei Joachim von Fiore und nachfolgenden mittelalterlichen »Schwärmern« (§ 87).

Aber als erster wagt doch er, Lessing, nach dessen Überzeugung der Mensch ohne Kenntnis der Geschichte ein unerfahrenes und stark gefährdetes Kind bleibt, auf historischer Grundlage einen philosophischen Entwurf der Gesamtgeschichte, orientiert an der jüdisch-christlichen Geschichte; er wies damit der Geschichtsphilosophie vor allem Hegels den Weg. Wie bisher keiner versteht er dabei die Offenbarung als einen Erziehungsprozeß der göttlichen Vorsehung, als »neuen Richtungsstoß für die menschliche Vernunft« (§ 63) und so die ganze Geschichte der Menschheit konsequent auf Zukunft hin: als eine *Offenbarung zur Vernunft*, die in Jahrtausendschritten vom Kindesalter (Altes Testament) über das Knabenalter (Neues Testament) bis hin zum Mannesalter (Vollendung) voranschreitet, wobei die »geoffenbarten Wahrheiten« allmählich zu von innen einsehbaren »Vernunftwahrheiten« werden (§ 76).

Lessing – wie im Drama so auch in der Theologie weniger Revolutionär als Reformator, der das Alte stets geschickt zur Legitimierung des Neuen nützt – ist sich mehr als jeder andere bewußt, auf dem *Weg* zu sein: mit der ganzen Menschheit erst auf dem Weg zu einer »völligen Aufklärung« (§ 80), jener »Zeit der Vollendung«, in welcher der Mensch das Gute tun wird, nicht weil es belohnt wird, sondern »weil es das Gute ist« (§ 85). Und ob Lessing selber – nach selbstironischer Eigencharakterisierung mit dem Kopf ein Heide und mit dem Herzen ein lutherischer Christ – sich letztlich auf seinen Kopf oder auf sein Herz verlassen hätte? Wir wissen es nicht; sein letztes Denken und Empfinden offenbart er kaum jemandem. Dies aber ist sicher: Den Träumen seiner Jugend ist der Dichter des »Nathan« treu geblieben, er, der, erst zweiundfünfzigjährig, starb in den Armen eines Juden, der durch Willkürjustiz beraubt und eingesperrt worden war und den Lessing durch seine persönliche Intervention befreit hatte.

Und die heutige Theologie? Kann sie sich mit der Lösung des »Nathan«, kann sie sich mit Lessings ernster Würdigung, aber zugleich radikaler Relativierung der positiven Religionen zufriedengeben? Diese Frage läßt sich nicht mit wenigen Worten beantworten. Soviel ist jedoch sicher, auch wenn Theologen sich gerne um solche Einsicht herumdrücken: Seit Lessing ist jener *theologische Absolutismus*, der die eigene Wahrheit absolut, los-gelöst von allen anderen Wahrheiten setzt, *unhaltbar* geworden: Jener Exklusivitätsstandpunkt, der die nichtchristlichen Religionen allesamt als unwahr verurteilt, erscheint ebenso als schieres Theologenpostulat wie jeglicher Superioritätsanspruch, der die eigene Religion als die von vornherein moralisch oder intellektuell überlegenere ansetzt.

Katholische und gerade hier auch protestantische Theologie ist heute vor die Aufgabe der Differenzierung gestellt, die Lessing damals kaum befriedigend lösen konnte: zusammen mit dem Absolutismus auch jenen *Relativismus zu vermeiden, der alle Werte und Maßstäbe vergleichgültigt.* Denn dies eine ist ebenfalls sicher: Jener damals langsam heraufkommende, moderne, heute intellektuell gängige Beliebigkeitspluralismus, der undifferenziert die eigene und die anderen Religionen billigt, kann sich ebensowenig auf Lessing berufen wie jener Indifferentismus, für den alle religiösen Positionen und Entscheidungen gleich-gültig sind und der sich die Mühe der »Unterscheidung der Geister« spart. Die Grenze zwischen wahr und falsch, so müssen wir im Geiste Lessings sagen, verläuft nicht einfach zwischen Christentum und den anderen Religionen, sondern innerhalb der jeweiligen Religionen. Dies ruft nach einer mehrschichtigen religiösen Kriteriologie, die seit Lessings Zeiten ein unerfülltes Desiderat ist, die aber nur entwickelt werden kann, wenn man nicht global über »die Religionen« urteilt, sondern sich der unendlichen Mühe der Auseinandersetzung mit den Grob-und Feinstrukturen jeder einzelnen Religion unterzieht.

Die Moderne kulminiert in der Aufklärung der Lessing-Zeit. Man kann diese Aufklärung, wie bei manchen Theologen und Kirchenvertretern üblich, als oberflächlich, platt und seicht kritisieren. Solche Verdikte aber prallen ab an der epochalen Gestalt dieses Mannes, der das Zeitalter der deutschen Klassik eingeleitet hat und der für befreiende Rationalität, unbestechliche Moralität und umfassende Humanität steht.

Gewiß, man mag mit dem Philosophen Hans-Georg Gada-
mer als das große Vorurteil der Aufklärung das Vorurteil gegen die Vorurteile bezeichnen. Aber alle noch so berechtigten
hermeneutischen Vor- und Nachüberlegungen können doch
die historische Tatsache nicht aus der Welt schaffen, daß im
Christentum ohne den Kampf der Aufklärung gegen Vorurteile wohl noch immer Folter und Inquisition praktiziert, kirchlicher Glauben noch schärfer aufoktroyiert und aller mögliche
Aberglauben und Obskurantismus toleriert würde. Alle, die
heute meinen, die Aufklärung längst hinter sich zu haben,
mögen bedenken:

Solange die römische Kirche die Menschenrechte, die Gei-
stes- und Zensurfreiheit, die Lessing forderte, noch nicht einmal in ihrem eigenen Raum verwirklicht hat, wiewohl sie sie
ständig gegenüber anderen nach außen fordert,

und solange der Weltrat der Kirchen auf die Frage des ewigen Heils der Juden, der Muslime, der Hindus, Buddhisten
und aller anderen Hunderte von Millionen lebendiger Menschen keine positive Antwort zu geben wagt, wiewohl er
paradoxerweise Leitlinien zum Dialog mit ihnen herausgegeben hat,

und solange eine sich modern gebende Theologie unkritisch
mit angeblich übervernünftigen christlichen »Mysterien« (katholisch) und »Paradoxen« (protestantisch) arbeitet, die dem
Jesus des Neuen Testaments fremd sind:

*solange haben diese Kirchen und Theologen Lessing und die Auf-
klärung nicht hinter, sondern vor sich!*

Freilich: Lessing – ein Mann des aufrechten Ganges und des
intellektuellen Spürsinns – wäre heutzutage vermutlich der
erste unter denen, die eine *Aufklärung über die Aufklärung* for-
derten. Er wäre heute einer der ersten, die vor jedem unkriti-
schen Vertrauen auf menschliche Vernunft und Wissenschaft
– für die Erkenntnis der Wahrheit und die humane Lebensge-
staltung – warnen würden, wie dies schon Pascal gegenüber
Descartes getan hatte. Heute sind die Zweifel an der Verwirklichung der Vernünftigkeit in der Moderne ins Immense gewachsen. Und den Gang der Menschheitsgeschichte als dauernde Höherentwicklung und als selbständig fortschreitende
Offenbarung zur Vernunft zu verstehen ist nach dem Juden-

mord von Auschwitz, nach Hiroshima und Archipel Gulag schlechterdings unmöglich. Lessing, hätte er länger gelebt, so dürfen wir vermuten, wäre wohl auch schon selber auf die »Dialektik der Aufklärung« aufmerksam geworden.

Mit einem der bewegenden Paragraphen am Ende seiner Erziehung des Menschengeschlechts« möchte ich schließen: »Geh deinen unmerklichen Schritt, ewige Vorsehung! Nur laß mich dieser Unmerklichkeit wegen an dir nicht verzweifeln. – Laß mich an dir nicht verzweifeln, wenn selbst deine Schritte mir scheinen sollten, zurück zu gehen!« (§ 91).

»Nathans Gesinnung ist von jeher die meinige gewesen.«

»Noch weiß ich nicht, was für einen Ausgang mein Handel (mit Johann Melchior Goeze) nehmen wird. Aber ich möchte gern auf einen jeden gefaßt sein. Du weißt wohl« – Lessing an seinen Bruder Karl, Wolfenbüttel, 11. August 1778 –, »daß man das nicht besser ist als wenn man Geld hat, so viel man braucht; und da habe ich diese vergangene Nacht einen närrischen Einfall gehabt. Ich habe vor vielen Jahren einmal ein Schauspiel entworfen, dessen Inhalt eine Art von Analogie mit meinen gegenwärtigen Streitigkeiten hat, die ich mir damals wohl nicht träumen ließ. Wenn Du und Moses (Mendelssohn) es für gut befinden, so will ich das Ding auf Subskription drucken lassen.«

Das Ding – das war, immerhin, »Nathan der Weise«: Lessing bevorzugte die unfeierliche Rede, das Saloppe, beinahe Wegwerfende, wenn er von den eigenen Arbeiten sprach. »Mehr Frucht der Polemik als des Genies«, wird es später heißen – beiläufiger kann ein Schriftsteller über seine *in statu nascendi* befindliche Arbeit wirklich nicht reden. Da spricht ein Mann, der den Sprung von der Kanzel aufs Theater nicht aus Enthusiasmus, ergriffen von der *rabies poetica*, sondern aus handfesteren Gründen wählte. Er wollte, zum ersten, die Zensur umgehen, die ihn, hätte er den Kampf gegen Goeze in theologischen Flugschriften fortgesetzt, endgültig erledigt hätte (und das nicht nur im Braunschweigischen); er wollte, zum zweiten, gleichwohl von seiner Polemik nicht lassen, sondern ihr im Gegenteil den Charakter einer öffentlichen, auch und gerade das Volk berührenden Affäre geben, und er wollte, zum dritten, seine Finanzen aufbessern.

Aus Gründen einer gewinnversprechenden Agitation also wurde der »Nathan« geschrieben und Boccaccios Parabel vom weisen Juden Melchisedech als ein Stück aufklärerischer Theologie in Verse gesetzt. Ein verarmter Schriftsteller, als Bibliothecarius zu Wolfenbüttel jämmerlich bezahlt (sechshundert Taler im Jahr, während der Direktor der herzoglichbraunschweigischen Oper deren 30000 erhielt und eine Solotänzerin immerhin noch über sechstausend pro anno verfügte: das Zwölffache des für Lessing bestimmten Salärs) ... ein mittelloser Poet und Christenmensch versetzt sich in die Lage eines begüterten Juden und Handelsmanns von Freund Mendelssohns Schlag, um, derart verwandelt, die Goezesche Frage »Wie, Lessing, hast Du's mit dem christlichen Glauben?« nicht nur ausweichend, mit Hilfe taktischer Volten, sondern radikal und ehrlich (aber geschützt durch Maske und vieldeutiges Spiel) zu beantworten.

Denn Goeze *hatte* ja gefragt, inquisitorisch und präzis, *hatte* auf distinkte Abgrenzung der Religion vom wahren christlichen Glauben gedrungen und darauf verwiesen, daß es an seinem Kontrahenten sei, einer deutlichen und bestimmten Erklärung *in puncto puncti* nicht fürderhin auszuweichen, sondern sich als »ehrlicher Mann zu erklären« und den Lesern nicht länger »lauter blaue Dünste in die Augen zu blasen«.

Was blieb, in dieser Situation, dem in die Enge getriebenen Lessing anderes übrig, als mit aller gebotenen Bestimmtheit zu versichern, daß er unter der christlichen Religion die Glaubenslehren verstünde, »welche in den Symbolis der ersten vier Jahrhunderte der christlichen Kirche enthalten sind«? Eine pfiffige Antwort, gewiß – eine Antwort, die den Beschuldigten in die Lage versetzte, an seiner strikten Trennung zwischen Geist und Buchstabe, Religion und Bibel festzuhalten – aber zugleich, für Lessing, auch eine arg katholische These. *Scriptura et traditio*, schriftlich fixierte Offenbarung und lebendige, die Gemeinde bestimmende Glaubensüberlieferung friedlich vereint – Gotthold Ephraim Lessing, Pastorensohn aus Kamenz, in den Spuren der Kirchenväter des zweiten Jahrhunderts! Irenäus und Tertullian als Kronzeugen im Kampf gegen einen protestantischen Papst! War Lessing, als Opfer der Buchstaben-Tyrannei protestantischer Prägung, am Ende auf dem Wege zur Konversion? Das Bekenntnis zur *regula fidei*: ein Ausdruck jenes spirituellen Zynismus, den der berühmteste Konvertit des 18. Jahrhunderts, Johann Joachim Winckelmann, an den Tag legte, als er, vom protestantischen Gotteshaus in die katholische Kirche hinüberwechselnd, mit jener Dreistigkeit, die ein schlechtes Gewissen verrät, der Welt kundtat: »Anfänglich, da mich einige Ketzer... in der Messe knien sahen, habe ich mich geschämet, allein ich werde täglich dreister. ... Mein Vater hat, wie ich nunmehr anfange zu mercken, keinen Catholiken aus mir machen wollen: er hat mir ein ganz zu dünnes empfindliches Knie-Leder gemacht, als man haben muß, mit guter grace Catholisch zu knien; ... Im Sommer werde ich... darum ein paar... Handschuh bey mir führen müssen, um andächtig zu knien. Ich merke, es fehlet mir noch viel zu meiner Seligkeit. Wenn ich mit der rechten Hand die Kreutzer machen soll, so meldet sich die lincke zum großen Ärgernis derer, die neben mir sind. ... Den Aschermittwoch bin ich eingeäschert worden: ich zuckte, aus Furcht es unrecht zu machen, mit dem Kopf, und der geheiligte Dreck wäre mir beynahe ins Maul geschmiert worden.«

Lessing in Winckelmanns Spuren – Winckelmann, der, wiewohl ein treuer Sohn der katholischen Kirche, dennoch nicht von seiner Gewohnheit lassen mochte, des Morgens, wenn er sich das Frühstück zubereitete, »eines unserer guten lutherischen Kirchenlieder zu singen«? »Warum sollt ich mich denn grämen«: die evangelische Oberstimme zum Geläut aller Kirchen der Heiligen Stadt? Nein, natürlich war Lessing kein Konvertit von Winckelmanns Schlag, im Gegenteil; aber sich tarnen, fintieren und auf dem Grenzrain der Religionen sein Mäntelchen mit gebotener List nach dem Winde hängen... das blieb auch ihm nicht erspart. Sein Bekenntnis zur *regula fidei*, dem »Glaubensbekenntnis der ältesten Väter« als dem Felsen, auf welchem die »Kirche Christi erbauet«, wurde in der Absicht geschrieben, die oberste Zensur-Instanz Deutschlands, den Reichshofrat, zu verunsichern: Eine protestantische Attacke gegen die Leugnung des Prinzips »sola scriptura« würde mit Lessing auch jene der alten Kirche anhängende Majorität der Glaubensbehörde treffen, die – so die Wolfenbütteler Kalkulation – nicht ungestraft provoziert werden könne: allen Goezes zum Trotz!

»Ich habe ein sicheres Mittel« – Lessing an Bruder Karl,

23. Juli 1778 –, »den Reichshofrat zu teilen, und unter sich selbst uneins zu machen; so wie Paulus das Synedrium. Nämlich, da die mehresten Glieder desselben Katholiken sind, so darf ich meine Sache nur so vorstellen, daß in der Verdammung, welche die lutherischen Geistlichen über mich aussprechen, eigentlich die Verdammung aller Papisten liegt, welche die Religion ebensowenig auf die Schrift, und auf die Schrift allein, wollen gegründet wissen, als ich. In dieser Absicht habe ich bereits auch einen Bogen geschrieben.«

Mit den Katholiken gegen Goeze (um ihn »capot« zu machen) hieß Lessings Devise: Wer gegen die Zensur zu kämpfen hatte, durfte in der Wahl der Bundesgenossen anno 1778/79 offenbar nicht zimperlich sein – als theologischer Schriftsteller am allerwenigsten. Er mußte Kombattanten suchen, wo immer es ging – Hauptsache, die Sache der Vernunft wurde dadurch befördert und die eingeschlagene Generallinie, ungeachtet aller taktischen Volten, um keine Handbreit verlassen.

Um keine Handbreit – jawohl! Der These in der Schrift »Nötige Antwort auf eine sehr unnötige Frage des Herrn Hauptpastor Goeze in Hamburg«: »Diese Regula fidei also ist der Fels, auf welchen die Kirche Christi erbauet worden, und *nicht die Schrift*« ... dieser gegen die lutherische Orthodoxie gerichteten These folgt unmittelbar darauf – jetzt sind die katholischen Dogmatiker dran! – der Parallel-Satz: »Diese Regula fidei ist der Fels, auf welchen die Kirche Christi erbauet worden, und *nicht Petrus und dessen Nachfolger*.«

Erst ein Backenstreich nach rechts, zum Gelächter der Linken, dann ein Backenstreich nach links, zum Gelächter der Rechten (und umgekehrt): So hat Lessing, im Kampf gegen mächtige literarische, politische, religiöse Institutionen, seine Hiebe verteilt – couragiert und behutsam zugleich, immer darauf bedacht, die Total-Konfrontation zu vermeiden, und darum eher in Parabeln, Märchen und vieldeutigen, so oder so zu interpretierenden Gleichnissen als in »affirmativer« Rede zu sprechen und die Wahrheit mit lautem Getöse, dem Dröhnen der Rechtgläubigkeit, ins Haus poltern zu lassen.

Hm! hm! – wunderlich! – Wie ist
Mir denn? –

Was will der Sultan? was? – Ich bin
Auf Geld gefaßt; und er will – Wahrheit. Wahrheit!
Und will sie so, – so bar, so blank, – als ob
Die Wahrheit Münze wäre! – Ja, wenn noch
Uralte Münze, die gewogen ward! –
Das ginge noch! Allein so neue Münze,
Die nur der Stempel macht, die man aufs Brett
Nur zählen darf, das ist sie doch nun nicht!
Wie Geld in Sack, so striche man in Kopf
Auch Wahrheit ein? Wer ist denn hier der Jude?
Ich oder er? – Doch wie? Sollt er auch wohl
Die Wahrheit nicht in Wahrheit fordern? – Zwar,
Zwar der Verdacht, daß er die Wahrheit nur
Als Falle brauche, wär' auch gar zu klein! –
Zu klein? – Was ist für einen Großen denn
Zu klein? – Gewiß, gewiß: er stürzte mit
Der Thüre so ins Haus! Man pocht doch, hört,
Doch erst, wenn man als Freund sich naht. – Ich muß
Behutsam gehn! – Und wie? wie das? – So ganz
Stockjude seyn zu wollen, geht schon nicht. –
Und ganz und gar nicht Jude, geht noch minder.
Denn, wenn kein Jude, dürft er mich nur fragen,
Warum kein Muselmann? – Das wars! Das kann
Mich retten! – Nicht die Kinder blos, speist man
Mit Mährchen ab.
– Er kömmt. Er komme nur.

Wenn irgendwo, dann wird in Nathans berühmtem, die Ring-
parabel präludierenden Monolog die Identität von Autor und
Titelheld deutlich: sechsundzwanzig Verse (parlando, rhythmisierte Prosa, die sich dem Umgangssprachlichen nähert) –
und einundzwanzig Gedankenstriche zwischen »Hm! hm«
und »Er komme nur«. Wenn's zur Entscheidung kommt,
prescht Lessing nicht vor, sondern retardiert, besinnt sich,
setzt ab und beginnt neu, stellt Fragen, trägt Einwände vor,
bringt den Partner ins Spiel, entwickelt Alternativen und
trägt, in dem ihm eigenen Akt des Laut-Denkens, ein dialekti-
sches Exerzitium vor. Wahrheit, so die Quintessenz der Überlegungen, ist keine Münze, die sich rasch und bar aufs Brett

zählen läßt. Wahrheit will – zumindest – sorgfältig gewogen sein (»Uralte Münze, die gewogen ward! – Das ginge noch!«). Wahrheit ist nicht, nach rascher Prägung, verfügbar zu machen; ihre Valuta wird durch keine Kalkulationen ermessen, die sich dem Diktat des Berechenbaren, der Addition und Substraktion, fügen. Wahrheit ist nicht Resultat im Sinne von Bilanz, sondern gewinnt, wenn überhaupt, am ehesten im dialogischen Tun, im Aufeinandereingehen, Miteinanderreden, Einanderzuhören, im sokratischen Gespräch unter Freunden also, Profil. Wahrheit ist nicht auf Formeln und Axiome zu reduzieren, sondern allein, gleichnis- und vorscheinartig, als erstrebenswertes Gut (nie als Besitz!) ins Blickfeld zu rücken.

Wahrheit, mit einem Wort, ist nach Lessing niemals zu »haben«, sondern allenfalls, irgendwann, zu gewinnen – das aber bedeutet, daß von ihr, inmitten der auf die *eine* alleinseligmachende, politisch gültige Wahrheit Erpichten, nur mit äußerster Behutsamkeit gesprochen werden kann, daß einer, dem es um die Ambivalenz von Wahrheit zu tun ist, Rollen zu spielen hat (wie Nathan den Juden, der er längst nicht mehr ist, oder Lessing – *regula fidei!* – den Rechtgläubigen, der er niemals war); daß Kindermärchen zu erzählen sind und Verstummen, um der bedrohten Wahrheit willen, vernünftiger als ungeschützte Verlautbarung ist: »Du erkennst ja schon Wahrheiten, die man besser verschweigt«, sagt der Freimaurer Falk, in Lessings Dialogfolge »Ernst und Falk, Gespräche für Freimäurer«, zu seinem Partner. Daraufhin Ernst: »Aber doch sagen könnte.« Falk: »Der Weise kann nicht sagen, was er besser verschweigt.«

Sagen gewiß nicht, aber andeuten, umschreiben und in Metaphern verrätseln – sehr wohl, zumindest im Spiel! Was die theologische Streitschrift an einem Punkt – dort, wo das Zentrum berührt wird und es zu »brennen« beginnt – nicht mehr leisten kann, ermöglicht das Drama: über Grundfragen des Glaubens gleichsam *e contrario* zu sprechen, in heiterem Hin und Her, mit überraschenden Bezugsspielen zwischen schneidendem Ernst und einer Heiterkeit, wie sie das Weltläufig-Urbane verbürgt – Bezugsspielen zwischen höchstem Pathos (Nathan, vom Pogrom berichtend) und gefälligem Ethos.

(Schachspiel, geschwisterliches Geplänkel, Meditationen über die Vorteile von Spionage, Reichtum und amüsanter Fallenstellerei zum Nutzen der eigenen Sache und zum Schaden der Gegenpartei.)

Auf die Dauer – und das nicht nur im Hinblick auf die Zensur! – war Lessing die Opposition gegen die »theologische Schulsprache« leid: »Ich bin Liebhaber der Theologie und nicht Theolog«, heißt es in den Einleitungen zu den »Axiomata«, »ich habe auf kein gewisses System schwören müssen. Mich verbindet nichts, eine andre Sprache, als die meinige, zu reden. Ich bedaure alle ehrliche Männer, die nicht so glücklich sind, dieses von sich sagen zu können.«

Glücklicher Lessing, bedauernswerter Johann Melchior Goeze: Während der Papst Hammoniens nicht aufhörte, gegen das Theater als die Kanzel des Teufels zu wettern, die von Jesuiten besetzt sei (womit er Protestanten meinte, die lieber ins Opernhaus als in den Gottesdienst gingen)... während Goeze vergebens gegen die Theaterleidenschaft zumal jener jungen Damen polemisierte, die »auf dem Theater Reizungen, Anweisungen und Gelegenheit zu einem höchst nachteiligen Liebesverständnisse« fänden, konnte Lessing endlich tun, was ihm schon lange vorgeschwebt hatte, aber in halb gelehrt, halb poetisch angelegten Kontroversien nur ungenügend praktiziert werden konnte: in einer Sprache, die nichts als die seinige war, das Hohelied der natürlichen Religion zu singen und, in eins damit, die Borniertheit der geoffenbarten und hernach für absolut erklärten Glaubenswahrheit zu demonstrieren.

Ja, man sieht ihn vor sich, den Pastorensohn aus Kamenz, wie er dem Zorn in sich – zum wievielten Mal? – freien Lauf läßt (»Nun wohl, meine liebe Iraszibilität! Wo bist du? wo steckst du? du hast freies Feld. Brich nur los! tummle dich brav! ... knirsch mir die Zähne, schlage mich vor die Stirne, beiß mich in die Unterlippe!«). Man sieht ihn vor sich, wie er innehält und sich des heißblütigen Vaters erinnert (»Wie oft sagtest du zu mir: Gotthold! Ich bitte dich, nimm ein Exempel an mir: sei auf deiner Hut. Denn ich fürchte, ich fürchte... Ja wohl, Alter, ja wohl.«).

In der Tat, man glaubt ihn vor Augen zu haben, den frommen Ketzer Gotthold Ephraim Lessing, wie er überall im Lande – das Stück ist noch kaum begonnen – ein gewaltiges Subskriptionsunternehmen anrollen läßt; wie er die Spannung durch sorgsam dosierte Mitteilungen und Voraussendungen befördert, »schöne Kollekten« zwischen Österreich und Dänemark inszeniert; wie er durch widerspruchsvolle Verlautbarungen hier den Gegner zittern läßt, dort die Zensoren beschwichtigt; wie er, sobald es brenzlig wird, in Wien zum Beispiel, die Subskription kassiert; wie er, mitten in der Arbeit (bei ungewissem Ausgang des Stücks), zugleich die Geistlichkeit und die Herren vom Ministerium in Atem hält; wie's einmal heißt: »Mein Stück hat mit unseren jetzigen Schwarzröcken nichts zu tun« und, ein anderes Mal, auf die Frage »Wie wird's mit Goeze?«: »Nun, einen Patriarchen werde ich auftreten lassen!« Ein Meisterstück raffinierter Selbstinszenierung wird da geprobt – alles ohne Ressourcen und ohne Unterstützung von seiten der Macht, im Bund allenfalls mit einer Handvoll von Freunden und einem redlichen Drukker. Wie einsam er war, Lessing, in seiner großen theologischen Bataille auf dem Theater, wie ganz und gar auf sich selber angewiesen, das verdeutlicht exemplarisch ein Vergleich zwischen dem »Nathan« und jenem Stück, das ihn in der Hochschätzung der Deutschen mehr und mehr ablösen sollte, dem Goetheschen »Faust«: »Ich fürchte«, schrieb Schiller, 24. März 1800, an Cotta, »Goethe läßt seinen Faust, an dem schon so viel gemacht ist, ganz liegen, wenn er nicht von außen und durch anlockende Offerten veranlaßt wird..., diese große Arbeit... zu vollenden.... Er rechnet freilich auf einen großen Profit, weil er weiß, daß man in Deutschland auf dieses Werk sehr gespannt ist. Sie können ihn, das bin ich überzeugt, durch glänzende Anerbieten dahin bringen, dieses Werk... auszuarbeiten.«

Wie anders da Lessing – ohne einen mächtigen Verleger, ohne Geld und Offerten von außen; immer am Rand der Zensur; von Disziplinierungsmaßnahmen gejagt – der »Nathan«: in Würzburg, Augsburg und den k. u. k. Kernlanden verboten –, verächtlich gemacht, post mortem, durch kuriose Kompromisse (der Patriarch in einen Komtur verwandelt!)...
Und, dennoch, er *wollte* es so, Lessing, *wollte* den Gegner

provozieren, indem er ihn lächerlich machte. Der große Patriarch Heraklius, wie die Historie, die vom Bearbeiter in Wolfenbüttel bis ins Detail beherrschte und zum Teil übersetzte Geschichtsschreibung, ihn überliefert – verwandelt in einen dicken, roten, freundlichen Prälaten! Einen Prälaten, der sich als dumpfer Rechthaber erweist, Kirchenpolitik wie ein zu klein geratener Cesare Borgia betreibt und, im übrigen, wortwörtlich, Goezesche Sätze zitiert – einerlei, ob der Patriarch nun den Tempelherrn aufs Theater verweist und von »theatral'schen Schnurren« redet (»Theaterlogik des Herrn L.«, heißt es bei Goeze) oder ob er sich, machtfixiert wie er ist, in Gedanken an Sultan Saladin wendet: »Auch mach' ich ihm gar leicht begreiflich, wie gefährlich selber für den Staat es ist, nichts glauben! Alle bürgerliche Bande sind aufgelöset, sind zerrissen, wenn der Mensch nichts glauben darf.« (Originalton Johann Melchior Goeze: »Nur derjenige kann Unternehmungen ›von der Art des Herrn Lessing‹ als etwas Gleichgültiges ansehen, der... nicht einsehen will, daß die Glückseligkeit der bürgerlichen Verfassung unmittelbar auf derselben beruhe.«)

Getroffen und erledigt, der Mann – und mit ihm jenes Prinzip »Kirche« im Sinne von Amts- und Machtkirche, das Lessing mit seinem Stück dem fröhlichen Gelächter preisgeben wollte: preisgeben nicht zuletzt aus der Perspektive jenes von frommer Einfalt bestimmten Klosterbruders, der, eingeschworen auf die Religion Christi, das, was sich christliche Religion nennt, durch die Beschreibung ihres Sachwalters entlarvt: »Ich hab mich oft gewundert, wie doch ein Heiliger, der sonst so ganz im Himmel lebt, zugleich so unterrichtet von Dingen dieser Welt zu seyn herab sich lassen kann. Es muß ihm sauer werden.«

Eine Karikatur also, der Patriarch, das Schreckensbild eines Anwalts positiver Religion, der durch Nathan erledigt wird und mit Nathan durch Lessing? (»Nathans Gesinnung gegen *alle* positive Religion«, heißt es im Entwurf zu einer Vorrede des Stücks, »ist von jeher die meinige gewesen.«)

Der Patriarch: Gespött eines Pharisäers, der – wie die bigotte Daja – den wahren, einzig rechten Weg zu Gott zu kennen glaubt? Goeze im Theater-Habit: sinistrer Vertreter einer

Staatskirche, die um ihre alten Privilegien trauert? »O glückliche Zeiten«, heißt es im fünften Anti-Goeze, »da die Geistlichkeit noch alles in allem war, – für uns dachte und für uns aß! Wie gern brächte euch der Herr Hauptpastor im Triumphe wieder zurück! Wie gern möchte er, daß sich Deutschlands Regenten zu dieser heilsamen Absicht mit ihm vereinigten!«

Der Patriarch: ein Substitut des christlichen Weltgeists, dessen Stunde ein für allemal vorüber ist? *Dieser* Patriarch, das will mit Nachdruck betont sein, ist ja nicht nur der Todfeind jener großen Religionsgemeinschaft von Juden, Christen, Heiden und Türken, die Lessing schon in der Frühschrift »Rettung des Hier. Cardanus« in seine Rechte setzt: dort, wo er die guten Argumente des Mathematikers, Philosophen und Arztes Hieronymus Cardanus in bessere verwandelt. (*De subtilitate* heißt Cardanus' Schrift – und *Subtilitäten* werden Nathan im Stück attestiert: Der *poeta doctus* Lessing läßt grüßen.) Nein, unser Patriarch steht vor allem für die Dogmatiker in den *eigenen* Reihen – die starren Buchgelehrten, die Lessing in jener »Parabel« glossiert, in der am Beispiel eines Palastes (»von außen ein wenig unverständlich; von innen überall Licht und Zusammenhang«) die absurde Verhaltensweise von Menschen (sprich: christlich Meinenden) glossiert wird, die über der häßlichen Außenseite und den vielen überlieferten Grundrissen die Schönheit des von oben her beleuchteten Palastes vergessen und, statt sich ans Innere zu halten, auf äußere Geschehnisse achteten: schlechte Sachwalter des Bauwerks, die, mit mancherlei historischen Exegesen beschäftigt, den Gegenstand ihrer Bemühungen darüber aus den Augen verlieren und nicht auf jene wenigen hören, die – vertraut mit dem Palastinneren, seiner Struktur und seinen Wegen – den Dogmatikern Vorhaltungen machten: »Was gehen uns eure Grundrisse an? Dieser oder ein anderer: sie sind uns alle gleich. Genug, daß wir jeden Augenblick erfahren, daß die gütigste Weisheit den ganzen Palast erfüllet, und daß sich aus ihm nichts als Schönheit und Ordnung und Wohlstand auf das ganze Land verbreitet.«

Der Patriarch: ein borniter Orthodoxer, der nie im Palast war, nie im Bannkreis des Lichts, wo Vernunft und Offenbarung einander begegnen – ich denke, diese Charakterisierung träfe denjenigen am besten, der, im Unterschied zu allen anderen Figuren des Stücks, außerhalb jedes Humanität stiftenden Kommunikationszusammenhangs bleibt.

Der Patriarch, das ist, für Lessing, der einzige, der nicht mitzureden versteht: unfähig zum Dialog – ausgesperrt, weil er Menschen mit Schachfiguren verwechselt, Todfeind jeglicher Gesprächskultur. Der Patriarch: ein Mann, der exemplarisch zeigt, wohin die Seelenführung einer Kirche führt, die Dialoge allein mit Gott oder der Schrift oder dem Beichtkind anerkennen mag – Dialoge dazu, die auf Befehl und Gehorsam basieren, Un-Gespräche also, denen alles Menschlich-Urbane, aller sich im Hin und Her zwischen Gleichberechtigten ergebender Austausch von Grund auf suspekt ist.

Spontaneität, individueller Ausdruck, besondere situationsbezogene Rede, Entdeckung des Ich im Anderen, affektbetonte und gleichwohl das Eigene relativierende Konversation: nicht dort, wo Patriarchen ihre disziplinierende, dem Gespräch, der Lust und dem Lachen feindliche Macht ausüben!

So betrachtet, steht der christliche Patriarch für verweigerte Sozialität, der Jude Nathan hingegen für deren Triumph. Während der Patriarch – gebannt in starre Machtstrukturen – sich verschließt, erscheint Nathan, der jedermann zugewandt ist und jeden mit den ihm gemäßen Mitteln der Wahrheit näherbringt, als Person gewordenes Exempel einer »offenen« Unterweisung: Wie anders bringt er, auf der untersten Stufe, die Schwärmerin Recha zur Räson, wie anders, auf der mittleren Ebene, den Tempelherrn mit all seinen Vorurteilen, wie anders schließlich, auf höchstem Podest, sein (potentielles) *alter ego* Saladin... und dies alles aus einer pädagogischen Position, die für Lessing die einzig vernünftige, einzig aufklärerische, einzig humane war: An der Grenze von »noch nicht« und »nicht mehr« (an einem Punkt also, wo, in der Nomenklatur des Dialogs »Ernst und Falk«, das als *solcher* Mensch etikettierte Individuum zum Gattungswesen *bloßer* Mensch wird) ... an dieser Grenzscheide ein humanes Zugleich zu behaupten, den Fast-nicht-mehr-Juden (Christen, Muselman) sowenig zu verleugnen wie den Noch-nicht-ganz-Menschen – um den Aufweis solchen Miteinanders in einer Zeit des Umbruchs

112

war es Lessing im »Nathan« zu tun. Kein vorurteilsreiches Beharren auf dem eigenen Standpunkt als dem vermeintlich einzig geweihten, aber auch kein vager Philanthropismus.

So wie die Dinge standen, im 18. Jahrhundert, dies lehrt der Dialog zwischen Ernst und Falk, war an eine *Überwindung* der religiösen Trennungen nur von Schwärmern zu denken: Realisten wie Lessing hatten an *Überbrückungen* der Spaltung in Glaubensgemeinschaften, Staaten und Stände zu denken – befördert durch ein »gemeinschaftliches Gefühl sympathisierender Geister«. Einerlei, ob Lessing, in der »Erziehung des Menschengeschlechts«, einen Ungenannten für das dritte Evangelium plädieren läßt (nach Altem und Neuem Testament das Evangelium der Vernunft), einerlei, ob er, in »Ernst und Falk«, eine Große Loge imaginiert, in der »jeder würd'ge Mann, ohne Unterschied des Vaterlandes, ohne Unterschied der Religion, ohne Unterschied seines bürgerlichen Standes« zur Beförderung der Humanität beitragen könne, einerlei, schließlich, ob der Autor des »Nathan«, in kühner Antizipation, das Natürliche real werden läßt, real in einer Gesellschaft der Freien und Gleichen: nie geht es um ubiquitäre, immer um konkrete Utopien – immer um schrittweise durchzuführende Reformen, nie um revolutionären Aktionismus.

»Der Freimaurer« – noch einmal »Ernst und Falk«, wobei für »Freimaurer« auch »Anwalt der natürlichen Religion« oder »Verteidiger der Vernunft-Wahrheiten« stehen könnte –, »der Freimaurer erwartet ruhig den Aufgang der Sonne und läßt die Lichter brennen, so lange sie wollen und können. Die Lichter auslöschen und, wenn sie ausgelöscht sind, erst wahrnehmen, daß man die Stümpfe doch wieder anzünden oder wohl gar andere Lichter wieder aufstecken muß; das ist des Freimaurers Sache nicht.«

Nicht des Freimaurers, nicht Nathans Sache: Er bleibt ein Jude und *als solcher* ein Mensch, der, weder Stockjude noch ganz und gar nicht Jude, den Christen *und* den Muselman lehrt, daß Treue zum Ursprung *und* Transzendierung der Herkunft, Bekenntnis zur Zufallsgeburt, also zu Geschichte, kulturellem Erbe, Sozialisierung im Hier und Jetzt *und* deren – anzustrebende – Relativierung durch Vergleich und Kritik einander, will Humanität Welt-Gesetz werden, nicht ausschlössen, sondern bedingten.

»Nathan der Weise«, man kann es nicht oft genug sagen, ist sowenig wie das Jugendwerk »Die Juden« ein philosemitisches Drama, sondern vielmehr ein Stück, das, im Sinne von Moses Mendelssohns Vorrede zu Manasse Ben Israels Schrift »Rettung der Juden«, durch die Verherrlichung einer geschundenen Minorität den Beweis führen möchte, daß man auf die Rechte der Menschheit nicht dringen kann, ohne zugleich die Rechte jeder – auch der verachtesten, durch Vorurteile verketzerten – Minderheit zu reklamieren.

Nein, nochmals, wer mit Nathan eine philanthropische Ballade mit entschiedener projüdischer Tendenz sehen möchte, geht in die Irre. Nicht um fromme Apologie zugunsten der Juden, sondern um exemplarische Zerstörung jener Auserwähltheitsideologie christlicher Provenienz ist es Lessing zu tun, die, so Mendelssohn, in »allen Menschen, die keine Christen sind«, am liebsten »Meuchelmörder und Straßenräuber« ausmachen möchte.

Die Eigenen im Hinblick auf die Fremden Toleranz zu lehren, die sich *in praxi* beweist: diese Intention hat Lessing, um demonstrativer Verfremdung des Problems willen, nicht durch Christen, sondern in der »Erziehung des Menschengeschlechts« durch einen Evangelisten des Vernunftzeitalters, in »Ernst und Falk« durch einen Freimaurer und im »Nathan« durch einen Juden vortragen lassen.

Nathan, ein Gegenbild des Shakespeareschen Shylock, Jud und Handelsherr und Weltweiser in eins, realitätsträchtig (»Münze«, »Zins« und »Prägung« geht ihm so leicht wie »Gott« und »Christ« und »Vernunft« von den Lippen) – und, dennoch, eine Kunstfigur, wie sie im Buche steht: ein Vater, der das Hohelied der Adoption singt und die natürliche Zeugung demgegenüber für zweitrangig erklärt; ein Vater, außerdem, der, dank der Beschränktheit einer christlichen Gesellschafterin, die Mutterrolle mit übernimmt. (Große Schauspielerinnen, die wie Ida Ehre als ihre Ideal-Rolle Nathan den Weisen nennen, sind keineswegs so unberaten, wie es auf den ersten Blick scheint.)

Lessing, der seine Frauenzimmer präzis, nachdrücklich und

kräftig sprechen ließ – *zu* präzis, nachdrücklich und kräftig nach Mendelssohns Urteil –, der Autor der Sarah, Emilia, Minna, Franziska, hat in Nathan, dem Ideal-Vater, eine Figur geschaffen, der nicht nur angemaßte Autorität, sondern jede Form von viriler Überheblichkeit fehlt. »Ich will euch trösten wie eine Mutter ihr Kind tröstet« und »Laut schreien wie eine Gebärende will ich, laut rufen will ich und schreien« – wie Jahwe sich, in der Interpretation des Propheten Jesaja, als Vater darstellt, der zugleich Mutter ist (Mann und Frau in einer Person: »Du hast mich aus meiner Mutter Leibe gezogen«, spricht Zion seinen König an)... wie Jahwe – mit einem Weib verglichen, die sich »über die Geburt ihres Leibes erbarmt« – zugleich *der* Herrscher und *die* Schmerzensfrau ist, so präsentiert sich Nathan als Vater, der, in der großen Rede über den von Christen angerichteten Genozid, die ergreifende Majestät der Pietà gewinnt: Jude und Jüdin, Vater und Mutter zugleich, die ermordeten Kinder beweinend.

Nein, hier geht es nicht um die Verklärung des Vatermanns (*das* ist der Patriarch: ein herrscherlicher Un-Vater, eher dem *archein* als dem *patér*-Sein verpflichtet) – hier geht es um den Vater-Mann und Vater-Gott sowenig wie um die Apotheose der Juden. Hier soll vielmehr den Christen gezeigt werden, wie viel ihnen, die durch lange religiöse Erziehung auf vorgeformte Rollenbilder fixiert wurden, noch zur Menschlichkeit fehlt – einer Humanität, die erst der Respekt garantiert, in dessen Zeichen sich die Religionen tolerieren (und das heißt: *anerkennen*, nicht nur herablassend *dulden*).

Ein Nichts-als-Christ, das war für Lessing ein Monstrum mit blöder Zunge... ungesellig und unfähig zur Dialektik. (Was in Wolfenbüttel nahezu als Todsünde galt.) Christliche Erziehung ohne Vergleich mit anderen Formen der Unterweisung – nein, da macht selbst der Klosterbruder nicht mit: »... Kinder brauchen Liebe, wärs eines wilden Tieres Lieb' auch nur, in solchen Jahren mehr, als Christentum. Zum Christentume hats noch immer Zeit.«

Zum Christentume hats noch immer Zeit. Das ist todernst gemeint... und erregt zu gleicher Zeit, vom Schauspieler gut über die Rampe gebracht, beim Publikum in der Regel helles Gelächter. Warum auch nicht, da es ja in der Tat kein Stück der deutschen Literatur gibt, das, trotz der Pogrom-Szene, trotz der theologischen Subtilitäten, trotz aller philosophischen, ökonomischen und genealogischen Dispute, so witzig, geistreich, ironisch, vertrackt und amüsant ist wie »Nathan der Weise«. Hugo von Hofmannsthal hatte recht, als er darauf verwies, daß »man dieses Stück... nie so gespielt hat, wie es gespielt werden müßte: ganz als das geistreichste Lustspiel, das wir haben, ganz auf die unvergleichliche Gespanntheit dieses Dialogs hin, dies Einander-aufs-Wort-Lauern, Einander-die-Replik-Zuspielen, auf dies Fechten mit dem Verstand (und mit dem als Verstand maskierten Gemüt), wovon das ganze Stück... erfüllt ist.«

Ich frage: Welcher Schriftsteller hat es, vor und nach Lessing, gewagt, diffizilste Theologumena mitsamt dem ihnen zugrunde liegenden Toleranz- und Erziehungsprogramm *in usum omnium Christianorum* nicht einsträngig-feierlich (doch auch nicht farcenhaft), sondern leger und doppelsinnig, in der Form eines rührenden Trauerspiels, einem, frei nach Friedrich Schlegel, unterhaltlichen »Elementarbuch des höheren Cynismus« und einer ernsten Komödie, auf die Bühne zu bringen?

Wer, außer ihm, hätte es wagen können, die Verpflichtung zur *praxis pietatis* und die Warnung vor jeder Art des Eskapismus – sei's am Ganges, im Kloster oder beim Schachspiel – in Versen zu schildern, die, da es sich um Blankverse handelt, auf poetischen Abstand verweisen: auf den Osten und die legendäre Welt der Geschichte, und die, andererseits, da das Metrum zerbrochen ist und der Rhythmus sich, lässig gehandhabt, der Prosa annähert, die Gegenwart, das Hier und Jetzt evozieren: Deutschland im 18. Jahrhundert? Wer, weiter, hätte es gewagt, die in der Ring-Parabel enthaltene Grundaussage des Stücks (nicht das Vermachen des Rings, sondern dessen Aneignungsweise; nicht der Besitz, sondern das Streben, sich des Geschenks würdig zu zeigen; nicht das Ding von Schmuckstück, sondern der nach Gottes Ebenbild geschaffene Mensch – ein Mensch, der im Akt der Nächstenliebe sich als vernünftiger, seiner Grenzen bewußter Pädagoge erweist, welcher Religion immer er sei; nicht das Objekt, sondern das Subjekt befindet über den Segen des einzelnen) ... wer, frage ich, hätte es gewagt, derart hochphilosophische Thesen, die

Einheit von Theorie und Praxis betreffend, so witzig, keck und verwegen vorzutragen, wie Lessing es tat – zu Schillers Ärger, wie man weiß: Entsetzlich muß das »Knall und Fall« und »auf den Zahn Fühlen«, das »es klemmt sich wieder«, das »abzwacken«, »verhunzen« und »Assad war bei hübschen Christendamen so willkommen, auf hübsche Christendamen so erpicht« ... entsetzlich muß das alles in den Ohren der auf strikte Gattungs- und Sprachtrennung bedachten Weimaraner geklungen haben.

Mit einem Satz: Man mußte Lessing sein – und mehr als Diderot! –, um das Pädagogen-Stück (Nathan tut, was Falk, der Maurer, lehrt) in der Form eines komödiantisch durchwirkten, von »sehr ernsten Scherzen« (im Goetheschen Sinn) bestimmten sowie durch eine bunte und, was den Charakter betrifft, höchst problematische Gesellschaft figurierten Menschheitsdramas auf die Bühne zu bringen. Eines Menschheitsdramas, das zugleich ein kriminalistisch enthülltes Familienstück ist, in dem, von den Hauptpersonen mit Ausnahme Nathans, jeder mit jedem verwandt ist: Onkel, Tante, Neffe und Nichte friedlich vereint – und kein einziger verheiratet! Ein Witwer, drei Jungfern und fünf Junggesellen: das nenne ich mir ein Familienstück... wenn's denn eins sein sollte. Doch dies eben ist fraglich. Ein Happy-End, auf jeden Fall, gibt es nicht, kein Hochzeitsfest (wie in den Entwürfen), kein rauschendes Finale mit Braut- und Bräutigamzuführung, mit Schleierlüftung und zartem Erröten. Statt dessen: *stumme Wiederholung allerseitiger Umarmungen;* keine Reden, keine Geselligkeit, keine auf die Anwesenheit *solcher* Menschen deutenden Widersprüche mehr. Nur höfisches Ritual und abgezirkelte Wiederholungen immer des Gleichen. Kein schachspielender Parse, kein volkstümlich daherredender Klosterbruder beleben das Fest. Man feiert, wortlos und der Argumente beraubt, im Wachsfigurenkabinett eine Familienfête. Ein melancholischer Schluß, denke ich.

Der Weg, dies wird deutlich, zur Versöhnung der Religionen und der Emanzipation der Vernunft, die eines Tages der Offenbarung – nachdem die ihr die Bahn geebnet hat – nicht mehr bedarf... dieser Weg ist noch weit: und eben dies zu zeigen war Lessings Absicht.

In der Mitte zwischen *grauer Vorzeit* und dem Äon, der – vielleicht! – *über tausend tausend Jahre* das Reich allgemeiner Emanzipation aus selbstverschuldeter Unmündigkeit wird anheben lassen, liegt eine Epoche, in der Intoleranz und Fanatismus der positiven, staatlich legitimierten Religionen und Ideologie-Gemeinschaften zwar, durch Traktat und Spiel benannt, ihrer *unbeschränkten* Herrschaft beraubt, aber noch lange nicht, zugunsten der natürlichen Religion, ad absurdum geführt werden können.

Realist, der er war, machte Lessing sich über die Wirkung seiner literarisch-theologischen Unternehmungen keinerlei Illusion – »noch kenne ich keinen Ort, wo dieses Stück schon jetzt aufgeführt werden könnte« – und war sich darüber im klaren, daß die auf ihre Geschichtsmacht pochende christliche Religion niemals davon ablassen werde, den Blick auf jene – verläßliche und wohlverbürgte – Religion Christi zu verstellen, die Jesus »als Mensch selbst erkannte und übte; die jeder Mensch mit ihm gemein haben kann; die jeder Mensch um so viel mehr mit ihm gemein zu haben wünschen muß, je erhabener und liebenswürdiger der Charakter ist, den er sich von Christo als bloßen Menschen macht«. Als *bloßen*, wohlgemerkt (nicht als Gott und nicht als *solchen* Menschen): als Inkarnation der Humanität also und nicht als deren zufällig-begrenzte Personifizierung.

Christentum und Humanität: Es ist ergreifend zu sehen, wie Lessing, in der Weise von Pascal und Gryphius, jenen in der »Erziehung des Menschengeschlechts« als Pädagogen apostrophierten Jesus ins Blickfeld rückt, der *nie* aufgehört habe, Mensch zu sein: der Mann aus Nazareth, dem nicht zufällig einer der letzten Pläne aus der Werkstatt des Dramatikers gilt. Einen frommen Samariter, Trauerspiel in 5 Akten, gedenke er auszuarbeiten, heißt es, wenige Wochen nach dem Erscheinen des »Nathan«, in einem Brief an Elise Reimarus – ein Stück »nach der Erfindung des Herrn Jesu Christi«. Und dann: »Der Levit und der Priester werden eine gar brillante Rolle darin spielen.« Man sieht, der Anwalt jener *praxis pietatis*, die den zur Vernunft führenden Vorsehungsplan Gottes am verläßlichsten erfüllt, blieb zu gleicher Zeit, bis zu seinem Tod, der theologische Polemiker: eingereiht unter die Väter, die sich, so der Sinn der Ringparabel, ihrer Autorität freiwillig begeben und es den Söhnen jederlei Religion überlassen, durch Nächstenliebe als die Gott wohlgefällige Form humaner Geselligkeit ein Samariterdasein zu führen.

Eingereiht unter die *weisen*, aber auch die *zornigen* Väter – in unerbittlicher Kampfansage an die Priester, Leviten, Patriarchen und Goezen der Welt, die allesamt die reine Lehre und die fromme Schwärmerei über die guten Werke stellen, und dies, obwohl, so Lessing, doch deutlich sein müßte, daß gute Werke sich nicht nach Konfessionen bemessen. (Der Muselman begnadigt, im »Nathan«, den Christen, der Christ rettet die Jüdin aus dem Feuer, der Jud nimmt, auf der höchsten Stufe der Humanität, die Christin auf, deren Glaubensgenossen kurz zuvor seine Familie ausrotteten.)

»Laßt lächelnd wenigstens ihr einen Wahn« – Daja über Recha, nach der Erscheinung des Tempelherrn –, »in dem sich Jud und Christ und Muselman vereinigen – so einen süßen Wahn!«: Lessing wußte, daß, wie die Zeiten standen, der *Wahn* nur vorscheinweise, nur in den antizipierenden Träumen der Kunst, *Wahrheit* werden könne. Nur auf dem Theater ließ sich die autonome Gesellschaft jener sympathisierenden Geister realisieren, die keiner Regierung mehr bedürften, keiner weltlichen Tyrannei und keiner religiösen Disziplinierung.

Wenige Wochen vor seinem Tod empfahl Lessing dem Freund Moses Mendelssohn einen Emigranten, den Juden Daveson, dem von Israeliten und Christen in gleicher Weise mitgespielt worden sei: »Er will von Ihnen nichts, lieber Moses, als daß Sie ihm den kürzesten und sichersten Weg nach dem europäischen Lande vorschlagen, wo es weder Christen noch Juden gibt . . . sobald er glücklich da angelangt ist, bin ich der erste, der ihm folgt.« So, auf die Formel gebracht, das Testament eines Liebhabers der Theologie im Zeitalter der Aufklärung, auf dessen Grabstein der Brecht-Satz stehen könnte: ER HAT VORSCHLÄGE GEMACHT.

Vorschläge, die bis heute nicht angenommen, geschweige denn verwirklicht worden sind.

Friedrich Hölderlin

Hymnen

HANS KÜNG

Religion als Versöhnung von Antike und Christentum

Tübingen im Jahrzehnt nach Lessings Tod: Wenn man irgendwo lebendig erfahren konnte, was Ancien Régime bedeutet, das *vor-moderne* »System« oder Paradigma von protestantischer Theologie, Kirche, Staat und Gesellschaft, dann im Tübinger Stift, unter dem despotischen Herzog Karl Eugen, zur Zeit Friedrich Hölderlins (1770–1843), mit seinen Freunden Neuffer, Magenau und Stäudlin, seit 1790 mit Hegel und Schelling.

Traditionell-orthodox, wenngleich modern aufpoliert, präsentiert sich in Tübingen die *Theologie* in Gestalt der »älteren Tübinger Schule« mit ihrem Schulhaupt G. Chr. Storr. Stand die lutherische Orthodoxie und die katholische Barockscholastik des 17. Jahrhunderts, zur Zeit des Gryphius, im Bund mit Aristoteles, die aufgeklärte Theologie des 18. Jahrhunderts dann mit Leibniz und Wolff, so bemüht Storr zur apologetischen Absicherung seines »biblischen Supranaturalismus« keinen geringeren als Immanuel Kant: Da die »reine Vernunft« für Glaubenswahrheiten wie Trinität, Inkarnation und Auferstehung nicht zuständig sei, könne sie diese auch nicht kritisch hinterfragen. So einfach ist das.

Hölderlin, Hegel und Schelling, die schließlich dasselbe Zimmer bewohnen, halten nichts von diesem Scheinkompromiß zwischen Dogmatik und Kritik. »Nirgend wird wohl so getreulich wie dort in Tübingen das alte System fortgepflanzt«, so schreibt Hegel nachher an Schelling und spottet über diese pseudomoderne Orthodoxie, die »das Wasser der neuen Ideen auf ihre eigenen klappernden Mühlen zu leiten versucht«: »so heißt es: ›ja, es ist wohl wahr‹, legt sich dann aufs Ohr, und des morgens trinkt man seinen Kaffee und schenkt ihn anderen ein, als ob nichts geschehen wäre« (Aus-

122

gabe Lasson-Hoffmeister, XXVII, 12.16). Hölderlin, durch sein eng-pietistisches Milieu ohnehin statt zur Ichbejahung zur Ichverleugnung erzogen, fühlt sich bald abgestoßen vom Denkzwang des spätorthodoxen Dogmatismus und Moralismus. Das Christentum muß ihm so zunehmend als erschöpfte Religion erscheinen. Die griechische Antike aber – Hölderlins »Steckenpferd« von Jugend an – bekommt an dessen Stelle eine neue, geradezu religiöse Faszination: jenes von Winckelmann neu entdeckte, ideale Griechentum der »edlen Einfalt und stillen Größe« – das Schönheitsideal der deutschen Klassik! – der lichten, seligen Götter, der Naturfrömmigkeit und harmonischen Menschlichkeit.

Welch ein Kontrast also zum Tübinger Stift und seiner eher düsteren Kirchlichkeit und Christlichkeit. Denn so orthodox die Theologie, so streng diszipliniert die *Kirche* und so gut beaufsichtigt ihr Pfarrernachwuchs. Subordination ist allenthalben die Parole: eine autoritäre Kirche stützt den absolutistischen Staat. Im Stift, einem früheren Augustiner-Kloster, herrschen, nach Hölderlin, »ungesunde Luft«, »schlechte Kost«, »Schikane« oder, nach Schelling, ein »moralischer Despotismus«: eine Disziplinär- und Strafordnung, die leicht zu Servilität und Heuchelei führt, hinter der die Autorität des Herzogs und des mächtigen Stuttgarter Konsistoriums steht. Dort macht man sich über die kritische Einstellung mancher Theologiestudenten zur kirchlich-staatlichen Autorität, Ordnung und Disziplin ernsthafte Sorgen.

Für Hölderlin bedeutet Tübingen die Wende: rasch gerät er in Opposition zu den feudalen Institutionen Kirche und Staat. Dem geistlichen Beruf ist er im Grunde abgeneigt. Nur um der Mutter willen hält er, der wächsern weiche, stimmungsabhängige, doch ungewöhnlich ehrgeizige, ruhmbegierige »Grillenfänger«, der, ständig zweifelnd, lieber Jura studiert hätte, den »Druck« aus: »Daß ich noch im Kloster bin, ist Ursache die Bitte meiner Mutter. Ihr zulieb kann man wohl ein paar Jahre versauern« (Werke und Briefe in zwei Bänden, Insel-Ausgabe, II, 803f).

Liberal ist die Stiftsleitung nur bezüglich Studienzirkel, partikulären Freundschaftsbünden und Lektüre. Seit den siebziger Jahren – Lessings letztes Jahrzehnt – und besonders seit dem amerikanischen Unabhängigkeitskrieg – hat sich unter der deutschen Intelligenzija jene von Klopstock, Autoren des »Sturm und Drang«, Goethes »Götz« und Schillers »Räuber« politisch radikalisierte »Spätaufklärung« bemerkbar gemacht, die freiheitliche Gesinnung und Fürstenhaß verbreitet; in Württemberg wirken in diesem Sinn Schubart, Conz, Stäudlin – alle Hölderlin persönlich bekannt. Im Stift liest man öffentlich die Bibel, privat Rousseau. Während noch diese klassische Hölderlin-Biographie von Wilhelm Michel (1940) diese politische Dimension arg vernachlässigte, hat die neuere Forschung (W. Binder, Chr. Prignitz) – angestoßen durch Arbeiten von Pierre Bertaux – herausgearbeitet, wie sehr schon Hölderlins früheste Gedichte nicht nur vom christlich-pietistisch-jenseitigen Geist der Familie und des Internats, sondern, zunehmend, vom freiheitlichen Geist Klopstocks (zuerst als »großer Sänger Gottes« verehrt) geprägt und gegen die feudalen Unrechtsstrukturen gerichtet sind.

Schon 1788, also ein Jahr vor der Französischen Revolution, entsteht ein Gedicht wie »Männerjubel«, das, ganz auf die »Töchter Gottes«, die Ideale »Gerechtigkeit«, »Freiheit« sowie »Liebe des Vaterlandes« ausgerichtet, ein ausgesprochen antihöfisches Pathos gegen »Despotenflüche« und »Pfaffenwut«, aber auch ein neues Reden von einem »Gott der Götter« verrät:

> »Es glimmt in uns ein Funke der Göttlichen;
> Und diesen Funken soll aus der Männerbrust
> der Hölle Macht uns nicht entreißen!
> Hört es, Despotengerichte, hört es!«

(I, 257)

Ein Jahr später beginnt in Paris mit der Konstituierung der französischen Nationalversammlung, dem Sturm auf die Bastille, der Gefangensetzung des Königs, der Proklamation der Menschenrechte und der Nationalisierung des Kirchengutes die *Große Revolution*, die mit den bürgerlichen Interessen den Nationalgedanken und die universalen Menschheitsideale der Aufklärung verbindet! Das heißt: Das *Paradigma der Moderne*, das in der Philosophie mit Leibniz, Hume und Kant, in der Physik und Chemie mit Newton und Boyle, in der Staats- und Gesellschaftstheorie mit Montesquieu, Voltaire und Rousseau bereits klassische Ausformungen erreicht hat, beginnt sich nun auch im *Bereich der praktischen Politik* voll auszuwirken. Weder die französischen Aufklärer noch Lessing hatten eine gewaltsame Revolution in Erwägung gezogen; und die Französische Revolution scheint ja auch zunächst ohne Blutvergießen abzulaufen.

Nicht zuletzt deshalb findet die Revolution im kriselnden *Deutschland* bei vielen aus Mittelstand und bürgerlicher Intelligenz Zustimmung: unter Philosophen wie Kant, Jacobi, Fichte, unter Schriftstellern wie Klopstock, Herder, Wieland, Novalis und Friedrich Schlegel und selbstverständlich auch unter Theologiestudenten wie den drei jungen oppositionellen Tübingern, die sich ebenfalls Illusionen über eine freiwillige Änderung der Regierungsform durch die regierenden Fürsten machen. Durch eine kleine Studentengruppe aus dem Französisch sprechenden, aber damals württembergischen Mömpelgard (Montbéliard) über die Entwicklung in Frankreich gut unterrichtet, ist man im Stift von den Revolutionsideen gepackt und verschlingt leidenschaftlich französische Zeitungen. »In tyrannos!«, »Vive Jean Jacques«, »Vive la liberté!« und anderes schreibt man sich auf die Stammbuchblätter. Hegel, enthusiastischer Redner der Freiheit und Gleichheit, soll mit Hölderlin, Schelling und anderen in oder bei Tübingen gar einen Freiheitsbaum aufgerichtet haben.

Hölderlins Enthusiasmus für die revolutionären Ideen kommt in den *Tübinger Hymnen* klar zum Ausdruck: Jene höchsten Ideale der Menschheit – Harmonie, Schönheit, Freiheit, Liebe – werden schon hier als wirklich geglaubte Mächte, als göttliche Offenbarungen und Gestalten erfahren, die den Dichter anreden und von ihm angeredet, gepriesen, bedankt, in »Begeisterung« gefeiert werden; zum ersten Mal erscheint hier auch – in der »Hymne an die Menschheit« (1791) – »der Gott in uns«! Ziel dieser politisch-religiösen Hymnen ist die Erneuerung der menschlichen Gesellschaft. In der ersten Hymne an die »Himmelstochter« Freiheit (1792) heißt es (Athenäum-Studienausgabe I, 106):

»Dann am süßen heißerrungnen Ziele,
Wenn der Ernte großer Tag beginnt,

125

Wenn verödet die Tyrannenstühle,
Die Tyrannenknechte Moder sind,
Wenn im Heldenbunde meiner Brüder
Deutsches Blut und deutsche Liebe glüht;
Dann, o Himmelstochter! sing' ich wieder,
Singe sterbend dir das letzte Lied.«

Alles freilich wird anders, als die Revolution sich radikalisiert: Es kommt zum Fluchtversuch Ludwigs XVI. 1791, zu den Septembermorden 1792, der Guillotinierung des Königs und schließlich zur Schreckensherrschaft Robespierres 1793. Alles das führt zum Stimmungsumschwung auch in Deutschland. Im selben Jahr wird im Stift auf Befehl des Konsistoriums eine Inspektion zur Unterdrückung des demokratischen Geistes durchgeführt: ein Stiftler wird entlassen; der Landesherr persönlich hält im Refektorium eine Standpauke; Schelling, der die Marseillaise übersetzt hatte, muß sich entschuldigen und tut es mit dem hintersinnigen Bibelzitat: »Majestät, wir fehlen alle mannigfach!« Die Verkündigung neuer, strengerer Statuten schließlich erbittert wenige so tief wie Hölderlin; in seinen Hymnen äußert er, daß das Vaterland »den Räubern«, Tyrannen, »entwunden« werden müsse.

Unmittelbar nach der gut bestandenen theologischen Abschlußprüfung 1793 wendet sich Hölderlin – ähnlich auch Hegel und Schelling – definitiv vom Pfarrerberuf ab und damit zunächst auch vom Christentum; der persönliche Gott tritt ebenso zurück wie die Gestalt Jesu Christi. Hölderlin beginnt seinen eigenen Weg zu finden, und man mag sich fragen, ob er nicht überhaupt zu jenen Naturen gehört, die zu keiner Zeit und in keiner geistig-religiösen Situation »sich in eine bestehende religiöse, geistige, kirchliche Ordnung eingefügt hätten«. Emanuel Hirsch bejaht dies und macht zugleich auf den Zeitbruch dieser Epoche aufmerksam – Paradigmenwechsel könnte man sagen: In der Tat, Hölderlin »wäre als Ketzer, Mystiker oder Schwärmer auch in frühern Jahrhunderten seinen eigenen Weg gegangen. Um 1700 wäre er radikaler Pietist gewesen, hätte statt des Hyperion eine Autobiographie und statt Oden im griechischen Stil christlich-fromme Herzensstimmen erklingen lassen. Daß er jetzt einen so ganz andern Weg geht, ist ein Zeichen der Zeit. Die Umformungskrise hat einen erheblichen Teil selbstverständlicher Gültigkeit des Christlichen schon um 1800 zerrieben. Die innere Macht des christlichen Glaubens ist selbst innerhalb des frommen protestantischen Deutschland weit schwächer, als man es ahnt in Staat, Kirche und Theologie« (S. 455).

Durchdrungen ist Hölderlin in dieser Phase mehr denn je vom Idealbild griechischer Religion, Kunst und Lebensart, vom antiken Schicksalsglauben (elegische Klage über das untergegangene »Griechenland« 1795), von der schöpferisch gegenwärtigen All-Natur und von der neuen idealistischen Philosophie. Rund drei Jahre lang haben sich die drei Studenten gemeinsam mit führenden Repräsentanten der neuen Epoche auseinandergesetzt, mit Leibniz, Rousseau, Jacobi, Herder, Fichte und vor allem – für Hölderlin durch Schiller vermittelt – mit Kant.

Die Folge ist eine für die gesamte Geistesgeschichte höchst folgenschwere *Neuorientierung im Gottesverständnis*. Ohne sie wird man Hölderlins Hymnen der Mittel- und Spätzeit nie verstehen. Wieder einmal war Lessing der Auslöser gewesen. Von ihm hatte der Philosoph F. H. Jacobi in seinen öffentlichen Briefen »Über die Lehre des Spinoza« (1785. ²1789) an Mendelssohn behauptet, Lessing hätte in einer Privatunterredung mit ihm kurz vor seinem Tod die orthodoxen Begriffe von der Gottheit aufgegeben, hätte Gott als apersonale Seele des Weltalls verstanden, hätte sich zum heraklitischen »Hen kai pan«, jenem pantheistischen »All-Einen«, bekannt, was für Jacobi klar auf Atheismus hinausläuft. Ein großer »Pantheismusstreit« war die Folge, bei dem sich freilich bis heute nicht eindeutig klären ließ, was von Jacobis Mitteilung zu halten ist: Hat er den großen Dialektiker Lessing wirklich verstanden? Sicher ist nur, daß Lessing seither in der Öffentlichkeit als »Spinozist« gilt, als Begründer der eigentümlich deutschen Spielart eines dynamischen Pantheismus, und daß sich deshalb in der Folgezeit viele, und nicht zuletzt die drei Tübinger, das »Hen kai pan« zu eigen machen.

Hegel, Schelling, Hölderlin – also Anhänger des Pantheismus? Gewiß: alle drei wenden sich ab vom biblischen Herrschergott, der die Menschen in Unterwürfigkeit hält, und auch vom Gott eines dualistischen Deismus, der in eine ferne Transzendenz abgeschoben erscheint als ein bloß entgegengesetztes Gegenüber (Ob-jektum). Aber ist dies schon Pantheismus im strengen Sinn, ein »Alles-Gott-Sein«? Nein, selbst Hölderlin betreibt keine Alles-Götterei, Gott und Natur fallen nicht simpel zusammen. Präziser wird man wohl von einem *Pan-en-theismus*, einem »Alles-in-Gott-Sein«, reden müssen. Das göttliche Eine wirkt in allen Dingen, und alle Dinge ruhen im einen Gott: eine differenzierte Einheit des göttlich verstandenen Lebens, der Liebe, des allumfassenden Geistes – drei zumindest für die spätere Frankfurter Periode der Freunde charakteristische Begriffe. Keine Frage, daß man mit diesem Gottesverständnis die starren Doktrinen des Christentums meint abgeworfen zu haben wie eine alte Haut: Metamorphose des Göttlichen! Statt von Gott als dem Weltenschöpfer und Weltenlenker des großen Weltuhrwerks zu sprechen, ist es möglich geworden, neu, unverbraucht von der Gottheit zu reden: als dem Allesumgreifenden, Absoluten, Göttlichen, in welchem Zeus, Jahwe, Gottvater aufgehen, und gleichzeitig die Vorstellung von einem »persönlichen Gott« als kruden Anthropomorphismus hinter sich zu lassen.

Damit hat sich für die Religion in der Moderne etwas Entscheidendes ereignet: Die drei Tübinger – wie auf andere Weise auch Goethe – haben aus den naturwissenschaftlich-philosophischen Voraussetzungen des neuen Paradigmas zum ersten Mal klare, wenngleich vielleicht noch nicht genügend differenzierte Konsequenzen für ein neues Gottesverständnis gezogen, das sich bis hin zu Teilhard und Whitehead auswirken wird: Gott, die Gottheit – oder wie man immer die allererste-allerletzte wirklichste Wirklichkeit nennen mag – darf nicht mehr naiv-anthropologisch als ein Gott *über* uns gedacht werden, in einem physikalischen Himmel. Aber auch nicht aufgeklärt-deistisch als ein Gott *außerhalb* der Welt, in einem meta-physischen Jenseits. Adäquat wird Gott nur *in* dieser Welt gedacht und diese Welt *in* Gott; das Unendliche *im* Endlichen, die Transzendenz *in* der Immanenz, das Absolute *im* Relativen. Gott, die Gottheit also als die allesumgreifende, allesdurchwaltende Wirklichkeit im Herzen der Dinge, im

er jenen griechisch-ungezwungenen Zusammenhang mit der Natur und dem Göttlichen, den »Gott der Mythe« wieder finden könne, den er in seiner Jugend so lebendig erfahren hatte:

> »Da ich ein Knabe war,
> Rettet' ein Gott mich oft
> Vom Geschrei und der Rute der Menschen,
> Da spielt ich sicher und gut
> Mit den Blumen des Hains,
> Und die Lüftchen des Himmels
> Spielten mit mir.
>
> Und wie du das Herz
> Der Pflanzen erfreust,
> Wenn sie entgegen dir
> Die zarten Arme strecken,
>
> So hast du mein Herz erfreut,
> Vater Helios! und, wie Endymion,
> War ich dein Liebling,
> Heilige Luna!
>
> O all ihr treuen
> Freundlichen Götter!
> Daß ihr wüßtet,
> Wie euch meine Seele geliebt!
>
> Zwar damals rief ich noch nicht
> Euch mit Namen, auch ihr
> Nanntet mich nie, wie die Menschen sich nennen,
> Als kennten sie sich.
>
> Doch kannt ich euch besser,
> Als ich je die Menschen gekannt,
> Ich verstand die Stille des Aethers,
> Der Menschen Worte verstand ich nie.
>
> Mich erzog der Wohllaut
> Des säuselnden Hains
> Und lieben lernt ich
> Unter den Blumen.
> Im Arme der Götter wuchs ich groß. (I, 40)

Ja, »da ich ein Knabe war«: Wem es als Interpret in Kunst- und Literaturgeschichte nicht nur um Werke, ihre Formen und Verfahrensweisen geht, wem bewußt ist, daß Kunst- und Literaturgeschichte nicht bloß von Sachverhalten, sondern von lebendigen Menschen Zeugnis gibt, deren gezeichnetes Leben nur kalte Herzen unbewegt läßt, der kann gerade angesichts des weiteren Weges dieses Knaben unmöglich teilnahmslose Analyse betreiben. Ich spreche dabei nicht vom vielumrätselten Ende dieses Mannes, sondern bewußt vom Unternehmen auf der Höhe seines Lebens. Und ich rede dabei nicht einer Hölderlin-Romantik und erst recht nicht einer neuen nationalen oder quasi-religiösen Hölderlin-Schwärmerei das Wort, wie sie unser Jahrhundert – schon vor dem Nationalsozialismus – kennzeichnete: achttausend Exemplare seiner Bücher verkauft bis zu Hölderlins 100. Geburtstag (1870), 80 000 allein im Jahre 1921; Hölderlin der »Deuter«, »Seher«, »Priester«, »Gesetzessprecher«, »Mittler« und das »Opfer« zugleich (W. Michel, S. 566) . . . Nein, nicht für eine Hölderlin-Ersatzreligion plädiere ich, wohl aber für eine Interpretation aus Empathie und Sympathie, aus selbstkritisch reflektiertem Einfühlen und Mitfühlen.

Ja, »da ich ein Knabe war, rettet' ein Gott mich oft«: Rückerinnerungen an eine Kindheit werden beschworen, eine Zeit unvergleichlich intensiver Naturverbundenheit in noch vorindustrieller schwäbischer Landschaft und ungebrochener vormoderner Religiosität. Ein Mann reflektiert sich hier, der – von Theologie, Kirche und Staat in gleicher Weise enttäuscht – das ganze traditionelle System, das ganze orthodox-protestantische Paradigma weggeworfen hat, um unter dem Einfluß seiner idealistischen Freunde und Gesinnungsgenossen die Moderne zu rezipieren. Aber was soll er tun, dieser moderne »Hyperion«, der ein Dichter ist und sonst nichts; der sein Heil, den Sinn seines Lebens, nicht wie seine Freunde in philosophischer Spekulation und einer sicheren Universitätsprofessur finden kann, aber auch nicht wie jetzt immer mehr moderne Menschen in Naturwissenschaft, Technologie und Industrie, auch nicht schließlich wie wieder andere in der Politik, im Kampf um die Verwirklichung der Demokratie? Hölderlin stellt bewußt den Rückbezug zu seinen Jugenderfahrungen her, da er sich »im Arme der Götter« wußte. Das Jugendbild wird zum kritischen Spiegel seiner Gegenwart, in der das Göttliche aus dem Leben der geschäftigen Menschen und gar aus der Natur entflohen schien.

Was aber hat ein Dichter in die Waagschale zu werfen gegen die Gott-lose Zeit, was hat er zur Verfügung für die kühne Synthese von Religion und Poesie, für eine bessere Menschheit, als – das Wort? Mit der ganzen ihm überreich geschenkten Macht der Sprache versucht Hölderlin – und dies nicht etwa für verträumte Ästheten, sondern für sein ganzes bedrohtes »Vaterland« – den »Genius Griechenlands« wiederzuerwecken (»Griechenland« heißt sein letztes Tübinger Gedicht 1793) und damit naturmystisch auch die Mächte des Lebens: Erde und Licht, Äther und Meer, Ströme und Täler, Freundschaft und Liebe, alles das, was er – dem Christentum jetzt fern – *die Götter* nennt.

Aber er nennt sie nicht nur, die Götter, er benennt sie, ruft sie an, verehrt sie – in Anlehnung an die vorhomerische, archaische griechische Mythologie, in Anlehnung an Pindar und die Chöre der Tragiker. Seit Paul Böckmanns grundlegenden Untersuchungen über »Hölderlin und seine Götter« (1935) – auch die von Romano Guardini (1939) wären hier heranzuziehen – weiß man: Bei diesen »Göttern« handelt es sich nicht nur um »Elemente« (Obernauer) oder »Personifizierungen« (Gundolf), nicht um mystische Beziehungen zum Seelen- und Ahnenkult (Pigenot), aber auch nicht nur um poetisch-ästhetische Gebilde (Böhm), sondern um die grundlegenden Naturmächte, die bleibenden Lebensmächte, die unser Dasein, die außermenschliche Natur ebenso wie die menschlichen Beziehungen beherrschen. Zwar liegen diese Naturgötter jenseits unserer persönlichen Erfahrungen, doch können sie von be-geisterten Menschen gläubig gefühlt, als wirkliche anerkannt und *im Wort*, in Liedern, *gefeiert* werden: Nicht pathetische Propagierung großer Ideale wie bei Schiller, sondern hymnische Preisung auf der Linie Klopstocks war sein Ziel! »Die Urbedeutung des Mythos stellt sich für Hölderlin wieder her, sofern ja ›mýthos‹ zunächst soviel wie Wort oder Rede bedeutet und ›mytheïsthai‹ soviel wie sprechen und nennen. Und zugleich ist der Hymne ihr eigentlicher Sinn wiedergewonnen, da ›hymneīn‹ mit besingen, preisen, rühmen zu übersetzen ist«, so Paul Böckmann über »Hölderlins mythische Welt« (1944, S. 20).

Dabei will Hölderlin durchaus keine neue Mythologie im Sinne einer für sich bestehenden selbstgenügsamen Götterwelt kreieren und darstellen, sondern will den von Menschen erfahrbaren höheren Mächten der Natur *Pietas*, Frömmigkeit, bezeugen. Für Hölderlin ist der Mythos nicht wie für Lessing, Hegel, die Idealisten überhaupt nur die unwahre, irreale Vorform der wahrhaft realen Wirklichkeit der Idee, sondern echte Erfahrung der Manifestationen des einen Göttlichen, das alles durchwaltet.

Auf dem Höhepunkt seines Schaffens – besonders in der Zeit seines Zusammenseins mit Suzette, Frau des Bankiers Gontard in Frankfurt, der inkarnierten Traumgestalt *Diotima* seiner Dichtung »Hyperion« – sah sich Hölderlin eine Zeitlang am Ziel seines Weges. In Diotima schien seine Sehnsucht erfüllt, die verlorene Vergangenheit und die mögliche Zukunft gegenwärtig: in der Geliebten, der reinsten Verkörperung seiner Ideale, ist ihm das Göttliche erschienen, mythisches Griechentum in neuer Gestalt, Morgengabe einer erneuerten Welt:

> »Nun! ich habe dich gefunden!
> Schöner, als ich ahndend sah,
> Hoffend in den Feierstunden,
> Holde Muse! bist du da;
> Von den Himmlischen dort oben,
> Wo hinauf die Freude flieht,
> Wo, des Alterns überhoben,
> Immerheitre Schöne blüht,
> Scheinst du mir herabgestiegen,
> Götterbotin!...« (I,28)

Aber als die Beziehung, von außen gewaltsam gestört, aufgelöst werden mußte, war der Zusammenbruch eingeleitet:

> »Aber weiß ich es nicht? Wehe! du liebender,
>   Schutzgeist! ferne von dir spielen zerreißend bald
>   Auf den Saiten des Herzens
>   Alle Geister des Todes mir.« (I,33)

Der Rausch war verflogen. Im autobiographisch-programmatischen Brief-Roman »Hyperion oder der Eremit von Griechenland« werden aus der Erinnerung die Tage beschworen, da Göttliches und Irdisches noch eins waren. Doch die religiöse Krise der Moderne – ihre wachsende Gottferne – ist damit nicht überwunden. Ernüchtert gesteht »Hyperions Schicksalslied« den bleibenden Abstand zwischen »den Himmlischen dort oben« und sich selber, die nicht zu nivellierende Kluft zwischen den göttlichen Mächten und dem leidenden Menschen ein:

> »Ihr wandelt droben im Licht,
> Auf weichem Boden, selige Genien!...

> Doch uns ist gegeben,
> Auf keiner Stätte zu ruhn,
> Es schwinden, es fallen
> Die leidenden Menschen
> Blindlings von einer
> Stunde zur andern,
> Wie Wasser von Klippe
> Zu Klippe geworfen,
> Jahr lang ins Ungewisse hinab.« (I,44)

Unruhe, Leiden, Blindheit, Geworfensein, Ungewißheit: mit dieser Skizze beschreibt sich der Autor selbst – in der Maske des Hyperion. Sein Leben wird fortan unter diesen Zeichen stehen. Immer deutlicher wird nun werden, wie wenig es Hölderlin gelingt, Programm und Praxis, Idee und Realität, Ästhetik und Wirklichkeit, Dichtung und Gesellschaft zusammenzubringen. Immer mehr lebt er sich in sein mythisches Universum ein, aber immer mehr beginnt sich dieses zu verselbständigen und ihn von der realen Wirklichkeit zu entfremden.

Je mehr freilich die Illusion eines erneuerten Griechentums in einem erneuerten Deutschland zerfließt, je mehr die gläubig vorausgesetzte gleiche Anlage des deutschen und des griechischen Geistes fraglich wird, je mehr die Wiederkunft der gefeierten Götter ausbleibt, um so mehr wird jetzt eine neue *Synthese zwischen Griechentum und Christentum* angestrebt, um so mehr tritt – in schmerzhaften Reminiszenzen – neben den alten Göttern die Gestalt des Einen hervor, der Hölderlins Jugend bestimmt hatte.

> »Viel hab ich dein
>   Und deines Sohnes wegen
>   Gelitten, o Madonna,
>   Seit ich gehöret von ihm
>   In süßer Jugend.« (I,208)

So die unvollendete Madonnenhymne. Charakteristisch aber schon hier wie überhaupt in der Spätphase: die Gleichordnung des Sohnes und der Naturgötter:

> »Dir, o Madonna, und
> Dem Sohne, aber den andren auch,
> Damit nicht als von Knechten,
> Mit Gewalt das ihre nehmen
> Die Götter.« (I,211)

»Der Archipelagus« war das letzte große Gedicht aus rein antiker Geistigkeit. Schon im Dramen-Fragment »Der Tod des Empedokles« zeigt sich mit der Reifung der Fassungen (1797–1800) eine fortschreitende Verchristlichung der Gestalt jenes griechischen Philosophen, der sich schließlich als Selbstopfer für die vielen in den Ätna stürzt, sich dem Ganzen anheimgebend: ein Empedokles mit Christi Zügen. Ihm, dem Einen, sind dann vor allem Hölderlins *letzte Hymnen* vor seiner Umnachtung gewidmet, auf die Walter Jens näher eingehen wird. Hier soll nur, um den Kreis zu schließen, die eine herausgegriffen werden, die die Rückkehr des so lange ferne geglaubten Christus in geradezu erschütternder Weise als *Versöhnenden* feiert: als Freund, Unsterblicher, seliger Friede, dessen Hoheit den Dichter in die Knie zwingt:

»Versöhnender, der du nimmergeglaubt
Nun da bist, Freundesgestalt mir
Annimmst, Unsterblicher, aber wohl
Erkenn ich   das Hohe,
Das mir die Knie beugt...« (I,156)

Für den Dichter, schon so lange in Dunkelheit und Friedlosigkeit, kurze Zeit begeistert vom Lunéviller Frieden zwischen
Frankreich und dem Deutschen Reich (1801), ist es unerwarte-
te »Gabe«, daß der erscheint, der für Hölderlin eindeutig mehr
ist als ein Mensch, ein Weiser oder Freund:

»Und fast wie ein Blinder muß ich
Dich, Himmlischer, fragen, wozu du mir,
Woher du seiest, seliger Friede!
Dies Eine weiß ich, Sterbliches bist du nichts,
Denn manches mag ein Weiser oder
Der treuanblickenden Freunde einer erhellen, wenn
                                                    aber
Ein Gott erscheint, auf Himmel und Erd und Meer
Kömmt allerneuende Klarheit.« (I, 156 f)

»Ein Gott« also erscheint, nicht »der Gott«, wobei man sich
freilich sofort daran erinnern sollte, daß auch im Neuen Testament der Sohn oder der Logos nur »Gott« (theós), *der* Gott (*ho*
theós) aber allein der Vater genannt wird. Hölderlin, auch
hier, erinnert sich an seine Jugend, an den Sonntagmorgen mit
Gebet und Gesang der Gemeinde, seinen Zweifeln und Ängsten. Doch: »Zuvorbestimmt wars. Und es lächelt Gott«, der
»Allerhaltende«, der »Götter Gott«, jetzt der »Vater« genannt,
der am Ausgang der Antike, als das »Heilige Feuer« zur Feier
der Götter beinahe erloschen war, eingriff:

»Da schickte schnellentzündend der Vater
Das liebendste, was er hatte, herab.« (I, 158)

Und dieser Gesandte erfüllt seine Sendung im Tod. Nachdem jedoch die Menschen in der Folgezeit selbstgenügsam-
übermütig den Himmel vergaßen, soll jetzt ein neues Geschlecht kommen, das »der Zeiten Vollendung« erleben und

137

dem das Geheimnis offenbar werden wird: die Wiederkehr
Christi als letzter der Götter am Abend der Zeit und die Versöhnung der Götter und Menschen in einer neuen Liebesgemeinschaft.

»Dein Reich komme«: mit dieser Parole in endzeitlicher Stimmung hatten die Freunde in Tübingen Abschied genommen.
Und um diese eschatologische Hoffnung – keine griechische,
sondern eine christliche Erwartung – geht es Hölderlin noch
immer. Aber wie dieser Christus in den Religionsphilosophien
Hegels und Schellings mit der Zeit eine zentrale Stellung erhalten hat, so auch in der späten Dichtung Friedrich Hölderlins,
der weder eine allein von der altgriechischen Religiosität her
interpretierende Deutung (Walter F. Otto) noch eine christlich-
dogmatische Wertung zustimmender (J. Richter, A. Winklho-
fer) oder ablehnender Art (E. Przywara, M. Schultes) gerecht
wird. Hölderlin verkündigt – im Chor der Naturgötter – die
Rückkehr Christi, der die versöhnende Liebe verkörpert, zum
Reiche Gottes.
  Es ist müßig, darüber zu diskutieren, ob und inwiefern
Hölderlins Christologie mit der christlichen Dogmatik überein-
stimmt. Sie tut es nicht und will es auch nicht; Jesu Tod ist nach
Hölderlin kein Opfer- und Sühnetod für eine Sündenschuld
und seine Wiederkunft kein Gericht. Aber diese traditionellen
Vorstellungen sind auch heute alles andere als unproblema-
tisch, und heutzutage würde der Orthodoxie-Streit um Hölderlins »Geist-Theologie«, der vor fünfundzwanzig Jahren um den
engagierten evangelischen Pfarrer Heinrich Buhr in Tübingen
ausgetragen wurde, vermutlich ruhiger verlaufen.
  Hölderlin jedenfalls kehrt auch am Ende nicht einfach zu
seinen pietistischen Anfängen zurück. Nein, bis zum Schluß
will er ganz bewußt beides in einem: ein verlebendigtes Christentum *und* eine erneuerte Antike, *Christus und die Naturgötter*,
die für Hölderlin nun einmal, anders als für Schiller, keine
schöne poetische Fiktion, sondern gefeierte Realität sind. Gewiß werden Christus und die Götter nicht völlig gleichgeord-
net. Christus ist »das Liebendste« des Vaters und ist »ein Gott«,
der die versöhnende Liebe selber ist. Er gilt jetzt mehr als alle
anderen. Aber gleichzeitig: als der höhere Gott am Welten-

abend gehört Christus noch immer zum antiken Göttergeschlecht, an das Hölderlin glaubt.

Wie jedoch sollte beides zusammengehen können? Kann man auf die Dauer das Christentum neben mystisches Griechenland, den Nazarener neben Dionysos, den Gekreuzigten neben Herakles, ja, den Einen Gott neben den Gott der Götter halten, und nicht an der inneren Widersprüchlichkeit zerbrechen? Ist es ein Zufall, daß keine einzige dieser Christushymnen vollendet wird? Ein letztes *Scheitern Hölderlins* deutet sich hier an, und man wird sagen müssen: So, wie er in seiner politisch-poetischen Programmatik und in seinen privat-persönlichen Bindungen gescheitert ist, scheitert Hölderlin auch religiös. Die neue Ära kommt nicht. Die große Synthese: sie wollte politisch und sie wollte auch religiös nicht gelingen. In der Tat: Die »Verquickung des Heidnisch-Göttlichen mit dem Christlichen, die aus dem Ungenügen an den antiken Göttern hervorgeht, ist ein Grund seines Zerbrechens. Der Hauptgrund aber ist sein Versuch, das Göttliche im Gesang wirklich zu fassen und den neuen Göttertag mit der Einkehr der Himmlischen und der innigen Liebesgemeinschaft aller gegenwärtig zu nennen. Die Hymne ›Versöhnender, der du nimmergeglaubt...‹ will dies und scheitert daran. Sie bleibt Fragment. Denn ihr Glaube und ihre Verkündigung entsprachen nicht der Wirklichkeit«, so Robert Thomas Stoll (S. 150), der eine noch eindringlichere und philologisch präzisere Deutung der Hölderlinschen Christus-Hymnen vorgelegt hat als Romano Guardini.

Aber gescheitert ist hier nicht nur Hölderlin mit seiner grandiosen Dichtung, die mehr auf sich nahm, als sie zu tragen vermochte. Nein, es scheitert, oder *droht zu scheitern*, auch jene *spezifisch moderne Religiosität*, die, vom real existierenden Christentum begreiflicherweise enttäuscht und entfremdet, neue Wege zu gehen versucht: mit Hilfe eines idealisierten Griechentums (oder auch Germanentums), einer mystischen Naturfrömmigkeit und vor allem eines neuen Humanismus. Hätte man Hölderlins Schicksal ernster genommen, so hätte man von vornherein Zweifel haben müssen

1. am Gelingen jenes Ausgleichs zwischen antik-naturhafter Religiosität und Christentum, wo nicht mehr die Antike ins

Christentum aufgenommen, sondern umgekehrt das Christentum der Antike untergeordnet wird;

2. an den Mühen, das »Reich Gottes« unter den Bedingungen der modernen Gesellschaft mit Hilfe einer quasi-religiösen Synthese von Philosophie und Ästhetik heraufzuführen;

3. am Vermögen des Dichters, durch sein Wort das Göttliche in dieser Welt hervorrufen, gegenwärtig setzen zu können: in übermenschlicher Verantwortung. »Weh mir!« – ein »falscher Priester« (I, 137): Wortfetzen in Umnachtung.

Eine »dürftige Zeit«, interpretierte Martin Heidegger Hölderlin: »die Zeit der entflohenen Götter *und* des kommenden Gottes« (S. 49). Hätte Hölderlins frühes Verstummen nicht diejenigen warnen müssen, die sich zu dieser Zeit anschickten, nicht nur die gewiß notwendige Reform des Studiums der klassischen römischen und griechischen Sprache durchzuführen und Interpretationsmethoden der antiken Literatur und Kultur zu entwickeln, sondern die (in Nachfolge von Winckelmann, Rousseau, Herder, Wilhelm von Humboldt, Goethe, Schiller und eben auch Hölderlins) jene hyperaufklärerische Bildungsbewegung im Zeichen der deutschen Klassik und eines erneuerten Humanismus anführten? Wurde jener literarisch-ästhetisch-historisch orientierte *Neu-Humanismus*, der mit seinem Humanitätsideal (mehr als Hölderlin Goethes »Iphigenie«) unsere Gymnasien und Universitäten ein ganzes Jahrhundert beherrschte, nicht weithin zur *Ersatzreligion* der Gebildeten in der Moderne: jene »Goethe-Religion« des deutschen Bildungsbürgertums, bei der die Kunst, in enger Verbindung mit der Ethik gesehen, im Zentrum steht und eine erlösende, versöhnende Funktion haben soll?

Nachdem das moderne Paradigma in unserem Jahrhundert mit dem epochalen Umbruch der beiden Weltkriege in eine radikale Krise geriet, erscheint es als weltfremde Theorie zu meinen, die Ästhetik könne die Offenbarung *ersetzen*, die Dichter die Priester, das Theater die Liturgie, die Museen die Kirchen, kurz, *Kunst und Dichtung die Religion*. Mit dem Niedergang der idealistischen Philosophie, mit der fortschreitenden Industrialisierung und Demokratisierung ist dieser moderne Humanismus selbst in die Krise geraten. Sein unpolitischer Individualismus, seine ästhetisierende Verklärung des

140

Ich, aber auch sein Bildungsegoismus und der elitäre Grundzug seines Bildungsprogramms wurden reichlicher Kritik unterzogen: von seiten der Anthropologie und Soziologie und – zuerst – der Existenzphilosophie wie der Dialektischen Theologie.

Berechtigt ist diese Kritik gerade von theologisch-kirchlicher Seite indessen nur, wenn sie die Ideale dieses Humanismus, Persönlichkeit, Ganzheit, Heiterkeit, Schönheit, Menschlichkeit, ja, wenn sie nicht nur gegen das»verdammte katholische Und« (Karl Barth gegen Glaube *und* Werke, Christus *und* Maria, Christentum *und* Kultur) zu Felde zieht, sondern ihrerseits den so früh verstummenden Hölderlin ernst nimmt: wenn sie also nicht bei all ihrer Gelehrsamkeit hinter die Moderne zurückfällt in das frühere Paradigma jener Orthodoxen und Pietisten, die, nach einem Brief Hölderlins an seine Mutter im Januar 1799, »die Schriftgelehrten und Pharisäer unserer Zeit« sind: »die aus der heiligen lieben Bibel ein kaltes, geist- und herztötendes Geschwätz machen«, die »Christum ärger töten, als die Juden, weil sie sein Wort zum Buchstaben, und ihn, den Lebendigen, zum leeren Götzenbilde machen«. In seinem »innigen, lebendigen Glauben« will er schweigen »vor den Theologen von *Profession* (das heißt vor denen, die nicht frei und von Herzen, sondern aus Gewissenszwang und von Amts wegen es sind)«, aber auch »von denen, die gar nichts von all dem wissen wollen, weil man ihnen von Jugend auf durch den toten Buchstaben und durch das schrekkende Gebot, zu glauben, alle Religion, die doch das erste und letzte Bedürfnis der Menschen ist, verleidet hat...« (Sämtl. Werke, Stuttgarter Ausgabe, VI/I, 309 f).

Religion »*verleidet*« – und »*doch das erste und letzte Bedürfnis des Menschen*«! Eine unauslöschliche Sehnsucht nach echter, wahrer, menschlicher Religion, nach Gottes wirklicher Gegenwart, durchzieht das Leben dieses jungen Menschen, der fünf Jahre später in geistige Umnachtung fallen sollte. Er war ganze sechsunddreißig Jahre alt und hatte noch weitere siebenunddreißig Jahre in seinem Tübinger Turm zu leben. Hölderlins Äußerung erinnert an den Satz von Sigmund Freud, daß in der Religion die »ältesten, stärksten, dringendsten Wünsche der Menschheit« Erfüllung finden. Alles Illusion? Alles Projektion? Gewiß: Vieles in der Religion Hölderlins war Projektion, vieles war, wie Walther Killy formulierte, »Privatmythologie«, aber doch nicht alles! Wenn Hölderlin auch in seinen Synthesen gescheitert ist, in seinen Visionen bleibt er unwiderlegt. Uns Postmodernen bleibt Friedrich Hölderlin der kündende und verstummende Zeuge, der, in einer Zeit moderner Gottferne an den Abgrund getrieben, das vertrauensvolle Sichverlassen auf das Göttliche, auf Gott *in* dieser Welt, nicht aufgeben wollte.

WALTER JENS

»...und schauet den Frieden.«

»Die Geister müssen überall sich mittheilen, wo nur ein lebendiger Atem sich regt, sich vereinigen mit allem, was nicht
ausgestoßen werden muß, damit aus dieser Vereinigung, aus
dieser unsichtbaren streitenden Kirche das große Kind der
Zeit, der Tag aller Tage hervorgehe, den der Mann meiner
Seele (ein Apostel, den seine jetzigen Nachbeter so wenig
verstehen, als sich selber) *die Zukunft des Herrn* nennt«: So
lautet, formuliert am 9. November 1795, das Glaubensbekenntnis eines Schriftstellers, der, unter den vielen frommen
Eigenbrötlern, an denen Schwaben seit eh und je reich wie
kein anderes Land ist – Konventiklern, Stundenhaltern, Ad-
ventisten, Zungenrednern und Geistbesessenen –, einer der
eigenwilligsten war.

Zwischen Tübingen und Tübingen, dem Studium im Stift
und dem Aufenthalt im Haus des Schreinermeisters Ernst
Zimmer (ein paar Steinwürfe vom Stift entfernt), ist Hölderlin
den Kirchenbeamten und Herren vom Konsistorium (von denen er, zu seinem Leidwesen, als junger Mann »dependierte«)
mit Entsetzen, ja, Verachtung begegnet und war, trotzdem, zu
gleicher Zeit ein Christ, der es mit seinen Oberen nicht nur an
Spiritualität (das ohnehin), sondern auch an Bibelkenntnis
und souveräner Textbeherrschung, zumal der Paulinischen
und Johanneischen Schriften, jederzeit aufnehmen konnte.

Der »begeisterte Seher« und »von Apoll geschlagene Dichter« ist zunächst einmal sachkundiger Prediger und Theologe
gewesen, ein *homo religiosus*, der mit dem Verfasser der Korin-
ther-Briefe (dem »Mann meiner Seele«) wie mit seinesgleichen
umging, vertraut und zu variationsreicher Nachdichtung der
vorgegebenen Metaphern, Begriffe und Bilder befähigt. Kein
Schwärmer, sondern ein Poet, der sich auf die Kunst verstand,

in vorgebahnten Spuren das Eigene, als ein Besonderes, sichtbar zu machen.

Zählt man die Pfarrerssöhne zusammen, die, *in toto,* ein gut Teil der deutschen Dichtung ausmachen – Gryphius, Gottsched und Gellert, Wieland, Lichtenberg und Matthias Claudius, Lenz, Jean Paul und die Schlegels, Gotthelf und Nietzsche: ein gewaltiges Pantheon protestantischer Prägung! – und rechnet das Kind einer schwäbischen Beamten- und Pfarrersfamilie, Hölderlin, dazu, dann ist gewiß, daß der in Denkendorf, Maulbronn und Tübingen ausgebildete Theolog (denn das blieb er zeitlebens: *theos* und *logos* sind, als Vatergott und Johanneisches Wort, Hölderlinsche Schlüsselbegriffe) ...dann ist gewiß, daß der Klosterzögling aus Nürtingen, in Debatten, wo Bibelfestigkeit gefragt wäre, mit jedem seiner lutherisch erzogenen Konautoren hätte Schritt halten können. Was auf den ersten Blick nach inspirierter Benennung aussieht, erweist sich bei genauerem Hinsehen oft genug als modifiziertes Paulus- oder Johannes-Zitat, eingebettet womöglich, wie im Fall des Hymnus »Patmos«, in – freilich souverän und unorthodox gehandhabte – pietistische Rede.

Hölderlin, das wird leicht vergessen, war nicht nur der Wanderer und Ausfahrer (mit dem »Dornenstock«, seinem geliebten Stecken, als »unentbehrlichem Meuble«), immer auf der Walze; fünfzig Kilometer am Tag, das bedeutete für ihn nicht viel, so kam man rasch von Tübingen in die Schweiz: »Ich hab im Sinne, drei Hemden, drei Schnupftücher und drei paar Strümpfe (wegen dem Verreißen) mitzunehmen, in einem kleinen Felleisen. Weil wir unsrer drei reisen, so kann uns von einem Hauptort zum andern ein Mann, der uns die Wäsche trägt und den Weg zeigt, nicht viel kosten.«

Aber dieser Wanderer eben, der »querfeldein wie durch Instinkt geführt« seine Heimat durchstreifte, gern von der »Landstraße« sprach, den Abschieden und der Wiederbegegnung auf freiem Feld... dieser Wanderer, der, zu Fuß, ganze Regionen durchquerte (»auf den gefürchteten überschneiten Höhen der Auvergne, in Sturm und Wildnis, in eiskalter Nacht und die geladene Pistole neben mir im rauhen Bette«), dieser Vagabund, der, so ein Augenzeuge, »leichenblaß, abgemagert, von hohlem wilden Auge, langem Haar und Bart und gekleidet wie ein Bettler« im Sommer 1802 nach Stuttgart zurückkehrte, dieser Freund der »offenen Straße und der offenen Welt« ist zu gleicher Zeit immer ein Mann des Klosters gewesen, in Zellen, Stiftsstuben, bescheidenen Zimmern zu Hause: zehn Jahre, kaum mehr, unterwegs und deren sechzig im Zustand des Eremiten – über die Hälfte des Lebens gebunden an die Zimmersche Wohnung beim Neckar.

»So bin ich wieder hier! im Stillen – nach so vielen Zerstreuungen wieder im Kloster«: Der Satz aus einem Brief an Immanuel Nast, Maulbronn, Herbst 1786, antizipiert, auf das Wechselspiel von großer Ausfahrt und meditierender Versenkung, weltlicher und geistiger Existenz verweisend, Hölderlins Lebensweise. Hier auf »beschwerlichen und erfahrungsreichen Wegen«, dort mit der schwarzen Kutte, dem Mäntelchen des Stiftlers oder, in den vier Jahrzehnten seines Eremitendaseins, mit dem – oft beschriebenen – »einfachen Wams«.

Als *Lesenden* muß man sich ihn vorstellen, um ihn recht zu verstehen, über die Bibel und die Homerischen Schriften gebeugt, oder auf der Kanzel, wo er »recht vom Herzen weg zu reden« gestimmt war, oder in seinem Zimmer, in dem er, auf und ab gehend, »mit vieler Mühe dichtete«. (Außerordentlich langsam, unter großen Anstrengungen, bosselnd, kalkulierend, eher nach Worten ringend als mit fliehender Feder.)

Hölderlin war kein Büchner oder Rimbaud, keiner, dem schon beim ersten Entwurf alles gelang. Er hatte Lehrgeld zu zahlen. Seine frühen Gedichte, fromme, konventionell gereimte Etüden, verraten wenig Genie. Nicht die – angelernte – Begeisterung über Gottes Allmacht (oder, dem entsprechend, die Zerknirschung angesichts menschlichen Elends: »Herr! was bist du, was Menschenkinder! Jehova du, wir schwache Sünder«), sondern der Zorn über die Schriftgelehrten und Pharisäer, die das Reich Gottes in Amtsstuben verwalten, gibt Hölderlins religiöser Schreibweise den eigenen Ton.

Je älter er wurde, desto eklatanter geriet sein Bruch mit der verwalteten Kirche und, darüber hinaus, jenem faden, hier frömmelnden, dort vernünftelnden Monotheismus protestantischer Prägung, der über der Anbetung des einen Gottes die gottdurchwirkte Natur und Geschichte vergißt und, um der Heiligung eines »abstrakten Absoluten« willen, die total entgöttlichte Welt in Kauf nehmen muß.

Und darauf nun Hölderlins Antwort! Gräzisierung des Christlichen als dessen Erweiterung, Befreiung und Öffnung; Gräzisierung mit dem Ziel, dogmatischem Einsinn zu widersprechen und die lebendige Vielfalt des Kosmos als Ausstrahlung und Spiegel des Göttlichen zu verstehen. Keine Direkt-Benennung des christlichen Gottes also, kein Predigen mit dem Mittel der Poesie, sondern Verwandlung des Einen in zeichensetzende Abbilder hieß Hölderlins Programm.

Vom Rand her, aus verfremdender Perspektive, nicht unvermittelt, sondern vielfältig gebrochen, hatte Christliches ins Blickfeld zu rücken. In den Jahren der Reife, vom »Hyperion« an, hat Hölderlin nur ein einziges Mal die Grenze zwischen poetischem Verweis und predigtartiger Verkündigung verwischt: 1798 in Frankfurt, als er, aus Pietät rückfällig geworden, das Gedicht »Meiner verehrungswürdigen Großmutter zu ihrem zweiundsiebzigsten Geburtstag« schrieb, worin es heißt:

Ach! sie wissen es nicht, wie der Hohe wandelt' im Volke,
Und vergessen ist fast, was der Lebendige war.
Wenige kennen ihn doch und oft erscheinet erheiternd
Mitten in stürmischer Zeit ihnen das himmlische Bild.
Allversöhnend und still mit den armen Sterblichen ging er,
Dieser einzige Mann, göttlich im Geiste, dahin.
Keines der Lebenden war aus seiner Seele geschlossen,
Und die Leiden der Welt trug er an liebender Brust.
Mit dem Tode befreundet' er sich, im Namen der andern
Ging er aus Schmerzen und Müh siegend zum Vater zurück.

Ein frommes und – ein schlechtes Gedicht. Akkurate Verklärung, pietätvolles Beschreiben des jesuanischen Wirkens mit Hilfe vorgeprägter, konventionell aneinandergereihter Versatzstücke: »himmlisches Bild« und »arme Sterbliche« und »einziger Mann« und »liebende Brust«.

Erbauungspoesie, die, statt das Vorgegebene ins Bild zu

transponieren, auf rhythmisierte Verdopplung abhebt und sich, wo Verwandlung angezeigt wäre, mit nachzeichnendem Wiederholen begnügt. Jesus, aller Widersprüche, Entgegensetzungen und Brüche beraubt, wird zum seraphischen Geist – einer Kult-Figur, deren Entwurf eher auf orthodoxe Bemühung, zur Beschwichtigung der Adressatin, als auf poetischen Ehrgeiz verweist.

Ein Gelegenheitsgedicht also – und dazu ein Schwanengesang. Bis zu seinem endgültigen Verstummen wird Hölderlin, von 1798 an, nicht mehr von Jesus, wie ihn das Dogma versteht, sprechen... und doch nie aufhören, Christus, nun freilich in ganz und gar eigener, höchst unorthodoxer, ja, gelegentlich verwegener Weise, zu evozieren: Christus, das *alter ego* des Empedokles, Christus, den Bruder griechischer Heroen, Christus, den Halbgott, Kind des himmlischen Vaters und einer irdischen Mutter, der sich, den dritten und höchsten, zu Dionysos und Herakles gesellt: Christus, den Fackelträger und in Gewittern aufscheinenden Gott.

Der *andere* Christus also – Gegenbild jener Frommen, die Hölderlin, in der Figur des unbarmherzigen Priesters Hermokrates, durch Empedokles verurteilen läßt: »Ich kann vor mir den Mann nicht sehn, der Heiliges wie ein Gewerbe treibt, dein Angesicht ist falsch und kalt und tot, wie seine Götter sind.«

Der *andere*, der *griechische* Christus: Das ist die große Möglichkeit, die Hölderlin an die Stelle der kleinen Wirklichkeit setzt, deren bescheidenes Dasein sich dem Buchstabengeist einer protestantischen Orthodoxie (unterschiedlicher Prägung) verdankt – der Beschränktheit von Gottesmännern, die – so, Januar 1799, ein Brief an die Mutter – »Christum ärger töten als die Juden, weil sie sein Wort zum Buchstaben, und ihn, den Lebendigen, zum leeren Götzenbilde machen.... Es mußte alles so kommen, wie es jetzt überhaupt, und in der Religion besonders ist, und es war mit der Religion fast so wie jetzt, da Christus in der Welt auftrat. Aber gerade wie nach dem Winter der Frühling kömmt, so kam auch immer nach dem Geistestode der Menschen neues Leben, und das Heilige bleibt immer heilig, wenn es auch die Menschen nicht achten. Und es gibt wohl manchen, der im Herzen religiöser ist, als er sagen mag und kann.«

Verschärft man den Begriff »religiös« durch das Wort »christlich«, dann verweist der Satz »und es gibt wohl manchen...« auf die Besonderheit jener uneigentlichen Rede von Jesus, die Hölderlins geistliche Dichtung um die Jahrhundertwende (1798 bis 1802) bestimmt. »Uneigentliche Rede«, das heißt: Durch die Übertragung biblischer Vorgänge auf eine andere – hellenische, hesperische, mythische oder zeitgeschichtliche – Ebene gewinnt das spezifisch Christliche, statt sich im Unverbindlich-Beliebigen zu verlieren, im Vagen und Allgemeinen, eine neue und frische Signifikanz. Wenn Empedokles seinen vertrauten Schüler Pausanias auffordert: »Gehe nun hinein, bereit ein Mahl, daß ich des Halmes Frucht noch einmal koste und die Kraft der Rebe und dankesfroh mein Abschied sei«, dann erhält die Schilderung des letzten Passah-Fests ein Maß an Historizität und realer Präsenz, die durch keine noch so inständige Direkt-Ansprache erreicht werden könnten. Wie konkret – aller Erhabenheit im Horizont des Glaubens entzogen – nimmt sich das jesuanische Diktum »Des Menschen Sohn hat nicht, da er sein Haupt hinlege« im Zeichen der Klage des verfluchten, aus der Stadt gejagten Empedokles aus, der bis zum Tode »nicht mehr hat« – einsam und gottverlassen, wie er ist –, »wo er seinen Schlummer find«; und wie gegenwärtig – ein Friedensmahl im Hier und Jetzt – erscheint die Eucharistie in Hölderlins Deutung: Brot und Wein als Gaben, an denen sich der Mensch, erinnernd und hoffend, im Dunkel der Tage erfreut. Das Korn und die Rebe: »haltbare« Wegzehrung, bestimmt, in der Gemeinschaft des Mahls des Spenders und seiner Jünger mitzugedenken: »...da, beim Geheimnis des Weinstocks, sie zusammensaßen.«

Wohlgemerkt: Hier geht es nicht um eine Rettung des gräkophilen Dichters zugunsten der Sache Christi, nicht um eine jesuanische Auslegung des Versuchs, Orient und Okzident, gut hegelsch, miteinander zu versöhnen (konkret: Christus das Brot und Dionysos den Wein zelebrieren zu lassen) – eines Versuchs, den Hölderlin von der Magisterarbeit über die Parallelen zwischen den Werken und Tagen Hesiods und den Sprüchen Salomonis bis hin zu seinen letzten Hymnen in immer neuen Anläufen zu realisieren versuchte. Sehr persönliche, gelegentlich ein wenig private Spekulation über die Götter-Abfolge, von Uranos bis zum »stillen Genius« Jesus, will dabei ebensowenig verschwiegen werden wie die zumal im mittleren Werk zutage tretende Verklärung Christi – ein poetisches Idyllisieren, das von Passion und Kreuz nichts weiß, sondern alles auf eine geschichtsferne Versöhnung jenes festlich gestimmten Irgendwer mit der Welt abhebt, von dem es heißt: »Einer ist immer für alle.« Kein Zweifel, daß es das »Medium« Christus bei Hölderlin gibt: eine seltsam blasse Gestalt, deren Funktion sich im Stellvertretungscharakter für ein allgemein Göttliches erschöpft.

Auf der anderen Seite aber – das ist entscheidend – hat Hölderlin, durch ein Mitbedenken des Griechisch-Humanen, dem von ihm evozierten Christus eine Menschlichkeit als Mitgift gegeben, die es bewirkt, daß der »Erlöser unter den Himmeln« ins Bescheiden-Alltägliche: in die Historizität des Hier und Heute zurückgeholt wird. Die schwäbische Landschaft ist es, Wiesen und Weinberge, Kornfelder und die wie Tische aufgetürmten Hänge der Alb, die in der »Friedensfeier« den Fürsten des Festes, Jesus, den Friedensbringer, empfängt:

> Und manchen möcht' ich laden, aber o du,
> Der freundlichernst den Menschen zugetan,
> Dort unter syrischer Palme,
> Wo nahe lag die Stadt, am Brunnen gerne war;
> Das Kornfeld rauschte rings, still atmete die Kühlung
> Vom Schatten des geweiheten Gebirges,
> Und die lieben Freunde, das treue Gewölk,
> Umschatteten dich auch, damit der heiligkühne
> Durch Wildnis mild dein Strahl zu Menschen kam, o
> Jüngling!
> Ach! aber dunkler umschattete, mitten im Wort, dich
> Furchtbarentscheidend ein tödlich Verhängnis. So ist
> schnell
> Vergänglich alles Himmlische; aber umsonst nicht...

Hier wird nicht Gegenwart der Vergangenheit oktroyiert; hier triumphieren nicht Tag und Stunde – Frieden von Lunéville, 1801, für Hölderlin ein Garant der Versöhnung unter den

Völkern – über das Gestern; hier wird auch nicht eine vermeintlich unantastbare Vergangenheit verabsolutiert – nein, hier bedeutet das »Einst« und »Ehemals«, das »Hier und Jetzt« *mit*: Jesus, der am Brunnen, unter syrischer Palme zur Samariterin sprach, hält zusammen mit den Jüngern – der »Wolke von Zeugen«, wie es im Hebräerbrief heißt – seinen Einzug im vertrauten Bereich. Ferne ist Nähe geworden, das *Dort* ins *Hier* übertragen, der Abstand zwischen Einst und Jetzt mit Hilfe einer Beschreibungs- und Evokationskunst überwunden, die dem in den Kontext eingeschmolzenen Zitat Aktualität und Präsenz gibt. Sichar könnte ein Dorf in Württemberg sein, das geweihte Gebirge, der heilige Berg Garizim nahe bei Sichar, zwischen Stuttgart und dem Bodensee und das Kornfeld im Schwäbischen so gut wie im Palästinensischen liegen – überall dort, wo die Worte aus dem vierten Kapitel des Johannes-Evangeliums zur Sinngebung des Vertraut-Alltäglichen dienen: »Sagtet ihr nicht: es sind noch vier Monate, so kommt die Ernte? Siehe, ich sage euch: Hebet eure Augen auf und sehet in das Feld; denn es ist schon weiß zur Ernte.«

Dank eines sehr behutsamen, sich erst genauerem Lesen erschließenden Verweisens auf Johanneische Sätze und Zentralbegriffe gelingt es Hölderlin in der »Friedensfeier«, Jahrtausende voneinander getrennte Vorgänge aneinanderzubinden und, was jetzt geschieht, im Zeichen des schattenwerfenden und bedeutungsmächtigen Vorbilds zu deuten: ohne deshalb, an dem einen, aber entscheidenden Punkt, die Distanz zu vergessen, die dem Bezugsspiel ein Ende macht und an die Stelle freundlich-schonsamer Begegnungen zwischen dem mild (also für Menschen noch ertragbar) strahlenden Jüngling – Christus: der sanft schimmernde Blitzstrahl des Vaters! – und den ihm Begegnenden plötzlich (durch den Ausruf *Ach!* verdeutlicht) jenen Abstand ins Blickfeld rückt, der auf der »dunkleren«, nicht mehr menschlich-freundlichen, sondern tödlich-verhängnisvollen Umschattung beruht, der Kreuzigung, die den Jüngling, »mitten im Wort«: gewaltsam also, mörderisch und abrupt, nahezu unkenntlich machte.

Jesus, der Johanneische Logos, wird in der »Friedensfeier« als das reine, mild glänzende Licht gedeutet, das den Menschen, wie eine hohe Freundesgestalt, im Dunkel zugesellt ist... jenes klare Licht dessen, der, ist er in seiner Hoheit erkannt, die Menschen zwingt, die Knie vor ihm zu beugen – Menschen, die dankbar für seine Anwesenheit in der Stunde des Friedens und der Versöhnung sind, aber auch voll Furcht in der Erinnerung an Jesu Beinahe-Verschwinden nach der Hinrichtung auf einer Stätte, die Hölderlin, als den Gegenpol von Freundlichkeit und Vertrautheit, den »Zornhügel« nennt.

Golgatha: die ständige Bedrohung eines Friedensfestes, dessen Ambiente der Autor mit den Johannes-Worten (beziehungsweise der verschlüsselnden Variation dieser Worte) »Klarheit«, »Brunnen«, »Kornfeld«, »Wort« beschreibt. Da gewinnt die große, vom Geist jenes Jünglings bestimmte Phantasmagorie Anschaulichkeit, der im Leben und – gerade noch erkennbar – im Tod die Versöhnung über Krieg, Entzweiung, Haß und Aufstand siegen ließ.

Epiphanie des Friedens. Fest am Ende der Zeit. Versammlung der Freunde nach »tausendjährigem Gewitter«. Einkehr in gesegneter Landschaft. Gastmahl unter Führung des zum Fürsten des Fests berufenen Jünglings, des »Ruhigmächtigen«, in dem die zur Feier Geladenen – eine kühne Umkehrung der Johanneischen Vorlage – Jesus erkennen, da sie den Vater kennen. (»Und nun erkennen wir ihn, nun, da wir kennen den Vater« statt: »Niemand kommt zum Vater denn durch mich.«) Die große Versöhnungsstunde, Ruhe, befreiendes Gespräch und Enthobenheit von den Sorgen des Werktages: Muße statt Arbeit... all dies wird, nachdem »Feiertage zu halten, der hohe, der Geist der Welt sich zu Menschen geneigt hat«, in der Friedensvision der letzten Strophen beschrieben: Das Unwetter, Blitz und Donner – vorbei; die Hoffnung auf einen Äon des Friedens, durch Jesu Einkehr begründet – in ihre Rechte getreten:

> Leichtatmende Lüfte
> Verkünden Euch schon,
> Euch kündet das rauchende Tal
> Und der Boden, der vom Wetter noch dröhnet,
> Doch Hoffnung rötet die Wangen,
> Und vor der Türe des Hauses
> Sitzt Mutter und Kind,

Und schauet den Frieden
Und wenige scheinen zu sterben,
Es hält ein Ahnen die Seele,
Vom goldnen Lichte gesendet,
Hält ein Versprechen die Ältesten auf.

Kein Zweifel, gäbe es einmal so etwas wie eine »Deutsche Friedensbibliothek« – der Pazifist Georg Friedrich Nicolai, ein Freund Albert Einsteins, hat sie (ich erwähnte es bei der Interpretation der Gryphiusschen Gedichte) zur Zeit des Ersten Weltkrieges geplant –, dann würde in ihr, eben neben Andreas Gryphius, neben Herder (»Sieben Gesinnungen der Großen Friedensfrau«) und Kant (»Zum ewigen Frieden«), nicht zuletzt Hölderlin seinen Ehrenplatz haben. Hölderlin mit seiner radikalen »Friedenstheologie«, mit der Utopie von der erlösten Menschheit, die, so eschatologisch sie auch formuliert ist, dennoch konkret und gegenwartsbezogen bleibt: *Jetzt* ist Frieden, *jetzt* kommt es zur Verschwisterung von revolutionär wirkender Vernunft und christlichem Liebes-Kommunismus; *jetzt*, im Licht der Freiheit, wird die »unter der eiskalten Zone des Despotismus« erstickte Freiheit gedeihen; *jetzt* sich der Egoismus »unter die heilige Herrschaft der Liebe und Güte beugen«; *jetzt* – Worte aus Briefen an den Bruder, zwischen 1793 und 1800 – darf der Glaube als wohlbegründet gelten, daß »unsere Zeit nahe ist, daß uns der Friede, der jetzt im Werden ist, gerade das bringen wird, was er und nur er bringen konnte; denn er wird vieles bringen, was viele hoffen, aber er wird auch bringen, was wenige ahnen«.

Ganz von fern her klingt – nun, bezeichnend für Hölderlin, ins Zeitlich-Bescheidene (aber insgeheim Signifikante) gewendet – die alte Stiftler-Losung vom »Reich Gottes« nach, sieht sich, was Frieden heißt, in dem rührenden Satz »Und wenige scheinen zu sterben« konkretisiert, wird Trennung im Zeichen neuen Eins-Seins überwunden (»und vor der Türe des Hauses sitzt Mutter und Kind«: Singular, nicht Plural!), tritt jene *pax mundi* in ihre Rechte, die, Leben und Heil verbürgend, vom Gedanken bestimmt ist, daß die Worte »Christus« und »Frieden« zusammengehören, hier in engerer, dort in weiterer, eher metaphorischer Weise miteinander verbunden: »bis aus der Zeit geheimnisvoller Wiege des Himmels Kind, der ew'ge Friede geht«.

Einerlei, ob es um den Frieden unter Menschen, unter Menschen und Göttern oder unter den Himmlischen selbst geht – immer erscheint bei Hölderlin der »unendliche Friede«, der »Frieden alles Friedens, der höher ist denn alle Vernunft«, als das »Seyn, im einzigen Sinne des Worts«.

Ein freundliches Bild: christlich akzentuiert, aber ins Weite und umfassend Religiöse gewendet. Vom Griechischen her bestimmt sich, wie immer bei Hölderlin, die umfassende, dogmatische Definitionen in lebendiges Anschauen verwandelnde Steigerung theologischer Formeln. Der »Friede Gottes« – erweitert zum Frieden der Welt und des Alls, der identisch mit Hölderlins Leitworten »Schönheit«, »Freude« und »Lust« ist. »Geschiehet doch alles aus Lust, und endet doch alles mit Frieden« – so der »Hyperion«-Schluß: »Wie der Zwist der Liebenden, sind die Dissonanzen der Welt. Versöhnung ist mitten im Streit und alles Getrennte findet sich wieder... einiges, ewiges, glühendes Leben ist Alles.«

Eine freundliche Vision, noch einmal – eine Vision, die, vor weiteren Horizonten, vorhandene, aber verschüttete (oder zumindest zweitrangig gewordene) christliche Zentral-Vorstellungen ins Bild setzt. Dichtung als Interpretin von Religion: Vergessenes neu belebend und das historisch Verengte durch Visionen transzendierend, die das ursprünglich Gemeinte, in freiem Zugriff, wieder offenlegen.

Frieden als »Seyn im einzigen Sinn des Worts«: Wie weit geht diese Formel der Poesie über das Kirchen-Dogma einer *pax Christi* hinaus, mit der sich jene Herrschaftsvorstellungen verbinden, die Hölderlin, in umfassendem Friedensdenken, gerade beseitigt sehen wollte. »Ich liebe«, heißt es in einem Brief an den Bruder, »das Geschlecht der kommenden Jahrhunderte. Denn dies ist meine seligste Hoffnung, der Glaube, der mich stark erhält und tätig, unsere Enkel werden besser sein als wir, die Freiheit muß einmal kommen. ... Diese Keime von Aufklärung, diese stillen Wünsche und Bestrebungen Einzelner zur Bildung des Menschengeschlechts werden sich ausbreiten und verstärken, und herrliche Früchte tragen.«

Geschrieben im Herbst 1793. Ein knappes Dezennium später, in den Entwürfen, Skizzen, Vor- und Nebenfassungen der spätesten Hymnen, den Retraktationen und Einschüben, dem immer neu Ansetzen, Verwerfen und Anders-Bedenken weniger Verse... zur Zeit der Nachlese allerletzter Ernte, unmittelbar vor der Umnachtung, ist von dieser begeisterten Zuversicht nichts mehr zu spüren, nichts vom Vertrauen in jene Friedensära, von dem noch der Brief an die Schwester zeugt, geschrieben in Hauptweil bei St. Gallen am 23. Februar 1801: »Ich glaube, es wird nun recht gut werden in der Welt. Ich mag die nahe oder die längstvergangene Zeit betrachten, alles dünkt mir seltne Tage, die Tage der schönen Menschlichkeit, die Tage sicherer, furchtloser Güte, und Gesinnungen herbeizuführen, die ebenso heiter als heilig, und ebenso erhaben als einfach sind.«

Und dagegen nun die Verse der letzten Schaffenszeit! Freundlichkeit vergangener Tage; Hoffnung auf Wiederkehr der Götter am Abend des Werktags; Einzug des Festchors; harmonischer Wechsel von Ferne und Nähe der Himmlischen; Versöhnung, in anmutiger Landschaft, zwischen den vielen und dem Einzigen, dem letzten und willkommensten Gast – nichts mehr davon. Ein Dämon, so Hölderlin in der Hymne »Der Einzige«, regiert die Welt, kein mildes Licht fällt in Wildnis und Nacht: »Seit nämlich böser Geist sich bemächtiget des glücklichen Altertums, unendlich, langher währt Eines, gesangsfeind, klanglos, das in Maßen vergeht, des Sinnes Gewaltsames. Ungebundenes aber hasset Gott.«

In immer neuen Variationen, unerbittlich, junonisch-nüchtern (»vaterländisch« also), in parataktischer, schroffer, ums Einzelwort kreisender Sprache – nicht mehr im periodisch gegliederten, harmonischen Satzfall – wird der Aufstand der Welt gegen die Erde, die Rebellion entfesselter Elemente gegen die Kräfte der Bändigung, des Maßes und der Besonnenheit beschworen... eine Rebellion, in die auch Christus einbezogen wird: »Er hat ja auch eines gehabt, das ihn hinweggerissen, ein Schicksal. Das ist.«

Knappe Sätze, abstrakte Benennungen, Einzelworte, die in harter Fügung nebeneinandergestellt werden, machen sichtbar, daß hier eine zerbrochene, durch das Gewicht des Details zersprengte Syntax auf eine Welt verweist, die aus den Fugen ist – und, mitten darin, ein Gott, der nicht liebt, sondern richtet und zerstören kann: »Doch furchtbar ist, wie da und dort unendlich hin zerstreut das Lebende Gott.«

Das oft zitierte »Patmos«-Wort »alles ist gut« (im Sinne von »alles ist Gott«) hat, so betrachtet, den Charakter des »Dennoch« in unheiliger Zeit: Welch ein Abstand zwischen den letzten Hymnen und den früheren Werken vom »Hyperion« bis zur »Friedensfeier«! Wie düster ist am Ende das Weltbild und wie schattenreich deshalb auch die Jesus-Figur, der Schmerzensmann, der seinen Tod nicht dem Erlösungswunsch und der Fürsorge, sondern dem Zorn des Vaters verdankt, in dessen Plan es sich fügt, daß die Menschen den »Halbgott«, seiner Natur nicht achtend, ermorden: »Eigenwillig sonst, unmäßig, grenzlos, daß der Menschen Hand anficht das Lebende, mehr auch, als sich schicket für einen Halbgott.«

Christus, wie er in den späten Hymnen erscheint, ist nicht mehr der freundliche Genius und in stiller Ergebung himmelwärts auffahrende Gott, sondern der Wehrlose, der »Schneeweiße«, den Schmerz und Todesnot entstellen: »Nämlich Leiden färbt die Reinheit dieses, die rein ist wie ein Schwert.«

Als *Bettler*, nicht mehr als *Fürst des Festes*, wird Jesus gezeichnet: ein nüchterner und verketzbarer Mensch, dessen höchste – und humane! – Auszeichnung seine Besonnenheit ist: das Verläßliche und Beständige inmitten der wilden Wirbel rings um ihn her. Werden im frühen und reifen Werk die prometheischen Geister gepriesen, die, wie Empedokles, von der Erde hinwegjauchzten, um sich im Tod mit dem All zu versöhnen, werden Ungebundensein und freies Umherschweifen als Tätigkeiten des gottbegeisterten, von heiliger Ekstase getriebenen Menschen beschrieben, so sehen sich in den letzten Versen alle ins Maßlose und Verbotene treibenden Kräfte verurteilt. Das empedokleische »Sehnen dem Abgrund zu«, der Wille, auf der »kürzesten Bahn... ins All zurückzukehren«, gewinnt den Charakter einer Revolte gegen die göttliche Ordnung: »Denn furchtbar gehet es ungestalt, wenn Eines uns zu gierig genommen, Zweifellos ist aber der Höchste.«

Ergreifend zu sehen, wie Hölderlin, am Rand der Erschöpfung und vom Verstummen bedroht, sich in der vaterländischen Wendung Besonnenheit verordnet und, im Zeichen freiwilliger Beschränkung gegebener Möglichkeiten, das Loblied des *treuen* Gotts singt, der dem zornigen Widerpart bietet: wie er den Maßvoll-Beständigen preist, der sich dem Hohelied auf die »wilde Welt des Todes« versagt und der »Sehnsucht ins Ungebundene« seine Beständigkeit entgegenstellt: »Himmlische nämlich sind unwillig«, heißt es am Ende der letzten Hymne, »Mnemosyne«, »wenn einer nicht die Seele schonend sich zusammengenommen; aber er muß doch.«

Selbst-Ansprache in der Stunde des Abschieds. Ein verzweifelter Versuch, sich, dem drohenden Seelenzerfall Einhalt gebietend, ans Geordnet-Gebahnte zu halten – und dies in immer entschiedenerer Anrufung jenes »Halbgotts«, der, ganz am Ende, noch einmal an Konkretheit gewinnt – Jesus in der Knechtsgestalt, seine Herkunft verleugnend: gebückt vor Gott und nur noch von ferne an den Jüngling erinnernd, der dem Chor der Gäste voranstand.

Hölderlins Christus, wie ihn die späten Hymnen und Fragmente beschreiben – das ist, in doppeltem Sinne, der »Letzte«: nicht nur, wie in »Brot und Wein« oder der »Friedensfeier«, derjenige, der den Reigen griechischer Götter, den Abschied besiegelnd, vollendet, sondern auch der Bescheidenste und Demütigste, der sich mit den beiden anderen Halbgöttern, die Hölderlin ihn behalten läßt, auf neuer Ebene begegnet:

> ... Jene drei sind aber
> Das, daß sie unter der Sonne
> Wie Jäger der Jagd sind oder
> Ein Ackersmann, der atmend von der Arbeit
> Sein Haupt entblößet oder Bettler.

Drei Halbgötter, Söhne des gleichen Vaters in Hölderlins Vorstellung, und zugleich drei bescheidene, ja demütige Männer, wobei die beiden »weltlichen« Figuren, Herakles, der Jäger, und Dionysos, der sich, der Erde zugewandt, wie ein Bauer abplacken muß, im Vergleich zur »geistigen« Gestalt Christi zusammengehören. Während sie sich mühen und plagen und auf die Welt einlassen, ist Christus der »ganz andere«, abgehoben von den Mühseligen: Sinnbild eines Demutsvollen, der

156

sich bescheidet – und eben deshalb Gefährte all jener – Hölderlins voran! –, die auf Besonnenheit und auf Bewahrung vor der Gefahr, sich in Ekstase und verwegener Entgrenzung zu verlieren, angewiesen sind.

Klein sind sie am Ende, die Götter Hölderlins, einander nahe als Boten des Vaters, die ihn, den Fernen, dem Menschen zugänglich machen: die seine »Treppen« sind und dafür Sorge tragen, daß das Himmlische im Alltäglichen ein und aus gehen kann.

Drei kleine Halbgötter und, sehr weit weg, ein zürnender Vater – Hölderlins Pantheon ist karg geworden, im Spätwerk. Karg, aber auch vertrauenerweckend. Eine kleine Welt, in der Einer, der Ärmste von allen, am Ende im Vordergrund steht: der Geliebteste und Liebendste und, als solcher, mit niemandem zu vergleichen.

»Noch einen such ich, den ich liebe unter euch«: Das ist ein Bekenntnis zu demjenigen, der sich, ungeachtet aller Gemeinsamkeiten mit den anderen Göttern, in einem Punkt von ihnen unterscheidet: daß er, in seiner machtfernen Hilflosigkeit, Liebe erweckt – Liebe nicht durch nur ihm eigene besondere Gaben, sondern durch Dasein im Sinne von verläßlicher Bezeugung der Existenz.

Ich bin da. Ich bleibe. Ich halte stand. Ich schweige und helfe den Ohnmächtigen inmitten des wüsten Geredes der Welt. Jesus, der als Liebender zu leiden gezwungen ist und das Licht, das er gebracht hat, mit dem Tod bezahlen muß – diese Vision des verläßlichen Gefährten in einer Welt des Aufruhrs und der tödlichen Versuchungen gibt Hölderlins später Christus-Deutung den Charakter einer – in der knappen Rätselsprache des Alterswerks verschlüsselten – Konfession, deren Signifikanz für die Theologie unserer Zeit, das Jesus-Verständnis nach Auschwitz, nicht betont zu werden braucht – sie liegt auf der Hand.

> Es hänget aber an Einem
> Die Liebe. Ohnedies ist
> Gewaltig immer und versuchet
> Zu sterben eine Wüste voll
> Von Gesichten, daß zu bleiben in unschuldiger

Wahrheit ein Leiden ist.

Der späte Hölderlin *besingt* nicht die göttliche Welt in trunkener Feier; er *benennt* nüchtern und *deutet*, interpretiert Zeichen und legt Prinzipien aus (den Widerstreit zwischen Welt und Erde, der tollen Ekstase und jener Güte, die, in Jesus Gestalt geworden, das Zürnen zum Schweigen bringt).

Hier ist einer, ein letztes Mal, am Werk, der sich, auf Beschränkung verwiesen, mehr denn je ans Wort hält, an verbürgte Nachrichten und die Geschichte, an den Buchstaben und die mittelbare Verkündigung Gottes durch die heiligen Schriften. Nie erfährt der Leser so viel wie in Hölderlins letzten Versen von Jesu Historizität, von Kapernaum, dem bethlehemitischen Kindermord, der Tötung Johannes des Täufers, von den Gedanken der Jünger und von abendländischer Tradition, die mit Christus begann:

> ...Wundervoller.
> Reicher, zu singen. Unabsehlich
> Seit dem die Fabel. Und auch möcht
> Ich die Fahrt der Edelleute nach
> Jerusalem, und wie Schwanen der Schiffe Gang und
> das Leiden irrend in Canossa, brennendheiß,
> Und den Heinrich singen.

»...*Und den Heinrich singen*«: Die Verse im Umkreis der Hymne »Patmos« sind gelegentlich von einer Anmut des Konkreten und einem eindringlichen Realismus geprägt, der in der Hölderlinschen Dichtung beispiellos ist. Biblische Vorlagen – übertragen ins Gegenständliche, ja Psychologisch-Plausible: »Johannes lag an der Brust Jesu«, heißt es, den Lieblingsjünger betreffend, beim Evangelisten Johannes, Kapitel 13, Vers 25. Und was macht Hölderlin daraus? »Es sah der achtsame Mann das Angesicht Gottes.«

Transposition nicht ins Weitläufige, sondern, dank poetischer Eng-Führung, ins Genreartige: um des Zugewinns an Plausibilität willen. Johannes ist Jesu Nächster, weil er den Herrn am genauesten sieht. Hölderlin – unmittelbar vor dem Ausbruch der Schizophrenie (Pierre Bertaux, von dem ich viel gelernt habe, möge verzeihen) – hat, detailbesessen und im Fragmentarischen das je Ganze erkennend, einem Realismus gefrönt, der die Grenzen zwischen hohem und niederem Stil, dem Erhabenen und dem Biotischen, dem Grünewald-Pathos und der Dürerschen Genauigkeit, unbekümmert ignoriert. Nicht zufällig heißt es von Jesus, er habe das Seufzen des Lichts wie mit heiligen Tropfen gestillt: das Seufzen, das einem »durstigen Tier« ähnlich war oder »dem Schreien des Huhns«.

Im Zeichen einer Heiligung des Allergeringsten und, andererseits, einer nüchternen Deskription legendärer, für eine orthodoxe Poetik nur dem Hochpathetischen zugänglicher Begebenheiten erkannte Hölderlin jenes Gesetz der Stiltrennung, das für jeden Gegenstand, seiner Wertigkeit entsprechend, eine angemessene Darstellungsweise verlangt, sowenig wie die Zerteilung der Poesie in weltliche und geistliche Dichtungen an. Das Weltliche wollte spiritualisiert, das Geistliche im Diesseitigen verwirklicht und eine Synthese angestrebt sein, in deren Zeichen es nichts gab, was bedeutungslos war.

Diese Synthese, daran gibt's nichts zu zweifeln, hat Hölderlin in seinen späten Versen poetisch realisiert; die *andere* hingegen, die Verschwisterung von Fremdem und Nationellem, Griechischem und Christlichem, die er, wiederum ganz am Ende, vor dem Verstummen, noch einmal im Verweis auf die Nachbarschaft zwischen dem quellenreichen Cypros, Aphrodites Insel, und dem armen, aber gastfreundlichen Patmos, Johannes' Wohnsitz, zu imaginieren versuchte... diese *andere* Synthese ist ihm mißlungen: Der Einzige (»Mein Herr und Meister! O du, mein Lehrer!«) und die vielen, hier Christus, »des Hauses Kleinod«, und dort der Chor griechischer Götter: sie konnten sich dem zum Realisten gewordenen Dichter nicht mehr zusammenfügen.

Im Augenblick, da Hölderlin den historischen Jesus, in glanzloser Ohnmacht und schmachvollem Tod, ernst zu nehmen begann, dem strengen Wort mehr als den vieldeutigen Bildern vertrauend – in diesem Augenblick war es mit der Kunst des »lieblichen Vergleichens« vorbei; da gewann der Eine ein Maß von Gegenwärtigkeit, das ihn befähigte, sich –

als Bettler, Lastträger, gefangener Adler (der *Aar*: Christi und des Evangelisten Johannes Symbol!) – dem evozierenden Ich ständig neu anverwandeln zu lassen, während die anderen Götter, bei diesem Prozeß, mehr und mehr als Folie dienten: Christus erhellend, aber nicht mehr, wie vorher bei Hölderlin, ihrerseits von ihm erhellt.

Friedrich Hölderlin auf dem Weg – gewiß nicht zur christlichen Religion, aber zur Annäherung an die Religion Christi, des Schmerzensmanns, den der von Apoll Geschlagene in der Figur des brüderlichen Bettlers erkannte? Es könnte so sein; doch darf nicht vergessen werden, daß die wichtigsten Aussagen über Jesus – »denn noch lebt Christus« – (und, in eins damit, über den Vater, dem »alle Werke von jeher bewußt sind«) in der Hymne »Patmos« stehen – und die ist ein Auftragswerk, das Hölderlin an Klopstocks Stelle übernahm und in dem er sich, möglicherweise frommer, ja, in der Beschwörung des »festen Buchstabens« pietistischer geben mußte, als er in Wirklichkeit war. (»Patmos«, eine Hymne in der Weise des von Luther am höchsten geschätzten, weil wortmächtigsten Evangelisten, Johannes, ist ein Musterbeispiel der Kunst, vorgeprägte religiöse Formeln für den weltlichen Leser durch Verschlüsselung nahezu unsichtbar zu machen, sie aber den Kennern im Geist, Männern vom Schlage des Homburger Markgrafen, als verschlüsselte Glaubenssätze erkennen zu lassen. Johannes hat das erste Wort, und Schwabens fromme Meister, hier Brenz, dort Bengel – und der deutschgesinnte Landgraf erst recht –, durften zufrieden sein mit der Eingemeindung von Bibel und abendländischer Geschichte ins Vaterländische.)

Die Frage also, wie er ganz zuletzt war, der Mann in der Wohnung des Tischlermeisters Ernst Zimmer, und was er gedacht hat, bleibt offen: immer weitergehende Christianisierung hellenischer Mythen? Oder Rückkehr ins Anti-Nationelle – abermalige Hinwendung zu den alten Göttern, zum Jäger und Bauern, zu Jupiter, dem »Herrn der Zeit«, und zu Saturn, dem »Geist der Natur«? Wie immer: Was zwischen Tübingen und Tübingen in wenigen Jahren entstand, hat, so der genialste Hölderlin-Interpret, der von den Nationalsozialisten in den Tod getriebene Romanist und Poet Eugen Gottlob Winkler

160

in seinem Essay über den »späten Hölderlin«... was da in kurzer Zeit entstand, hat den Charakter einer Brücke, »die den Erbauer und alle, die sie benutzen, zwischen diesseits und jenseits gefangenhält. ... Der Heide, der sie betritt, versteht nun den Glauben; freilich nicht ganz, er sieht nur das Glaubensland vor sich. Und der auf ihr sich befindende Christ kann wohl die Antike erblicken, doch kann er sie niemals erreichen. ... Ein und derselbe Gott... passiert die Brücke in zahllos getönten, äußerst genau beschauten Verkleidungen; doch läßt er sich nicht auf ihr nieder und gibt sein Wesen nicht kund.«

Oder doch? Andeutungsweise zumindest: in jener präzisen Rätselrede der Poesie, die, was Jesus *sein könnte* beschreibend, weit über alle Wissenschaft hinausgeht, die darstellen möchte, was er, für seine Zeit und uns, *gewesen ist*.

NOVALIS
Die Christenheit oder Europa

Religion im Spiegel romantischer Poesie

»Hölderlin schreibt mir zuweilen aus Jena«, meldet Hegel seinem Freunde Schelling Ende Januar 1795, »Er hört Fichte'n und spricht mit Begeisterung von ihm als einem Titanen, der für die Menschheit kämpfe und dessen Wirkungskreis gewiß nicht innerhalb der Wände des Auditoriums bleiben werde« (Ausgabe Lasson-Hoffmeister, XXVII, S. 18). Johann Gottlieb *Fichte* – acht Jahre älter als Hegel und Hölderlin, zunächst auch Kandidat der Theologie, dann Hauslehrer, aber kurz nach Abschied der beiden von Tübingen mit zweiunddreißig Jahren bereits Professor in Jena – dachte auf den Bahnen der angeblich letzten heimlichen, spinozistischen Gedanken Lessings und des jungen Goethe: Gott als das Ein-und-Alles. Doch dann hatte Kants praktische Philosophie ihn von dieser Art der Identität, der fatalistischen Gottes- und Weltschau befreit und ihn mit ihrer Betonung von Moral und Pflicht die Würde der freien, verantwortlichen, moralischen Persönlichkeit, des Ich, sehen lassen.

Mai 1795: In Jena treffen sich Fichte und Hölderlin, und mit dabei ist ein ihnen durchaus kongenialer, nur zwei Jahre nach Hölderlin geborener junger Mann von faszinierender Geistigkeit und Gestalt. Sein Name: Friedrich von *Hardenberg*, damals Aktuarius beim Kreisamt im nahen Tennstedt, der sich in Zukunft – nach dem alten lateinischen Nebennamen der Hardenberger de Novali – »Novalis«, das heißt »der Neuland Rodende«, nennen und bald der bedeutendste Dichter der norddeutschen Frühromantik werden sollte. Der Gastgeber dieses Treffens, der Privatdozent für Philosophie Immanuel Niethammer, ein Freund Hölderlins von Tübingen her, notiert anschließend in seinem Tagebuch über diesen Abend, es sei »viel über Religion gesprochen und über Offenbarung und

daß für die Philosophie hier noch viele Fragen offen bleiben«
(zit. bei F. Hiebel, S. 126).

Eine große Generation, diese um 1770 Geborenen: zu ihr
gehören nicht nur Hardenberg, Hölderlin und Hegel, nicht
nur die anderen frühen Romantiker Friedrich Schlegel und
Ludwig Tieck, sondern – mit Beethoven – auch jene zwei
Männer, die in den folgenden Jahrzehnten nach der Französischen Revolution die Geschichte Europas bestimmen sollten:
Napoleon und Metternich. Und in welch geistiges Kraftfeld
der junge Hardenberg hineingeboren wurde, wird klar, wenn
man bedenkt, daß auf dem engen Raum von Jena und Weimar
nicht nur die frühen Romantiker heranwuchsen, sondern,
allesamt gut etabliert, der aufgeklärte Hofrat Wieland (er hatte
Hardenbergs erstes Gedicht veröffentlicht), der Generalsuper-
intendent Herder, der Extraordinarius für Geschichte Friedrich Schiller, in dessen Haus Hardenberg verkehrt, und natürlich der Minister und Kanzler der Universität Jena, Goethe, bei
dem Hardenberg Tischgast war und der nun Fichte von Zürich
nach Jena berufen hatte.

Der Philosoph Fichte, von *Hölderlin* nicht umsonst »Titan«
genannt, war mit seinem Eintreten für ein hohes Ethos, für
Patriotismus und Menschenrechte nichts weniger als eine
Herausforderung. Weich-rezeptiv und naturverbunden, sah
sich Hölderlin von ihm zunächst gewaltig angezogen und
gleichzeitig beinahe erdrückt. »Die Philosophie ist eine Tyrannin«, schrieb er schon ein Jahr später (Februar 1796), »und ich
dulde ihren Zwang mehr, als daß ich mich ihm freiwillig
unterwerfe« (Sämtliche Werke, Stuttgarter Ausgabe, VI/I,
S. 203).

Und Hardenberg, dessen streng pietistisch gewordener Vater
den Studenten Fichte finanziell unterstützt hatte? Er, der unermüdlich »fichtisierte«, sieht in der Philosophie nicht die
Tyrannin, sondern im Gegenteil die Geliebte. Sein systemati-
sches *Fichte-Studium* – belegt durch gegen siebenhundert ge-
scheite Eintragungen – verläuft für den Zweiundzwanzigjäh-
rigen geradezu synchron zu seinem ersten wahrhaft großen
Liebeserlebnis: mit der zwölfjährigen Sophie von Kühn, seinem Ideal vom Weiblichen schlechthin. Ohne zu wissen, daß

diese seine Diotima, mit der er sich kurz vor dem Treffen mit
Fichte und Hölderlin im geheimen verlobt hatte, schon ein
halbes Jahr später von einer tödlichen Erkrankung befallen
sein sollte, schreibt er damals (8. 7. 1796), voll des Glückes der
Liebe und der Wissenschaft, an Friedrich Schlegel: »Mein
Lieblingsstudium heißt im Grunde wie meine Braut. Sophie
heißt sie – Philosophie ist die Seele meines Lebens und der
Schlüssel zu meinem eigenen Selbst. Seit jener Bekanntschaft
bin ich auch mit diesen Studio ganz amalgamiert« (Schlegel–
Novalis, Briefe, hrsg. von M. Preitz, S. 59).

Wie Hölderlin stammt also auch Hardenberg aus pietisti-
schem Haus, dem neben dem strengen Vater eine einfühlsa-
me, vom Jungen heiß geliebte Mutter vorstand. Wie Hölderlin
hat auch er an Philosophie, Dichtung und Politik, doch ebenso
an Naturwissenschaft großes Interesse. Wie Hölderlin liest er
Rousseau und begeistert sich für die Veränderung der Welt mit
der Französischen Revolution. Vaterländisch gesinnt im Geiste Klopstocks und des Göttinger Hainbundes, schreibt auch
Novalis Oden auf den aufgeklärten Fürsten (Joseph II.) und
huldigt dem Kult der Freundschaft, die man im 18. Jahrhundert oft über die Liebesbindung zwischen den Geschlechtern
stellt. Lange Zeit ist auch für ihn das große Vorbild Friedrich
Schiller, dessen »Götter Griechenlands« – angeblich athei-
stisch – er gegen »Frömmler und andere enthusiastische Köpfe« zu verteidigen wußte (Schriften, hrsg. von P. Kluckhohn,
II, S. 90).

Man hüte sich also, zwischen Friedrich Hölderlin und Friedrich von Hardenberg – wie oft geschehen – von vornherein
einen Gegensatz zu konstruieren. Freilich: was Hölderlin gerne studiert hätte, das studiert Hardenberg wirklich – Jurispru-
denz. Und statt eines theologischen macht er ein juristisches
Abschlußexamen, statt Vikar oder Hauslehrer (»Hofmeister«)
wird er Aktuarius und dann noch im selben Jahr ein beinahe
pedantisch pflichtbewußter sächsischer Salinenbeamter in der
Wahlheimat seiner Familie, Weissenfels. Er, dessen einziges
ursprüngliches Portrait – voll wacher Intelligenz, Zielstrebig-
keit und Willensstärke – von dem weit verbreiteten Stich Eduard Eichens ein paar Jahrzehnte später unbeabsichtigt ins
Mädchenhaft-Träumerische, eben ins »Romantische«, ver-

fälscht worden war, er, dieser außerordentlich lebhafte, rasche, phantasiebegabte und innerlich unruhige Geist, durch strenge Selbstbeobachtung und Selbsterziehung ständig um Festigkeit in seinem Leben, um Form, Konstanz und Verantwortlichkeit bemüht, findet gerade durch den »Titanen« Fichte seine Eigenständigkeit. Von ihm lernt er jenes dialektische Denken, das sich durch Gegensätze zur Einheit bewegt (»These« – »Antithese« – »Synthese«, von Hegel kaum je gebraucht, waren ursprünglich Fichtesche Termini), das nun aber gerade Hardenbergs Philosophie zur Erfassung des Absoluten führte: »Spinoza stieg bis zur Natur – Fichte bis zum Ich, oder der Person. Ich bis zur These Gott«, heißt es in den Notizen selbstbewußt (Werke, hrsg. von G. Schulz, S. 300). Gott selbst wird in Hardenbergs ins Dichterische gewendeten Ich-Philosophie verstanden als das große Ich, in welchem jedes individuelle Ich seinen Lebensgrund und das ganze Universum seinen geistig-sittlichen Urgrund, Mittelpunkt hat: Gott ganz auf der Linie der Moderne verstanden als Gott *in* der Welt, Gott gegenwärtig in unserem Selbst, unserem Gewissen.

In dem um Fichtes Philosophie ausgebrochenen Atheismus-Streit, nicht weniger ärgerlich als der Pantheismusstreit im Zusammenhang mit Lessing, in dessen letzter Phase auch Fichtes leidenschaftliche »Appellation an das Publikum« (»Eine Schrift, die man erst zu lesen bittet, ehe man sie konfisziert«, 1799) seine Demission in Jena nicht zu verhindern vermochte, ist des Novalis Parteinahme eindeutig zugunsten Fichtes. Einem Freund schreibt er damals in bezug auf die »Appellation«: »Es ist ein vortreffliches Schriftchen und macht Dich mit einem so sonderbaren *Geiste* und *Plane* unserer *Regierungen* und Pfaffen bekannt, mit einem zum Teil in der Ausführung begriffenen Unterdrückungsplane der öffentlichen Meinung – daß es die Achtsamkeit jedes vernünftigen Menschen erfordert, diese Schritte zu verfolgen und einen bedeutenden Schluß aus diesen Prämissen zu ziehen« (Schriften, IV, S. 270). In seinem »Allgemeinen Brouillon« ist sogar davon die Rede, daß ihm die Gründung eines »intellektuellen Ritterordens« – durchaus realistisch gedacht im Anschluß an die humanitären Gesellschaften der Aufklärung – ein »Hauptgeschäft« seines Lebens werden sollte. Wer so redet: verteidigt er nicht die Rechte der Vernunft? Ist *Novalis* im Grunde seines Herzens vielleicht doch ein *Aufklärer*?

Schon daraus wird sichtbar, wie falsch es wäre, »die« *Aufklärung* (Lessing!) und »die« *Romantik* (Novalis!) in einem ausschließlichen Gegensatz zu sehen. Dazu neigen diejenigen, welche die Romantik mit der politischen Restauration der Metternich-Ära nach 1815 gleichsetzen (Signal politischer Restauration: Friedrich Schlegels Eintritt in den diplomatisch-propagandistischen Dienst Habsburgs 1808/9). Schon die Intellektuellen des »Jungen Deutschland« (besonders Heine), dann die liberalen Literaturwissenschaftler (etwa Gervinus), schließlich auch noch die Marxisten (vor allem Lukács) führten gegen die Romantik – das heißt für sie: die politische Reaktion – die Aufklärung ins Feld. Im Gegensatz dazu sahen nicht nur die »Neuromantiker« um die Wende zu unserem Jahrhundert, sondern auch die Romantikforschung zwischen den Weltkriegen (etwa die Novalis-Spezialisten Rudolf Unger und Paul Kluckhohn) in der Romantik nur die Protestbewegung gegen das aufgeklärte 18. Jahrhundert.

Doch: *Aufklärung und Romantik* sind sowenig wie Descartes und Pascal nur im Gegensatz, sie sind – wie sich dies in der neueren Forschung seit den sechziger Jahren gerade bezüglich Novalis immer deutlicher abzeichnet (W. Malsch, H. Schanze, C. Träger, P. Pütz, W. Rasch, K. Peter) – *in differenziert polarem Zusammenhang* zu sehen. Die Romantik entwickelt sich – wie gerade die Lebensgeschichten Hölderlins und Hegels, Fichtes, Friedrich Schlegels und Novalis' zeigen – aus der Aufklärung. Romantische Flucht aus der Wirklichkeit ist wohlfeiles Klischee. Aufklärung und frühe Romantik sind sich völlig eins in der praxisbezogenen Opposition zum absolutistischen Fürstentum und Pfaffentum, in der Ablehnung von Vorurteilen, Aberglauben, Heuchelei, Unterdrückung und Scheiterhaufen, kurz, in der Bejahung der Befreiung des Menschen zu sich selbst. Anders gesagt: ursprünglich hat Romantik mit Irrationalität nur indirekt zu tun; ihr geht es darum, die Vernunft mit dem Vernunftlosen und das heißt mit dem Bewußtsein noch nicht zugänglichen Berei-

168

Decknamen »Novalis« gekennzeichnet – schlagen sich viele seiner damaligen Einfälle, Ideen und Themen nieder: »vermischte Bemerkungen« als Anregung für aktives Weiterdenken, für eine gemeinsame »Symphilosophie«, ein »Gesamtphilosophieren«. Zusammen mit der anderen, mehr politisch ausgerichteten Gedankensammlung über den idealen Staat als poetischen Staat unter dem Titel »Glaube und Liebe« (1798) ist dies das erste Beispiel des nun gängig werdenden »romantischen Fragments« mit einer deutlichen und spezifisch *romantischen Wende nach innen*: »Wir träumen von Reisen durch das Weltall: ist denn das Weltall nicht *in uns*? Die Tiefen unsers Geistes kennen wir nicht, nach innen geht der geheimnisvolle Weg. In uns, oder nirgends, ist die Ewigkeit mit ihren Welten – die Vergangenheit und Zukunft« (Werke, S. 326).

Novalis also doch ein »romantischer Träumer«? Jemand, der spintisierend sich politische Illusionen macht über seinen poetischen Staat, über König und Königin (von Preußen!) als Repräsentanten einer monarchischen Republik oder republikanischen Monarchie, über den Dichter als Priester und der so nun auch seine Träumereien über »*Die Christenheit oder Europa*« einer, wenn auch kleinen Öffentlichkeit kundtut? Ja, es tönt fast wie ein Traum, wenn man die ersten scheinbar schlichten, virtuos einfachen, höchst melodischen Sätze aus der »Europa« (so nennt Novalis selber seine Schrift) klingen hört: »Es waren schöne glänzende Zeiten, wo Europa ein christliches Land war, wo *Eine* Christenheit diesen menschlich gestalteten Weltteil bewohnte; *Ein* großes gemeinschaftliches Interesse verband die entlegensten Provinzen dieses weiten geistlichen Reichs« (Werke, S. 499).

Die eine Christenheit! Hier hat sich offensichtlich etwas Unerhörtes ereignet, gerade wenn wir nochmals mit *Hölderlin* vergleichen, der am Ende Antike und Christentum so versöhnen wollte, daß er seine griechische Götterwelt (vergeblich) mit dem wiederkehrenden Gott Christus zu krönen suchte. Anders *Novalis*: Er, der christlich-herrnhutischen Welt unbewußt verhaftet geblieben, durch idealistische Philosophie und exakte Naturwissenschaft modern gebildet, durch den Tod der Geliebten aber religiös erweckt, er erkennt nun neu den

Gegensatz zwischen Antike und Christentum und will die griechische Götterwelt durch Christus definitiv überwinden. »Sie
müssen ihn sehen; denn wenn Sie dreißig Bücher von ihm
lesen, verstehen Sie ihn nicht so gut, als wenn Sie einmal Tee
mit ihm trinken«, schreibt Dorothea Veith, Friedrich Schlegels
Gefährtin, an Schleiermacher über Novalis, »Enfin, mir hat
er's noch nicht angetan. Er sieht aber wie ein Geisterseher aus,
und hat sein ganz eignes Wesen für sich allein, das kann man
nicht leugnen. Das Christentum ist hier à l'ordre du jour...«
(zit. bei G. Schulz, S. 124). Novalis – also eine Art »Imperator«
oder »Napoleon« romantischer Intelligenz, wie der beunru-
higte Goethe spöttelt? Novalis selbst versteht sich zweifellos
als – so an Schlegel –»einer der Erstlinge des neuen Zeitalters –
des *Religiösen*. Mit dieser Religion fängt eine neue Weltgeschichte an...« (Briefe, S. 164).

Eine erstaunliche Wende: gleichzeitig noch mit der – ganz
der griechischen Antike zugewendeten – Hochklassik Schillers und Goethes, die dem Christentum als einer überwunde-
nen vormodernen Angelegenheit höchst distanziert gegen-
überstehen, jetzt »das Christentum à l'ordre du jour«, jetzt mit
Novalis eine überraschend neue, lebendige *Synthese von erneu-
ertem Christentum und äußerster Moderne*. Das ist es, was in »Die
Christenheit oder Europa« seinen literarischen Ausdruck gefunden hat. Ganz auf der Linie der Gebrüder Schlegel als
Parole, die die Klassik zugleich vollendet und zerbricht: nicht
mehr das klassische »Zurück zur Antike«, sondern das romantische »Vorwärts zur extrem modernen Poesie«! Voraussetzung dafür ist freilich eine neue Besinnung auf die Vergangenheit.

Ob Schelling mit seinem Spottgedicht »Epikurisch Glaubensbekenntnis« die Grundintention des Novalis nicht verfehlt hat? Was immer man gegen seine »Europa« einzuwen-
den haben wird: Novalis denkt nicht daran, für die Restauration der mittelalterlichen Papstkirche zu plädieren, gar zum
römischen Katholizismus zu konvertieren, wie später selbst
Goethe, über den posthumen Novalis-Kult verärgert, weiter-
kolportiert (Tieck muß dies 1837 sogar förmlich dementieren).
Novalis' Voraussetzung ist ja, daß – zehn Jahre nach Ausbruch
der Französischen Revolution – »das alte Papsttum im Grab

Galilei-Fall ins Mittelalter verlegt und wird den päpstlichen Maßnahmen gegen die »unzeitigen gefährlichen Entdeckungen im Gebiet des Wissens« auf Kosten des »unendlichen Glaubens« Lob bezeugt.

Aber diese Schrift will genau gelesen sein, bevor man sie abtut. Ist sie wirklich so naiv, kurios und weltfremd, wenn man bedenkt, daß jenes Bild von den »echt katholischen oder echt christlichen Zeiten« auch heute noch – oder heute wieder! – bei manchen als politisch-kirchenpolitisches Leitbild fungiert? Verschafft sich in dieser Schrift nicht das gängige Idealbild vom »christlichen Abendland« geradezu archetypischen Ausdruck, das wirkungsgeschichtlich freilich vor allem diejenigen stützte, die mit des Novalis Vision ihre eigenen politischen Interessen verfolgten? Wird nicht noch heute das zum Klischee geronnene Bild vom christlichen Abendland von allerlei selbsternannten »Abendländern« beschworen, aber auch von jenen kirchlichen Kreisen katholischer Länder wie Polen, die weder eine Reformation noch eine Aufklärung durchgemacht haben? Ja, wird heute die römische Kirche nicht erneut von Männern aus Polen, Bayern, Italien und Spanien geleitet, die sich (bei allen geschickten Anpassungsstrategien an die moderne Zeit) an jenem mittelalterlichen, dann gegenreformatorisch-antimodernistischen Modell von Christenheit orientieren, die deshalb Johannes XXIII. am liebsten verschweigen und statt dessen den »Ungeist« des Zweiten Vatikanischen Konzils beklagen: die also gerade jene Instanzen ignorieren und diskreditieren, die mit Erfolg dafür gesorgt haben, daß endlich die Paradigmenwechsel der Reformation und der Moderne (von der Hochschätzung der Bibel und der Volkssprache im Gottesdienst bis hin zu den Menschenrechten und einem neuen Verhältnis zu den nichtchristlichen Religionen, zur modernen Welt überhaupt) in der katholischen Kirche nachvollzogen wurden?

Nein, Novalis ist alles andere als naiv und unaktuell! Dieselben reaktionär-katholischen Kreise würden selbstverständlich mit Novalis auch beklagen, daß im Spätmittelalter »Glauben und Liebe« durch »Wissen und Haben« (autonome Wissenschaft und individueller Besitz) ersetzt worden seien und daß der Eigennutz, die Begehrlichkeit, die Trägheit der Geistlichen, die Habgier und der irdische Sinn des Menschen überhaupt jener hochmittelalterlichen »ersten Liebe« ein Ende bereitet hätten. Ja, was war im 16. Jahrhundert Novalis zufolge von der Kirche übriggeblieben als nur eine »Ruine« und ein »Leichnam« von früher christlicher Völkerverfassung, so daß die »eigentliche Herrschaft Roms... lange vor der gewaltsamen Insurrektion stillschweigend aufgehört« habe (S. 503).

Allerdings: ganz so weit möchten unsere katholisch-konservativen Abendländer mit Novalis nun doch nicht gehen; ihr unfehlbares Papsttum hat schließlich zu keiner Zeit zu leben und zu herrschen aufgehört. Und erst recht würden sie da nicht zustimmen, wo Novalis nun in unerwarteter dialektischer Volte zum Lob des »feuerfangenden Kopfes« *Martin Luther* und des »öffentlichen Aufstandes gegen den despotischen Buchstaben der ehemaligen Verfassung« ansetzt: ein *zweites Bild*. Mit Recht hätten die Protestanten »feierlich gegen jede Anmaßung einer unbequemen und unrechtmäßig scheinenden Gewalt über das Gewissen« protestiert; sie stellten auch »eine Menge richtiger Grundsätze auf, führten eine Menge löblicher Dinge ein, und schafften eine Menge verderblicher Satzungen ab« (S. 503).

Wer so für Rom und Luther gleichzeitig redet, sitzt er nicht zwischen allen Fronten? Oder steht souverän ökumenisch über allen Religionsparteien? Jedenfalls noch schärfer als den dekadenten spätmittelalterlichen Katholizismus kritisiert Novalis den erstarrten orthodoxen Protestantismus, dem er sogar (in historisch kaum zu rechtfertigender Einseitigkeit) die Schuld an der europäischen Spaltung zuschiebt. Seine Kritik trifft aber dort ins Zentrum (und hätte auch die Zustimmung Lessings und Hölderlins gefunden), wo er das orthodox-protestantische System für die Provinzialisierung und den Eintrocknungsprozeß der Christenheit verantwortlich macht:

erstens für die Auslieferung der Kirche an die Fürsten und damit den Verlust des »kosmopolitischen Interesses«: Schließung des Religionsfriedens nach religionswidrigen Grundsätzen;

zweitens für die Auslieferung der Religion an den dürftigen, toten Bibelbuchstaben und damit an die Philologie: die doktrinäre Verschulung in einer »Religion der Antiquare«.

176

»Mit der Reformation wars um die Christenheit getan. Von nun an war keine mehr vorhanden«, konstatiert Novalis lapidar und stellt sich damit in Gegensatz zu Katholiken *und* Protestanten, die er denn auch prompt beide anklagt, daß sie »in sektiererischer Abgeschnittenheit weiter voneinander« stünden »als von Mahommedanern und Heiden« (S. 505). Deshalb hätten seither mächtige Fürsten und Nationalstaaten in Europa ihre Hegemonie aufzurichten und den »vakanten Universalstuhl... in Besitz zu nehmen« versucht (S. 505). Daß Novalis – mit seinem Plan eines intellektuellen Ritterordens, einer friedenstiftenden Loge im Kopf – den gegen den Untergang des Christentums ankämpfenden, wenngleich politisch kompromittierten und vom Papst auf Druck aufgeklärter Regierungen 1770 aufgehobenen Jesuitenorden trotz dessen gegenreformatorischer Frontstellung preist als vorbildliche »Mutter der sogenannten geheimen Gesellschaften« (S. 506), hat man ihm damals sehr übel genommen. Begreiflich, denn das war damals ungefähr so schlimm, als würde man heute anstelle der Jesuiten (keine Geheimgesellschaft!) die dem heutigen Summus Pontifex nahestehende wirkliche Geheimgesellschaft, das »Opus Dei«, als Vorbild anpreisen.

Aber im dialektischen Gang der Geschichte sind in den fortgeschrittenen europäischen Ländern (von Subkulturen abgesehen) auch Reformation und Gegenreformation schon längst abgelöst worden durch ein neues Paradigma: das der *Moderne*. Ein *drittes Bild*. Seit dem Ende der Religionskriege und der politischen Neuordnung Europas sind neue Kräfte zum Durchbruch gekommen: »Die guten Köpfe aller Nationen waren heimlich mündig geworden« (S. 507). Mündigkeit, Emanzipation vom kirchlichen Christentum, die Aufklärung als notwendige zweite Reformation: »Aus Instinkt ist der Gelehrte Feind der Geistlichkeit nach alter Verfassung« (ebd.).

Es ist beißende Ironie und radikale Kritik, mit der die Novalis jetzt die Aufklärung bedenkt! Und doch: zurück will auch er nicht! Er, der juristisch, philosophisch und naturwissenschaftlich hervorragend gebildete Bergbaufachmann im Zeitalter der Erfindung von Dampfmaschine, Dampfschiff, Blitzableiter und neuer Bergbaumethoden, des ersten Papiergeldes in Deutschland, der zweiten Weltumseglung Cooks und des

Kant-Laplaceschen Weltsystems, er lobt ausdrücklich den wissenschaftlich-technologischen wie den politischen Fortschritt; und es war »die Radikalität seiner Position, der Moral« (Abschaffung der ständischen Ordnung), »die Novalis hinderte, politisch aktiv zu werden« (K. Peter, S. 138).

Was aber ist dann die entscheidende Kritik an der Entwicklung der Moderne? Daß sie eine »*Geschichte des modernen Unglaubens*« geworden ist! Dies sei »der Schlüssel zu allen ungeheuren Phänomenen der neuern Zeit« (S. 509). Denn das sei »das Resultat der modernen Denkungsart«: Wissen und Glauben völlig getrennt, der frühere Geistesgarten Europa verödet zu einer Wüste des Verstandes. Dem Abfall von der Kirche folgt mit innerer Konsequenz der Abfall von Christus, diesem aber der Abfall von Gott! Von der Kirchenfeindlichkeit also über die Bibelfeindlichkeit zur Religionsfeindlichkeit überhaupt! Ja, mit Verachtung der Religion Verachtung auch von Phantasie, Gefühl, Kunstliebe, Sittlichkeit, Vorzeit und Zukunft! Der Mensch? Ein bloßes Naturwesen. Der Kosmos? Eine leer klappernde Riesenmühle ohne Müller. Gott? Der müßige Zuschauer eines Rührschauspiels, das die Gelehrten aufführen. Priester und Mönche? Abgelöst durch diese neue Zunft der Aufklärer und Philanthropen. Und schließlich eine Revolution, die zur Schreckensherrschaft führt, und Revolutionskriege, die das Chaos schlechthin heraufbeschwören... Diese scharfsichtig-pointierte Analyse des Novalis wurde in das Arsenal römisch-katholischer Apologetik aufgenommen und als Verfallstheorie gegen das moderne protestantische Fortschrittsdenken ins Feld geführt. Aber – ist sie deshalb falsch, schlechthin falsch? Nein, und sie ist auch keineswegs kulturpessimistisch.

Denn gerade die anarchistisch-chaotische Situation der Gegenwart zeige an, daß nach einem Tiefpunkt der Irreligiosität »die Zeit der Auferstehung gekommen ist« (S. 510). Und gerade in Frankreich würde es sich zeigen: »Wahrhafte Anarchie ist das Zeugungselement der Religion. Aus der Vernichtung alles Positiven hebt sie ihr glorreiches Haupt als neue Weltstifterin empor« (S. 510). Was in den übrigen europäischen Ländern erst mit dem Frieden sich einstellen wird, das lasse sich in Deutschland schon mit Gewißheit aufzeigen: »die Spuren ei-

punkten: Theologen – besonders mit dem Blick auf seine privaten Aufzeichnungen, Romane, Hymnen und Geistlichen Lieder (die nicht mein Gegenstand sind) – kritisieren das Schillernde im Religionsverständnis und das Zweideutige im Gottesbegriff, kritisieren die vage Christologie, die zuletzt von Jakob Böhmes Theosophie beeinflußte Kosmologie und Anthropologie, auch seine »katholische Phantasiereligion«, seinen »skeptischen Relativismus«, seinen »Subjektivismus und Individualismus« (E. Hirsch) – oft nur die Folgen des romantischen Dranges zum Universalen, Kosmopolitischen, Humanen, ja Unendlichen. Karl Barth, der bei Novalis die Gefahr der Auflösung des Christlichen ins Allgemein-Religiöse, ins Humane, in Liebe, gar das Erotische, Sexuelle deutlich sieht, urteilt mit dem Blick auf die Geistlichen Lieder sehr viel gnädiger: »Es steht ein Leben dahinter, das von der ›entsetzlichen Angst‹ genug gekannt haben könnte, genug gekannt zu haben scheint, daß wir sein Glaubensbekenntnis bei allen Bedenken, die es uns einflößen mag, jedenfalls respektieren müssen. Tausende und Tausende haben seit 100 Jahren gemeint, hier echtestes Zeugnis zu hören. Wer will ihnen abstreiten, daß sie es nicht wirklich gehört haben?« (S. 340 f)

Aber dies alles berührt die »Europa«-Schrift nur am Rande. Und nichts wäre dieser großen Rede des Poeten so unangemessen wie kleinliche Theologenschelte und Theologengezänk. Diese Romantik, wie sie sich in Novalis verkörpert (nach Nietzsche »eine der Autoritäten in Fragen der Heiligkeit durch Erfahrung und Instinkt«, »Menschlich-Allzumenschliches« Nr. 142), läßt sich jedenfalls nicht verspotten wegen eines »naiven« Glaubens an die poetische Verwandlung der Welt, nicht lästern wegen esoterischer Stimmungskunst, nicht abtun wegen der Wirkungen, die Ideologen verschiedener Couleur aus ihr abgeleitet haben. Da läßt sich eher umgekehrt fragen: Was wäre der Welt alles erspart geblieben, wenn mehr Menschen sich durch die sanfte Gewalt der Poesie des Novalis hätten bewegen, verändern lassen, wenn sein romantischer Friedenstraum politische Wirklichkeit, sein Traum von einer Kirche in Freiheit Realität geworden wäre? Mit einem ökumenisch-katholischen Papsttum im Geist Johannes' XXIV. hätte sich Novalis einverstanden erklären können. Mit einem römisch-katholischen, beherrscht von einem Pius XIII., nie! Weder die römisch-bornierte noch die protestantisch-provinzielle, nein, die wahrhaft katholische, universale Kirche, die europäische Ökumene ist sein Ideal. Und noch immer scheinen wir auch diesbezüglich nur wenig weiter zu sein als damals.

Den Übergang von der Romantik zur politischen Restauration, die nun freilich im schroffen Gegensatz zur Aufklärung steht, hat Novalis nicht mehr erlebt. Er hatte nicht ein reaktionäres, sondern so etwas wie ein *postmodernes Paradigma von Christenheit* poetisch präfiguriert: wo nicht (wie im Mittelalter) der Glaube der Vernunft übergeordnet oder (wie in der Reformation) der Glaube der Vernunft entgegengestellt oder (wie in der Moderne) die Vernunft dem Glauben entgegengesetzt wurde, sondern wo (gegen allen Unglauben) die Vernunft im Glauben ihre Erfüllung und (gegen alle Unvernunft) *der Glaube in der Vernunft seine Aufklärung findet.*

»Die Christenheit oder Europa«: wahrhaftig, Europa braucht nicht wieder eine Christenheit, wo Religion (wie im Hochmittelalter) die Gesellschaft von der Sexualmoral bis zum Staatsrecht totalitär beherrscht. Noch braucht Europa zweitens eine Christenheit, in der Religion und Kirche auf der einen und Gesellschaft, Politik und Staat auf der anderen Seite (wie im Luthertum) zwei Reiche nebeneinander bilden. Noch braucht Europa drittens – nach Auschwitz, Hiroshima und Archipel Gulag – ein System, wo (wie in der Moderne) eine Gesellschaft ohne Religion – und dann faktisch meist auch ohne Moral – proklamiert wird. Was von der Romantik bleibt, ist die Vision einer großen Synthese von Gesellschaft und Religion. Wenn nicht alles täuscht, so sehnen sich auch heute viele Bürger Europas nach einer Religion, die in der Gesellschaft glaubwürdig verwirklicht, und so zugleich nach einer Gesellschaft, die vernunftwürdig in der Religion verwurzelt ist. Oder ein letztes Mal poetisch gesagt mit Friedrich von Hardenberg: »eine neue goldne Zeit mit dunkeln unendlichen Augen, eine prophetische wundertätige und wundenheilende, tröstende und ewiges Leben entzündende Zeit – eine große Versöhnungszeit...« (S. 512f).

WALTER JENS
»Ein großes Friedensfest auf den rauchenden Walstätten.«

»Die Christenheit muß wieder lebendig und wirksam werden. ... Sie muß das alte Füllhorn des Segens wieder über die Völker ausgießen. ... Aus dem heiligen Schoße eines ehrwürdigen europäischen Konziliums wird die Christenheit aufstehen. Keiner wird dann mehr protestieren, (sondern) alle nötigen Reformen werden unter der Leitung (der Kirche) als friedliche... Staatsprozesse betrieben werden. ... Sie muß kommen, die heilige Zeit des ewigen Friedens.« Novalis' Traktat »Die Christenheit oder Europa«, man kann es nicht oft genug sagen, ist keine sorgfältig auskalkulierte, von genauer Interpretation historischer Fakten bestimmte Tendenzschrift zugunsten der alleinseligmachenden Kirche, keine divinatorische Vorwegnahme der Heiligen Allianz (Metternich mit dem Salböl des Herrnhuters Novalis für höhere christliche Strategien versehen) – die *Christenheit* ist vielmehr ein durch Prophetien, Befehle und imperativisch auftretende Visionen akzentuiertes Meisterstück der religiösen Redekunst, aus dem sich, als einem allegorischen Exerzitium und ideenträchtigen Märchen, so gut wie alles herauslesen läßt... nur kein Konvertiten-Dokument.

Um ein Exempel enthusiastischer Beredsamkeit war es Novalis zu tun: ein Beispiel für jene große Rhetorik, die »herrlicher Stoffe« bedürfe, um sich wirkungsmächtig in Szene zu setzen. Kein Wunder also, daß Hardenberg plante, die »Europa« in leicht veränderter Form mit anderen öffentlichen Reden zu kombinieren, Ansprachen »an die Fürsten, ans europäische Volk, für die Poesie, gegen die Moral, an das neue Jahrhundert«.

Proklamation an das neue, vom Geist der Religion geprägte Jahrhundert: So lautet das Stichwort, in dessen Zeichen Nova-

lis sich's zutraut, anno 1799, den in diesem Jahr erschienenen
»Reden über die Religion« Paroli zu bieten. Der Prediger Hardenberg tritt gegen den Prediger Schleiermacher an, um, aus
anderer Perspektive, das Volk (und nicht nur die Gebildeten)
zu lehren, was Religion sei. An der Schwelle zum neuen
Jahrhundert, dem goldenen Äon am Ende der noch andauernden »Centralzeit« (so Friedrich Schlegel), gehen zwei Protestanten, ein Theologe und ein Salinenassessor, daran, die
»katholische« sprich: allumfassende Religion wieder in ihre
Rechte zu setzen.

Schleichermacher und Novalis, zwei herrnhutisch erzogene
Männer (zu denen sich als dritter ein Philosoph gesellt: Kant
mit seiner Schrift über die »Religion innerhalb der Grenzen der
bloßen Vernunft«), zwei Wegbereiter der romantischen Bewegung, der eine Prediger an der Charité und der andere Inspek-
teur kursächsischer Salzbergwerke, verkünden in entzückter
Rede das heraufkommende Reich des Friedens, der Religion
und der Freiheit (wie Friedrich Schlegel: »Im goldenen Zeitalter und im Reich Gottes ist kein Streit!«) – beide in appellativer
Verpflichtung einer imaginären Gemeinde: »Weigert Uns
nicht den Gott anzubeten, der in euch sein wird«, heißt es am
Ende der rhetorischen Traktate Schleiermachers »Über die
Religion, Reden an die Gebildeten unter ihren Verächtern«,
während Novalis seine Predigt über den geheimen Sinn der
Geschichte und deren gottbestimmte Dialektik mit den Worten beendet: »Seid heiter und mutig in den Gefahren der Zeit,
Genossen meines Glaubens, verkündigt mit Wort und Tat das
göttliche Evangelium und bleibt dem wahrhaften, unendlichen Glauben treu bis in den Tod.«

Hier wie dort die entzückte Sprache des geistlichen Red-
ners, hier wie dort die Vision einer dogmatisch nicht fixierten
Religion, deren Wirken sich in der Natur so gut wie in der
Geschichte, in menschlicher Gesittung nicht anders als im
Gemüt des einzelnen manifestiere. Ein (vermeintlicher) Katholik, Novalis, auf den Spuren eines (vermeintlichen) Anwalts der natürlichen Religion. *Hommage* eines Herrnhuters an
seinen älteren Vorfahren: »Zu einem Bruder will ich euch
führen«, heißt es in der »Europa«, »der soll mit euch reden,
daß euch die Herzen aufgehn und ihr eure abgestorbene ge-

184

liebte Ahndung mit neuem Leibe bekleidet, wieder umfaßt und erkennt, was euch vorschwebte und was der schwerfällige irdische Verstand... euch nicht haschen konnte. Dieser Bruder ist der Herzschlag der neuen Zeit, wer ihn gefühlt hat, zweifelt nicht mehr an ihrem Kommen, und tritt mit süßem Stolz auf seine Zeitgenossenschaft aus dem Haufen hervor zu der neuen Schar der Jünger. Er hat einen neuen Schleier für die Heilige gemacht, der ihren himmlischen Gliederbau anschmiegend verrät...«

Schleiermacher im Dienst der Madonna: ihr ein Gespinst überreichend, hinter dessen Falten sich die Lippen zum Gesang öffnen, der die Geburt eines neuen Jahrhunderts verkündet (»setze jeder sich in Bereitschaft!«); der protestantische Prediger im Bund mit der Jungfrau Maria, deren von Schleiermacher evozierte Erscheinung Novalis den »Flügelschlag eines vorüberziehenden englischen Herolds« vernehmen läßt: In der Tat, das ist eher eine verwegen-synkretistische als katholische Vision; da fügt sich alles zu allem, die *Urversammlung* zur *Geburt*, die *Chiffren-Musik* zu den ersten *Wehen* der neuen Zeit... und was die Kirche angeht, die sich Novalis in der »Europa« erträumt, so ist sie katholische Kathedrale in gleicher Weise wie *friedensstiftende Loge*, ein Haus für Freimaurer von Lessings Schlag, in der *Philanthropen und Enzyklopädisten* von ihrem Großmeister, Friedrich Ernst Daniel Schleiermacher, zum Zeichen der Aufnahme in die Friedenskirche bewillkommnet werden: »Und empfangt den Bruderkuß.«

Die »Europa«: – ein Hohelied der Katholizität? Nun, wenn Katholizität »Loge und Kirche«, »Friedensreich der Vernunft« und »Welt befreiter Sinnlichkeit« heißt, große Synthese also, Versöhnung und Zusammenkunft des in der Geschichte bisher Getrennten – dann, aber nur dann, ist Hardenbergs geistliche Rede *tatsächlich* eine katholische Rede. Aber eben kein Elaborat in der Weise aufgeklärter oder fromm-autoritärer Schriftsteller vom Schlage Burkes oder de Maistres, sondern ein herrnhutisches Lied, das, in Schleiermachers Manier, Religion wieder ins Zentrum aller Dinge rücken möchte und sich eines erhabenen Tonfalls bedient, um in der Predigt »Associationen göttlicher Inspirationen, himmlischer Anschauungen« aufleuchten zu lassen.

Unter diesen Aspekten betrachtet, ist die »Europa« nicht zuletzt eine Geschichte, wie sie sich die Brüder und Schwestern in jenen *gottesdienstlichen Versammlungen* erzählten, auf die Novalis zur Zeit intensiver Beschäftigung mit Christentum und Religion, 1799/1800, verweist, wenn er den enthusiastischen, inspirierten und geisterfüllten Charakter der Rhetorik betont. *Musik* müsse die Verkündigung von der Kanzel herab sein, hochpoetische Deklamation, die darum wisse, daß Rhetorik zur *psychologischen Stimmungskunde* gehöre. Nicht durchs dürre Wort, nicht vermittels fester Buchstaben, Begriffe und Zahlen, nicht durch die Sprache des *Hörsaals*, sondern dank *theatralischer* Beschwörung werde »die religiöse Aufmerksamkeit auf die Sonnenseite der anderen Welt« in den Herzen der Hörer erregt: »Jede Predigt« – schon im »Allgemeinen Brouillon« von 1798/99 redet Novalis nicht selten in Schleiermachers Diktion – »soll Religion erwecken – Religionswahrheiten vortragen. Sie ist das Höchste, was ein Mensch liefern kann. Predigten enthalten Betrachtungen Gottes – und Experimente Gottes. Jede Predigt ist eine Inspirationswirkung – eine Predigt kann nur, muß genialisch sein.«

Wären Sätze wie diese veröffentlicht worden: in der Charité hätte man, im Hinblick auf so viel religiöse Begeisterung, in die Hände geklatscht – was freilich nicht ausschließt, daß Schleiermacher bei der Lektüre dessen, was da sein katholisierender Bewunderer am Ende zustande gebracht hatte in »Die Christenheit oder Europa«, denn doch nicht ganz wohl war. *Diese* Apotheose eines imaginären Papsttums war dem eingefleischten Papisten auch in poetischer Verbrämung des Schlechten zuviel; Betretenheit machte sich breit; Korrespondenz-Gremien traten zusammen; der Zweifel, ob es ratsam sei, die Rede zu drucken, wuchs von Woche zu Woche, schließlich wurde – wer denn sonst? – Goethe befragt, und der sagte nein.

Allgemeines Aufatmen: War man nicht schon immer dagegen gewesen? *Vivat Goethe*, schrieb Caroline – und der Adressat ihres Briefs, Schleiermacher, wird, da die öffentliche Rede eines Ministranten ungedruckt blieb, der ihm allen Ernstes zumutete, das Haupt der Madonna in ein kostbares Tuch einzuhüllen... Schleiermacher wird an die Ilm einen Stoßseufzer geschickt haben. *Vivat Goethe:* Caroline Schlegel (Madame Luzifer, wie sie genannt wurde) hatte ganz recht.

Der einzig wirklich Bekümmerte bei all den Querelen blieb also Hardenberg selbst – nicht, weil sein eigenes Opus eliminiert wurde (das trug er mit Fassung, hatte ja schon eine neue Verwendung der Rede im Auge) – nein, daß seine Predigt nicht, wie's Schlegel geplant hatte, zusammen mit Schellings Parodie der ganzen Schleiermacherei und Hardenbergerei, des Madonnen- und Religionskults, der Frauen-Anbetung und Himmels-Schwärmereien erscheinen konnte: *das* schmerzte Novalis. Zuerst die »Christenheit oder Europa« und dann, ein schwäbisch-materialistisches Elaborat irreligiöser Gesinnung, Schellings »epikureisch Glaubensbekenntnis Hans Widerporstens«, ein hier derbes, dort anspielungsreiches Pamphlet im Stil des Hans Sachs ... das hymnische Zeugnis durch die polternde Rede des alten, über gar zu ätherische Verlautbarung verstimmten Tübinger Stiftlers konterkariert: dies war durchaus nach Novalis', aber leider ganz und gar nicht nach Goethes Geschmack. Und so blieb dann ein Religionsdisput unausgetragen, der, wäre er veröffentlicht worden (und hätte alle Welt gewußt, daß Hardenberg die Publikation unterstützte), nie und nimmer den Verdacht hätte aufkommen lassen, es könne sich bei der »Europa« um ein papistisches Predigtmärlein handeln – in Rom gezeugt und ausgetragen im Kursächsischen. Dafür hätte schon Friedrich Wilhelm Josef Schelling gesorgt – mit seiner Verballhornung der Novalisschen Mittelalter-Begeisterung. Katholizismus (so Schelling) – von Herzen gern! Mittelalter: Warum nicht? Aber doch, bitte sehr, das richtige: irdisch, derb, realistisch und prall, wie es war, konkret und lustig, allem Spirituellen der Schleier-Macher und ihres Gefolges abhold:

> Halte nichts vom Unsichtbaren,
> Halt' mich allein am Offenbaren,
> Was ich kann riechen, schmecken und fühlen,
> Mit allen Sinnen drinnen wühlen.
> Mein einzig Religion ist die,
> Daß ich liebe ein schönes Knie,
> Volle Brust und schlanke Hüften,

Dazu Blumen mit süßen Düften,
Aller Lust volle Nährung,
Aller Liebe süße Gewährung.

Heinrich Heine läßt grüßen – und Novalis spendet Beifall zu
Versen, die er um keinen Preis der Welt inhibiert sehen wollte
– er, Friedrich Hardenberg, der dem Vorwurf, hier werde
materialistischen Atheismus gepredigt, mit der These begegnete: *Und die Götter Griechenlands?* Wolle man die etwa auch
verbieten – und Schiller dazu? Also weiter, Schelling, laß Deinen schwäbischen Stiftler-Witz spielen:

> Drum, sollt's eine Religion noch geben
> (Ob ich gleich kann ohne solche leben),
> Könnte mir von den andern allen
> Nur die katholische gefallen,
> Wie sie war in den alten Zeiten,
> Da es gab nicht Zanken noch Streiten,
> Waren alle ein Mus und Kuchen,
> Täten's nicht in der Ferne suchen,
> Täten nicht nach dem Himmel gaffen,
> Hatten von Gott 'n lebend'gen Affen,
> Hielten die Erde fürs Zentrum der Welt,
> Zum Zentrum der Erde Rom bestellt,
> . . .
> Und lebten die Laien und die Pfaffen
> Zusammen wie im Land der Schlaraffen.
> Dazu sie im hohen Himmelshaus
> Selber lebten in Saus und Braus,
> War ein täglich Hochzeithalten
> Zwischen der Jungfrau und dem Alten.

Und *diesen* von Witz, Frechheit, gelegentlich Obszönität strot-
zenden Text empfand Novalis keineswegs als Blasphemie, im
Gegenteil, er wollte ihn, Dialektiker, der er auch *in theologicis*
war, um jeden Preis *zusammen* mit seiner Vision in Freund
Schlegels Athenäum abgedruckt sehen. Romantische Ironie:
ach, wie human und unfanatisch ist sie gewesen! Wie sehr auf
Ausgleich, Bezugsspiel und wechselseitige Erhellung der The-

sen bedacht! Wie nützlich, wenn es galt, die planetarischen Visionen der Dichter, Philosophen und Religionsstifter, wie sie sich nach dem Scheitern der Französischen Revolution unter den Himmeln etablierten, da auf der Erde offenbar nichts mehr zu holen war... wie nützlich, die großen Heilsversprechungen – *absolute* Revolution der Kunst, *wahre* Kirche, *totale* Welt der Poesie, Vernunftreich des Goldenen Zeitalters – auf die Erde herabzuziehen und, wie's später Büchner und Heine taten, dort die *große Suppenfrage* zu stellen, wo idealistisch gestimmte Geister darangingen, die irdische Misere durch überschwengliche Konzeptionen zu kompensieren.

Aber eben nicht *nur* zu kompensieren! Das triste Hier und Jetzt, wo der arme Mann sonntags kein Huhn im Topf hatte, nicht *nur* durch Verweise auf ein (angeblich) nahe bevorstehendes Friedensreich zu verschleiern, das in Wahrheit, wie die Folgezeit zeigte, am Sankt-Nimmerleins-Tag stattfinden würde.

Je kühner die Schillerschen, Fichteschen, Novalisschen Träume vom Absoluten und Transzendentalen gerieten, desto deutlicher sah sich, indirekt, auch die – nach wie vor bestehende – reale Entfremdung der Menschen ins Blickfeld gerückt. Wie jämmerlich nahm sich, zur Kenntlichkeit entstellt durch himmlische Visionen, die Wirklichkeit, Deutschland um 1800, aus... und ich denke, es spricht für Novalis, daß sich in seinem Werk die Diskrepanz der Zeit – große Träume, prosaischer Alltag – auf den Begriff bringen läßt.

Die Träume vorweg! Novalis war der Kronanwalt jenes magischen Idealismus, der Dichtung zur Religion und Religion zur Dichtung machen wollte, um derart den Poeten ihre alte priesterliche Würde wiederzugeben. Da wird die Poesie als Heils- und Versöhnungskunde gefeiert, der Dichter, in Schleiermachers Spuren, als Mittler zwischen zwei Welten verstanden (das Fragment 73 der Sammlung »Blütenstaub« nimmt sich wie eine Vorweg-Interpretation der »Mittler-Figur« in den »Reden über die Religion« aus); da gewinnt der Poet die Dignität eines göttlichen Wesens, das Mensch und Natur, Spirituelles und Animalisches miteinander versöhnt – der Mittler: ein »transzendentaler Arzt«; da gelingt dem inspirierten Dichter, was dem Philosophen versagt bleibt: den

Menschen, ihn erlösend, über sich selbst hinauszuführen und ihm, im Gleichnis der Poesie, die universale, nicht zerstückte, sondern in der Kunst wieder zu sich selbst gekommene Welt sichtbar zu machen. »Der Dichter«, heißt es in Hardenbergs Roman »Heinrich von Ofterdingen«, »erfüllt das inwendige Heiligtum des Gemüts mit neuen, wunderbaren und gefälligen Gedanken. Er weiß jene geheimen Kräfte in uns nach Belieben zu erregen, und gibt uns durch Worte eine unbekannte, herrliche Welt zu vernehmen. Wie aus tiefen Höhlen steigen alte und künftige Zeiten, unzählige Menschen, wunderbare Gegenden und die seltsamsten Begebenheiten in uns herauf, und entreißen uns der bekannten Gegenwart.«

Entreißen uns der bekannten Gegenwart: Poesie als Droge, die den Menschen verzaubert – als Stimulanz für jene sich im Gefühl der *unio mystica*, in Todes- und Nacht-Rausch, von der Welt Hinwegträumenden, die Novalis in der zweiten Hymne an die Nacht, den Großen Schlaf feiernd, eines Vergessens teilhaftig werden läßt – einer Welt-Verlorenheit, zu der die *goldene Flut der Trauben* und der *braune Saft des Mohnes* verhelfen.

Alkohol, Opium und, dazu, die Sexualität (ein heiliger Schlaf wird gefeiert, der »des zarten Mädchens Busen umschwebt und zum Himmel den Schoß macht«) als Vehikel zur Einswerdung mit dem All!

Kein Zweifel, daß sich in den »Hymnen« und dem »Ofterdingen«, den »Geistlichen Liedern« und den »Lehrlingen zu Sais« rauschhafte Initiationsweisen vorweggenommen sehen, die, mehr als ein Jahrhundert später, in der Poesie – Hesses »Steppenwolf«! – und der Realität unserer Zeit zentrale Bedeutung gewinnen. Was im »Werther« anklingt und in den Jugendbewegungen, mit unterschiedlicher Akzentuierung, von 1910 bis heute entfaltet wird – Naturmystik und Verherrlichung des Absoluten, Mutter-Kult, ekstatische Religiosität und Verweis auf die Verschwisterung von Eros und Thanatos... all das sieht sich bei Novalis, der seine Visionen, die pantheistischen so gut wie die dezidiert christlichen, immer als Prophet, Verkünder, Gesetzgeber und Vor-Sänger vorträgt, auf den Begriff gebracht. Nicht um Geschichte als historisches Faktum, sondern um Geschichte als Evangelium, als

190

die von Leiden und Träumen, Emphasen, Räuschen und Entzückungen bestimmte Summe unzählig vieler Menschenleben ist es Hardenberg zu tun – um das Ineinssehen aller Zeiten und Räume, zu der ihn persönliche Erfahrung so gut wie die Fähigkeit prädestinieren, Ideen in Bildern zu veranschaulichen, das Allgemeine im Privaten und das Absolute im Individuellen zu spiegeln.

»Jedes Menschen Geschichte soll eine Bibel sein – wird eine Bibel sein«: ein Schlüsselsatz des Novalis, im Inhalt und in der Form. Wenn der Dichter wünscht, daß etwas geschehen *soll* – man denke an den Schluß der »Europa«! –, dann *wird* es geschehen... ohne jede Rücksicht auf Widerstände in der Geschichte. Für Hardenberg zählt nicht das Faktum selbst, sondern der Geist, der diesem Faktum vom inspirierten Ich, dem frei gewählten, selbst bestimmten Mittler aus zugemessen wird. Nicht die *Wirklichkeit*, sondern die *Möglichkeit*, nicht das Tatsächliche, sondern das von Millionen Menschen, hier so und dort so, für wahrscheinlich, sinnvoll, trostreich und notwendig Gehaltene definiert in den Augen des romantischen Dichter-Priesters die wahre, der Heilsgewährung und Sinnstiftung förderliche Geschichte.

»Es ist mehr Wahrheit in den Märchen (der Dichter)«, erklärt im »Ofterdingen« der Graf von Hohenzollern, »als in gelehrten Chroniken. Sind auch ihre Personen und deren Schicksal erfunden: so ist doch der Sinn, in dem sie erfunden sind, wahrhaft und natürlich. Es ist für unseren Genuß und unsere Belehrung gewissermaßen einerlei, ob die Personen, in deren Schicksalen wir den unsrigen nachspüren, wirklich einmal lebten oder nicht. Wir verlangen nach der Anschauung der großen einfachen Seele der Zeiterscheinungen, und finden wir diesen Wunsch gewährt, so kümmern wir uns nicht um die zufällige Existenz der äußeren Figuren.«

Das ist ein Selbstbekenntnis, denke ich, das Größe und Grenze Hardenbergscher Dichtungen zeigt. Visionen und Prophetien, so wortmächtig sie sich auch entfalten, sind in einer Weise durch Geschichtslosigkeit geprägt, daß, beispielsweise, für das zurückliegende Goldene Zeitalter einmal, in der »Europa«, das Mittelalter, ein anderes Mal, im »Ofterdingen«, Atlantis , und ein drittes Mal, in der fünften Hymne an die

Nacht, die Antike herhalten muß; daß Christus in Jerusalem so gut wie in Indien oder in Sais zu Hause sein kann; daß die blaue Blume nicht in Thüringen, sondern im Niemandsland der Poesie zu finden ist; daß, im Unterschied zu Gryphius, Lessing oder Hölderlin, kein Wirklichkeitsschimmer die pathetischen Aufschwünge legitimiert; daß – vor allem – das Private zu gewichtslos ist, um die gewaltigen Lasten tragen zu können, mit denen Hardenberg es beschwert: Sophie Kühn als Maria, die tote Geliebte als Heiland, das *eine* Grab als Grab aller Gräber. Da fehlen Vermittlungen zwischen hüben und drüben, präzise Verweise, Ineins-Setzungen, die Legendäres und Geglaubtes im Hier und Jetzt realisieren; da werden Symbole unvermittelt mit Symbolen gekoppelt und metaphorische Benennungen zueinandergefügt, die auf keine Eigentlichkeit, kein spezifisches *So-und-nicht-anders* verweisen, so daß dann am Ende die Nacht von Grüningen und die Nacht von Golgatha sich schon deshalb in einem und demselben Nebel verlieren, da es, hier wie dort, niemals zehn Uhr abends und sechs Uhr früh werden kann.

Während Gryphius' Nacht zugleich die Dunkelheit des Dreißigjährigen Krieges und die Lichtnacht von Bethlehem ist, während Hölderlins Abend sich, in der »Friedensfeier«, wie ein überaus gewöhnlicher schwäbischer Feierabend entfaltet, bleiben Novalis' Dunkelheiten Kunstgebilde einer Poesie, die sich für Metaphysik ausgibt, ohne zuvor die Realität durchdrungen zu haben... und eben das war es, was Schelling erzürnte und Heine, bei einem Vergleich zwischen Hardenberg und E. T. A. Hoffmann, in Sachen der Novalisschen Dichtung eher nachdenklich stimmte: »Ehrlich gestanden, Hoffmann war als Dichter viel bedeutender als Novalis. Denn letzterer, mit seinen idealischen Gebilden, schwebte immer in der blauen Luft, während Hoffmann... sich doch immer an der irdischen Realität festklammert. Wie aber der Riese Antäus unbezwingbar stark blieb, wenn er mit dem Fuße die Mutter Erde berührte, und seine Kraft verlor, sobald ihn Herkules in die Höhe hob: so ist auch der Dichter stark und gewaltig, so lange er den Boden der Wirklichkeit nicht verläßt, und er wird ohnmächtig, sobald er schwärmerisch in der blauen Luft umherschwebt.«

192

Eine – im Rahmen Heinescher Invektiven übrigens nahezu sanfte – Distanzierung von jener Muse des Novalis, die der Autor der Romantischen Schule »ein schlankes, weißes Mädchen mit ernsthaft blauen Augen, goldenen Hyazinthenlokken, lächelnden Lippen und einem kleinen roten Muttermal an der linken Seite des Kinns« nennt. Eine sanfte und gerechte Distanzierung, alles in allem, was die Lieder- und Roman-Kapitel (nicht Teile der »Hymnen an die Nacht«) betrifft – und zugleich doch eine Invektive, deren Problematik sich sogleich erweist, wenn man bedenkt, daß das im engeren Sinn poetische Werk nur einen Bruchteil des Novalisschen Oeuvres ausmacht und mitnichten den bedeutendsten. Der *eigentliche* Hardenberg: der andere und wahre, wenngleich bisher noch immer verkannte (Ausnahmen, die Herausgeber der *opera omnia*, Mähl, Schulz und Samuel voran, bestätigen die Regel); der unverwechselbare, auf die Dialektik von großem Traum und kleiner Wirklichkeit insistierende und von niemandem, auch nicht von seinem *alter ego* Fritz Schlegel, erreichte Novalis – das ist der Schriftsteller, der im Fragment die ihm gemäße Kunstform fand: Hardenberg, der ein »Augenblicksdenker« und »Punktualist« war, ein Mann der raschen Notiz und der blitzartig treffenden Formulierung, aber kein Ausmaler und poetisierender Vollender des im Bruchstück Vorgedachten, das in der Nußschale perfekt: weil in sich unüberbietbar war, ausgeführt hingegen mit jeder Erweiterung immer problematischer wurde.

Fritz Schlegel hatte schon recht, als er seinem Freund Hardenberg attestierte: »Er denkt elementarisch. Seine Gedanken sind Atome.« Einerlei, ob Novalis, in einem Akt des Laut-Denkens, »Bruchstücke eines fortlaufenden Selbstgesprächs« formuliert, Stenogramme nie endender, faszinierender Monologe, oder ob er die Gedankensplitter zur geschliffenen, literarisch verantwortbaren Pointe vereint – in jedem Fall, als Verfasser des »Seelen-Journals« so gut wie als Epigrammatiker, verdeutlicht er die Empfindungsweise eines modernen Ich – einer Individualität, die es versteht, die Welt ebenso nüchtern wie enthusiastisch, zugleich naturwissenschaftlich-päzise und in religiöser Begeisterung, zu betrachten.

Vergessen wir nie: Der gleiche Mann, der die »Hymnen an

die Nacht« schrieb, meditierte über Gravitationsprobleme, über die Theorie der Wärmemaschinen, über Gebläsetechniken, Weinfabriken und Ätherverbindungen, über Pottasche und ätherische Öle. Knappe Sätze; aneinandergereihte Substantive; durch Schrägstriche halb verbundene, halb zerteilte Abbreviaturen; Formeln, die wie synthetische Konzentrate unendlicher Zusammenhänge, Interdependenzen und Entgegensetzungen wirken: Wie immer Novalis seine Fragmente, die er am Schlegelschen Ideal des Gedanken-Igels bemaß (»Ein Fragment«, so Friedrich Schlegels berühmtes Athenäum-Fragment Nr. 206, »muß gleich einem kleinen Kunstwerke von der umgebenden Welt ganz abgesondert und in sich selbst vollendet sein wie ein Igel«)... wie immer Novalis seine Fragmente artikulierte, hier als Gedächtnisstütze à la Pascal, dort als pointierte Maximen: unbezweifelbar ist, dies sei wiederholt, daß gerade *sub specie religionis* die knappste, anspruchsloseste, bescheidenste Notiz die prätentiöse Ausmalung an Eindringlichkeit und zeichensetzender Prägnanz weit übertrifft. Die Skizze überbietet das Aquarell, das Aquarell seinerseits das Bild in Öl.

Ein Beispiel: »Donnerstag. *Sofie ward tödlich krank*... Freitag. *Heute früh sah ich sie zum letzten Male*«... Abermals »Freitag. *Heute abend kam Francke mit untröstlichen Nachrichten zurück. Es war just ihr Geburtstag*... Sonntag. *Heute früh halb 10 Uhr ist sie gestorben. 15 Jahr und zwei Tage alt.*« Eine Chronik, wie sie sich ergreifender nicht denken läßt; Worte, die, mit Benjamin zu sprechen, in Tränen gebeizt sind; knappe Verlautbarungen an der Grenze des Schweigens; Mitteilungen, denen es gelingt, mit Hilfe von ein paar nüchternen Worten, ein Universum des Leidens anschaulich zu machen; Alltagsvokabeln, die, dank des Kontexts, zu Partikeln werden, in denen sich, *in extremis*, ein kaum noch sagbares Maß von Verzweiflung ausdrückt: *Es war just ihr Geburtstag. – 15 Jahr und zwei Tage alt.*

Beschreibung des Todes eines geliebten, einzig geliebten Menschen; Beschreibung, später im »Journal«, der Totenwache am Grab: »Abends konnte ich nur spät zu meiner Ruhestätte kommen. Es gingen so viele Leute hin... Viel Lärm und Getümmel im Haus... Gestern abend war ich am Grabe und hatte einige wilde Freudenmomente... Wir saßen in der großen Stube... und sangen leise die Melodie – wie sie so sanft ruhen.«

Wiederum – unterbrochen durch eine einzige, ins Paradoxe führende Wendung (»am Grabe wilde Freudenmomente«) – das Benennen des Schmerzes durch objektive Korrelate (Grab, Stube, Gesang); wiederum Verdeutlichung der äußersten Qual durch ein Notieren der Situationen, die, indirekt, zeigen, wie hier einer leidet und wie groß seine Einsamkeit ist.

Und demgegenüber nun die Poesie! Die ambitiöse Interpretation des Geschehens am Grabe, vorgetragen in der dritten Hymne an die Nacht: »Einst, da ich bittre Tränen vergoß, da in Schmerz aufgelöst meine Hoffnung zerrann, und ich einsam stand am dürren Hügel, der in engem dunklen Raum die Gestalt meines Lebens barg – einsam, wie noch kein Einsamer war... kraftlos, nur ein Gedanke des Elends noch. Wie ich da nach Hülfe umherschaute, vorwärts nicht konnte und rückwärts nicht, und am fliehenden verlöschten Leben mit unendlicher Sehnsucht hing: – da kam aus blauen Fernen – von den Höhen meiner alten Seligkeit ein Dämmerungsschauer...«

Wird da nicht jedes Wort *mehr* zu einem Eindruck *weniger*? Zerredet, zerschwätzt, ausgesagt, durch Adjektive getötet, durch Leerformeln erstickt? (»In Schmerz aufgelöst«, »Hoffnung zerrann«; »einsam, wie noch kein Einsamer war«, »vorwärts nicht konnte und rückwärts nicht«.) Und dann die Idylle am Ende – bestimmt durch das Operieren mit vorgeprägten, stimmungshaltigen Worten aus dem Arsenal der Trivialpoesie, religiösen Klischees und weihevoll wirkenden Versatzstücken der Sterbe-, Grab- und Hoffnungsliteratur! Doch damit – leider – noch nicht genug: Vom poetischen Grabes-Furor getrieben, verwandelt Novalis, im vierten geistlichen Lied, seine Vision auch noch in einen Choral, in deren zweiter bis vierter Strophe es heißt:

> Meine Welt war mir zerbrochen,
> Wie von einem Wurm gestochen
> Welkte Herz und Blüte mir;
> Meines Lebens ganze Habe,
> Jeder Wunsch lag mir im Grabe,
> Und zur Qual war ich noch hier.

Da ich so im stillen krankte,
Ewig weint' und weg verlangte,
Und nur blieb vor Angst und Wahn:
Ward mir plötzlich wie von oben
Weg des Grabes Stein gehoben,
Und mein Innres aufgetan.

Wen ich sah, und wen an seiner
Hand erblickte, frage keiner,
Ewig werd' ich dies nur sehn;
Und von allen Lebensstunden
Wird nur die wie meine Wunden,
Ewig heiter, offen stehn.

Da sind aus herzzerreißenden Notaten am Ende religiöse Erbauungsstrophen geworden; da verselbständigen sich, wie Vokabular, Wortstellung und Reime beweisen, die Elemente des protestantischen Kirchenliedes, und der Dichter Hardenberg begnügt sich mit routinierter Kollektion des vorhandenen Bilder-Materials.

Das Ur-Erlebnis am Grabe Sophies hat sich in ein religiöses Bildungserlebnis verwandelt, in dessen Umkreis die tote Braut, als himmlische Jungfrau Maria, an Jesu Seite über dem Grab wandeln kann und die Wunde des Trauernden auf die Wunde des auferstandenen Christus verweist. Kein Zweifel: Je direkter – sagen wir getrost: indezenter! – Novalis seine Texte »christianisiert« und ins Bedeutungsvoll-Religiöse verallgemeinert, desto eklatanter sein Versagen als religiöser Schriftsteller. Ein Versagen, das sich sowohl in der idyllischen, alles Einmalig-Konkrete ins Stimmungshaft-Sentimentale verwandelnden Beschreibung des Lebens und Sterbens Jesu Christi, der Verklärung der Madonna, die aufgehört hat, Schmerzensmutter zu sein, und der intimen Deskription himmlischer Vorgänge als auch in der Manier zeigt, mit der Novalis, in der Tradition religiöser Minne-Literatur, vom Hohenlied bis Zinzendorf, christliche Überlieferungen derart subjektiviert, daß am Ende nur noch ein verwegenes, von Todes-Mystik und Pan-Sexualität bestimmtes Spektakel übrigbleibt. Ein Spektakel, in dem das Abendmahl den Charakter wollüstigen Kopulierens gewinnt, bei dem das leiblich vereinte Paar in Himmelsblut schwimmt und das Passahfest sich in eine orgiastische, von Ewigkeit zu Ewigkeit während Feier verwandelt. »Nie endet das süße Mahl, nie sättigt die Liebe sich, nicht innig, nicht eigen genug kann sie haben den Geliebten. Von immer zarteren Lippen verwandelt wird das Genossene inniglicher und näher. Heißere Wollust durchbebt die Seele. Durstiger und hungriger wird das Herz.«

Das ist kein Abendmahl lutherischer Prägung, auch keine weihraucherfüllte, von frommer Entzückung getragene Eucharistie; da wird, im Geist der Kabbalistik und Pansophie, eine schwarze Liebesmesse gefeiert, in deren Verlauf die Meere in Blut und die Berge in Fleisch vergehen. Triumph der Sexualität beim Liebesmahl und – Vereinigung von Mann und Frau – auch unter den Himmeln: »O! daß das Weltmeer schon errötete, und in duftiges Fleisch aufquölle der Fels!«

Nur wer das Geheimnis der Liebe kennt, so Novalis' Maxime, wer um die Mysterien der Sexualität weiß, ja, mehr noch, wer erfahren hat, was Orgasmus: als Stillung unendlichen Hungers und Durstes bedeutet, wird, die Analogie von irdischer und himmlischer Einverleibung begreifend, die Bedeutung des Abendmahls als der Großen Kommunion zwischen dem Gott und den Menschen verstehen – den Liebesakt an der Schwelle des Todes:

> Aber wer jemals
> von heißen, geliebten Lippen
> Atem des Lebens sog,
> wem heilige Glut
> in zitternde Wellen des Herzens schmolz,
> wem das Auge aufging,
> daß er des Himmels
> unergründliche Tiefe maß,
> Wird essen von seinem Leibe
> Und trinken von seinem Blute
> Ewiglich.

Liest man Verse wie diese, Zeilen aus dem Dithyrambus »Hymne«, Novalis' kühnstem, aber auch makaberstem reli-

197

giösen Gedicht, dann wird der Überdruß verständlich, der den Poeten, mitsamt seinem großen Dichter-Traum, angesichts protestantischer Buchstabengläubigkeit, ringsum ergriff.

Aber war er katholisch – nur weil die Madonna ihm sinnhafter zu sein schien als Maria im Gewand der Dürerschen Mutter im Haus? War Lavater katholisch, weil er die Gedanken eines Protestanten in einer katholischen Kirche plastisch zu beschreiben verstand? War Kleist ein Katholik, weil er in Dresden bekannte: »Nirgends fand ich mich... tiefer in meinem Inneren gerührt, als in der katholischen Kirche, wo die größte, erhebendste Musik noch zu den andern Künsten tritt, das Herz gewaltsam zu bewegen. Ach... unser Gottesdienst ist keiner. Er spricht nur zu dem kalten Verstande, aber zu allen Sinnen ein katholisches Fest... Ach, nur ein Tropfen Vergessenheit, und mit Wollust würde ich katholisch werden.«

Nun, er ist, wie man weiß, nicht konvertiert, Heinrich von Kleist, und Friedrich von Hardenberg auch nicht – Hardenberg, der in seinen Jugendgedichten, Joseph II. feiernd, Schmähverse auf die mönchische »Brut der Schwärmerei« und die »furchtbare päpstliche Heiligkeit« schrieb, zuallerletzt.

Und trotzdem: Mochte er auch protestantisch *glauben*, Friedrich von Hardenberg, produktiv *dichten* (und nicht nur herrnhuterisch nachzeichnen) konnte er allein dort, wo Sinnlichkeit mit ins Spiel kam, Erotik und Vitalität: wo die Frau zugleich als Mutter und Geliebte, Braut und Himmelskönigin angeschaut werden konnte; wo sinnträchtige Gesten, Umarmungen, Kniefälle und Küsse bezeugten, daß das Frömmste und Erhabenste sich in den Entzückungen der niederen Minne abspiegeln könne; wo das Kind auf jene dialektische Spannung zwischen heiterer Frühzeit und deren Wiederkehr im kommenden Traumreich des Friedens verwies, die Novalis, dem Gedanken des triadischen Systems der Geschichte verpflichtet, wieder und wieder ins Bild zu setzen versuchte. (»Wo Kinder sind, da ist ein goldenes Zeitalter.«)

Aber der gleiche Mann, der, wie so viele nach ihm, die katholische Interpretation christlicher Glaubenswahrheiten für die künstlerisch einzig fruchtbare hielt, war und blieb eben doch Erzprotestant, ein liberaler freilich, der es eher mit Herder und Schleiermacher als den Frommen aus Herrnhut und Gnadenfrei hielt, und Lessing, dessen »Erziehung des Menschengeschlechts« er fortsetzen wollte, zu seinen Hausheiligen zählte: er, Friedrich Hardenberg, nicht anders sein Freund Schlegel – beide bestrebt, das lineare Modell aufklärerischer Geschichtskonzeptionen derart zu variieren, daß der geheimnisvolle Urzustand, statt überwunden zu werden, auf höherer Stufe zu bewahren war und die Natur, Vernunft geworden, in gleicher Weise in ihre angestammten Rechte zurückkehren konnte wie die Gemeinsamkeit der Götter, die Hardenberg, in geheimer Übereinkunft mit Hölderlin, durch Christus nicht *erledigt*, sondern *erlöst* wissen wollte: »Apotheose der Zukunft, dieser eigentlichen, bessern Welt, dies ist der Kern der Geheiße des Christentums... hiermit schließt es sich an die Religion der Antiquare, die Göttlichkeit der Antike, die Herstellung des Altertums, als der zweite Hauptflügel an – beide halten das Universum, als den Körper des Engels, in ewigem Schweben.« Womit wir dann abermals bei Hölderlin wären, beim Gedanken der großen Versöhnung im Zeichen des Friedens und auch, noch einmal, bei Lessing, dessen bürgerliche Apotheose am Ende des »Nathan« in Novalis' Vision von der Familie wiederkehrt, deren Einheit jene Übereinkunft zwischen den getrennten Religionen symbolisiert, die in gleicher Weise Schleiermachers Reden über Religion wie die (geplante) Fortsetzung der Schlegelschen »Lucinde«, Eichendorffs Examensschrift mit ihrem Postulat, die Konfessionen sollten einander wechselseitig durchdringen und beleben, wie, nicht zuletzt, Hardenbergs Materialien zum zweiten Teil des Romans »Heinrich von Ofterdingen« bestimmt: »Das Buch schließt... *mit einer einfachen Familie. (Alles) wird stiller, einfacher und menschlicher... Es ist die Urwelt, die goldene Zeit am Ende.*«

Die Familienfeier am Ende der Tage: seltsam zu sehen, wie in Jena, Berlin und Dresden, im Kreis der religiösen Logenbrüder, immer wieder Lessings, des geheimen Mitunterredners, bei allen Disputen gedacht wird – in Verbundenheit und Opposition.

In Verbundenheit, weil der Gedanke des göttlichen Erziehungsplans Novalis so gut wie Schlegel als unverzichtbar galt.

In Opposition, weil Lessings Gedanke, es sei möglich, im künftigen Zeitalter der Vernunft nicht nur des Alten, sondern auch des Neuen Testaments zu entbehren, durch die These von dem um jeden Preis zu bewahrenden Frühling der Menschheit, mit seiner Heiterkeit, seiner Anmut und seiner Entfaltung im Zeichen einer noch nicht usurpierten, nicht in den Dienst genommenen, nicht ausgebeuteten Natur, ersetzt worden war.

Friedrich von Hardenberg – ein Schriftsteller, von dem zu lernen ist, wie einer, dem es ernst ist um die Sache der Religion, in aufgeklärter Zeit überlieferte Offenbarungszeugnisse mit Hilfe der poetischen Rede darstellen könnte? Ich glaube: ja. Mag Novalis mit der Beschwörung einer Kunst-Religion gescheitert sein – und gescheitert auch in seinem Versuch, Bibel, Überlieferung und abendländische Geschichte durch radikale Subjektivierung in ein romantisches Gesamtkunstwerk zu verwandeln, wo Eros und Thanatos als Grundprinzipien des Universums fungieren: als Fragmentarist und Gedankenkünstler hat er, auf Tausenden von Seiten, ein »religiöses Journal« hinterlassen, das die erste »szientifische Bibel« der Moderne werden sollte. Notiz- und Studien-, Fragment- und Brouillon-Hefte beweisen, daß hier der Versuch unternommen wurde, die – von Novalis für unabgeschlossen erklärte! – Bibel im Zeitalter der Wissenschaft weiterzudichten.

Eine Spekulation das ganze – nicht mehr? Nichts als aberwitziger Einfall? Ein toller Streich, geplant und schon vergessen; ein Scherz von der Art des Schlegelschen Vorhabens, eine neue Religion zu begründen? (Auch dies in Lessings Zeichen, übrigens: »Lebte [er] noch, so brauchte ich das Werk nicht zu beginnen. Der Anfang wäre dann wohl schon vollendet. Keiner hat von der wahren neuen Religion mehr geahndet als er.«)

Die szientifische Bibel als Versuch, im Rahmen einer vom Geist der Religion erfüllten Enzyklopädie Glauben und Vernunft, Frömmigkeit und Wissenschaft miteinander zu versöhnen: Ist das wirklich nur der absurde Plan eines Beziehungs-Künstlers und Wort-Magiers, über den selbst Fritz Schlegel bisweilen den Kopf schüttelte? (»Hardenberg«, heißt es 1798 in einem Brief an Schleiermacher, »ist dran, die Religion und die Physik durcheinander zu kneten. Das wird ein interessantes Rührei werden.«)

Nur ein Rührei, tatsächlich? *Wenn* Schlegel Glauben verdiente! (Doch wer mag schon einem Mann so recht trauen, der seinen engsten Vertrauten im Reich der Kunst, Philosophie und Religion – »Dein Geist stand mir am nächsten bei den Bildern der unbegriffenen Wahrheit« – mit dem zynischen Aperçu dem Gelächter preisgab: »Daß Hardenberg sich selbst tötet, glaube ich nur darum nicht, weil er es bestimmt will und für den Anfang aller Philosophie hält«?)

Oder ist am Ende Hardenberg selbst von seinem großen Plan abgekommen, das Zeitalter des Friedens und der Eintracht unter den Nationen durch eine Art von Organum Novissimum, eben die szientifische Bibel als Ausdruck einer religiösen Enzyklopädistik, zu unterstützen? »Eine Bibel schreiben zu wollen, ist ein Hang zur Tollheit, wie ihn jeder vernünftige Mensch haben muß, um vollständig zu sein«: Wird in dieser Notiz zu Schlegels *Ideen* das Scheitern des Jahrhundert-Projekts einkalkuliert? Wir wissen es nicht. Diese Frage bleibt offen. Offen wie die Akte über einen Schriftsteller, der unter den vielen doppeldeutigen Autoren unserer Porträt-Reihe vielleicht der rätselhafteste ist. Ein Utopist, der zur Legitimierung des Klerikalismus finsterster Prägung herhalten mußte. Ein Konservativer, in dessen Namen Thomas Mann anno 1921 seine Wendung zu Demokratie und Republik begründete. Ein Unpolitischer, der – als Trost in der Dunkelheit des gegenwärtigen Tages – das Eingedenken an den Garten Eden mit der Hoffnung auf das tausendjährige Reich des Goldenen Zeitalters zu vereinigen suchte: »Die Bibel fängt herrlich mit dem Paradiese, dem Symbol der Jugend, an, und schließt mit dem ewigen Reich, mit der heiligen Stadt.«

Friedrich Hardenberg, den man, hier, zum Wegbereiter Metternichs und, dort, zum Kronzeugen des Blochschen Prinzip Hoffnung gemacht hat... der janusgesichtige Novalis hat immerhin – und nicht zuletzt! – das eine vermocht: einer Gruppe von jungen Rebellen in einem Augenblick als Kronzeuge für die jederzeit mögliche Befreiung der Menschheit zu dienen, wo diese Menschheit in ihrer Existenz bedroht war wie niemals zuvor.

»Es wird so lange Blut über Europa strömen, bis die Nationen ihren fürchterlichen Wahnsinn gewahr werden und...
ein großes Liebesmahl als Friedensfest auf den rauchenden
Walstätten mit heißen Tränen gefeiert wird. Nur die Religion
kann Europa wieder aufwecken und die Christenheit mit neuer Herrlichkeit sichtbar auf Erden in ihr altes friedenstiftendes
Amt installieren.« Geschrieben 1799, im Hinblick auf ein Zeitalter allgemeiner Emanzipation: zentriert um die Kirche des
Friedens. Zitiert 1942, im Zeichen nationalsozialistischer Ver-
nichtungspolitik, von den Verschworenen aus dem Kreis der
»Weißen Rose«.

»Die Christenheit oder Europa«: ein Freiheitssignal unterm
Galgen. Die von der Poesie beschworene Religion als Element
humaner Widersetzlichkeit. Novalis: ein Schriftsteller, den vor
vierzig Jahren einige junge Menschen, Hardenbergs Altersge-
nossen, als Nothelfer beschworen, bevor sie, einige Monate
später, zum Schafott geführt wurden.

Die chiliastische Predigt eines Christenmenschen wurde,
im Zeichen des Kreuzes, zur Kampfansage an die Barbarei und
erfüllte derart, auf die Emanzipation von einer Gewalt vorausweisend, die auf den Widerruf der Vernunft und des Glaubens
abzielte, ihr geheimstes Ziel.

SØREN KIERKEGAARD
Einübung im Christentum

Religion als Widerspruch zum Bestehenden

Gefragt, wo die europäische Moderne, Mitte des 17. Jahrhunderts einsetzend, geistig ihren Höhepunkt erreicht habe, worauf wird man verweisen? Auf das revolutionäre und dann napoleonische Frankreich? Kaum. Denn dort triumphierte Mars und wurde Politik mit Hilfe von Armee und Polizei gemacht. Verweisen aber darf man auf das politisch so machtlose Deutschland. Zwischen Lessings Tod, Kants »Kritik der reinen Vernunft«, Schillers »Räuber« und Mozarts Reise zu Haydn nach Wien, alles im Jahre 1781, und dem Tod Beethovens und Schuberts 1827/28, dann Hegels und Goethes 1831/32, erlebte es eine fünfzigjährige philosophisch-dichterisch-musikalische Glanzepoche ohnegleichen.

Wiederum gefragt, wem es gelungen sei, diese Moderne auf den Begriff zu bringen, seine Zeit in Gedanken zu fassen und so das Goldene Zeitalter mindestens in der Philosophie heraufzuführen, dann wird man den dritten und ursprünglich langsamsten der drei Tübinger Freunde nennen müssen: Georg Friedrich Wilhelm *Hegel*.

Was mit der kopernikanischen Wende und der Auflösung des traditionellen Himmels grundgelegt und mit *Descartes'* Konzentration auf den Menschen und seine Vernunft philosophisch initiiert worden war,

was *Spinoza* mit seiner allumfassenden Einheit von Gott und Welt, *Leibniz* mit seiner Theodizee und *Lessing* mit seinem Programm der Überführung der zufälligen christlichen Geschichtswahrheiten in notwendige Vernunftwahrheiten weiterentwickelt hatten,

was dann *Kant* mit seiner Religion innerhalb der Grenzen der reinen Vernunft abgesichert, *Fichte* jenseits aller Erkenntniskritik mit seiner Ich-Philosophie und der junge *Schelling* mit seiner Identitätsphilosophie von Subjekt und Objekt in eine neue Metaphysik übersetzt hatten,

woran *Hölderlin* gescheitert und was *Novalis* nur poetisch vorausgenommen hatte:

das alles hat *Hegel* in ungeheuer geduldiger Arbeit des Begriffs aufgenommen, aber auch relativiert und in eine höhere Synthese eingeordnet oder, wie er es mit dem einen dreisinnigen Wort zu sagen beliebte, »*aufgehoben*«, also konserviert, abrogiert und zugleich transzendiert. Die Philosophie soll alles, was es gibt, soll alles Einzelne in einem alles umfassenden, bewegt dialektischen *Universalsystem* begreifen: als Moment der einheitlichen Entwicklung des Ganzen, des Absoluten, Gottes selbst. So versucht Hegel »spekulativ« (»zusehend«) nach-denkend den »*Lebenslauf Gottes*« zu beschreiben: den sich entäußernden Lauf Gottes in die Weltlichkeit hinein (in der Naturphilosophie) und durch die Weltlichkeit hindurch zurück zum vollkommenen Zu-sich-selber-Kommen des Geistes: in jener Geistphilosophie, die eine Anthropologie (mit Psychologie), eine Rechtsphilosophie und Philosophie der Weltgeschichte, schließlich eine Philosophie der Kunst, der Religion und der Philosophie selbst (Philosophiegeschichte) umfaßt.

Wahrhaftig eine Onto-theologie, wie sie sich bis jetzt dem Christentum noch nie angeboten hatte: eine Summa universalis des absoluten Wissens und gerade so eine Summa summe theologica des absoluten Geistes selbst. Denn so empfanden es damals auch viele Theologen: Welch ein Wunder in einer Zeit glaubensloser, offenbarungsfeindlicher Philosophie, in der Jean Paul, Nietzsches Visionen vorausnehmend, den düsteren Traum einer Rede des toten Christus träumt, daß in den schon Pascal erschreckenden leeren Räumen des Alls kein Gott sei! Wurde hier nicht ein onto-theologisches System vorgelegt, in dem das Christentum weder polemisch abgefertigt noch indifferent beiseite gelassen, sondern mit Sympathie geistvoll aufgenommen, aufs allerbeste »aufgehoben« wurde? Ein System, das nicht nur, wie frühere Systeme, Antike und Christentum, sondern auch Renaissance und Reformation, Aufklärung und Romantik, Revolution und Restauration, ja Vernunft und Wirklichkeit überhaupt vereint? Ein System, das grundsätzlich alle denkbaren Gegensätze vermittelt, Vernunft und Wirklichkeit im absoluten Geist versöhnt und das bei alldem nichts anderes als wissende, philosophische Religion sein will: das sich selbst denkende und wissende Christentum? Sollte die Christenheit – im Streit zwischen Aufklärern und reinen Gefühlstheologen und schließlich im tödlichen Kampf gegen die anstürmenden Mächte der Moderne – nicht mit Enthusiasmus nach diesem rettenden christlichen System greifen?

Ja, Karl Barth hatte schon recht, wenn er fragte: Warum ist Hegel eigentlich für die protestantische Theologie nicht zu dem geworden, was Thomas von Aquin für die katholische war? Der Doctor communis, der »allgemeine Lehrer«, der das von der Geschichte innerhalb und vor allem außerhalb der Mauern der Christenheit aufgeschichtete Material gesichtet, auf neue Art begrifflich geordnet und die notwenig gewordene neue, umfassende philosophisch-theologische Synthese, das neue nicht mehr mittelalterliche, sondern moderne Paradigma der Christenheit, wissenschaftlich-schöpferisch erarbeitet hat?

Hegel stirbt 1831 auf der Höhe seines wissenschaftlichen Ansehens. Und doch, schon zehn Jahre später ist alles völlig anders.

1841: In diesem Jahr erscheint das »Wesen des Christentums« des früheren Theologiestudenten, dann Hegelianers, schließlich Atheisten Ludwig *Feuerbach*. Er lehnt eine Verabsolutierung des Hegelschen Systems wie des Christentums ab, meint als das Geheimnis der Theologie die Anthropologie (Gott nichts als die Projektion des Menschen) entdeckt zu haben, und wird so zum religionskritisch-atheistischen Lehrmeister der gesamten Hegelschen Linken, besonders von Marx und Engels. Mitte der dreißiger Jahre hatte bereits das kritische »Leben Jesu« des Tübinger Stiftsrepetenten David Friedrich Strauß die Hegelsche Schule in Rechts- und Linkshegelianer aufgespalten.

1841: Im selben Jahr kommt ein anderer Theologiestudent, achtundzwanzig Jahre alt, nach Berlin. Er war in seinem Hegelverständnis vor allem von Rechtshegelianern geprägt und stand schon früh dem Hegelschen System ablehnend gegenüber. Gerade eben über die Ironie bei Sokrates zum Doktor der Theologie promoviert, will er nun zur Lösung seiner Probleme mit Hegel Friedrich Wilhelm Josef Schelling hören, der sich zum Hegelgegner entwickelt hatte und deshalb trotz seiner sechsundsechzig Jahre zur Eindämmung des Hegelschen Einflusses nach Berlin berufen worden war. Es ist der zarte, nach innen gekehrte, leidenschaftlich grübelnde und zugleich kalt und witzig analysierende Sören *Kierkegaard*, Dänemarks bedeutendster Prosaschriftsteller, Philosoph und Theologe, der für sein einzigartiges literarisches Lebenswerk nur ein gutes Dutzend Jahre zur Verfügung haben sollte.

Worum geht es Kierkegaard? In der uferlosen Kierkegaardliteratur, die auch der Spezialist nicht mehr überblicken kann, kommen, wie der Norweger Per Lönning einmal festgestellt hat, die einen philosophisch-theologischen Interpreten (Petersen, Bohlin, Hirsch, Lindström) mehr von Schleiermacher her, andere (Diem, Olesen-Larsen) mehr von der dialektischen und wieder andere (Haecker, Przywara, Dempf, Fabro) von der katholischen Theologie her. Einen ausgezeichneten Überblick über die Forschungsgeschichte bezüglich Kierkegaards Verhältnis zu Hegel und eine wegweisende historisch-analytische Untersuchung für die ersten Perioden des Schriftstellers bietet der Direktor des Kopenhagener Kierkegaard-Instituts, Niels Thulstrup. Worum also geht es Kierkegaard, aus dem wir so oft Pascal reden hören und der von sich bekennt, daß in seiner Generation keiner so tief gezweifelt habe wie er?

»Was mir eigentlich fehlt, ist, daß ich mit mir selbst ins reine drüber komme, *was ich tun soll*, nicht darüber, was ich erkennen soll – es sei denn, soweit ein Erkennen jedem Handeln vorausgehen muß.« In dieser seiner berühmten ersten geistigen Bestandsaufnahme, schon sechs Jahre vor seiner Berlinreise, hatte er programmatisch festgestellt: »Es kommt darauf an, meine Bestimmung zu verstehen, zu sehen, was die Gottheit eigentlich will, daß *ich* tun solle; es gilt, eine Wahrheit zu finden, die Wahrheit *für mich* ist, *die* Idee *zu finden, für die ich leben und sterben will*. Und was nützte es mir dazu, wenn ich eine sogenannte objektive Wahrheit ausfindig machte; wenn ich mich durch die Systeme der Philosophen hindurcharbeitete und, wenn man es verlangte, über sie Heerschau halten könnte.« Und zum Christentum meint er: »Was nützte es mir, daß ich die Bedeutung des Christentums entwickeln und viele einzelne Erscheinungen erklären könnte, wenn es *für mich selbst und mein Leben keine* tiefere Bedeutung hätte?« (Ges. Werke, Diedrichs-Ausgabe, Tagebücher I, 16 f).

Der Gegensatz zu Hegel könnte nicht größer sein: Wo Hegel spekulativ-meditativ ist, ist Kierkegaard, der Hegel im Original damals kaum kannte, aktiv, existentiell-engagiert. Kierkegaard ist der Überzeugung: »*Philosophie und Christentum lassen sich doch niemals vereinen*« (I, 23). Warum nicht? Weil doch im Christentum die unendliche Differenz zwischen dem heiligen, gnädigen Gott und dem schuldigen, sündigen Menschen zur Sprache kommt, welche durch keine harmonisierend-nivellierende philosophische Vermittlung überwunden werden kann. Darin liegt die Unvereinbarkeit beider Größen!

Ganz auf der sachlichen Linie *Pascals* (den er nur einmal indirekt durch Feuerbach zitiert), denkt Kierkegaard aus der Not seiner eigenen Existenz heraus. Ein objektiv-unbeteiligtes Erkennen der Wirklichkeit im Geiste *Descartes'* konnte ihn nicht befriedigen, ein rein methodisch-experimentierendes partielles Zweifeln kam ihm selber zweifelhaft vor (nachzulesen in einer sehr frühen und unvollendet gebliebenen Schrift, »Johannes Climacus oder De omnibus dubitandum est« – vermutlich 1842/43): Zweifelt der Mensch nämlich im Ernst, zweifelt er total, praktisch und existentiell, schaut er auf sein widersprüchliches Selbst (und diese Art von Zweifel hat das Christentum auf die Welt gebracht), wird dann sein Zweifel nicht zum Verzweifeln, aus dem es keinen intellektuellen Ausweg, auch nicht durch die Hegelsche Spekulation, gibt? »So sind denn die Philosophen schlimmer als die Pharisäer, von denen wir lesen, daß sie schwere Lasten binden und selbst mit keinem Finger sie aufheben. Denn das ist ja gleich, daß sie selbst sie nicht aufheben, wenn sie doch aufgehoben werden können. Jedoch die Philosophen fordern das Unmögliche. Und wenn da ein junger Mensch ist, welcher meint, philosophieren heiße nicht schwatzen oder schreiben, sondern aufrichtig und genau tun, davon der Philosoph sagt, man solle es tun, dann lassen sie ihn mehrere Jahre seines Lebens vergeuden, und dann zeigt es sich, daß es unmöglich ist, dann hat es ihn so tief gefaßt, daß seine Befreiung vielleicht unmöglich wird« (S. 162).

Sind solche Sätze weit von unserer Wirklichkeit, zumal unserer Universitätswirklichkeit entfernt? Kierkegaard selber stößt nun von der Analyse auf eine Entscheidung vor: Jeder Mensch steht in seinem konkreten Leben vor einer *unumgänglichen Wahl*: »Entweder/Oder«. So auch der Titel einer im Grunde für seine frühere Verlobte Regina Olsen geschriebenen Schrift, in der Kierkegaard – auf »die Wiederholung« (1843) des gescheiterten Verhältnisses auf einer höheren Ebene hoffend – unter dem Pseudonym Victor Eremita die Alternative entwickelt: »Entweder« wählt der Mensch eine »ästhetische« (am sinnlichen Lebensgenuß orientierte) Lebenseinstellung (in diesem ersten Teil das berühmte »Tagebuch eines Verführers«) – »oder« eine »ethische«, verantwortungsbewußte (in Übereinstimmung mit den Forderungen der Gesellschaft stehende). Entweder – oder! Und doch endet dieser zweite Teil mit einem überraschenden Weder – Noch. Denn in einem kurzen »Ultimatum« stellt Kierkegaard eine dritte Möglichkeit vor: Es ist die *religiöse* Lebenseinstellung, wie er sie erst in den folgenden Jahren – nach Untersuchung des »Begriffs Angst« (1844) – in der Darstellung der drei Lebensstadien (»Stadien auf des Lebens Weg« 1845) entwickeln und gegenüber der ästhetischen und ethischen als eigene, durch Leiden bestimmte Lebensform beschreiben wird. Wie sehr hinter all dem auch die ganz persönliche Lebensgeschichte Kierkegaards – Liebesverhältnis, Schuldkomplex, Sexualität – zum Ausdruck kommt, wird bei Walter Jens noch deutlich werden.

1846: Fünf Jahre nach Doktorat, Entlobung und Berlinreise ist der zehn Jahre dauernde Klärungsprozeß abgeschlossen und damit nach seinem eigenen Verständnis der »Wendepunkt« von der »ästhetischen« zur »ausschließlich religiösen« Schriftstellerei erreicht. Dieser wird markiert durch die großangelegte zweibändige »Abschließende unwissenschaftliche Nachschrift« (zu seinem dogmatischen Hauptwerk »Philosophische Brocken« 1844). Der ganzen idealistischen Spekulation und besonders dem Hegelschen System wird nun definitiv der Abschied gegeben, und Kierkegaard benutzt dafür ein erhellendes Bild: »Es geht den meisten Systematikern im Verhältnis zu ihren Systemen, wie wenn ein Mann ein ungeheures Schloß baut und selber daneben in einer Scheune wohnt: Sie leben selber nicht in dem ungeheuren systematischen Gebäude. Aber in den Verhältnissen des Geistes ist und bleibt das ein entscheidender Einwand. Geistig verstanden müssen eines Mannes Gedanken das Gebäude sein, worin er wohnt – sonst ist es verkehrt« (Tagebücher, II, 42).

Es ist deutlich genug: Gegen Hegels ungeheures gedankliches »Schloß« klagt Kierkegaard immer wieder die Not der *konkreten Existenz des Einzelnen* ein. Um den einzelnen Menschen in seiner Widersprüchlichkeit zwischen Angst und Hoffnung, Schuld und Reue, Verzweiflung und Seligkeit geht es ihm, der doch auf keinen Fall in ein System – weder in ein philosophisch-spekulatives noch in ein kirchlich-dogmatisches – »aufgehoben« werden kann.

Existenz also gegen System – das heißt zugleich: *Gegen* die erste Großmacht der Moderne, »*die moderne Wissenschaft*«, wie sie Hegel wie kaum einer verkörpert, tritt hier kühn ein einzelner an mit einer provozierend »unwissenschaftlich« genannten Schrift voller Ironie, Witz und Humor. Er ruft das große Halt und fordert zur Umbesinnung auf: So sehr die objektive Wissenschaft (Logik, Historie) ihren Sinn hat, so sehr hat sie ihre Grenzen! Die grundlegenden Fragen des menschlichen Daseins jedenfalls, des Lebenssinnes und der Lebensführung, kann die »moderne Wissenschaft« keinesfalls beantworten. Nicht um Philosophie, auch nicht um Theologie geht es Kierkegaards Pseudonym Johannes Climacus (der nach ihm Humanist, Humorist und Experimentator, aber kein Christ ist). Es geht um das menschliche Grund-Problem schlechthin: das Christsein, nein, das Christwerden! Und darüber wird nicht nur eine spekulative Lehre entwickelt, sondern eine absolute Existenzmitteilung, eine Botschaft (Kerygma) verkündet, die anders als die Wissenschaft immer eine Ethik einschließt: »So einfach wie möglich (um experimentierend meine eigene Person zu gebrauchen) gesagt: ›Ich, Johannes Climacus, hier in der Stadt geboren, nun 30 Jahre alt, und recht und schlecht ein Mensch, so wie die meisten Leute, nehme an, daß mir sowohl

210

wie einem Dienstmädchen und einem Professor ein höchstes Gut in Aussicht steht, das ewige Seligkeit genannt wird; ich habe gehört, daß einem das Christentum dieses Gut bedingt; nun frage ich: Wie komme ich in ein Verhältnis zu dieser Lehre?«« (Nachschrift, S. 14).

Wen aber kann Kierkegaard als Bundesgenossen aufrufen? Schelling, den Philosophen? Der hatte sich ihm ähnlich wie Hegel als großer idealistisch-spekulativer Systemkonstrukteur präsentiert; er bot keine Hilfe. Ein anderer aber wird – man staunt – für Kierkegaard wichtig: Gotthold Ephraim *Lessing*. An ihn richtet er in der Nachschrift ein hintergründig-emphatisches »Wort des Dankes«, freilich nicht nur an Lessing als Gelehrten, Dichter, Ästhetiker und Weisen. Nein, Kierkegaards Dankesäußerung gilt vor allem Lessing, dem Typ des subjektiven Denkers, der weder ein »System« noch fertige »Resultate« hervorgebracht habe. Er ist dankbar, daß Lessing »sich in religiöser Hinsicht nicht wie ein Narr verleiten ließ, welthistorisch oder systematisch zu werden, sondern es verstand – und festzuhalten verstand –, das Religiöse gehe Lessing an, und Lessing allein, wie es auf dieselbe Weise einen jeden Menschen angehe, daß er verstand, er habe es auf unendliche Weise mit Gott zu tun, jedoch schlechterdings nicht mit einem Menschen« (S. 57). So mindestens könnte es sein, wiewohl auch für Kierkegaard die letzte Einstellung Lessings zum Christentum (»Hat er das Christentum angenommen, hat er es verworfen? Hat er es verteidigt, hat er es angegriffen?«, S. 58) zweideutig bleibt.

Kurz, Lessing – auch er nichts als ein »freier Schriftsteller« ohne Amt und Auftrag – ist Kierkegaards idealer Verbündeter. Auch er besaß kein angeblich fertiges Wahrheits-System; nur Gott allein ist die Wahrheit. Auch er bejaht nichts als das bloße Streben nach der Wahrheit, was eine Ethik einschließt. Er hatte bereits den »garstigen breiten Graben« scharfsinnig gesichtet: diese tausendachthundertjährige historische Distanz zwischen dem Christusereignis des Ursprungs und den Menschen von heute und den damit gegebenen Bruch zu den Grunderfahrungen der ersten Jünger. Er schon hatte den direkten Übergang vom historisch Zufälligen zur religiösen Gewißheit für unmöglich erklärt und die Notwendigkeit eines

Sprunges insinuiert, der allein die notwendige Gleichzeitigkeit mit den Erfahrungen von damals herstellen könne.

Ihn also, Lessing, hat Kierkegaard gekannt! Einen anderen Großen aber, der bereits am Werk war, kannte er nicht: Karl *Marx*. 1848, im Zug der demokratischen Revolutionswelle, kommen jetzt auch im Königreich Dänemark – nach den napoleonischen Kriegen verarmt und noch immer absolutistisch regiert – national gesinnte junge Demokraten zum Zug. Es ist das Jahr, in dem Kierkegaard sein letztes großes Werk, »Einübung im Christentum«, schreibt, Marx und Engels aber das »Kommunistische Manifest«, in mehreren Sprachen gleichzeitig, veröffentlichen.

Man hat beide Schriften gegeneinander auszuspielen versucht. Während es Marx und Engels, den Sozialisten, um die *wirtschaftliche Misere der Massen* gegangen sei, habe Kierkegaard, der Individualist, die Probleme auf die *religiöse Misere des Einzelnen* reduziert. Man übersieht dabei, daß das agrarische Dänemark mit seiner damals noch recht provinziellen (wenngleich geistig höchst regsamen) Hauptstadt bei allem Ringen zwischen Konservativismus und Fortschrittlichkeit nun einmal keine durch die wirtschaftlich-sozial-demographische Entwicklung heraufgeführte »industrielle Reservearmee« (wie Paris) kennt und infolgedessen auch keine Arbeiterbewegung, keinen sozialen Protest, keinen Sozialismus.

Und was Kierkegaard persönlich betrifft, so interessieren ihn zweifellos mehr Fragen der Ästhetik und Literatur, der Philosophie und Theologie als die der aktuellen Politik (Revolution, Krieg) oder auch der Naturwissenschaft. Und wie er von Hause aus kein idealistischer Althegelianer (E. Hirsch) ist, so auch kein revolutionärer Junghegelianer (K. Löwith). Aber andererseits protestiert er nicht weniger als Marx gegen Hegels angebliche Versöhnung (»Mediation«) von Denken und Sein, Vernunft und Wirklichkeit, wie sie die politische Restauration zu bestätigen scheint, und ist so ein entschiedener Antihegelianer (N. Thulstrup). Und niemand gibt es weit über Dänemark hinaus, der *das gängige politisch-religiöse Paradigma von Staat, Kirche und Gesellschaft*

212

derart *radikal angreifen* und dabei sein Letztes, auch seine eigene persönliche Existenz, riskieren sollte wie Sören Kierkegaard.

Ein in vielfacher Weise widersprüchlicher und doch letztlich konsequenter Mann, dieser Schriftsteller und Theologe: viel zu leidenschaftlich in seinem Kampf gegen die Gleichgültigkeit und Charakterlosigkeit seiner Zeit, als daß er nicht Sympathie empfände für die Revolution, die Zeit der Leidenschaften und Ideen. Doch zugleich behält er ein Mißtrauen gegenüber der Menge, der Mehrheit, der Meinungsbildung durch Anhäufung anonymer Stimmen und so gegenüber jeglichem Parlamentarismus; der für das 19. Jahrhundert charakteristischen Probleme von Industrialisierung, Kapitalismus und Imperialismus war er sich kaum bewußt. Er ist nun einmal der Überzeugung, daß alle Fragen, selbst die politischen und sozialen, gegenüber der zentral-religiösen Frage letztlich peripher sind. Sie nun geht er in seiner »Einübung«, einem ebenso streitbaren wie besinnlichen Buch, sehr viel existentieller an als in der mehr analytisch-philosophischen »Abschließenden unwissenschaftlichen Nachschrift«: *Was heißt existieren, wahrhaft Mensch sein?* Eine Frage, die für ihn identisch ist mit der anderen: *Was heißt Christsein, Christwerden?* Ist es nicht die wichtigste Aufgabe des Christen, ein Christ zu werden?

Keiner hat so deutlich und scharfsinnig wie Kierkegaard die Frage nach dem Verhältnis des Christlichen zum Humanen gestellt, jene Frage, die im Zeitalter wachsender Skepsis gegenüber der reinen Vernunft die traditionelle theologische Frage des Verhältnisses von Vernunft und Glaube überlagert hat. Wie Marx, so greift auch Kierkegaard das Christentum heftig an, aber nur, weil er das Durchschnittschristentum für ein Scheinchristentum hält. Das wahre Christentum ist für ihn jenes, das sich durch einen Bezug zu Christus legitimieren kann. Und Christsein, Christwerden heißt für ihn ja gerade nicht, eine bestimmte Lehre, ein philosophisches oder theologisches System akzeptieren, sondern sich existentiell einlassen auf diesen konkreten Christus Jesus, welcher das Christentum in seinem Wesen ausmacht. Das Christentum ist darin für Kierkegaard unbefragte Bezugsgröße, geistige Heimat, kritischer Kampfplatz. Nicht distanziert um eine theoretische

»Einführung« *in*, sondern um eine praktische »Einübung« *im* Christentum geht es ihm denn auch.

Dies ist Kierkegaards zentraler Vorwurf: Die gegenwärtige Christen*heit* hat das Christen*tum* faktisch abgeschafft! Sie denkt gar nicht daran, sich auf diesen Christus Jesus ernsthaft einzulassen – heute sowenig wie damals. Was erwarten denn die satten Bürger, die *Geistlichen* vor allem, von diesem Christus: Er werde schon »das Bestehende als Instanz anerkennen, die gesamte Geistlichkeit zu einer Synode zusammenrufen, dieser seine Ergebnisse mitsamt seiner Beglaubigung vorlegen – und alsdann, falls er daraufhin in geheimer Abstimmung die Mehrheit erhält, aufgenommen und begrüßt werden als das was er ist: der Erwartete« (S. 46).

Und die christlichen *Politiker*? Schwebt dieser Christus für sie nicht gleichsam in der Luft? Was will er? »Will er kämpfen für die Nationalitätsidee, oder zielt er auf eine kommunistische Umwälzung, will er eine Republik, oder ein Königtum, mit welcher Partei will er's halten, und wider welche Partei, oder sieht er darauf sich gut zu stehen mit allen Parteien, oder will er streiten mit allen Parteien? Mit ihm mich einlassen – nein, das wäre denn das Letzte was ich wollte, ich tue sogar mehr, ich treffe alle nur möglichen Vorsichtsmaßregeln wider ihn« (S. 49). Ja, so denkt der christliche Politiker: »Gefährlich, in gewissem Sinne ungeheuer gefährlich ist dieser Mensch. Meine Berechnung aber geht dahin, ihn eben dadurch zu fassen, daß ich überhaupt nichts tue. Denn gestürzt werden muß er – am sichersten durch ihn selbst, indem er über seine eignen Beine stolpert« (S. 49).

In der Tat: »Die Christenheit hat das Christentum abgeschafft, ohne es selber richtig zu merken; folglich muß man, wenn man etwas ausrichten will, versuchen, das Christentum wieder in die Christenheit einzuführen« (S. 34). Aber wie? Anders als früheren Erweckungspredigern, die noch ganz im kirchlichen Kontext handelten, geht es Kierkegaard weniger um Erneuerung und Reform der institutionellen Kirche als um das persönliche Christentum des Einzelnen: Durch den Einzelnen, der Christ wird, wird das Christentum wieder in die Christenheit eingeführt. Und Christwerden heißt nach Kierkegaard:

mit Christus gleichzeitig werden – so gleichzeitig wie die damals mit ihm Gleichzeitigen, so gleichzeitig wie mit einem gleichzeitig Lebenden. Das Christliche soll sich für uns vollziehen, als ob es heute geschähe.

Gleichzeitigkeit: das ist eine schon in den »Philosophischen Brocken« entwickelte Grundkategorie Kierkegaards. Sie ist der zentrale Gedanke seines Lebens, wie er selber mitten in seiner Auseinandersetzung mit der offiziellen Kirche genau zwei Monate vor seinem Tod nicht ohne Stolz bekennt. »Auch darf ich in Wahrheit sagen, daß ich die Ehre gehabt habe zu leiden, um diesen Gedanken ans Licht zu bringen. Deshalb sterbe ich fröhlich, unendlich dankbar gegen die Lenkung, daß es mir vergönnt war, dergestalt auf diesen Gedanken aufmerksam zu werden und auf ihn aufmerksam zu machen. Nicht, daß ich ihn erfunden hätte, Gott bewahre, daß ich mich solcher Vermessenheit schuldig machte, nein, die Erfindung ist alt, ist die des Neuen Testaments. Aber mir war es doch vergönnt, diesen Gedanken, leidend, wieder in Erinnerung zu bringen, diesen Gedanken, der wie Rattenpulver für die Ratten, Gift ist für die Dozenten« (»Der Augenblick«, S. 283).

Gleichzeitigkeit: sie ist Kierkegaards Antwort auf die welthistorisch-dozierende Spekulation Hegels und auf die Grundschwierigkeit Lessings mit dem »garstigen breiten Graben«. Die zeitliche Distanz muß überwunden werden durch die Gleichzeitigkeit des Jüngers, die Mythos und Historie hinter sich zurückläßt. In einer für ihn typischen Mischung aus Frömmigkeit und Polemik stellt Kierkegaard schon in der »Anrufung« diese Gleichzeitigkeit in Form eines Gebetes an den Herrn her: »Herr Jesu Christ, möchten wir doch auch so gleichzeitig werden mit dir, dich sehen in deiner wahren Gestalt, von der Wirklichkeit umschlossen, so wie du hier gingest auf Erden, nicht in der Gestalt, zu welcher dich ein leeres und nichtssagendes oder ein gedankenlos schwärmendes oder ein weltgeschichtlich geschwätziges Gedenken mißschaffen hat, denn die ist nicht die der Erniedrigung, darin dich der Glaubende sieht und kann unmöglich die der Herrlichkeit sein, darin noch keiner dich gesehen« (S. 5).

Gleichzeitigkeit: sie wirkt als Ferment des Christlichen in der Christenheit, welches das wahrhaft Christliche offenbart und das Pseudochristliche zugleich entlarvt. Einübung in der Gleichzeitigkeit ist deshalb der Zweck aller drei Meditationen. Jesusworte eröffnen die drei Teile (ursprünglich als drei selbständige Schriften geplant) und werden vor allen biblischen, begrifflichen und existentiellen Erörterungen gleich zu Beginn nach jener »Anrufung« Jesu Christi zur »Einladung«: »Kommet her – zu mir – alle – die ihr mühselig und beladen seid – ich will euch Ruhe geben.« Und jedes einzelne Wort wird dem Leser nun mit größter Eindringlichkeit nahegebracht.

Wer aber nimmt diese Einladung überhaupt an? Wer will sich helfen lassen, wenn deutlich wird, daß der Einladende eine sehr verschiedene Vorstellung vom menschlichen Elend hat als sie selber, daß für ihn das eigentliche Elend des Menschen nicht Hunger, Krankheit und Leid ist, sondern *die schuldhafte Entfremdung von Gott?* Das eigentliche Elend ist also das Elend der Sünde, die ja nicht nur (wie für Hegel) ein notwendiges Übel, Durchgangsstadium für das jedenfalls siegende Gute ist, sondern die Unwahrheit des existierenden Menschen. Sie kann nicht einfach durch menschliche Selbsterkenntnis, sondern nur durch die göttliche Offenbarung zum Vorschein kommen. Und wer möchte unter diesen Umständen der Einladung gerade eines Erniedrigten und Verachteten folgen, der ein Zeichen des Anstoßes ist für alle, die mit ihm gleichzeitig sind? Nein, nicht der zeitliche Abstand, etwas anderes ist die eigentliche Schwierigkeit des Gleichzeitigwerdens.

»Halt ein!« erfolgt hier überraschend der scharfe Stop-Ruf, der jegliche falsche Annäherung an Jesus Christus, jegliche Annäherung an den falschen Jesus Christus verhindern und das Christentum wieder auf seine ursprüngliche Basis zurückbringen will. Das »ungeheuerliche Halt«, das vom Einladenden selbst ausgeht, ist »das Halt, welches die Bedingung dafür ist, daß der Glaube entstehe: Halt ist dir geboten vor des Ärgernisses Möglichkeit« (S. 38).

Dieses *Halt* gilt der Forschung des Historikers, die immer nur eine unsichere Annäherung (Approximation) erreicht. Sie gilt aber auch dem Verstand des orthodoxen Theologen oder der Vernunft des spekulierenden Philosophen, die bezüglich

Gott in der Geschichte etwas zu »beweisen« und so zu »wissen« beanspruchen. Gewiß, der Einladende ist eine bestimmte geschichtliche Person, aber es lassen sich aus der Geschichte keine in der Hegelschen Schule so beliebte geschichtsphilosophischen »Beweise«, kein spekulatives »Wissen« von ihm ableiten. Ja, selbst aus der Schrift, ihren Weissagungen, Wundern und Zeichen, gar der Auferstehung, lassen sich keine »Beweise« im strengen Sinn für den Christus erbringen.

Nein, dieser Christus bedeutet für die Menschen – und dies ist mit der Gleichzeitigkeit ein weiteres, von Kierkegaard in die Theologie eingeführtes Leitwort – ein *Paradox*, das dem objektiven Denken als das Absurde erscheinen muß, das nur im *Glauben* angenommen werden kann. Die Chiffre des Paradox soll dabei nicht etwa als Rechtfertigung für alle möglichen selbstfabrizierten Glaubensgeheimnisse der Theologen dienen, die für eine echte Glaubensentscheidung nur Hindernisse sind. Nein, Kierkegaard meint hier das Paradox schlechthin: Jesus Christus als »des Glaubens Gegenstand, nur da für den Glauben«. Er meint »das Ärgernis schlechthin«, das darin besteht, *»daß ein einzelner Mensch Gott ist, das heißt, sagt, er sei Gott«* (S. 23). In allem geschichtlich Bedingten ist das Christentum »das Unbedingte« (S. 61), weil Gott selbst, Christus, das Unbedingte ist: die Ewigkeit eingebrochen in die Zeit, Gott in Knechtgestalt unter der Signatur der Unkenntlichkeit, des Inkognito (vgl. H. Gerdes, H. Fischer). Schon den Zeitgenossen Jesu hatte das nicht einfach eingeleuchtet. Und auch heute kann man Jesus Christus allein im Glauben gleichzeitig werden.

Alle diese Gedanken werden im zweiten und dritten Teil der Einübung, ausgehend von den Jesusworten »Selig, der sich an mir nicht ärgert« sowie »Und ich, wenn ich erhöhet werde von der Erde, so will ich sie alle zu mir ziehen« weitergetrieben und zugespitzt – mit Stoßrichtung sowohl auf die kirchliche Institution wie die kirchliche Lehre, die dem Einzelnen die persönliche Entscheidung abnehmen wollen, indem sie sich selber als göttlich präsentieren. Kierkegaard entwikkelt hier einen dritten berühmten Begriff, der Geschichte machte und der schon damals in erster Linie Anlaß dafür war, warum der Primas der dänischen Kirche die Hälfte von Kierkegaards Buch als gegen ihn, den Bischof (und die andere Hälfte gegen Martensen, den Theologieprofessor), geschrieben betrachtete: *das Bestehende*.

Das Bestehende im allgemeinen Sinn ist die Gesamtheit des außerhalb der Entscheidung Stehenden, ist das, was Heidegger später »das Man« nennen wird. Zur Zeit Jesu ist das Bestehende jenes *Judentum*, das »gerade durch die Pharisäer und Schriftgelehrten ein selbstgefälliges, sich selbst vergöttlichendes Bestehendes geworden« ist (S. 83). Zur Zeit Kierkegaards aber ist das Bestehende die bestehende *Christenheit*, die, bürgerlich selbstzufrieden und unterstützt vom Staat, repräsentiert wird von der Hierarchie und der Theologie, vom Bischof, hinter dem sich die Pfarrerschaft, und vom Professor, hinter dem sich die Studenten verstecken. Das Bestehende pocht darauf, das Objektive zu sein, höher als jeder Einzelne, alle Subjektivität, ja, das Ganze zu sein, welches nichts über sich kennt und jeden Einzelnen richten darf. Wie zur Zeit Jesu, so nimmt das sich selber absolut setzende Bestehende auch heute wieder Anstoß am einzelnen Wahrheitszeugen: »Was bildet sich denn dieser Einzelne ein, das er ist, bildet er sich vielleicht ein, daß er Gott ist, oder daß er ein unmittelbares Verhältnis zu Gott hat, oder doch, daß er mehr ist als Mensch?« (S. 80 f)

Aber das ist nach Kierkegaard eine »Gehörtäuschung«. Faktisch verhält es sich gerade umgekehrt, »daß das Bestehende heimlich bei sich selber sagt, es sei das Göttliche« (S. 82). Daß jedoch *das Bestehende etwas Göttliches geworden sein will* und für ein Göttliches gehalten wird, dies ist nach Kierkegaard eine Fälschung und Verleugnung der eigenen Herkunft des Bestehenden, ist Selbstvergötterung, permanenter Aufstand gegen Gott. In der Tat sind in der bestehenden Christenheit Brauchtum und Sitte, Gesetze und Zeremonien zum Selbstzweck, zu Glaubensartikeln geworden – alles gleich wichtig, alles vergöttlicht. Nach Kierkegaard ist dies eine Gottesfurcht, die faktisch Gottesverachtung, eine Vergöttlichung, die faktisch Verweltlichung ist.

Ja, was ist aus dieser Kirche Christi geworden?

Ist – zum ersten – aus der *streitenden Kirche* des Anfangs, die, fern vom Ziel, sich stets nur auf dem Weg sah, im Widerstreit

218

zu einer Gesellschaft, die nicht christlich ist: ist daraus nicht eine *triumphierende Kirche* geworden, die sich als Besitzerin der sieghaften Wahrheit Christi versteht, die sich bereits am Ziel wähnt, die sich auf ihre große Geschichte beruft, sich aber völlig der Welt angepaßt und mit jener bürgerlichen Gesellschaft versöhnt hat, in der angeblich alle Menschen Christen sind?

Sind – zum zweiten – aus der *christlichen Predigt*, diesem großen Wagnis in der Präsenz eines unsichtbaren Zuhörers, Gottes selbst, in der es ganz persönlich um das Ich des Predigers und des Zuhörers geht: sind daraus nicht *fromme Betrachtungen* und kunstvolle Vorträge geworden über eine Sache, einen Gegenstand, in denen mit dem Ich auch das Du abhanden gekommen ist?

Sind – zum dritten – aus den *praktisch Nachfolgenden* des erniedrigten Christus, der doch selber das Vorbild und die Forderung für die Einzelnen und die Gesamtheit ist: sind daraus nicht *anbetende Bewunderer* des erhöhten Christus geworden, die beteiligt-unbeteiligt aus der Zuschauerperspektive wie im Theater Christus applaudieren, die jedoch nichts aufgeben, sondern das christliche Leben wenn nicht völlig abgelegt, so doch in eine folgenlos verstrickte Innerlichkeit verlegt haben?

Wahrhaftig, Sören Kierkegaard ist – noch heute – eine Herausforderung: und zwar keineswegs nur in seiner Kirchenkritik, sondern in erster Linie in seinem Gottes- und Christusverständnis: Gewiß, man kann auch gegen ihn gewichtige theologische *Einwände* formulieren (von der Abblendung der Politik und der Naturwissenschaft in seinem Werk war schon die Rede). Und gerade aus der Perspektive Lessings ließe sich ein Dreifaches einwenden:

1. Kierkegaard halte jeden Zweifler an der christlichen Offenbarung – für ihn eine unbefragbare, indiskutable Tatsache – auch schon für einen Sünder und überspiele mit der Kategorie der Gleichzeitigkeit völlig die ihm – doch auch bekannten – *historisch-kritischen Fragen* durchaus redlicher Forscher, die im Neuen Testament selbst zwischen den Worten des historischen Jesus und denen der Gemeinde unterscheiden und die

vor allem die Worte des johanneischen Christus (die Kierkegaard mit Vorliebe zitiert) keinesfalls ohne weiteres dem Jesus der Geschichte zuschreiben können.

2. Kierkegaard übersehe insbesondere das Faktum, daß der
Jesus der Geschichte *sich selber nie »Gott«*, »Gott-Mensch« und
wohl auch nie »Sohn Gottes« genannt habe, ja, daß er nicht
einmal »guter Meister« genannt werden wollte, weil nur einer, Gott selbst, gut sei.

3. Kierkegaard verlagere das »*Ärgernis*« sozusagen vom
Karfreitag auf Weihnachten: Das »Skandalon« im strengen
Sinn liege aber nach Paulus nicht einfach (griechisch-plato-
nisch) darin, daß »ein Mensch Gott sei« (der Ewige in der
Zeit): es bestehe darin, daß (jüdisch-alttestamentlich) der
Messias, der Christus, der Sohn des einen Gottes (= auch
nach Paulus allein der Vater!) dieser »Gekreuzigte« sein soll,
was für jeden Juden ein Ärgernis, für Heiden erst recht eine
Torheit, nur für die Glaubenden eine Gotteskraft und Gottes-
weisheit ist (vgl. 1 Kor 1, 24).

Trotzdem: bei allen möglichen und notwendigen historisch-kritischen Differenzierungen muß man Kierkegard *zu-
gestehen*, daß er angesichts der modernen Entwicklung in Kirche und Theologie kraftvoll-originell herausgestellt hat, was
die gesamte neutestamentliche Überlieferung übereinstimmend als entscheidend verkündet, was die moderne liberale
Theologie des 19. Jahrhunderts zunehmend aus den Augen
verlor und was erst Karl Barth und die »Theologie der Krise«
nach dem Ersten Weltkrieg, dem Zusammenbruch des Kul-
turprotestantismus und der liberalen Theologie erneut zur
Geltung brachten: das *unterscheidend Christliche* oder, wie
Kierkegaard selbst sagt, *das Christentum »als das Unbedingte«*
(S. 61)! Gemeint ist:

daß bei allem modernen Gott-in-der-Welt-sein und Welt-in-
Gott-sein ein unendlicher Qualitätsunterschied bestehen
bleibt zwischen Gott und Welt, Gott und Mensch;

daß bei allen möglichen Offenbarungen Gottes in anderen
Religionen für Christen der eine Gott in einzigartiger Weise in
diesem einen Menschen offenbar ist, gesprochen und gehan-
delt hat;

daß diese Offenbarung Gottes sich so unter der Signatur

der Unkenntlichkeit ereignet, daß der Herr allein im Inkognito des Knechtes begegnet;

daß der Mensch also – ohne von irgendwelchen Beweisen aus der Schrift und der Geschichte gezwungen zu sein – vor ein Entweder- Oder gestellt ist: entweder Ärgernis zu nehmen oder zu glauben, entweder Heide zu bleiben oder Christ, wesentlich, aufrichtig Christ zu werden! »Wie weit es einem Menschen gelingen wird, wesentlich Christ zu werden«, gesteht Kierkegaard immerhin zu, »kann kein Mensch ihm sagen. Aber Angst und Furcht und Verzweiflung helfen auch zu nichts. Aufrichtigkeit vor Gott ist das Erste und das Letzte, aufrichtig sich eingestehen, wie man ist, aufrichtig vor Gott beständig die Aufgabe im Blick behaltend – wie langsam es dann auch gehe, und ob man nur vorwärts kröche« (S. 65 f).

Die »Einübung im Christentum« ist Kierkegaards großes Vermächtnis, in dem jener bald ausbrechende Konflikt mit seiner Kirche grundgelegt ist, der mit Kierkegaards völliger physischer Erschöpfung, seinem Zusammenbruch auf offener Straße und seinem dann doch ruhig-frohen Sterben mit zweiundvierzig Jahren endete (11. November 1855). Drei Jahre älter ist er geworden als Pascal, mit dem er bis zum Ende so viel gemeinsam hatte. Seine Kirche hat ihn – gegen seinen Willen und unter Protest seines Neffen am Grab gegen diese Vereinnahmung – feierlich beerdigt, sein Vermächtnis aber nicht angenommen; ein Eingeständnis des Versagens vor der neutestamentlichen Botschaft kam für sie nicht in Frage. Die Theologen haben ihn, den Außenseiter – von Ausnahmen in Skandinavien abgesehen – ignoriert; eher haben einige Literaten wie Ibsen, Jacobsen und Strindberg auf seine Stimme gehört.

Kirche und Theologie blieben in Europa noch lange der Romantik verhaftet. Diese stellt in der Geschichte der modernen Literatur die letzte Bewegung dar, in der das Religiöse noch eine wesentliche Rolle spielte. Nachdem nun aber im Revolutionsjahr 1848 die politische Restaurationsphase im wesentlichen doch an ihr Ende gekommen war, haben sich nicht nur Naturwissenschaft, Historie und Philosophie, sondern in der zweiten Jahrhunderthälfte auch die Literatur zunehmend ohne jeglichen religiösen Horizont, ja oft unter bewußt naturalistisch-positivistisch-atheistischem Vorzeichen entwickelt: eine Spätphase innerhalb des modernen Paradigmas, die man erst heute – nach dem Abklingen der Fortschrittseuphorie im Übergang zur Postmoderne – in ihrer ganzen Ambivalenz zu durchschauen vermag.

Kierkegaard, der Warner der ersten Jahrhunderthälfte, hatte rechtzeitig auf das Entscheidende aufmerksam zu machen versucht:

daß es neben der ästhetischen Dimension auch die ethische und neben der ethischen auch die religiöse gibt;

daß es der Mensch in allem Bedingten mit dem Unbedingten zu tun hat;

daß der Einzelne vor Gott auch angesichts der nivellierenden und kollektivistischen Tendenzen der beginnenden Massengesellschaft einen unersetzlichen, unaufhebbaren, unantastbaren Wert besitzt;

daß der Einzelne und die Gemeinschaft für die allerletzten-allerersten Fragen der Lebensorientierung und Lebensführung einen unbedingten Maßstab finden können – zwar nicht am bestehenden, wohl aber am wahren, ursprünglichen Christentum, an Jesus Christus selber.

Gewiß: Kierkegaard hat in seiner »Einübung«, wie er in seinen drei (schließlich später widerrufenen) Vorworten zu den drei Einzelteilen bemerkt, »die Forderungen an das Christ Sein zu höchster Idealität emporgezwungen«. Gewiß: Kierkegaard hat, in seinem letzten Lebensjahr durch den Kirchenkampf in die völlige Isolation getrieben, seine eigene »Ausnahmeexistenz« allzusehr zum allgemeinen Maßstab gemacht. Gewiß: Kierkegaard hat mit seiner Kritik an der verbürgerlichten Volks- und Staatskirche zugleich – als »Geistesmensch«! – auch Ehe, Frau und Geschlechtlichkeit verächtlich gemacht.

Aber gerade weil Kierkegaard von Anfang an eine hochsensible, komplizierte, pathologisch belastete und überreflektierte »Ausnahmeexistenz« war, zeigte er längst vor Dostojewski und Kafka, die uns später beschäftigen werden, eine geniale psychologische Witterung für alles Hintergründige und Untergründige. Kein Wunder also, daß die Moderne mit dem Ersten Weltkrieg und dem Zusammenbruch der bürgerlichen

Kultur und der Staatskirchen in Europa erst in die Krise stürzen mußte, damit man auf Kierkegaard aufmerksam wurde. Erst jetzt fand er bei Theologen und Philosophen Gehör und vor allem bei Barth, Bultmann und Tillich, bei Heidegger, Jaspers, Marcel und Sartre, aber auch bei Adorno und untergründig bei Marcuse, Bloch und Wittgenstein ein weites Echo.

Gewiß, Kierkegaard, der Protestant, ist selber das, was er vom Protestantismus überhaupt sagte: *kein Regulativ*, wohl aber *ein Korrektiv*. Und als Korrektiv hat er, der Vorläufer einer neuen Theologie, Kirche, Christenheit, mehr Recht erhalten, als damals in der bestehenden Christenheit jemand annehmen konnte.

Denn, von Europa bis nach Nord- und Südamerika läßt sich in der Christenheit heute eine von ihm vorhergesehene Doppelentwicklung feststellen: einerseits die anscheinend unaufhaltsame Auflösung der bestehenden Staats- und Volkskirche protestantischer, aber auch katholischer Provenienz, andererseits (trotz alles Widerstandes von oben) das entschiedene Christwerden ungezählter Einzelner wie neuer Gruppierungen und Gemeinden von der Basis her, kurz: *eine Wiedereinführung des Christentums in der Christenheit von unten.*

»Jetzt, wo man zu Tausenden Märtyrer braucht.«

»Kommt her zu mir alle, die ihr mühselig und beladen seid, ich will euch Ruhe geben. . . . Ihr Geringgeachteten und Übersehenen, um derer Dasein keiner, keiner sich kümmert, nicht soviel wie um das eines Haustiers, das hat größeren Wert! – Ihr Kranken, Lahmen, Tauben, Blinden, Krüppel, kommet her! Ihr Aussätzigen! . . . Die Einladung sprengt alle Unterschiede fort, um Alle zu vereinen; sie will wiedergutmachen, des die Unterscheidung sich schuldig macht: dem Einen den Platz anzuweisen als Herrscher über Millionen samt dem Besitz aller Güter des Glücks, und dem Andern draußen in der Wüste. . . . Alle ihr Opfer der Arglist und des Betruges und der Afterrede und des Neides, welche die Niedertracht sich ersehen und die Feigheit im Stich gelassen, mögt ihr nun abseits und einsam als Opfer fallen, nachdem ihr auf die Seite gegangen seid, um zu sterben, oder niedergetreten werden im Menschengedränge, wo niemand fragt, welch Recht ihr habt, niemand, welch Unrecht ihr leidet, niemand, wie es . . . schmerzen kann, wenn das Gedränge mit tierischer Lebenskraft euch in den Staub tritt: kommet her! Die Einladung steht an der Wegscheide, da wo der Tod scheidet zwischen Tod und Leben. Kommet her alle die ihr Leid traget . . . (und) euch vergeblich müht unter der Last!«

Es ist bewegend zu sehen, wie der Rollenspieler und Verstellungskünstler Sören Kierkegaard (immer neue Masken, Pseudonyme, Charaktere und Gewänder, in die er hineinschlüpft) sich am Ende seines Lebens mit Konsequenz und Inständigkeit auf *eine einzige* Figur besinnt: Bewegend, wie dieser erfindungsreiche, ja, chamäleonartige Schriftsteller seine imaginäre Bühne verläßt und den geliebten Schattenbildern von gestern, seinem Don Juan und Faust, seinem Hiob und Abraham, seiner Antigone und Donna Elvira Valet sagt, um, nach der Aufkündigung seiner Leih-Namen, am Ende der »Abschließenden unwissenschaftlichen Nachschrift«, von 1848 an, das große Zwiegespräch mit dem einzigen, ihm noch gebliebenen *alter ego*, Jesus von Nazareth, zu führen. Jesus, einer Figur, der er sich mit Hilfe jenes Pseudonyms zu versichern sucht, das, im Gegensatz zu den übrigen von ihm angenommenen Namen, Eremita oder Constantius oder Buchbinder, *über* ihm steht – keine Bühnenrolle also, in die ein souveränes Subjekt schlüpfen kann, sondern eine erdachte Gestalt, die über den Autor verfügt und ihn, der sich ihr nur im Gleichnis zu nähern wagt, nur dichterisch und andeutungsweise, zu ihrem Diener macht.

Anti-Climacus: das ist eine männliche, ins Dänische verschlagene Beatrice, die den zögernden Vergil (alias Sören Kierkegaard) vom Inferno zum Paradiso geleitet. Nicht Symbol der Souveränität eines omnipotenten Zauberkünstlers, sondern Zeichen freiwilliger Begrenzung sollte für den Verfasser der »Krankheit zum Tode« und der »Einübung im Christentum« der Name *Anticlimacus* sein: Meine »gesamte frühere Pseudonymität«, heißt es in Kierkegaards Rechenschaftsbericht über seine »Wirksamkeit als Schriftsteller«, »steht niedriger als der ›erbauliche Schriftsteller‹; das neue Pseudonym ist eine höhere Pseudonymität... (jetzt) wird... ›Halt geboten‹: es wird ein Höheres aufgewiesen, das mich gerade in meine Schranke zurückzwingt, über mich das Urteil sprechend, daß mein Leben einer so hohen Forderung nicht entspreche, und daß also die Mitteilung dichterisch sei«.

Anti-Climacus: Das ist Kierkegaards letzte und von allen anderen unterschiedene Maske – das Zeichen eines Bußfertigen, der weiß, daß er kein Apostel, kein Märtyrer und auch kein Zeuge Gottes ist, der sich um der Wahrheit willen totschlagen läßt, wohl aber, als religiöser Schriftsteller, ein Genie, dessen Aufgabe es sei, ohne apostolische Vollmacht, aber gleichwohl des Weges gewiß, das Christliche durch Aufmerksamkeit heischende Rede wieder in seine Rechte zu setzen, will heißen: das Christentum in die vom Nazarener abgefallene Christenheit zurückzuführen und, derart, jenem Jesus nachzufolgen, der, eher Anti-Hegelianer denn Figur aus

Fleisch und Blut, in den »Philosophischen Brocken« des Johannes Climacus aufleuchtete und bald darauf in Predigten, geistlichen Reden (die Kierkegaard grundsätzlich unter eigenem Namen verfaßte), in den Meditationen des bußfertigen Genies Anti-Climacus und schließlich in jenen Anklagen als die große Gegen-Figur zu allem Bestehenden (Zeuge und Richter zugleich) figurierte. Jesus als Kronzeuge der Anklage, die der Verfasser des »Augenblicks« gegen eine Kirche erhob – die Kirche im Zeichen des Anti-Christ, die weder die seine noch – so die immer schriller, sich bis zum Grotesken, ja Komödiantischen steigernde Behauptung Kierkegaards – die Kirche Jesu Christi sei.

Jesus von Nazareth: das war – und blieb! – zwar, auf der einen Seite, immer die *Kunst*-Figur, die Kierkegaard mit seinen alten, ihm liebgewordenen: weil sehr persönlichen Versatzstücken ausstattete, dem Inkognito und der verschlüsselten Redeweise eines religiösen Genies, dem, da es in der Unkenntlichkeit lebe, die direkte Mitteilung versagt sei. Auf der anderen Seite aber – ein erregender Vorgang! – beginnt der Kierkegaardsche Jesus, nach 1848, aus dem sokratischen Schatten, das heißt: aus dem Bannkreis jenes Weisen herauszutreten, der die Wahrheit, in der Funktion des Hebammenkünstlers, ans Licht bringen möchte, und gewinnt eigene unverwechselbare Konturen.

Das Paradox des geringen Knechtes, der das Licht bringt – ein Paradox, das sich auch an Sokrates, nicht nur an Christus, belegen ließ, wird ergänzt durch den Verweis auf Jesu Reden und Tun, auf seine Herkunft und Umgebung, seine Lehre mitsamt ihrer Anstößigkeit, seine Gefolgsleute unterm Kreuz und seine Widersacher, damals und heute, auf dem Gerichtsstuhl und in der Kirchenbank.

Mit einem Realismus und einer Präzision, die sich andernorts in der religiösen Literatur nach 1830, dem Ausklang der Romantik, nicht mehr findet, macht Kierkegaard im Erniedrigten und Gleichzeitigen, dem *allezeit* Kommenden (nicht: dem Wiederkommenden) und den Augenblick (nicht die Geschichte) Bestimmenden, den *historischen* Jesus sichtbar – einen Mann, der nicht dank seiner Ubiquität und austauschbaren Typik, sondern wegen seines »so und nicht anders« über die

Zeiten hinweg gegenwärtig bleibt. Die *Eigenart* ist es, so Kierkegaard, die Jesus nicht zeitlos, sondern, wo immer einer glaubt, präsent werden läßt – und eben deshalb (ein Vorblick auf Dostojewskis Großinquisitor) so gefährlich für jene christlich Meinenden, die, angenommen, der Nazarener träte mit seinem Troß von Randfiguren, all den Gescheiterten und Außenseitern, hier und jetzt in Kopenhagen auf, den Messias nicht etwa hinrichten (dafür nähme man ihn nicht ernst genug), sondern naserümpfend abkanzeln würden.

Abtun, mit Klatsch und Verachtung bedenken, lächerlich machen! In einer grandiosen Szene lädt Kierkegaard die Kopenhagener *society* zum großen Defilee, läßt den christlichen Bürger sich über das unehelich geborene Kind erregen und den Kirchenmann sein Honoratioren-Bedenken artikulieren: ob es denn wirklich billigenswert sei, daß Jesus sich ohne Zustimmung der Behörde an immerhin weitreichenden kirchlichen Reformen versuche?

Mit einem Panthersatz von Palästina nach Dänemark, von Herodes' Palast an den Strøget! Da wird das »Damals« zum »Jetzt«, und die Pharisäer schlüpfen in die Gewänder dänischer Bourgeois, die, ohne es zu merken, ihr Christentum abgestreift haben – wie konsequent (und nachlässig dazu), das macht Kierkegaard durch das Lamento deutlich, das die zwischen Nord- und Ostsee angesiedelten Kirchenchristen beim Auftauchen des *gleichzeitigen* Jesus anstimmen: Geistliche und Philosophen, Staatsmänner und ehrsame Bürger (dazu Spötter und mildtätige Mäzene) – allesamt von barem Unverständnis über das Faktum erfüllt, »daß ein Mensch, der derart aussieht, ... dessen Gesellschaft jeder flieht, wenn er auch nur das geringste Bißchen Gescheitheit im Schädel hat, auch nur das geringste Bißchen in der Welt zu verlieren hat, daß er – ja, es ist das Ungereimteste und Verrückteste von allem, man weiß nicht recht, ob man lachen soll oder weinen – daß er – ja, das ist unbedingt das allerletzte Wort, das man erwartet hätte von ihm zu hören (denn hätte er gesagt: kommet her und helfet mir; oder: laßt mich in Ruhe; oder: verschont mich; oder stolz: ich verachte euch alle – das könnte man doch verstehen) – daß er (aber) sagt: kommet her zu mir! ja, ja, das sieht allerdings einladend aus! Und dann weiter: alle, die ihr mühselig seid und beladen – richtig so als hätten derartige Menschen nicht schon übergenug des Unglück mit sich zu schleppen, daß sie nun obendrein all den Folgen preisgegeben sein sollten, die es hat, sich mit ihm einzulassen. Und dann zuguterletzt: ich will euch Ruhe geben. Das hat bloß noch gefehlt – *er* ihnen helfen!... Andern helfen wollen, wenn man selber in so einer Verfassung ist. Das ist ja ebenso, wie wenn ein Bettler bei der Polizei anzeigen wollte, man habe ihn bestohlen.«

An dieser Stelle wird schlagartig sichtbar, daß auch der späte Kierkegaard (*spät* in Anführungszeichen: ein noch nicht vierzigjähriger Mann!) seine alte Kunst, in Masken zu schlüpfen, Schädeldecken zu öffnen, Gedanken zu analysieren, Seelenstimmungen zu erhellen, mit der gleichen Meisterschaft wie in seiner Spielphase beherrschte.

Aber während er zwischen »Entweder-Oder« und der »Abschließenden unwissenschaftlichen Nachschrift« gleichsam unter die Sterne und ins Weltreich der Legende ausschwärmte (Was hat Nero, was Nebukadnezar gedacht, was Antigone, als sie von der Schuld ihres Vaters erfuhr? Was dachte Abraham, als er zum Berg Morija ging, die beiden Begleiter an seiner Seite, den geliebten Sohn und das Mordmesser, das sein Gott ihm in die Faust zwang? Und was dachte Isaak, als er den Würgeengel erkannte, der schweigend neben ihm her ging? Was dachten die Gezeichneten und Verführten, Unglücklichen und Emigranten aus den Bezirken der Normalität, denen Kierkegaard mit einer psychologischen, ins Paradoxe überspringenden Experimentierkunst auf den Leib rückte, wie sie, nach ihm, nur Kafka beherrschte)... während Victor Eremita, Frater Taciturnus, Vigilius Haufniensis, Nicolaus Notabene *e tutti quanti* die großen Ausnahmefiguren, Dämonen, Unglückliche und Verzweifelte, in immer neuen Variationen, ständigen Retraktationen, Akzent- und Perspektive-Verschiebungen zu beschreiben versuchten (Da! Seht, was ich aus Hiob mache! Dort! Abraham mit dem Messer! Schaut, wie ein moderner Salomon und wie eine Sarah aussieht, die zu reflektieren versteht!), legten Anti-Climacus und Kierkegaard, der Verfasser der erbaulichen, frommen und christlichen Reden, alles Gewicht auf die Seelenanalyse des *Einen und Einzigen – und* auf die Gedanken der Christen, die handfesten Überle-

228

gungen der Pastoren, das berechnende Kalkül der Gemeinde-
mitglieder in den vorderen Bänken, die strategischen Erwä-
gungen der Presse und den Zynismus sogenannter Volks-
männer.

Kierkegaards Radius war kleiner geworden. Seine theatralischen Inszenierungen nehmen sich, gemessen an den kunst-
vollen Verschachtelungen des Frühwerks, wo Autor, Herausgeber, Zitator und Schreiber bisweilen vierfache Versteckspie-
le vorexerzierten... die theatralischen Inszenierungen der
letzten Werke nehmen sich bescheiden aus, gemessen an einer
Technik, von der Kierkegaard selbst gesagt hat, sie trüge dazu
bei, seine Stellung so verwickelt zu machen, daß »der eine
Verfasser schließlich in dem anderen drinsteckt wie die
Schachteln in einem chinesischen Schachtelspiel«.

Aber der alte Reflexionskünstler, romantische Artist und
Regisseur eines – *seines*! – inneren Theaters bleibt er darum
doch: alleweil darauf bedacht, Realität in zeichensetzendes
Spiel, Wirklichkeit in Gedanken-Welt und – Musilscher Mon-
sieur le Vivisecteur, der er war – eigene Empfindungen, Träume, Ängste und Verzweiflungen in den Ängsten und Nicht-
Ängsten, Verzweiflungen und Selbst-Gewißheiten anderer
spiegeln zu lassen.

Mit Ausnahme der »Schriften über sich selbst«, die zum
größten Teil erst postum, dazu möglicherweise entstellt, publiziert wurden, hat Kierkegaard, zwischen seinem Debüt als
Victor Eremita und seinem Schwanengesang als Anticlimacus,
im poetisch-philosophischen Werk *nie* von sich selbst gesprochen... aber auch *immer*! Kein Wort von Michael Pedersen
Kierkegaard, dem Vater, der seinen Sohn Sören Gott zum
Opfer bringen wollte – und doch ist dieser Michael Pedersen,
in seiner Gnadenlosigkeit, seinem religiösen Fanatismus und
seiner Reue, die ihn erbarmungswürdig sein läßt, in den Ge-
dankenspielen Abrahams und der Rede präsent, in der Salomon aufbegehrt gegen Jahwe – präsent im Hier und Jetzt.

Und kein Wort auch, in »Entweder-Oder« und »Der Wiederholung«, über Regine Olsen, die junge Frau, der Kierkegaard die Verlobung aufkündigte, weil er ihr seine Schwermut
und religiöse Verzagtheit nicht zumuten wollte: Regine, die
er, vermeintlich in Gottes Namen, aufopferte (so wie Abraham

sein Liebstes, den Sohn, auf Jahwes Befehl aufopfern mußte) –
aufopferte, an den Pranger stellte und zum Objekt seiner
Inszenierungen machte, indem er Leben in Spiel verwandelte,
den Verführer und ästhetischen Dämon mimte (der er nicht
war), einen Höllenpakt *in effigie* unterzeichnete (»ich hätte
nötig zur Hölle zu fahren, um Kenntnis zu bekommen, wie ein
Teufel aussieht«) und das Opfer einer Frau dazu benutzte, um
sich als ein Schriftsteller zu etablieren, der aus Liebesbriefen
derart Dokumente der Kunst machte, daß er die geschriebenen Zettel, an Regines Adresse gerichtet, in ein romaneskes
Tagebuch, die »Leidensgeschichte« des Quidam einfügte
(Goethe ist in der »Italienischen Reise« mit den an Frau von
Stein gerichteten Briefen nicht minder verachtungsvoll, gegenüber der Geliebten von einst, umgegangen): Da sieht sich
die Wirklichkeit von einem genialen Rollenspieler in tausend
Möglichkeiten auf dem Papier verwandelt, wird der eine Indikativ in unzählige, kalligraphisch akkurat gesetzte Konjunkti-
ve umfunktioniert; da wird einer, den Okkasionalismus prei-
send, nie fertig mit der Flut der Reflexionen, zu der ihn die
Anstöße aus dem Reich des Lebendigen ermuntern (sofern er
sie nicht längst in der Poesie antizipiert hat); da marschieren,
auf der Seelen-Bühne des Sören Kierkegaard, ständig neue
Truppen auf, und in Kopenhagen feiert jener ästhetische Zyniker seine Triumphe, den einer von Kierkegaards geliebten
Romantikern, Jean Paul, in der Gestalt Roquairols (aus dem
»Titan«) auf den Begriff gebracht hat – Roquairol, »ein Kind
und Opfer des Jahrhunderts: . . . Alle herrliche Zustände der
Menschheit, alle Bewegungen, in welche die Liebe und die
Freundschaft und die Natur das Herz erheben, alle diese
durchging er früher in Gedichten als im Leben, früher als
Schauspieler und Theaterdichter denn als Mensch, früher in
der Sonnenseite der Phantasie als in der Wetterseite der Wirklichkeit; daher als sie endlich lebendig in seiner Brust erschienen, konnt' er besonnen sie ergreifen, ertöten und gut aus-
stopfen für die Eisgrube der künftigen Erinnerung.«
Eisgrube der künftigen Erinnerung: Im Zeichen dieser Definition, einer blitzartig erhellenden Beschreibung des Künstlers,
der Nietzsche in gleicher Weise wie Thomas Mann zuge-
stimmt hätte – im Zeichen dieser Jean Paulschen Maxime hat

230

Kierkegaard zu existieren versucht: im Zwiegespräch, zum ersten, mit seinen imaginären Figuren, deren Grenzüberschreitungen er in Parabeln und artistischen Exerzitien, den Meisterstücken seiner Poesie, zu beschreiben versuchte (nicht zufällig hat gerade Kafka, später, die Meditation über Abraham und Isaak variiert), im Zwiegespräch, zum zweiten, mit dem toten Vater und der verlassenen Braut, seinem Opfer, für das er zeitlebens ein zweites Exemplar aus der Reihe seiner *opera omnia* in den Spind stellte; im Zwiegespräch, schließlich, am Ende seines Lebens, mit Jesus von Nazareth, in dessen Mantelfalte er schlüpfte, um, in Seinem Namen (besser: als Sein Echo), die Christenheit davor zu warnen, an einem Kurs festzuhalten, der sie geradenwegs auf jenen kleinen weißen Punkt zutreiben ließe, den Kierkegaard in seiner Parabel vom Luxusdampfer beschreibt, einer Art vorweggeträumter *Titanic* mit 1000 Passagieren, die bei »Musik, Gesang und Konversation« die Nacht und die Gefahr um sie herum vergessen. Was, fragt der schon vom Tod gezeichnete Schriftsteller, wenige Wochen vor seinem Ende, was würde geschehen, wenn nicht einmal der Kapitän den weißen Punkt am Horizont erkennte? Wenn nur ein einziger ihn gewahrte, ein Mitreisender, auf den niemand hörte, am allerwenigsten der Kapitän, der sich vom Fahrgast nur widerwillig an Deck bringen ließe – und nicht einmal das: am Ärmel gepackt, sich taub gestellt und umgekehrt, eingetaucht in die »lärmende, übermütige Freude der Gesellschaft in der Kajüte, wo unter allgemeinem Jubel auf sein Wohl getrunken wird, wofür er verbindlichst dankt«.

Das Schiff der Christenheit – auf dem Weg ins Verderben. Die Steuerleute, Bischöfe, Pfarrer, Theologen – im Bannkreis einer Welt, deren Amüsements (»Lärm und Klappern der Teller und Schüsseln, Champagnerpropfen knallen, man trinkt auf das Wohl des Kapitäns«) sie das einzig Wichtige geopfert hätten: das ewige Heil ihrer Seele, um derentwillen sie verpflichtet seien, der Welt »abzusterben«, statt ihr zu Diensten zu sein. Der einzig Wachsame inmitten der Schläfer und Träumer – ein Mann ohne Befehlsgewalt und ohne Vollmacht namens Sören Kierkegaard, der sich, »ich« sagend, am Ende der Parabel zu erkennen gibt: »Daß, christlich gesehen, der weiße Punkt am Horizont sichtbar ist, der bedeutet, daß ein fürchterliches Unwetter droht – das wußte ich; aber ich bin und war ja nur ein Passagier.«

Ein Künstler voller Rätsel und Widersprüchlichkeit, dieser Kierkegaard, auch er, wie Pascal oder Novalis, ein Doppelwesen: romantischer Ästhet und christlicher Warner, ein präfigurierter Tonio Kröger, der die Wonnen der Gewöhnlichkeit verachtet und sich dennoch nach ihnen sehnt; ein monomaner Einzelgänger, der das Hohelied der Ehe singt; ein *pathologischer Egoist*, von Lichtenbergs Rang, der sich, anders als sein Göttinger Vorbild, gleichwohl nie zu jenem ergreifenden Totenlied hätte durchringen können, wie es Lichtenberg seiner Geliebten, der kleinen Stechardin, sang – und doch ein Mann, Sören Kierkegaard, der seine Isolation nicht nur als auszeichnend: weil gottgegeben, sondern auch als Schuld empfand, so daß er meinte, vor sich warnen zu müssen, und den Lesern seiner Schriften die Rolle jenes aussätzigen Simon vorspielte, der zwar die Salbe besaß, die seine Schwären unsichtbar mache, sich aber hütete, sie zu benutzen. Niemand solle sich durch ihn, diesen *Victor* Eremita, der in Wahrheit ein *Victus* war, infizieren und von seiner Schwermut anstecken lassen.

Sören Kierkegaard: verheiratet, in guten Verhältnissen, Familienvater? Ein Pädagoge im Kreise der Lieben? Johannes Climacus alias Hilarius Buchbinder: hochdekoriert, bei Hofe verkehrend und geachtet als eine Art von Prachtexemplar der bürgerlichen Gesellschaft? Undenkbar. *Wenn* einer einsam war unter den Schriftstellern seines – an Exzentrikern nicht gerade armen – Jahrhunderts, dann Sören Kierkegaard. Einsam – wie, nach ihm, Proust – als Flaneur; einsam unter dem Volk – dank einer Pressekampagne gegen ihn, unternommen von der liberalen Freibeuter-Zeitschrift »Der Corsar«, die ihn, den Sonderling mit dem Stöckchen, dem Buckel, dem in den Nacken geschobenen Hut und den Spinnenbeinchen, in einer Weise karikierte, daß sich selbst alte Freunde nicht mehr getrauten, die Spottfigur zu begrüßen.

Sören Kierkegaard – einsam in seiner Studierstube und einsam im Theater, wo er, im Dämmer seiner Loge verborgen, in gewohnter Weise das große Defilee auf der Bühne vorbeiziehen ließ – ein bißchen den Adam spielend, der am Schöpfungsmorgen den Aufmarsch der zur großen Parade versammelten Menschen und Tiere betrachtet: gelangweilt und am Ende sogar verärgert, weil er, so Kierkegaard im Hinblick auf den Stammvater der Menschen, »unter ihnen allen keinen findet, der ihm wirklich behagt: Darum gibt er ihnen den Laufpaß.«

Nein, geliebt hat er die Menschen nicht, der Verfasser des »Entweder-Oder« und der »Einübung ins Christentum«. Einzelne vernichtend (Poul Ludvig Møller zum Beispiel, seinen Gegenspieler im »Corsaren«-Streit), verachtete er, der nur Individuen, nur »Ausnahmen«, aber keine solidarisch handelnden Gruppen anerkennen mochte, das Publikum, die Christenheit, die Anonymität der vielen, kurzum die Menschen, sobald sie in Scharen auftraten. Die Manier, in der Kierkegaard – eine seiner faszinierendsten Beschreibungen: Kabinettstück aus »Die Wiederholung« – das Ambiente des Theaters beschreibt, das Glück der Isolation und die Angst vor den »Ausdünstungen des kunstbegeisterten Publikums«, verrät jenen Snob und passionierten Ästheten, der sich nur ein einziges Mal unters Volk gemischt hat: nicht während der Revolution natürlich, da blieb er Zaungast, sondern in Berlin, als Schelling jene Vorlesungen hielt, zu denen die gebildete Welt teils, wie Kierkegaard, per Schiff (über Stralsund), teils, wie ein späterhin berühmter Marxist, per Rad hinzueilte (aus Lichterfelde, wo Friedrich Engels Militärdienste tat). »Schelling hat begonnen«, heißt es, Herbst 1841, in Briefen des achtundzwanzigjährigen Hörers aus Dänemark, gerichtet an Peter Johannes Spang und Friedrich Sibbern, »aber in einem solchen Lärm und Krach, Pfeifen, An-die-Fensterscheiben-Klopfen von denen, die nicht hereinkonnten, vor einem derartig zusammengepferchten Auditorium, daß man, wenn es so weitergeht, fast darauf verzichten möchte, ihn zu hören. Schelling ist im Äußern ein höchst unbedeutender Mann, er sieht aus wie ein Steuereinnehmer... Indessen habe ich mein Vertrauen auf Schelling gesetzt und will es unter Lebensgefahr wagen, ihn noch einmal zu hören.«

Ein bißchen süffisant – und selbstironisch natürlich – klingt das schon: wie alles, was Kierkegaard bis zur zweiten großen Konversion, von der an er sich als »religiöser Schriftsteller« verstand, formuliert hat. (Die erste »Wiedergeburt« fand zehn

Jahre früher statt und wurde in Pascalscher Weise niederge-
schrieben: »Es gibt eine unbeschreibliche Freude«, so das Tagebuch, »die uns ebenso unerklärbar durchglüht, wie des
Apostels Ausbruch unbegründet hervorbricht: Freuet euch,
und abermals sage ich: Freuet euch... eine Freude, die gleich
einem Windhauch kühlt und erfrischt, ein Stoß des Passats,
der vom Hain Mamre zu den ewigen Hütten weht. Den 19.
Mai, vormittags, 10½ Uhr.«)

Das hieße also: Der auf der untersten Ebene des Kierkegaardschen Weltgebäudes – der ästhetischen – operierende
Artist, Psycholog und schriftstellernde Dialektiker habe sich,
die Mittelstufe (als Heimat der Ethiker, der Sachwalter des
Allgemeinen) kurzweg überspringend, auf die höchste Stufe
katapultiert, von wo aus er – gerettet! – Rückschau hält auf
eine Zeit, in der die großen und gezeichneten Verführer, Monomane mit einem metaphysischen Tick wie der Seelenzer-
gliederer Constantin Constantius oder der Meermann aus der
»Leidensgeschichte«, ihre mit Entsetzen und Bewunderung
beschriebenen Experimente vorführten?

Die Phase der ästhetisierenden Schauspielerei, vorgeführt
vor einer durch Vexierspiele und philosophischen Feuerzau-
ber geblendeten Leserschar – ersetzt durch strikte, auf artisti-
sches Blendwerk verzichtende Unterweisung in Predigt, Traktat und frommer Betrachtung?

Das Ästhetische – ein für allemal ad absurdum geführt? Die
dichterischen Operationen mit dem Entwurf immer neuer Ge-
gensatz-Paare – ans Ziel gekommen am Ende einer »stufen-
weise fortschreitenden schriftstellerischen Wirksamkeit«, die,
wie es im Vorwort zu den »Zwei Reden beim Altargang am
Freitag« heißt, »ihren Anfang nahm mit ›Entweder-Oder‹ und
ihren entscheidenden Ruhepunkt am Fuße des Altars sucht«?

Die Versöhnung von Religiösem und Poetischem – im Zeichen des Anti-Climacus ein für allemal als Aberwitz erklärt?
Das Dichterische: überwunden, so Kierkegaard, »wie ein
Scherz«? Poesie: unfähig, das Letzte und Eigentlichste darzustellen – den in Reue, Glaubensgewißheit und Verantwortung
vor Gott stehenden Menschen? Kein Zweifel, daß Kierkegaard, nach 1848, tatsächlich so dachte und entschlossen war,
das Ästhetische dem Religiösen zu opfern. Wie einst Regine

galt es nun die Kunst preiszugeben – preiszugeben nun aber durch den (allzulange) Verführten, nicht mehr, wie einst, durch den souveränen Verführer.

Sören Kierkegaard in der Nachfolge Pascals: Hier wie dort soll der Teufelspakt mit der Ästhetik gekündigt und jener sich autonom setzende Künstler in seine Schranken verwiesen werden, den der Magister aus Kopenhagen in jenem grandiosen Bild vom Druckfehler zu erledigen sucht, der sich weigert, verbessert zu werden, und derart die Erbärmlichkeit seines Schreibers ans Licht bringt.

Ein ergreifendes Schauspiel: Da wollen zwei Schriftsteller, Pascal und Kierkegaard, jeder in seiner Weise, ein Selbstopfer bringen – und beide können es nicht; beide *schreiben* über das Opfer, statt es zu *vollziehen*; beide sagen der Welt Valet: aber in hochpoetischer Weise; beide attackieren den Teufel, die Häretiker, die Widersacher im Geist – aber mit einer journalistischen Verve, in den »Lettres provinciales« oder dem »Augenblick«, der letzten und bittersten Attacke Kierkegaards – mit einer Verve, die allen Gourmets im Inferno, allen ästhetisierenden Agnostikern das Herz klopfen läßt: Wieviel Raffinement im Kampf gegen die Raffinessen des Bösen!

So entschieden der spätere Kierkegaard, geblendet durch eine idealistische Theorie, die dem Ästhetischen den ersten Platz unter den Verständigungskünsten einräumen wollte (geblendet dazu vom romantischen Axiom »poetisch zu leben, heißt wahrhaft zu leben«)... so entschieden der späte Kierkegaard das Dichterische zu entwerten versuchte: *aufgeben* mochte er's nicht. Wenigstens als Mittel zum Zweck, in Dienst genommen vom Glauben, müsse es auch für den religiösen Schriftsteller seine Berechtigung haben. Könne es auch die Wahrheit selbst nicht vermitteln, das Dichterische, so sei es doch dienlich, die Menschen, durch listige Einstellung auf die Welt, in eben diese Wahrheit hineinzutäuschen.

Poesie als Einschleichungskunst, die »in Rapport« mit den Erlösungsbedürftigen, den Glauben *per negationem*: durch den Erweis des Sinnentrugs dieser Welt, zu stärken vermöge. Literatur als Hebammenkunst der einen, allein seligmachenden Wahrheit. Poesie als Maieutik inmitten der Welt, ausgeübt von einer Schar dichtender Geheimpolizisten, die sich – der Verfasser des postumen Traktats »Der Gesichtspunkt für meine schriftstellerische Tätigkeit« an der Spitze – in der Rolle von »Spionen Gottes« zurechtzufinden versuchen... in der Tat, Sören Kierkegaard muß alle Register seiner Dialektik ziehen, um die Literatur, kaum hat er sie durchs Hauptportal verjagt, durch die Hintertür wieder eintreten zu lassen: für tauglich erklärt, in Umkehrung des Kantschen Diktums, der Theologie die Fackel nicht mehr voran-, sondern die Schleppe, künftig, hinterdreinzutragen.

Versuch eines Kastrationsakts also: Entmachtung jenes Ästhetischen, in dem der Romantiker Kierkegaard auch am Ende seines Lebens noch das Böse und Widerreligiöse erblickte. Entmachtung – tatsächlich? Oder nicht eher geheime Huldigung an die Allmacht jener Poesie, ohne deren Beistand auch – und gerade – der religiöse Schriftsteller nicht auskommt?

Mag Kierkegaard den Dichter schmähen (»Jetzt ein Dichter!«, heißt es 1849 in den Tagebüchern, »Jetzt, wo man womöglich zu Tausenden Märtyrer braucht, die eigentliche Rettungsmannschaft!«), mag er, des Redens überdrüssig, das Schweigen der Lilien und der Vögel verherrlichen: Er schmäht in rhapsodischer Weise und verherrlicht das Schweigen mit Hilfe einer Rhetorik, die den Zuhörer berauscht und verzaubert. Mit jedem Satz, in dem der religiöse Schriftsteller Kierkegaard in seiner letzten Lebensphase die Dichtungen verteufelt, bestätigt er zugleich, daß er ohne sie nicht zu leben vermag, weil auch das Zeugnis des Frommen – die Rede des Nachfolgers – nicht anders als poetisch, ironisch, bilderreich, aggressiv-pamphletistisch und rhetorisch zu wirken vermag.

Man lese die »Einübung im Christentum« und beachte, wie – dies sei wiederholt – der alte Rollenspieler und Imitator seine Dänen über Jesus, den Gleichzeitigen, räsonieren läßt; wie er Chargen auf die Bühne bringt und Akteure veranlaßt, Monologe zu sprechen, die, witzig-pointiert, eher einer Nestroy-Posse als einem theologischen Traktat entnommen sein könnten: »Der ehrbare Bürgersmann« – angenommen, er sei Jesus in Kopenhagen begegnet – »würde wohl sagen, was dann in seiner Familie gälte: *Nein, laß uns Menschen sein*«, wie der Papagei in Andersens Märchen »Die Galoschen des Glücks«

236

so trefflich bemerkt, »alles Gute geht nach Maß...«, »und von einem Handlungsreisenden hab ich das französische Sprichwort gehört: Was zu hoch hinauf will, liegt auf der Nase – und dieser Mensch (dieser Jesus), wahrlich sein Untergang ist so gut wie gewiß. Ich habe mir auch ernstlich meinen Sohn vorgenommen, ihn ermahnt und ihm vorgehalten, daß er mir nicht hingeht... und sich diesem Menschen anschließt, und warum? Bloß, weil alle ihm nachlaufen. Ja, wer sind denn die alle?... Bummler und Landstreicher, die das Laufen nicht lassen können. Doch von ansässigen Leuten nicht eben viel, und von den Einsichtigen und Angesehenen, nach denen ich... meine Uhr stelle, überhaupt keiner, weder Etatsrat Jeppesen, noch Konferenzrat Marcus, noch der reiche Agent Christophersen, nein, nein, *die* Leute wissen schon, was etwas ist und was nichts. Und dann, achten wir nur auf die Geistlichen, die sich auf die Art Dinge (schließlich) am besten verstehen. Wie Pastor Grönvald gestern abend im Klub gesagt hat: ›*Das* Leben nimmt ein Ende mit Schrecken‹; und der Bursche kann mehr als bloß predigen, den muß man nicht Sonntags in der Kirche hören, sondern Montags im Klub... Er sagte ganz richtig, es war mir wie aus dem Herzen gesprochen: ›Es sind nur haltlose, müßige Menschen, die hinter ihm herlaufen. Und weshalb rennen sie hinter ihm her? Weil er ein paar Wunder tun kann.‹«

Und da sage noch einer, der Autor der »Einübung im Christentum« sei, am Verfasser von »Entweder – Oder« gemessen, ein Schriftsteller minderen Ranges! Das ganz gewiß nicht. Die Beschreibung des niedrigen Jesus und der fragwürdigen Gesellschaft um ihn herum, einem Aufzug verrufener, verrückter, verachteter Gestalten, ist, dank der Verbindung von Pathos und Präzision, nicht minder ein Glanzstück geheimer Seligpreisung als die Darstellung des kläglich lebenden und einsam sterbenden Buchhalters in der Parabel »Eine Möglichkeit« aus der »Leidensgeschichte«, dem psychologischen Experiment des Frater Taciturnus.

Und trotzdem, so nuanciert Kierkegaard schreibt, wenn er sich Jesus, via Anticlimacus, aus der Perspektive des Zeugen unter dem Kreuz zu nähern versucht, so besonnen er, bei allem Zorn, formuliert, solange er im Schatten jenes Einen bleibt, dessen Leben er – wie Pascal! wie Dostojewski! – in umfassender, nicht nur aperçuartiger Beschreibung darstellen wollte – so schrill, sich in Selbstgewißheit und Rechthaberei überschlagend, wird seine Diktion, wenn er die von Christus abgefallene Kirche attackiert und seinen Anticlimacus, mit dem er sich am Ende gleichsetzt (Schluß auch mit diesem letzten, höchsten Pseudonym!), Gerichtstag über die Christenheit halten läßt.

Ich weiß, was Christentum ist: Im Zeichen dieser Devise liest Kierkegaard einer »Ramsch- und Rummelkirche« die Leviten, in der die Märtyrer wenig und die »hochwohlgeborenen und hochwürdigen Konferenzräte« um so mehr zählten – der frömmelnden Kirche, die den am Kreuz Bespienen zu einem für Bonität und Reputierlichkeit stehenden »großen Mann« gemacht hätte: »Ich«, heißt es im »Augenblick«, »will lieber spielen, saufen, huren, stehlen, morden... als Gott zum Narren zu halten; lieber meine Tage auf Kegelbahnen und in Billardhäusern, meine Nächte beim Glücksspiel oder auf Maskeraden zubringen, als an der Art Ernst teilzunehmen, den Bischof Martensen christlichen Ernst nennt; ja, lieber will ich ganz geradezu Gott zum Narren halten, eine hochgelegene Stelle ersteigen oder ins Freie hinausgehen, wo ich mit ihm allein bin, und dort geradeheraus sagen: ›Du bist ein nichtsnutziger Gott, nichts anderes wert, als daß man Dich zum Narren hält‹, lieber das, als ihn auf die Weise zum Narren halten, daß ich feierlich damit fromm tue, daß mein Leben lauter Fleiß und Eifer für das Christentum sei.«

Sobald Kierkegaard zu schreien beginnt – gegen die christlichen Staaten, die christlichen Völker, die christlichen Lande, gegen die »Samt-und-Seide-Pfarrer«, die geistlich-weltlichen Kanzleiräte, die christlichen Mörder und christlichen Zuhälter, die seelenmörderischen Pastoren, die Komödianten auf den Kanzeln anbrüllend –, wird sein Atem kurz, die Sprache monoton, die Argumentationsweise stereotyp... aber dann plötzlich blitzt es doch wieder auf, in kaustischem Witz und grandioser Satire, wenn der Kneipier, der Jugendlichen Alkohol ausschenkt, als läßlicher Sünder im Vergleich zu jenem Priester erscheint, der Konfirmanden um ihr Seelenheil betrügt, oder wenn sich in den Aphorismen »Kurz und Spitz«, dem Bösartigsten, was Kierkegaard gegen die Führer der Christenheit schrieb, die Kluft zwischen kirchlicher Ideologie und christlicher Wahrheit auf den Begriff gebracht sieht: »In der prächtigen Domkirche tritt der hochwohlgeborene, hochwürdige geheime General-Oberhofprediger auf, der auserwählte Günstling der vornehmen Welt, er tritt auf vor einem auserwählten Kreis von Auserwählten und predigt *gerührt* über den von ihm selbst ausgewählten Text: ›Gott hat auserwählt das Geringe vor der Welt und das Verachtete‹ – und da ist niemand, der lacht.«

Da redet ein einzelner gegen die Welt an – Nietzsche, auch er vom Sendungsbewußtsein des Geistmenschen inmitten einer Herde von Massenmenschen erfüllt, wird anno 1888 mit dem gleichen Pathos eines »Genies ohne Vollmacht« philosopieren; da versucht einer, »siebtausend Fuß über dem Grunde des Meers«, seine Einsamkeit zu überschreien, indem er – nicht etwa! – eine verschlüsselte, von Poesie und geheimer Widersetzlichkeit erfüllte Botschaft Jesu, sondern, im Gegenteil, ein gesetzhaft erstarrtes Evangelium predigt; da verfällt Kierkegaards Rede, statt sich, wie's einem geheimen Rivalen Shakespeares angemessen wäre, die schillernde Vieldeutigkeit närrischer Provokationen zunutze zu machen, der Simplizität einer theatralischen Gegenpredigt, die zwar noch Sarkasmus und Witz, aber keine Dialektik, keinen Zweifel und kein – sei's auch nur satzweises! – Offenhalten und Infragestellen der Probleme kennt.

Statt des Wechselspiels zwischen den Positionen und der Bezugsfülle, der Verweisungskraft und dichterischen Transparenz früherer Jahre gibt es am Ende nur noch rigide Antithetik und schroffe Konfrontation von Heil und Abtrünnigkeit. Erst jetzt, in den fünfziger Jahren, wird das vorher nie definitiv akzeptierte *Entweder – Oder* zur Generalformel der Kierkegaardschen Schriftstellerei – und das nicht zu ihrem Vorteil. Was einstmals große religiöse Poesie gewesen war – Darstellung des zweifelnden, irrenden, überheblichen, reuigen Menschen vor Gott –, wurde am Ende zu dogmatischer Rede: dem in äußerster Vereinsamung *ex cathedra* verkündeten Bekenntnis eines Passagiers, der ein steuermannsloses Schiff ins Unwetter hineinfahren sah – und er, der einzig

Sehende (Kassandra in Kopenhagen), eingepfercht unter die Blinden!

Seltsam zu sehen, wie weit, unter dem Aspekt »Mit Hilfe welcher Technik ist es möglich, für einen Poeten, von der Befindlichkeit des Menschen in einer Welt zu reden, in der es Gott geben könnte und in der Jesus gelebt hat?«. . . seltsam zu sehen, wie weit die direkte Aussage zugunsten des Christentums, artistisch *und* theologisch, hinter jener verschlüsselten Rede zurückbleibt, in der Sören Kierkegaard, Kafka präludierend, gezeigt hat, wie sich, *sub specie metaphysicae*, der Mensch in einer Welt ausnimmt, deren Gottbestimmtheit eher Zweifel und Fragen als die vorformulierte Antwort verbürgen. Gerade weil er selbst kein vollkommener Christ ist, kann Kierkegaard den vollkommenen Christen *beschreiben*; das Fehlen der letzten Gewißheit, die er ersehnt, aber nicht hat, macht ihn beredt, läßt seine Inszenierungen auf der »Bühne des Inneren« glaubwürdig sein und gibt dem Vorstellungskünstler jene Einsicht ins Zwielichtige an der Grenze von Verzweiflung und Hoffnung, die den wahrhaft religiösen Schriftsteller auszeichnet – denjenigen, der sein Entweder-Oder als Postulat, aber nicht als Realitätsbeschreibung, als Optativ und nicht als Indikativ versteht.

Seltsam zu denken, ein letztes Mal, daß Kierkegaard im gleichen Maße aufhörte, ein religiöser Schriftsteller (vom Range Dostojewskis oder Kafkas) zu sein, wie er sich als solcher zu erkennen gab, daß er es hingegen war, als er, nach seiner eigenen späteren Überzeugung, nur »ästhetisierender Psycholog« heißen durfte: »nur« Dichter. Ein Dichter freilich, der er, wie zumindest die Tagebücher beweisen, ungeachtet greller Pamphletistik, bis zum Ende seines Lebens blieb. Ein Dichter, dessen Parabeln sich, von heute aus gesehen, wie Entwürfe zu Franz Kafkas religiösen Paradoxien ausnehmen.

Sören Kierkegaard, der Poesie seiner Zeit in der Erforschung einer sich im Paradox realisierenden Transzendenz um mehr als ein halbes Jahrhundert voraus. Das Gleichnis vom Türhüter klingt anno 1838 in Kopenhagen folgendermaßen: »Falls ein Mensch einen Brief besäße, von dem er wüßte oder glaubte, daß er Aufklärung über das, was er für seines Lebens Seligkeit ansehen muß, enthalte, aber die Schriftzeichen wären fein und blaß, die Handschrift nahezu unleserlich, so würde er wohl mit Angst und Unruhe, mit aller Leidenschaft lesen und abermals lesen, und in dem einen Augenblick den einen Sinn herausbekommen, im nächsten einen anderen, dementsprechend wie er, wenn er ein Wort mit Bestimmtheit entziffert zu haben meinte, alles nach diesem Wort erklärte; wie aber würde er weiterkommen als bis zu der gleichen Unwissenheit, mit der er angefangen. Er würde starren, ängstlicher und immer ängstlicher, je mehr er aber starrte, um so weniger sähe er, sein Auge würde sich zuweilen mit Tränen füllen, doch je öfter ihm dies widerführe, um so weniger sähe er; im Laufe der Zeit würde die Schrift blasser und undeutlicher werden, zuletzt vermoderte das Papier selber und er behielte nichts übrig als ein tränenblindes Auge.«

Weltliche Rede von Gott: So, im Idealfall, könnte sie aussehen, die nicht-religiöse Sprache im Horizont des Absoluten.

FJODOR MICHAILOWITSCH DOSTOJEWSKI

Die Brüder Karamasow

HANS KÜNG

Religion im Widerstreit der Religionslosigkeit

1921, drei Jahre nach Ende des Ersten Weltkriegs, im Vorwort zu seinem »Römerbrief«, der wie kein anderes Buch das Evangelium gegen moderne Programme und Ideologien abgrenzt und so in der Theologie den Übergang vom modernen Paradigma zu einem postmodernen signalisiert, hebt der *protestantische Theologe Karl Barth* zwei Namen überraschend hervor: *Kierkegaard und Dostojewski*. Sie hätten ihm entscheidende Inspirationen zu seinem Umdenken gegeben: »Wenn ich ein ›System‹ habe, so besteht es darin, daß ich das, was Kierkegaard den ›unendlichen qualitativen Unterschied‹ von Zeit und Ewigkeit genannt hat, in seiner negativen und positiven Bedeutung möglichst beharrlich im Auge behalte. ›Gott ist im Himmel und du auf Erden‹« (S. VII. XIII). Und mehr als jeden anderen zitiert Barth – von Eduard Thurneysen angeregt – Dostojewski für die »undurchdringliche Problematik des Lebens« (S. 489), für die kritische Situation des Menschen und die befreiende Gnade des verborgenen Gottes. Mit den beiden bedeutendsten frühen Kritikern der Moderne, Kierkegaard und Dostojewski also, eine »dialektische« Theologie der Krise für eine Welt in der Krise. In der Tat: die »undurchdringliche Problematik des Lebens« – sie ist Dostojewskis zentrales Thema.

Karwoche 1945 am Ende des Zweiten Weltkriegs: In Tübingen hält der *katholische Moraltheologe Theodor Steinbüchel* fünf Vorträge in der nun hereingebrochenen »Krise des Abendlandes« über diesen russischen Denker, Christen und Schriftsteller: »Was Dostojewski bewegte, bewegt über die Zeiten hinaus auch uns: Die Frage, die der Mensch immer dann stellt, wenn er sich selbst fraglich geworden ist, die Frage nach seinem eigenen Sein und Sinn« (S. 15).

Kein Wunder deshalb, daß man in Westeuropa meist erst in Krisenzeiten ein Gespür bekam für die Ungeheuerlichkeit dieses Autors und dieses Werkes. Nichts Vergleichbares gab es in seiner Zeit. Nein, es ist kein Zufall, daß wir für diese Vorlesungen als *Repräsentanten der zweiten Hälfte des 19. Jahrhunderts* nicht einen deutschen, englischen, französischen, sondern einen, diesen russischen Autor ausgewählt haben. Er schreibt seine großen Werke – faktisch eine ganze Generation nach Kierkegaard – bereits in der Epoche,

in der die Mächte der Moderne – Wissenschaft, Technologie, Industrie und Demokratie – sich in einer »Dialektik der Aufklärung« zu überschlagen beginnen;

in der die bürgerlich-feudale Welt durch hemmungslosen Kapitalismus und Nationalismus, Imperialismus und Kolonialismus anscheinend unaufhaltsam der Katastrophe des Weltkriegs entgegentreibt;

in der die großen modernen Visionen des 18. Jahrhunderts zu Schimären verblassen.

Ja, was ist – nach kaum einem Jahrhundert – aus den Visionen der Aufklärung, Lessings, von einem dritten Zeitalter einer völligen Aufgeklärtheit, einer Zeit der Vollendung, eines Friedens unter den Religionen als Voraussetzung eines Friedens unter den Völkern geworden?

Was ist von der Vision der deutschen Klassik übriggeblieben, Hölderlins, und einer durch das griechische Humanitätsideal erneuerten Menschheit, Bildung, Kunst, Religiosität?

Was ist mit der Vision der Romantik geschehen, des Novalis, einer am Mittelalter orientierten Versöhnung von Religion und Gesellschaft, einer höheren Epoche der Kultur, einer heiligen Zeit des ewigen Friedens?

Unerfüllt blieben sie alle, diese Utopien, und wiesen damit weit über die Moderne hinaus. Sie aber haben deren Ambivalenz frühzeitig durchschaut – jene beiden großen »Ungleichzeitigen«, »Unzeitgemäßen« aus Kopenhagen und Moskau, beide von erschreckender persönlicher Verstricktheit und doch vorwärtsweisender Geistigkeit. Sie haben, ihrer Zeit verhaftet und doch gleichzeitig ihre Widersprüche, Risse und Abgründe analysierend, diese Ambivalenz beschrieben, so verschieden voneinander sie auch waren, der Däne für die erste, der Russe mehr für die zweite Jahrhunderthälfte repräsentativ.

Wie Kierkegaard stammt der um acht Jahre jüngere Dostojewski (geboren am 11. November 1821), Arztsohn und Enkel eines russisch-orthodoxen Priesters, aus streng religiösem Haus; wie Kierkegaard ein übersensibler Individualist, beschäftigt er sich schon früh mit Literatur und sah sich in den oberen Schichten Rußlands – dem Hort der Gegenrevolution – mit einer dekadenten Christenheit konfrontiert. Aber: sehr viel mehr als Kierkegaard zeigt sich Dostojewski, der Großstädter, als er von Moskau nach Petersburg an die Ingenieurschule der Militärakademie und später ins Kriegsministerium kommt, *sozial und politisch engagiert*. Zunehmend öffnet er sich dem Einfluß der französischen utopischen Sozialisten, der Religionskritik von Feuerbach, Strauß und des bahnbrechenden russischen Kritikers Wissarión Belínski. 1846, als Kierkegaard in Kopenhagen seine »Abschließende unwissenschaftliche Nachschrift« veröffentlicht, hat Dostojewski bereits einen Riesenerfolg mit seinem ersten Roman, »Arme Leute«. Der wies ihn aus – zusammen mit dem im selben Jahr erschienenen »Doppelgänger« – als realistischen Schriftsteller von Format, als scharf analysierenden Gesellschaftskritiker und Anwalt der durch die Großstadt bedrohten Menschlichkeit. Nicht »Gutsbesitzersliteratur« à la Turgénjew und Tolstoí, sondern Gesellschaftsromane der Unterschichten will er, der sich einen »literarischen Proletarier« nennt, schreiben.

1847 kommt Dostojewski in Kontakt mit einem philosophisch-politischen Kreis um Petraschéwski, aus dem sich dann ein kleiner, politisch radikaler, konspirativer Kreis herausbildet, dem auch Dostojewski angehört. Die Folgen sind einschneidend. Zwei Jahre später ist die gesamte Gruppe (vierunddreißig jugendliche Idealisten) verhaftet: einundzwanzig werden zum Tode verurteilt. Auf den Hinrichtungsplatz geführt, nach Anhören des Todesurteils im Todesgewand und auf dem Schafott buchstäblich in letzter Sekunde begnadigt, wird Dostojewski zu vier Jahren *Zwangsarbeit in Sibirien* verurteilt mit anschließendem Militärdienst. Als Kierkegaard 1850 sein letztes großes Werk, »Einübung im Christentum«, veröffentlicht, befindet er sich im Archipel Gulag von damals, ohne Kontakte, Schreibmaterial, Bücher – ausgenommen ein Neues Testament.

Neun Jahre später kehrt Dostojewski als beinahe Vierzigjähriger aus Sibirien nach Petersburg zurück. Verändert: Zeit seines Lebens bekommt er jene furchtbaren Minuten unmittelbarer Todeserwartung nicht mehr aus dem Kopf, der eine überschwengliche Freude über das neu geschenkte Leben gefolgt war; nie freilich auch jene vier entsetzlichen Jahre Zwangslager – festgehalten in seinen »Aufzeichnungen aus einem Totenhaus« – und die vier Jahre Militärdienst in Sibirien. Alles in allem ein *Umbruch* in seiner Lebensanschauung und Glaubensauffassung.

Wie aber ist dieser Umbruch zu beurteilen? Ist aus dem »guten«, progressiven, humanitären Dostojewski (bis »Schuld und Sühne« inklusive) der »schlechte«, reaktionäre, religiöse geworden? Hat Dostojewski seine freiheitsliebenden politischen Träume zugunsten von Glaubensvorstellungen aus dem analphabetischen russischen Bauerntum aufgegeben? So Leoníd Gróssmann (1922; 1964), einer der bedeutendsten sowjetischen Dostojewski-Interpreten.

Kaum: grundlegend für das Verständnis seiner neuen Grundhaltung ist, was Dostojewski in einem Brief aus dem sibirischen Omsk vom Februar 1854, ganz abgeschnitten vom Briefverkehr mit Verwandten und Freunden und doch keine Minute allein, niedergelegt hat: »Ich will Ihnen von mir sagen, daß ich ein Kind dieser Zeit, ein Kind des Unglaubens und der Zweifelsucht bin und es wahrscheinlich (ich weiß es bestimmt) bis an mein Lebensende bleiben werde. Wie entsetzlich quälte mich (und quält mich auch jetzt) diese Sehnsucht nach dem Glauben, die um so stärker ist, je mehr Gegenbeweise ich habe«, schreibt er an Frau Fonwísin, von der er in Sibirien jenes Neue Testament erhalten hatte. Und doch, fährt Dostojewski fort, schenke ihm Gott zuweilen Augenblicke vollkommener Ruhe; in solchen Augenblicken liebe er und glaube auch, geliebt zu werden; in diesen Augenblicken habe er sich sein *Glaubensbekenntnis* aufgestellt, in dem ihm alles klar und heilig ist. Dieses Glaubensbekenntnis sei höchst einfach: »Hier ist es: Ich glaube, daß es nichts Schöneres, Tieferes, Sympathischeres, Vernünftigeres, Männlicheres und Vollkommeneres

247

gibt als den Heiland; ich sage mir mit eifersüchtiger Liebe, daß es dergleichen nicht nur nicht gibt, sondern auch nicht geben kann. Ich will noch mehr sagen: Wenn mir jemand bewiesen hätte, daß Christus außerhalb der Wahrheit steht, und wenn die Wahrheit *tatsächlich* außerhalb Christi stünde, so würde ich es vorziehen, bei Christus und nicht bei der Wahrheit zu bleiben« (Briefe, S. 86 f).

Nein, man kann Dostojewski, diesen präzisen Analytiker des Petersburger Slum-Lebens und leidenschaftlichen Fürsprecher der »Erniedrigten und Beleidigten« (1861), nicht ohne seine tief *skeptische, aber authentische Religiosität* lesen. Man kann sie nicht ignorieren wie so oft im westlichen Bürgertum und im Existentialismus, oder aber als »Irrationalismus« und »Mystizismus« denunzieren wie in der sowjetischen Kritik (in der Stalinzeit waren die »Dämonen« und die »Karamásow« kaum erhältlich). Ludolf Müller, der Tübinger Slawist mit großen Verdiensten um das Dostojewski-Verständnis, dürfte den Konsens der unvoreingenommenen Forschung hinter sich haben, wenn er dem sowjetischen Kritiker Leonid Grossmann erwidert:

daß die Religion dieses »Kindes des Unglaubens und der Zweifelsucht« in seiner zweiten Periode (nach der Entlassung aus dem Zuchthaus) alles andere als ein äußerlich übernommenes kirchlich-religiöses System gewesen sei;

daß sie von der Religion des russischen Bauerntums durch Welten getrennt und auch nicht einfach der Glaube der orthodoxen Kirche sei;

daß sie vielmehr durch die Aufklärung, Kants Kritik der Gottesbeweise und Feuerbachs Atheismus hindurchgegangen sei;

daß der Wandel weniger die theoretischen Überzeugungen als die Grundeinstellung zu den Problemen des Lebens betroffen hätte;

daß es (und hier erinnert uns Dostojewski an Pascal) neben der Arbeit des *Kopfes*, des kritischen Verstandes, des euklidischen Denkens die Kraft des *Herzens* gebe, andere Schichten im Menschen, das gelebte Leben, das mehr sei als der rationale Sinn des Lebens.

»An die Stelle der Dialektik war das Leben getreten«, heißt

es später über die Wandlung des Studenten Rodión Raskólnikow im Epilog zu »Schuld und Sühne«. Und Ludolf Müller vermag, was hier nicht meine Aufgabe ist, diese Auffassung von Dostojewskis Religion insbesondere aus der dritten Periode Dostojewskis, der der *großen Romane* (neben »Schuld und Sühne« 1866, »Der Idiot« 1868, »Die Dämonen« 1871, »Der Jüngling« 1875 bis zu den »Karamasow« 1878/80), zu belegen, wobei er sich bestätigt sehen kann von der vorzüglichen Arbeit über Dostojewskis Religion des Amerikaners A. Boyce Gibson (1973) und der neuen großen Biographie von Joseph Frank (1976/84) – alles Arbeiten, die sich von den früheren Verketzerungen eines Maxim Gorki oder Georg Lukács zur Linken und den Idealisierungen eines Nikolái Berdjájew oder Wjatscheslaw Iwánow zur Rechten freihalten.

✳

Wir haben uns hier ganz zu konzentrieren auf Dostojewskis letztes und größtes Werk, »Die Brüder Karamasow« – geschrieben vor etwas mehr als einhundert Jahren. Es rechtfertigt aus sich allein all die hohe Aufmerksamkeit, die Dostojewski postum von Friedrich Nietzsche bis Sigmund Freud, von André Gide bis Hermann Hesse, von Ortega y Gasset bis Thomas Mann zuteil wurde. Ein Werk, entstanden in den Jahren der andauernden *sozialen Krisensituation Rußlands*, jenes fatalen Bundes zwischen Autokratie und Orthodoxie, der die Kirche dem Volk so verhaßt macht – alles unmittelbar vor der Ermordung des anfänglich liberalen, dann reaktionären Zaren Alexander II. (1881); gleichzeitig mit Tolstois »Ánna Karénina«, Ibsens »Nora«, Fontanes »Vor dem Sturm« und Emile Zolas »Nana«; keine zehn Jahre (nicht unwichtig zum Verständnis gerade des Großinquisitors) nach dem Vatikanum I und der Definition von Primat und Unfehlbarkeit des Papstes (1870).

Rußland ist in dieser Zeit das politisch-sozial rückständigste Land Europas, in welchem erst 1861 die meist armen analphabetischen Bauern (ca. achtzig Prozent der Gesamtbevölkerung) aus dem Sklavenstand zumindest juristisch befreit worden waren. Anders aber als im Kirchenstaat gab es in Rußland in den Jahrzehnten nach dem Sieg über Napoleon doch so viel intellektuelle Freiheit, daß eine liberale Intelligenzija und zum ersten Mal in der Geschichte eine russische Literatur von europäischem Format entstehen konnte, die gerade in den Romanen Dostojewskis die Wirklichkeit unvergleichlich radikaler, auch universaler aufnahm als etwa die leicht idealisierenden, eher versöhnlich temperierten, Proletariat und Außenseiter kaum einbeziehenden deutschen Romane eines Gottfried Keller oder Theodor Fontane.

Der Theologe ist nun zweifellos in Versuchung, bei einem psychologisch und gedanklich so komplexen Werk einfach die »*Ideen*« herauszuarbeiten. Der Philosoph Reinhard Lauth hat dies in verdienstvoller Weise für das Gesamtwerk getan mit seiner »Philosophie Dostojewskis in systematischer Darstellung« (1950). Das Spezifische Dostojewskis wird gerade so leicht übersehen. Denn viele religiöse Philosophen und politische Propheten haben ihre »Philosophie«, ihre Ideen in Artikeln und Abhandlungen dargelegt. Dostojewski tat es in *Romanen*. Nicht als Philosoph hat sich der ausgebildete Ingenieur verstanden, sondern als Schriftsteller und Künstler. Nicht Ideen beherrschen seine Romane, sondern konkrete Menschen verschiedenster Herkunft, Charakters, Tendenz und Weltanschauung, gezeichnet von einem Genie der Selbst- und Fremdbeobachtung (darin ähnlich Kierkegaard) mit unerhörter psychologischer Empathie und Sympathie.

In der Tat: ein völlig neuartiger, »*polyphoner*«, vielstimmiger *Roman* (Michaíl M.Bachtín), als Typus von Dostojewski kreiert, für den charakteristisch ist, daß die Handlung in mehreren parallel gebauten Handlungssträngen verläuft und im Bewußtsein der verschiedenen dialogisch-antithetisch entgegengesetzten Charaktere gespiegelt wird. Heißt dies aber, wie der russische Kritiker Bachtín folgert, der Autor selber habe sich mit keiner seiner Stimmen identifiziert, alle Standpunkte seien für ihn gleichzeitig möglich? Heißt das, bei Dostojewski gäbe es kein letztes Wort? Keineswegs! Die Briefe und das »Tagebuch«, die Aufsätze und Reden Dostojewskis sprechen eine andere Sprache. Aber auch die Romane selbst, die von der Handlungsführung und besonders vom Ausgang her durchaus die Position des Autors erkennen lassen. Wo also verlaufen in unserem Roman bei all den zahllosen Fäden die ent-

scheidenden Linien? Wo sind nicht so sehr die äußeren Kno-
ten der Handlung, sondern wo liegt die Grundproblematik,
wo zeigt sich der geistig-ideologische *Grundantagonismus* in
diesem Roman, für den die »Antithese das Grundprinzip der
Architektonik« (L. Grossmann) ausmacht?

Wer die »Brüder Karamasow« ohne Einleitung und Vorwort
zu lesen beginnt, wird von Anfang an auf die Polarität zwischen dem Vater und seinem ältesten Sohn Dmítrij und auch
indirekt den anderen beiden Söhnen aus zweiter Ehe, Iwán
und Aljóscha (alle in den Zwanzigern), gestoßen – nicht zu
vergessen am Rand den illegitimen Sohn Ssmerdjaków. Welch
eine *Personenkonstellation*, die geradezu des Dichters eigene
komplexe Psyche auf die so verschiedenen Brüder aufgeteilt
erscheinen läßt: Da liegt der alte, durchtriebene Landadlige
Fjódor Páwlowitsch Karamasow, hemmungsloser Libertinage,
Alkohol und Frauen verfallen, ein Wüstling, der sich weder
um seine beiden Ehefrauen noch um seine Kinder je geküm-
mert hat, in Konfrontation buchstäblich bis aufs Messer mit
seinem ältesten Sohn Dmítrij, der als Erbe seiner Mutter 3000
Rubel herausverlangt, um die verführerisch-schöne Grúschenka heiraten zu können. Dieser selben Femme fatale aber
hatte der Vater seinerseits für eine einzige Nacht genau 3000
Rubel versprochen.
    Der Ödipus-Komplex erklärt hier zweifellos nicht alles:
Dmítrij (28), von nicht geringerer libidinöser Triebhaftigkeit als
sein Vater, verbunden aber mit grundehrlich-menschlicher
Generosität, verlobt der stolzen Schönheit Katerína Iwánowna
und doch verfallen der Grúschenka, hat in seiner Ungezügelt-
heit bei fast allen Aktionen im Roman die Initiative: Mit seiner
Herausforderung beginnt ja die dramatische Erzählung, und
mit seiner Verurteilung als Mörder zu sibirischer Zwangsarbeit und seiner geplanten Befreiung endet er. Keine Frage:
Dmítrij mit seinen »Beichten eines heißen Herzens« in Gedichten und Geschichten ist die farbigste, originellste Gestalt in
diesem Roman, ohne Vorgänger in früheren: also – wird man
sagen – Dostojewskis Held? Gerade nicht.
    Denn der Autor selbst hatte schon im ersten Satz des Vor-
worts deutlich gemacht: Sein Held ist nicht der Älteste, sein

Held ist der Jüngste, ist Alexéj Fjódorowitsch Karamasow, *Aljóscha*. Das erstaunt und hat zu vielen Diskussionen unter den Interpreten Anlaß gegeben. Denn ist nicht – gerade auch im Vergleich zu Iwán, dem zweiten – Aljoscha eher eine Figur am Rande? Beobachter, Botengänger, Vermittler? Ein kaum zwanzigjähriger Novize eines Klosters am Rande, auch der Stadt? Er, religiös intuitiv, ist der einzige unter den Brüdern, der mit niemandem in Konfrontation steht; Freund und Vertrauter von beinahe jedermann im Roman, der beiden Brüder, der Katerína und dann der Grúschenka. Er hält keine langen Monologe und wirkt schon deshalb im Vergleich mit den übrigen zwei zunächst blasser. Eine anima candida scheint es, aber kein Held!

Zu erklären ist dies nur, wenn man bedenkt: Dostojewski hat diese Figur langfristig »angelegt«. Das heißt: Die geradlinige »Unheldenhaftigkeit« des jüngsten Karamasow hat ihre genau berechnete Funktion in der Gesamtkomposition des Romanwerks. Denn wenn dieser Roman nur der erste Teilroman für den geplanten, aber nicht mehr ausgeführten zweiten, den »Hauptroman«, sein soll (und diese Ankündigung im Vorwort ist zu bestimmt, als daß sie eine literarische Finte sein könnte), dann hätten wir von Aljóscha noch einiges zu erwarten, nämlich: »das Wirken meines Helden (Aljóschas) schon in *unserer* Zeit, gerade in unserer laufenden Gegenwart« (Piper-Ausgabe, S. 8).

Was verkörpert dieser Aljóscha? Welche Stellung hat er in der Struktur des Romans? Die Antwort: Aljóscha ist die entscheidende Gegenfigur zum Mittleren, zu *Iwán* (24), dem ebenfalls karamasowisch lebensdurstigen, aber rationalistisch brillanten, doch letztlich undurchsichtig-rätselhaften Intellektuellen und »klugen Atheisten« aus Moskau, der jetzt mit dem Vater, aus welchen Gründen auch immer, zusammenwohnt, diesen jedoch wie seinen älteren Bruder zutiefst verachtet.

Nein, Dostojewskis »Brüder Karamasow« sind nicht nur vielstimmig, sondern auch vielschichtig, was nicht nur sowjetische Kritiker, sondern auch Nietzsche, Freud, Gide und Thomas Mann übersehen haben oder übersehen wollten. Wenn man nämlich nicht nur die äußere, sich ständig verändernde Konstellation der *Kriminalstory*, wenn man auch nicht nur die

innere, dramatisch wechselnde Konstellation der verschiedenen Typen und Charaktere der *Psychoszene* beachtet, wenn
man vielmehr die ebenfalls dynamisch sich entwickelnden
geistig-ethisch-religiösen Grundpositionen dieses Romans,
der über einen Kriminal- oder Psycho-Roman hinaus eben
doch ein Zeit-, Gesellschafts- und Ideenroman sein will,
kommt man um die Feststellung eines *ideologischen Grundantagonismus* nicht herum: dem zwischen *Iwáns* modern-aufge-
klärt westlicher *Religionslosigkeit* (sein Lakai und Vollstrecker
der illegitime, verachtete, verleugnete Halbbruder Ssmerdia-
ków, durch Natur und Erziehung eine Verkörperung des Ur-
mißtrauens) und der aufgeklärt-christlichen *Religiosität Aljóschas*, dessen Sprecher und geistlicher Vater (»Stáretz«) Sossíma ist. In der Analyse dieser Grundspannung (von interessan-
ten Fragen wie der Problematik von Staat – Kirche, Rechtspre-
chung – Prozeßablauf, Eros – Sexualität muß ich hier absehen)
erkenne ich den Beitrag dieses Romans für die Leitfrage dieser
Vorlesung: was in der Moderne der Religion und was der
Moderne durch Religion geschieht.

Doch projiziere ich als Theologe möglicherweise meine eigene Problematik auf Dostojewskis Roman? Kaum. Denn: »zu
welchem Zweck sind wir hier zusammengekommen? Um von
der Liebe zu Katerína Iwánowna zu sprechen, oder von dem
Alten und Dmítrij? Oder vom Ausland? Von der verhängnis-
vollen Lage Rußlands? Vom Empereur Napoléon? Nun, deswegen etwa?« So Iwán an Aljóscha im Zentralgespräch des
Romans, das von Dostojewski selber als dessen Höhepunkt
bezeichnet wird. »Nein, nicht deswegen«, ist Aljóschas kurze
Antwort. »Wir müssen vor allen anderen Dingen die uralten
ewigen Fragen lösen, das ist doch jetzt unsere einzige Sorge«,
sagt Iwán, und ganz Jung-Rußland spreche doch heute von
den »Weltfragen«: »Gibt es einen Gott? Gibt es Unsterblichkeit? Diejenigen aber von ihnen, welche an Gott nicht glauben, nun, die sprechen über Sozialismus und Anarchismus,
über die Änderung der ganzen Menschheit durch einen neuen
Staat, so daß es schließlich auf den reinen Teufel hinaus-
kommt, – das sind doch alles dieselben Fragen, nur vom
anderen Ende her« (S. 378f).

Der Skeptiker *Iwán* also vertritt geistig die Position einer schillernden *Religionslosigkeit*: »Nein, es gibt keinen Gott!« Iwán erscheint zunächst als der Typus des Zynikers, dem nach der schrecklichen Szene, wo der Älteste den Vater mißhandelt und ihn niederzuschlagen droht, der Satz über die Lippen kommt: »Das eine Geschmeiß wird das andere Geschmeiß verschlingen, und damit geschieht beiden recht« (S. 230). Kains Antwort vom »Hüter meines Bruders« ist auch Iwáns Antwort.

Schon Dostojewskis Roman »Die Dämonen« (1871) – erste Realisierung eines großen »Romans des Atheismus« – enthielt eine leidenschaftliche Auseinandersetzung mit den unheimlichen Folgen eines atheistischen Nihilismus (Anarchismus) für den einzelnen und die Gesellschaft. Aufs höchste alarmiert durch terroristische Morde, wollte Dostojewski hier mit aller Kraft dem russischen Volk, den Intellektuellen und Studenten insbesondere, vor Augen führen: Der Terrorismus, die unmittelbare gewaltsame Aktion ohne praktikables konstruktives Zukunftsprogramm ist Symptom einer todkranken Gesellschaft! Dostojewski, in vielem prophetisch, hatte die Ursachen erkannt, welche die russische Gesellschaft für eine Revolution anfällig machen sollten: die rasch sich ausbreitende Religionslosigkeit, der Wertezerfall und ihr sozialer Hintergrund – eine parasitäre Oberschicht, dem Volk entfremdet; eine rückständige Kirche; eine modern westliche Intellektuellenschicht, Studenten vor allem, die mit dem Gottesglauben auch die Maßstäbe für Gut und Böse verloren hatten; ein verelendetes, desorientiertes Volk schließlich, das nicht weiß, woran es sich halten kann...

Vor diesem Hintergrund sind nun auch die »Karamasow« selbst zu lesen, in denen wie in keinem anderen Werk die gesamte dichterische Welt Dostojewskis gespiegelt, seine Botschaft umfassend verkündet und so die *Problematik des modernen Menschen ohne Gott* aufs dramatischste zugespitzt wird. Wie für Nietzsche ist für Dostojewski die Gottesfrage stets mit der Frage nach Ethos, Moral, Gewissen, sittlichem Handeln verknüpft. Aus dem Verlust Gottes, der religiösen Bindung, folgt konsequent der Verlust eines verpflichtenden Sittengesetzes, jeglicher moralischen Bindung: darin sieht Dostojewski die Schwäche, ja die Abgründigkeit der Moderne, wie sie am Ende des Zweiten Weltkriegs auch von Horkheimer und Adorno im viel zuwenig beachteten Kapitel der »Dialektik der Aufklärung« unter dem Titel »Juliet oder Aufklärung und Moral« (1944) mit Bezug auf die »dunklen Schriftsteller des Bürgertums« de Sade und Nietzsche herausgearbeitet wurde (»Die Unmöglichkeit, aus der Vernunft ein grundsätzliches Argument gegen den Mord vorzubringen, nicht vertuscht, sondern in alle Welt geschrieen zu haben, hat den Haß entzündet, mit dem gerade die Progressiven Sade und Nietzsche heute noch verfolgen« (S. 107).

An der Figur Iwáns wird dies alles von Dostojewski grausam pragmatisch demonstriert. *Einen* Negativsatz gibt es, der den ganzen Roman durchzieht: *»Wenn Gott nicht existiert, ist alles erlaubt.«* Schon in den ersten Kapiteln wird Iwán mit Sätzen wie diesen charakterisiert, und ich will einmal etwas länger zitieren, um die Komplexität der Position zu verdeutlichen: »Es gäbe auf der ganzen Erde entschieden nichts, was den Menschen veranlassen könnte, seinesgleichen zu lieben; solch ein Naturgesetz: ›Der Mensch muß die Menschheit lieben‹ – existiere überhaupt nicht, und wenn es bis jetzt auf der Erde trotzdem Liebe gäbe, geschähe dieses nicht nach einem Naturgesetz, sondern einzig darum, weil die Menschen noch an ihre Unsterblichkeit glaubten. Iwán Fjódorowitsch fügte bei der Gelegenheit noch en parenthese hinzu, daß gerade darin das ganze Naturgesetz bestünde, so daß, wenn man im Menschen den Glauben an seine Unsterblichkeit vernichte, in ihm nicht nur die Liebe, sondern überhaupt jede lebendige Kraft zur Fortsetzung des irdischen Lebens versiegen würde. Und nicht nur das: es würde dann auch kein Schamgefühl mehr geben, sagte er, alles würde dann erlaubt sein, sogar die Menschenfresserei. Aber auch damit war's noch nicht genug: er schloß mit der Behauptung, daß für jede Privatperson, wie hier zum Beispiel ich, die weder an Gott noch an ihre Unsterblichkeit glaubt, das sittliche Gesetz der Natur sich in das volle Gegenteil des früheren religiösen Gesetzes verwandeln müsse, und daß der Egoismus, sogar bis zum Verbrechen, dem Menschen nicht nur erlaubt sein, sondern für ihn als unvermeidlicher, vernünftigster und womöglich

edelster Ausweg in seiner Lage anerkannt werden müsse«
(S.113f).

Man beachte: Dmítrij, Zeuge solcher Äußerungen, »merkt«
sich diese, wiewohl nicht er, sondern Ssmerdjaków das Verbrechen am Vater schließlich ausführt, der damit aber nur den
Wunschgedanken Iwáns in die Wirklichkeit umsetzt. Und da
diese atheistisch-nihilistische Ideologie des Moskauer Intellektuellen die logische Rechtfertigung für den Vatermord lie-
ferte, ist niemand anders als *Iwán* letztlich der *Haupttäter des
Verbrechens*. Ssmerdjaków zu Iwán: »*Ihr* habt ihn erschlagen,
Ihr seid der Hauptmörder, ich aber bin nur Euer Handlanger
gewesen, Euer getreuer Diener, und nur auf Euren Wunsch
hab ich die Sache ausgeführt« (S. 1015).

Seinen Tiefpunkt erlebt Iwán daraufhin, unmittelbar vor
Prozeßbeginn, seinem öffentlichen Geständnis und dem Ausbruch seines Wahnsinns, in den komisch-unheimlichen *Gesprächen mit dem Teufel*, der (ganz anders als der mythologische
Teufel Pater Ferapónts) Iwáns projiziertes Alter ego ist. Als die
Argumentation des Satans selbst offenbart sich jetzt jenes
Argument Iwáns, es stehe jedem, »der schon jetzt die Wahrheit erkennt«, frei, »sich völlig nach eigenem Gutdünken einzurichten, also nach neuen Grundsätzen. In diesem Sinn ist
ihm ›alles erlaubt‹« (S. 1062). Wie ein bitterer Kommentar des
Autors zu dieser triumphalen Ideologie der »neuen Grundsätze« wirkt dann der Schluß des Gesprächs, Aljóschas lapidare
Nachricht, Ssmerdjaków habe sich vor einer Stunde erhängt.

Aber: so selbstsicher Iwáns Position vorgetragen wird, so
ambivalent ist sie in praxi. Denn Iwán, skeptisch auch gegenüber seiner Skepsis, manifestiert die Vieldeutigkeit, Doppelbödigkeit, Unsicherheit des um den Gottesglauben ringenden
Gottlosen: Er, der öffentlich dem Vater gegenüber Gott glatt
geleugnet hatte (ohne den Gottesgedanken freilich gäbe es
keine Kultur, auch keinen Cognac!), er bekennt sich im großen
Kapitel »Pro und Contra« in einem höchste gedankliche Inten-
sität verratenden Gespräch mit Aljóscha, jetzt privat-vertrau-
lich, zu einem »Vielleicht« (»vielleicht erkenne auch ich Gott
an«) und zur Unbeweisbarkeit der Feuerbach-»Hypothese«
(für die »russischen Knaben« und »unsere Professoren« kurio-
serweise ein »Axiom«): »So habe ich schon vor langer Zeit

beschlossen, nicht mehr darüber nachzudenken, ob der Mensch Gott oder Gott den Menschen geschaffen hat.« Also akzeptiert Iwán »Gott einfach und ohne Einwand«, gar seine den dreidimensionalen »euklidischen Verstand« transzendierende »Allwissenheit und sein Ziel – das uns vollkommen unbekannt ist«– allerdings nur um jetzt um so effektiver statt gegen den Gott dieser Welt *gegen die Welt dieses Gottes* argumentieren zu können (S. 380-382).

»Nun, so laß dir denn kurz gesagt sein, daß ich im Endresultat diese Gotteswelt – *nicht* akzeptiere« (S. 382). Iwáns »Argumente«? Es sind lange, lange Erzählungen vom Leiden der Menschheit, nein, eigentlich nur vom *Leiden unschuldiger Kinder*, unerhört grausame Geschichten, nicht erfunden, sondern authentisch (viele Zeitungsausschnitte hatte Dostojewski dafür gesammelt), deren »tierische« Grausamkeit nach Iwán für die Tiere beleidigend sei, da diese ja niemals so ausgeklügelt, so kunstvoll grausam sein können wie Menschen. Theodizee, Kosmodizee, künftige ewige Harmonie? Dies alles falle doch in sich zusammen angesichts jener »kleinen Märtyrer«. Solche Harmonie sei doch »nicht einmal ein einziges Tränlein jenes gequälten Kindchens wert, das sich mit dem Fäustchen an die kleine Brust« schlage »und zu seinem ›lieben Gottchen‹« bete: »Sie ist es nicht wert, denn diese Kindertränlein sind ungesühnt geblieben. ... Darum aber beeile ich mich, mein Eintrittsbillett zurückzugeben. Und wenn ich nur ein ehrlicher Mensch bin, so ist es meine Pflicht, dies so bald wie möglich zu tun. Das tue ich denn auch. Nicht Gott ist es, den ich ablehne, Aljóscha, ich gebe ihm nur die Eintrittskarte ergebenst zurück« (S. 398 f).

Hier also liegt das Geheimnis des Iwánschen Atheismus, hier der Grund der »Empörung«. Die moderne Religionslosigkeit scheint felsenfest begründet. »Warum leide ich? Das ist der Fels des Atheismus«, hatte im Westen Georg Büchner bereits in »Dantons Tod« (III,1) geschrieben. Und das heißt: Im Leid, dem unschuldigen zumal, kommt der Mensch an seine äußerste Grenze, zur entscheidenden Frage nach seiner Identität, nach Sinn und Unsinn seines Lebens und Sterbens, ja der Wirklichkeit überhaupt. Gibt es angesichts der überwältigenden Realität des Leids in Menschenleben und Menschheitsgeschichte für den leidenden, zweifelnden, verzweifelnden Menschen wirklich keine Alternative zur Empörung eines Iwán Karamasow gegen diese für ihn inakzeptable Gotteswelt, oder zur Revolte eines Albert Camus gegen die »absurde Welt«, der in Dostojewskis Nachfolge ebenfalls auf die Leiden der unschuldigen Kreatur hinweist?

Ja, *diese* Welt ist absurd, und Dostojewski denkt nicht daran, sie zu beschönigen, zu verharmlosen oder zu rechtfertigen. In allen seinen Beschreibungen des Negativen ist er nicht weniger nüchtern als die Naturalisten, als etwa sein Zeitgenosse Emile Zola. Und doch: im Unterschied zu Zola, der »wissenschaftlich« bewußt tendenziös nur einen Teil der Wirklichkeit – vor allem das Animalische, Häßliche, Unmoralische – wahrnimmt (man lese das nachträglich rechtfertigende Vorwort zu seinem Roman »Thérèse Raquin«, 1868), gibt es bei Dostojewski immer auch ein Gegen-bild, eine Gegenwelt, den Raum des Ethos, des Humanismus, ja, einer *christlichen Gläubigkeit.*
Das Spezifische Dostojewskis ist nun freilich, daß beide Welten nicht *argumentativ* vermittelt werden. Die Welt Iwáns wird weder auf der philosophischen Ebene widerlegt noch auf der moralischen Ebene moralisierend zensuriert, noch auf der christlichen apologetisch verharmlost. Nicht ein einzelnes Argument, sondern »das ganze Buch« soll nach Dostojewski selbst »die Antwort« geben (Tagebuch, S. 613). Nein, Iwán ist weder philosophisch noch einfach gläubig beizukommen. Und man hüte sich, wie dies in der Dostojewski-Interpretation nicht selten geschehen ist, dem Atheismus Iwáns moralisierend zu begegnen. Aljóscha, Dostojewski selber, verzichtet auf billige Lösungen: Verschiebung der Schuld von den Kindern auf die Eltern, Vertröstung auf die Vergeltung im Jenseits, auf die Zweiteilung der Menschen in Gut und Böse ... »Iwán ist tief«, schreibt Dostojewski in sein Tagebuch, »nicht einer der zeitgenössischen Atheisten, die mit ihrem Unglauben nur die Beschränktheit ihrer Weltanschauung und die Stumpfheit ihres kleinen Gehirns beweisen ... Auch in Europa gibt es keinen atheistischen *Ausdruck* von solcher Gewalt und hat es *nie gegeben*« (Tagebuch, S. 613; 620).
Aber dieser so subtil geschilderten Welt Iwáns wird nun

ruhig und in großer innerer Freiheit – jenseits von Revolte und Resignation – eine *Alternativ-Welt* gegenübergestellt, die ihre eigene Plausibilität hat. Während Iwán vor allem redet, handelt Aljóscha. Es war Dostojewskis Überzeugung, daß in den letzten theologischen Fragen die rationale Argumentation machtlos sei. »Deswegen diskutiert Aljóscha nicht mit Iwán, Stáretz Sossíma nicht mit dem alten Karamasow, Christus nicht mit dem Großinquisitor, sondern sie antworten jeweils mit dem Zeichen oder der Tat der Liebe. Nicht Argumente werden gegeneinander gestellt, sondern Seinsweisen« (L. Müller, S. 88).

Was also bleibt gegen Iwáns Argumente? Es bleibt schließlich nur der Verweis auf den einen Anderen! »Du hast Ihn vergessen«, antwortet denn auch bekanntlich Aljóscha (und wir erinnern uns an Dostojewskis Glaubensbekenntnis im Gulag) auf Iwáns Anklage gegen die Welt Gottes und das ungesühnte Leid der unschuldigen Kinder. Er, der unschuldig Hingerichtete, kann er nicht alle Schuld vergeben? Er steht ja für Gott, der für Dostojewski immer sehr im Hintergrund, selten genannt, bleibt. Und Iwán? Stimmt er dem nicht sogar indirekt bei, wenn er im folgenden die Legende vom Großinquisitor erzählt, dessen »ganzes Geheimnis« (S. 426) ist, daß er nicht an Gott glaubt? Diese Legende ist ja nach Aljóscha ein wunderbares »Lob Jesu« (S. 424), zugleich aber auch eine ungeheure Herausforderung für jene Christenheit, die sich über eine Welt ohne Gott erhaben wähnt und gar nicht merkt, daß sie längst eine Christenheit ohne Christus geworden ist! Sie ist die bisher wuchtigste Kritik am freiheitsfeindlichen, menschenverachtenden römischen System (nicht identisch mit der katholischen Kirche) und an jeglicher totalitären Ideologie überhaupt.

Keine Frage: Wie Kierkegaard, so geht es auch Dostojewski weniger um Theorie als um Praxis: um die Wiedereinführung des Christentums in die Christenheit. Aber: wie verschieden ist nun doch das Christentum des Russen, der nicht vom Protestantismus, den er im 19. Jahrhundert ohnehin auf dem Weg zum Atheismus sieht, geprägt ist; auch nicht vom römischen Katholizismus, aus dem nach ihm der totalitäre Sozialismus hervorgegangen ist; sondern von der östlichen Orthodoxie, von der Frömmigkeit des »heiligen Rußland«. Dieses »heilige Rußland« versteht Dostojewski als Hoffnung für ganz Europa, auch wenn er diese in seinen späteren politischen Statements allzu oft mit einem russischen Nationalismus, Populismus, ja (gegen die Türken) Imperialismus vermischt. Kierkegaards forcierte Idealität, Rigorosität und Düsterheit ist diesem Christentum jedenfalls fremd. Und in den zentralen Figuren dieser anderen, alternativen Welt, im Stáretz, Repräsentant der älteren Generation, und in Aljóscha, den Lebensstil einer kommenden Generation präfigurierend, leuchtet so etwas wie das *Portrait eines neuen, freudigeren Christentums* auf.

Wie haben wir uns den Aljóscha als Christen vorzustellen? Als »kränklichen, ekstatischen, dürftig entwickelten Jüngling, einen bleichen Träumer, einen blutarmen, saft- und kraftlosen Menschen«? »Im Gegenteil«: Er ist »ein stattlicher neunzehnjähriger junger Mann mit hellem, offenem Blick«, blühend vor Gesundheit, von karamasowscher »Erdkraft«. Vertrauend auf die Menschen und doch nicht naiv, über vieles bitter betrübt und doch – für Dostojewski überaus wichtig – nicht Richter über die Menschen. Weder Fanatiker noch Mystiker, ist er »mehr als sonst jemand Realist«, der »seinem Alter nach teilweise schon unserer neuen Zeit angehörte, als (er) schon von Natur ehrlich war, nach Wahrheit verlangte, sie suchte, an sie glaubte und mit der ganzen Kraft seiner Seele der Wahrheit unmittelbar teilhaftig werden wollte« (S. 42f). Ein in diesem Sinn moderner, intellektuell ganz und gar redlicher Christ.

In der Tat: *von der traditionellen orthodoxen Frömmigkeit –* geprägt vom altkirchlich-hellenistischen Paradigma – sind Dostojewskis Hauptfiguren allsamt *weit entfernt.* Denn die feierliche byzantinisch-russische Liturgie, Mittelpunkt der offiziellen Kirche, Riten, Feste, Prozessionen, spielen im Roman – im Gegensatz zum Gebet und der »Berührung mit anderen Welten« (S. 521-25) – praktisch keine Rolle. Dem Popenwesen steht Dostojewski überhaupt sehr distanziert gegenüber; Kirchgänger ist er nicht. Er bejaht das Mönchtum; es hat Signalfunktion in einer Welt des Genießenwollens, Habenwollens, Herrschenwollens (die drei Versuchungen Jesu im »Großinquisitor«). Aber der mönchische Weg ist nicht der höhere, und der Asketismus, der im Christentum nicht auf den Nazarener, sondern eher auf hellenistische, möglicherweise indische Einflüsse zurückgeht, wird abgelehnt und in der Gestalt des großen Schweigers, Fastenfanatikers und lämpchenanzündenden Heiligenverehrers Pater Ferapónt ironisiert. Im Gegensatz zur russischen Volksfrömmigkeit wird die Wundersucht in die Schranken gewiesen und die Heiligenverehrung – durch den unerwarteten Verwesungsgeruch des »fast immer heiteren« (S. 48), von konservativen Mitbrüdern kritisierten und damals friedlich gestorbenen Mönchvaters Sossíma – auch für Aljóscha selbst in die nüchternen Bahnen der Nachfolge Christi geleitet.

Die Bedeutung der Heiligen Schrift schon für Kinder (und besonders der Hiobsgeschichte für die Theodizeefrage) wird hervorgehoben. Aufs ganze gesehen eher eine *aufgeklärt-christliche Religiosität*, russisch eingefärbt. Sowohl der Stáretz Sossíma wie sein Schüler strahlen eine im Gottes- und Christusglauben begründete ungezwungen-ungekünstelte *Humanität* aus. Denn: Christentum setzt die Bewahrung des Humanum, das »Halten der Gebote«, wie sie sich in allen Religionen finden, selbstverständlich voraus; so hat es der Stáretz dem alten Lüstling Karamasow in aller Freundlichkeit vorgehalten: Trunksucht, Sinnenlust, Vergötterung des Geldes – »und die Hauptsache, das Allerwichtigste: lügen Sie nicht« (S. 71).

Aber das Christentum, das *Proprium Christianum*, meint mehr als bloßes »Halten der Gebote«: Gott, ewiges Leben – »beweisen läßt sich hierbei nichts, wohl aber kann man sich überzeugen«, sagt der Stáretz zur Mutter von Aljóschas Freundin Lisa. »Wie? Wodurch?« – »Durch die Erfahrung der *werktätigen Liebe*. Bemühen Sie sich, Ihre Nächsten tätig und unermüdlich zu lieben. In dem Maße, wie Sie in der Liebe fortschreiten, werden Sie sich auch vom Dasein Gottes und von der Unsterblichkeit Ihrer Seele überzeugen« (S. 91). Eine Haltung also, gerade im Gegensatz zu jenem Arzt, der traurig scherzend meinte: »Ich liebe die Menschheit, aber ich wundere mich über mich selbst: je mehr ich die Menschheit im allgemeinen liebe, desto weniger liebe ich die Menschen im besonderen, das heißt, als einzelne Personen genommen« (S. 92 f.)

So ironisch hätte auch Kierkegaard argumentieren können. Aber auf die Frage »Was soll man denn in diesem Fall tun? Das ist doch zum Verzweifeln!« gibt der Stárctz eine Antwort, die der aufs Unbedingte gehende Anti-Climacus nie gegeben hätte: »Nein, denn auch das genügt, daß Sie sich darum grämen. Tun Sie, was in Ihren Kräften steht, und auch das wird Ihnen angerechnet werden« (S. 93). Und zu seinem Bruder Dimítrij – vor der Wahl zwischen Flucht und Sibirien – sagt Aljóscha: »Aber du bist unschuldig, und darum wäre ein solches Kreuz gar zu viel für dich« (S. 1254). Was der Autor des »Entweder/Oder« kaum schätzte – Maß, Bescheidung –, findet man erstaunlicherweise beim Autor der »Karamasow«, der aufgrund seines turbulent dramatischen Lebensganges – verbunden lange Zeit mit Spielleidenschaft, permanenten Schulden, hin und her gerissen zwischen zwei Frauen – weniger Anlaß zu moralischen Überlegenheitsgefühlen hatte.

Nein, »emporgezwungen« zur »höchsten Idealität« wird bei Dostojewski das Christen*leben* nicht. Er habe »Die Brüder Karamasow« nur deswegen geschrieben, um »die Menschen zu der Erkenntnis zu zwingen, daß ein reiner, idealer Christ nicht eine abstrakte Sache, sondern sichtbar, wirklich, möglich ist« (Urgestalt, S. 563). Voraussetzung des lebbaren Christseins ist freilich die Grundkenntnis des Stárctz, die er den Mönchen (»keine andersartigen Menschen«) als »die Krone des Weges« mitteilt: »daß ein *jeder von uns schuldig* ist für alle und alles auf Erden« (S. 264 f). Und in der Tat macht ja der Roman mit Händen greifbar, wie jeder der vier Brüder, selbst Aljóscha, seine Schuld hat am Tode des – wahrhaftig nicht unschuldigen – Vaters und daß jeder im Prozeß (Frauen und Richter eingeschlossen) auf Vergebung und Mitleid angewiesen ist. Des Stárctz Folgerung: »Hasset nicht die Atheisten, nicht die Irrlehrer, nicht die Materialisten, hasset selbst die Bösen unter ihnen nicht, nicht nur die Guten nicht, denn auch unter den Bösen gibt es viele Gute, besonders in unserer Zeit« (S. 265 f). Bei solchem Ernstnehmen von Mitverantwortung und Mitschuld aller wird freilich auch deutlich, wie unrecht der Mensch hat, wenn er von Gott Rechenschaft über diese unrechte Welt fordert, statt (wie dies Aljóscha und seine Schülergruppe exemplarisch tun) in Solidarität eines jeden mit jedem

(»sobórnost«) dem vom Menschen kommenden Unrecht in der Welt durch tätige Liebe an Ort und Stelle entgegenzuwirken! Nicht eine neue theologische Apologetik oder Theodizee, vielmehr eine neue christliche Grundhaltung und Praxis ist gefordert.

Ja, Dostojewskis Christentum ist programmatisch ein aktives, tätiges Christentum: »Passiv zu lieben, war ihm (Aljóscha) nicht gegeben; hatte er etwas liebgewonnen, so wollte er auch sofort helfen« (S. 303). Gegen die zerstörerische Egozentrik: an Jesus orientiert, eine Grundhaltung gegenseitigen Helfens, Schenkens, Dienens, Schonens, Vergebens. Dieses Christentum tätiger Liebe verändert die Menschen. Es hat eine nicht nur individuelle, sondern auch *politisch-soziale Dimension*, wiewohl Dostojewski (anders als Tolstói) keine politischen und pädagogischen Patentlösungen bietet. Die Stáretz-Reden propagieren Freiheit, Gleichheit, Brüderlichkeit, aber eine Freiheit, die weder zu neuer Sklaverei noch zum Selbstmord führt; eine Gleichheit, die in der geistigen Würde eines jeden Menschen gründet; eine Brüderlichkeit, die moderne Isolation und Vereinsamung überwindet.

Ja, dieses Christentum hat sogar eine *kosmische Dimension*. Gewiß: Dostojewski hätte selber, wie er einmal schreibt, in modernerer Sprache geredet als sein Stáretz. Und doch steht er ganz hinter der Botschaft jenes alten Mönchsvaters (»Pater Seraphicus«), dessen Liebe franziskanisch jegliches lebendige Wesen einschließt. Gott, auch bei Dostojewski, *in* dieser Welt! Gottes Geheimnis ist *in* allen Dingen: »Jedes Blättchen, jeden Lichtstrahl Gottes liebet. ... Liebet die Tiere: ihnen hat Gott den Anfang des Denkens und harmlose Freude gegeben. Trübet sie ihnen nicht, quält sie nicht, nehmt ihnen nicht die Lust am Dasein, handelt nicht den Gedanken Gottes zuwider. ... Besonders aber liebet die kleinen Kinder, denn auch sie sind sündlos, gleich den Engeln, und sie leben zu unserer Rührung, zur Reinigung unserer Herzen und wie zu einer gewissen Belehrung für uns. Wehe dem, der ein Kind kränkt!« (S. 522) Unter all den zahllosen kleinen Geschichten Dostojewskis innerhalb der großen Geschichte der Karamásow gehören die über Aljóscha und die Kinder und hier wieder die

263

über den kleinen Iljúscha und die Hündin Shútschka zu den literarisch wie menschlich ergreifendsten. *Pflanzen, Tiere, Kinder*: der ganze Roman endet mit Aljóscha und der Schülergruppe, Vorbild einer alternativen Gesellschaft, die nach dem Tod des kleinen Iljúscha froh zum Totenmahl gehen – in der Hoffnung auf ein neues Leben aus dem Tod: »Und so laßt uns ewig gehen, das ganze Leben Hand in Hand! Es lebe Karamásow!« (S. 1274).

Man kann es nicht bestreiten: All dem Elenden, Häßlichen, Schändlichen, Erschütternden dieser alle Maße sprengenden Tragödie, in der der unvergleichliche Psychologe bestimmte Haltungen bis in die letzten Konsequenzen hinein seziert, wird eine wahrhaft frohe Botschaft entgegengestellt, eine Botschaft der Lebensfreude und der universalen Hoffnung, die am Ende auch Dimítrij und Iwán, Katerína und Grúschenka einschließt. Nein, kein asketisch weltverneinendes, sondern – ganz russisch – ein Eros und Sexualität, Verstand und Gefühl, Kopf und Herz integrierendes weltgestaltendes Ethos wird hier vorgeführt. Denn Selbstbindung an Gott bedeutet: Freiheit in der Welt. Der inneren Freiheit entspricht die äußere Freiheit, in der Welt (und Kirche) gestaltend zu handeln.

Schon am Anfang des Romans hatte es der Stáretz mit dem Blick auf Aljóschas Zukunft durch einen symbolischen Akt überlegener Weisheit eindrucksvoll unterstrichen und damit nicht nur seine Fähigkeit, den Menschen in die Seele zu schauen, sondern auch die Kraft zur Selbstrelativierung seines eigenen Lebensstils manifestiert: Nach seinem baldigen Tod soll Aljóscha aus dem Kloster weggehen żu seinem »großen Dienst in der Welt«: »Viel ist dir noch zu wandern beschieden. Und auch heiraten wirst du müssen, Jüngling, du sollst es. Alles wirst du durchmachen müssen, bis du von neuem wiederkommst. Und du wirst viel zu tun haben. Doch an dir zweifle ich nicht, darum sende ich dich auch aus. Mit dir ist Christus. Bewahre du ihn, so wird auch er dich bewahren. Großes Leid wirst du schauen, und in diesem Leid wirst du glücklich sein. Und hier hast du mein Vermächtnis: Suche im Leid das Glück. Arbeite, arbeite unermüdlich« (S. 126). Auch über Aljóschas Leben, Arbeiten und Leiden, das Dostojewski nicht mehr dichterisch gestalten kann, wird dem Stáretz zufolge das Johanneische Christuswort stehen, das über dem ganzen Roman als Motto steht: daß das Weizenkorn sterben muß, um viele Frucht zu bringen. Es war dieses Wort, das man im Alexander Néwskij-Kloster zu Petersburg sehr bald auf Dostojewskis Grabstein setzen sollte.

»Viel ist dir noch zu wandern beschieden«: Es gibt keine authentischen Äußerungen darüber, wie sich Dostojewski die Fortsetzung seines Romans konkret vorstellte. Alle Überlegungen dazu bleiben Spekulation. Das eine aber ist sicher: Mit dem Abschluß des Romans verband Dostojewski die Gewißheit, »noch zwanzig Jahre zu leben und zu schreiben«: »Bereiten Sie also noch nicht den Leichenschmaus vor«, schreibt er N. A. Ljubimow, dem Redakteur des »Russischen Boten«, als er ihm den Epilog zu seinen »Karamasow« zuschickt (Briefe S. 506). Das war am 8. November 1880. Keine drei Monate später ist Fjódor Michájlowitsch Dostojewski, noch nicht sechzig Jahre alt, an einem Blutsturz gestorben: am 28. Januar 1881.

In den Monaten zuvor hatte er sich mit der Verteidigung seiner berühmten Púschkin-Gedenkrede zu befassen, mit der er im Juni 1880 enthusiastische Zustimmung beim Publikum, wegen seiner Verbindung von Christentum und Slawophilie jedoch skeptische Kommentare bei der liberalen Presse ausgelöst hatte. Über Dostojewskis politische und theologische Auffassungen – von Slawophilie und russischem Volksmessianismus über den Antisemitismus bis hin zur Eschatologie – läßt sich viel Kritisches sagen. Aber er, wie jeder Schriftsteller, muß primär nicht als Politiker oder Theologe, sondern als Schriftsteller verstanden werden.

Diese Rede des Schriftstellers Dostojewski läßt die Vision eines anderen Rußland entstehen, die uns, hundert Jahre später, gerade angesichts des so sehr verschiedenen gegenwärtigen Rußland in noch anderer Weise zu ergreifen vermag: Das Europa westlicher Wissenschaft, Technologie und Demokratie, das war Dostojewskis Überzeugung, brauche Rußlands Geistigkeit und versöhnende Macht, um zu einer neuen, freieren Einheit zu finden. Nein, »nicht eine durch das Schwert errungene«, sondern eine durch »die Macht der brüderlichen Liebe und unser brüderliches Streben zur Wiedervereinigung der Menschen verwirklichte Einheit«! Ja, das ist die große Utopie des größten russischen Dichters, gleichsam sein Testament: »Ich baue fest darauf, daß wir in Zukunft, das heißt natürlich nicht wir, sondern die zukünftigen russischen Menschen, bereits alle ohne Ausnahme begreifen werden, daß ein echter Russe sein nichts anderes bedeutet als sich bemühen, die europäischen Widersprüche in sich endgültig zu versöhnen, der europäischen Sehnsucht in der russischen allmenschlichen und allvereinenden Seele den Ausweg zu zeigen, in dieser Seele sie alle in brüderlicher Liebe aufzunehmen und so vielleicht das letzte Wort der großen, allgemeinen Harmonie, des brüderlichen Einvernehmens aller Völker nach dem evangelischen Gesetz Christi auszusprechen. Ich weiß, ich weiß nur zu gut, daß meine Worte, in der Begeisterung gesprochen, wie sie sind, ekstatisch, übertrieben und phantastisch erscheinen können. Nun wohl, mögen sie es sein, aber ich bereue nicht, sie ausgesprochen zu haben« (Tagebuch eines Schriftstellers, S. 504 f).

»Ich aber will sehen, wie der Ermordete aufsteht und seinen Mörder umarmt.«

»Iwan Karamasoff... hat Mathematik studiert, im Zweiten Weltkrieg einen Arm verloren, ist bei Kriegsende verhaftet worden, weil er die Art, in der Deutschland besetzt, erobert und die Menschen gedemütigt wurden, für unsozialistisch erklärte; er hat zehn Jahre im Lager gesessen, nach seiner Rehabilitierung aber sein Studium nicht wieder aufgenommen – er hat eine kleine Rente, ist sehr genügsam, auch schweigsam und verdient sich gelegentlich etwas nebenher als Lektor in einem Musikverlag; manche halten ihn für einen Spitzel; er lächelt ziemlich gequält, wenn gelegentlich jemand aus der Bibel vorliest«: Dostojewskis Iwan Karamasoff – von Heinrich Böll in die Realität unserer Zeit übertragen. Der Möglichkeitsmensch aus dem Reich der Poesie: transponiert in eine Wirklichkeitsfigur. Iwan, der Intellektuelle und Poet, der Zuendedenker und Herausforderer des Teufels (der sein Zwillingsbruder ist), hat sich in einen wortkargen Gesellen verwandelt – einen demütigen Menschen, der lauscht und Musik hört und seine gewaltigen Anklagen gegen Gottes verkommene Welt, das Elend der Kinder und die luziferische Praxis der römischen Kirche längst vergessen hat.

Iwan in der Sowjetunion ist, will man Heinrich Böll glauben, dabei, sich seinem Bruder im Geist, Aljoscha, anzunähern. (Nur die Bibel mag er offenbar nicht: ob er ihre Texte noch genausogut kennt wie siebzig Jahre zuvor im Roman?)

Was wie ein Spiel aussieht, ein unverbindliches Poeten-Geschäft, hat in Wahrheit den Charakter ernster und existenzbestimmender Standortangabe: Iwans Metamorphose verweist auf die Veränderung von Zeit und Gesellschaft; die Variation des Urbilds macht sichtbar, wie sich der nachzeichnende, umschaffende Autor (Böll in Dostojewskis Schatten) versteht. Die Diskrepanz zwischen dem Archetypus und dessen Abbild zeigt an, wes Geistes Kind wir sind.

Selbstversicherung mit Hilfe eines neu figurierten Ensembles von mythischen Figuren; indirekte Bezeichnung des eigenen Welt- und Selbstverständnisses durch die Anverwandlung von Hiob und Antigone, Abraham und Don Juan, Hamlet und Faust. In einer Zeit wie der unseren, der es an zeichensetzenden Zentral-Symbolen fehlt (literarischen Archetypen also), gewinnt die poetische Technik, schattenwerfende Symbolfiguren zu ersuchen, sich in zeitgemäßer Gewandung, Denkweise und Erfahrungskunst zu präsentieren, neue Bedeutung. Da gesellen sich, auf kühne Metamorphosen angelegt, biblische Figuren zu den Heroen und Heroinen des griechischen Mythos, da begegnen Judas und Klytaimestra, Isaak und Odysseus einander, Achill und Salomon... und dann, auf einmal, wird das imaginäre, Zeiten und Räume aufhebende Theater von Kiriloff und Myschkin, Stawrogin und Raskolnikoff, von den vier Söhnen des Fjodor Pawlowitsch Karamasoff (Smerdjakoff ist dabei), von der Gruschenka und Pater Ferapont, von Mördern, Huren, Kinderschändern, Heiligen und Teufelsanbetern besetzt.

Wenn einer – Shakespeare, hier wie immer, ausgenommen – mit alttestamentarischen Propheten und griechischen Sagen-Erzählern konkurrieren kann; *wenn* einer Gestalten erfunden hat, die jede neue Generation zum Weiterdenken, zum Ausmalen und Variieren des Vorgegebenen provozieren, dann ist es Dostojewski gewesen. Während Balzacs Rastignac, Dickens' Oliver Twist, Fontanes Effi Briest, selbst Tolstojs Anna Karenina geschlossene Charaktere sind (prächtig, überzeugend, zur Identifizierung einladend, aber eben fixiert), geben Dostojewskis Figuren sich offen, unfertig, variationsbegierig und wollen, ungeachtet aller Stimmigkeit des Psychogramms, als Charaktere betrachtet sein, deren Geheimnis in ihrer Überraschungskraft besteht, will heißen, in ihrer Fähigkeit, dem Leser ständig »anders zu kommen«, nie geahnte Seiten zum Vorschein zu bringen, über sich selbst hinauszuwachsen, hinter sich zurückzubleiben, in andere Rollen zu schlüpfen, heute Gott und morgen der Teufel, hier den Zyniker und dort den Samariter zu spielen.

Dostojewskis Charaktere sind – im Sinne der Terminologie des englischen Romanciers E. M. Forster, formuliert in seinen Vorlesungen »Ansichten des Romans« – nicht flach, sondern rund. (»Das Kennzeichen für einen runden Charakter«, so Forster, »ist, ob er uns in überzeugender Weise zu überraschen vermag.«)

Kein Wunder, so betrachtet, daß Dostojewski bis zum heutigen Tag ein Lieblingsautor für Schriftsteller ist: Hier darf weitergedichtet, der Faden aufgenommen, das Personal durch neue Techniken, Winke, psychologische Einflüsterungen in seinen Aktionen unterstützt werden. (Franz Kafka vor allem, in der Rolle eines Interpreten des Untersuchungsrichters aus dem Roman »Rodion Raskolnikoff«, hat vorexerziert, wie ein produktives und inspiriertes Denken in Dostojewskis Bahnen aussehen kann.)

Die Bezeichnung »wunderbar, diese Figur, und darum kein Deut mehr verändert!« hätte der Autor des »Idioten« und der »Brüder Karamasoff« nicht als Ehrenerklärung, sondern als Verkennung seiner eigentlichen – und geheimsten – Intentionen verstanden. Wie seine Romane, so sind auch seine Figuren auf überraschende Volten, blitzartige und stupende Variationen hin angelegt. Dem Friedlichsten, der Lieblingsgestalt des Fürsten Myschkin, hätte ein Mord zugetraut werden können; der Mörder wiederum, Raskolnikoff, könnte sich in Sibirien, an der Seite der ihn begleitenden Dirne Sonja, zu einem frommen Einwohner im weltabgewandten Totenhaus wandeln: ein Strichmädchen und ein Doppelmörder, die der Welt der Starzen, der Mönche im Kloster näherstünden als der russischen Society, wo Popen und große Herren den armen Jesus einen guten Mann sein lassen.

Und dann Aljoscha! Der Engel und Nothelfer, ein Cherub unter den Kindern der Finsternis, als potentieller Revolutionär! Der Mystiker von einst – heute ein politischer Rebell, der auf dem Block enden wird. Iwan, auf der anderen Seite, der Gesprächspartner des Teufels: gerettet könnte er sein – genesen vom Wahn und auferstanden *in saecula saeculorum!*

»Eine neue Geschichte fängt an, die Geschichte der allmählichen Erneuerung eines Menschen, die Geschichte seiner allmählichen Verwandlung, des allmählichen Übergangs aus einer Welt in die andere, der Bekanntschaft mit einer neuen, von ihm bisher völlig ungeahnten Wirklichkeit«: Das Finale des Romans »Rodion Raskolnikoff« hat exemplarische Bedeutung und gilt für *alle* Dostojewski-Figuren. Keiner darf sich sicher wähnen für alle Zeit, keiner hat einen unangefochtenen Glauben, keiner, auch der Verworfenste nicht (der *scheinbar* Verworfenste), ist im Horizont eines Weltverständnisses, das alles Geschehen auf Gott zuordnet und von ihm aus interpretiert, ein für allemal verloren – nein, im Zeichen einer christlichen, durch die Begriffe *Demut* und *Dienst* gezeichneten Anthropologie kennt Dostojewski kein Wort für *auf ewig verloren*. Hat nicht auch die Hoffärtigste den Armen vielleicht einmal, und sei's aus einer Laune heraus, ein *Zwiebelchen* geschenkt? Und ist der Mordgeselle, ein gedungener Lakai, der nur ausführt, was ein anderer denkt, nicht jederzeit fähig, den Höllensturz gegen die Himmelfahrt einzutauschen?

Welche Verdammungsurteile, wahre Beschimpfungsorgien, im Rahmen der Dostojewski-Forschung, gegen das Kind der Finsternis, den Koch Smerdjakoff, geboren von einer streunenden Idiotin und gezeugt, wahrscheinlich, im Alkoholrausch vom Possenreißer Karamasoff senior... auf freiem Felde, zwischen Nesseln und Salbei! (Der Zylinder mit dem Trauerflor im Kot; die Klubgesellen als Zuschauer bei der Paarung, die sie für eine Kopulation von Mensch und Tier ansehen: »Die Bande brach in Gelächter aus.«)

Aber selbst dieser Sohn eines Trunkenbolds und einer Asozialen wird von Dostojewski, so unbarmherzig er ihn auch schildert, kalt und präzise, nicht etwa preisgegeben, sondern in der Plenipotenz seiner Möglichkeiten geschildert und, derart, davor bewahrt, vorschnell verurteilt zu werden: »Vielleicht macht er sich plötzlich auf und pilgert nach Jerusalem zum Heiligen Grabe, vielleicht aber steckt er sein Heimatdorf in Brand, oder vielleicht geschieht das eine wie das andere...«

Richtet nicht, auf daß Ihr nicht gerichtet werdet: Es ist ergreifend zu sehen, mit welcher Konsequenz Dostojewski, als Poet, selbst jene Figuren vor dem Schuldspruch bewahrt, die er, als Theoretiker, in einer Fülle von ideologisch fixierten Stellungnahmen verdammt. Mag er sich, in Brief und Traktat, hier und dort als russischer Chauvinist, Gefolgsmann des slawischen

Imperialismus, Advokat der zaristischen Politik – sein Schreiben an den Thronfolger, von 1873! –, als Fremdenhasser, ja, als rüder Antisemit aufführen (»Der Jude und die Bank beherrschen jetzt alles«, heißt es 1881 im »Tagebuch eines Schriftstellers«, »... besonders den Sozialismus (und) durch ihn wird er das Christentum mit der Wurzel ausrotten und die christliche Kultur zerstören. Und wenn dann nichts als Anarchie übrigbleibt, dann wird der Jude an der Spitze des Ganzen stehen ... und wenn der ganze Reichtum Europas vertan ist, bleibt die Bank des Juden. Dann wird der Antichrist kommen und die Anarchie herrschen«) ... mag Dostojewski sich gelegentlich (keineswegs immer, keineswegs widerspruchslos) in einer Weise über Europäer, vor allem Deutsche, über Semiten und Bekenner des römisch-katholischen Glaubens, über die Glorie einer russischen Eroberungspolitik und über die Niedertracht seiner Kollegen ergehen, daß der Leser zu zweifeln beginnt, ob der Pamphletist und Romancier Dostojewski tatsächlich ein und dieselbe Figur ist: sobald er, in Roman und Erzählung, Ernst zu machen beginnt, vergißt er alle Borniertheit, handelt – nicht anders als Balzac (Friedrich Engels hat darüber, anno 1888, in einem Brief-Entwurf, das Notwendige gesagt) – den Interessen der von ihm ehrerbietig gefeierten Klasse entgegen und schildert die Menschen so, wie sie *sind*, in ihrer Janusgesichtigkeit und Ambivalenz – und nicht, wie sie, ideologischen Mustern entsprechend, *zu sein hätten*.

Was für eine gewaltige Figur ist doch dieses Scheusal Smerdjakoff! Wie grandios in seinem luziferischen Witz, der ihm, dem Getretenen, Verachteten, Gequälten, als *ultima ratio* bleibt! (»Gott der Herr schuf die Welt am ersten Tage, die Sonne aber, den Mond und die Sterne erst am vierten. Woher kam eigentlich das Licht am ersten Tag?«: Rabulistik als Waffe einer nicht nur durch eigene Schuld erniedrigten Kreatur.)

Und was für eine Gestalt, weiterhin, diese Sonja Marmeladowa aus dem »Rodion Raskolnikoff«, Hure und Gotteskind, eine Elendsfigur, die in das Sterbezimmer ihres Vaters als leibhaftige Heilige tritt – aber ausgestattet, bis hin zur roten Feder auf dem Hut, mit dem Flitter des Teufels: »Sonja ... blickte wie verloren vor sich hin, schien vergessen zu haben, daß sie ein seidenes, farbiges, aus vierter Hand gekauftes und hier unpassendes Kleid anhatte, mit einer langen und lächerlichen Schleppe und einer ungeheuerlichen Krinoline, die die ganze Tür ausfüllte, auch daß sie helle Stiefel und einen Sonnenschirm trug, den sie doch in der Nacht nicht brauchte, und einen lächerlichen runden Strohhut mit einer grellroten Feder. Unter diesem knabenhaft flott etwas schief aufgesetzten Hütchen blickte ein mageres, bleiches und erschrockenes Gesichtchen hervor, mit geöffnetem Mund und vor Schreck unbeweglichen Augen.«

Das Lächerliche, Kümmerliche, Unpassende, aus der Welt Herausfallende als das Eigentliche, das Hier und Jetzt Transzendierende! Immer wieder hat Dostojewski, wie vor ihm Kierkegaard und nach ihm Kafka, selbstgewisse Diesseitigkeit nicht durch die Glorie (als *erhöhte* Diesseitigkeit), sondern durch den Dämmerschein des Niederen, von der Macht Diskreditierten, Erbarmungswürdigen und Abgetanen denunziert. Nicht der Pope am Altar, sondern der Priester im Zeichen des Todes; nicht der Sakramentsverwalter *ex officio*, sondern der Säufer in der Kaschemme gibt dem richtenden und verzeihenden Jesus Profil: »Und er wird zu uns sprechen« – Semjon Marmeladoff, mit der leeren Flasche neben sich, ein betrunkener, zum Teufel gejagter Beamter, im Zustand äußerster Erniedrigung: verlacht von den Saufbrüdern rings um ihn her –, »›Kommet auch ihr!‹ wird er sagen. ›Kommt, ihr Betrunkenen, kommt, ihr Schwächlinge, kommt, ihr Schandkerle!‹ Und wir werden alle vortreten, ohne uns zu schämen, und werden vor ihm stehen... und er wird seine Hände uns entgegenstrecken, und wir werden niedersinken... und werden weinen... und alles verstehen.«

Ein erregendes Schauspiel! Der gleiche Dostojewski, der, als Theoretiker, geradezu versessen auf Schwarzweißmalerei war, ermächtigt ausgerechnet jene Phantasiefiguren – die er, wäre er ideologisch konsequent, eigentlich verabscheuen müßte –, die ihm teuersten Zentralaussagen der christlichen Botschaft mit jener Selbstverständlichkeit und Überzeugungskraft zu artikulieren, wie sie den Lichtgestalten zukommt. Die Hure legt die Geschichte vom auferstandenen Lazarus nicht minder fromm (weil existentiell) aus als der sanfte Mönch Alexej die Parabel von der Hochzeit zu Kana; der Atheist

Kiriloff schaut den toten Jesus am Kreuz mit der gleichen Inständigkeit an wie der Narr in Christo, Fürst Myschkin... Myschkin, der, wie (wahrscheinlich) Dostojewski, von der heiligen Krankheit, der Epilepsie, gezeichnet ist und sich damit als Leidensbruder des Mörders Smerdjakoff erweist.

Da gibt ein Autor *seine* Krankheit einmal dem jesuanischen Don Quichotte und ein zweites Mal dem »Anti-Christen«, der getötet hat und sich deshalb erhängt – und doch sowenig wie Dimitrij Karamasoff ein Dieb ist, wohl aber einer, der, tief unten im Staub, säuberlich auf seine Ehre setzt.

Widersprüche, wohin immer man blickt: Der Anti-Europäer Dostojewski, Feind der Aufklärung, der Rationalität und der euklidischen Welterklärung, feiert, in der begeisterten Vision des alten russischen Edelmanns Andrei Petrowitsch Werssiloff, das von Kunst, Wissenschaft und Weisheit geprägte Europa! Der Schriftsteller, dem, nach eigenem Bekenntnis, Christus höher als die Wahrheit stand (sofern er denn zwischen dem einen und dem anderen abwägen müsse), läßt eben diesen Satz, in den »Dämonen«, von dem Verworfensten, dem Schänder eines armen Mädchens, dessen Selbstmord er wie ein zynischer Seelen-Experimentator zuschaut, Stawrogin, artikulieren. (Doch dieser Stawrogin heißt, in der Dostojewski eigenen, schon auf Joycesche Namensgebung verweisenden Geheimsprache: »Der Mann am Kreuz«.)

Welch ein Verwirrspiel, überall! Sätze aus der Apokalypse als Leitmotiv des Disputs zwischen einem Sünder und einem Bischof (Stawrogin und Tichon) *und* – die gleichen Sätze! – in der ergreifenden Meditation des sterbenden Stepan Trofimowitsch: »Ich weiß deine Werke; du bist weder kalt oder heiß; oh, wenn du kalt oder heiß wärest! Weil du aber lau bist, und weder kalt noch heiß, werde ich dich ausspeien aus meinem Munde.«

Demophilie, Antisemitismus, Absage an den Geist der Aufklärung: weggewischt ist das alles, aufgehoben, bewahrt und erhöht, sobald Dostojewski, unter einfachen Leuten und in Salons, seine Riesen-Debatten über das Leben in Sünde und Heil, das Leben der großen Unrechttuer und der kleinen Frommen, der Schlichten im Geist des Herrn inauguriert – Debatten, die unter Idioten und Verstümmelten, Mördern

273

und Selbstmördern, Fallsüchtigen und Exzentrikern geführt werden... und derjenige, der Ausgangs- und Endpunkt aller Gespräche ist, Jesus in seiner Niederkeit – in vielerlei Gestalt, durch Zitat und Verweis blitzartig evoziert –, mitten darunter! Jesus, am Tisch sitzend, wenn Sonja und Raskolnikoff Johanneische Verse auslegen (die Geschichte von Lazarus: eine Parabel, die, dreimal an entscheidender Stelle genannt, den Roman strukturiert!). Jesus, als Dialogpartner dabei, wenn Aljoscha, im Augenblick ekstatischen Entzückens, die Legende von der Hochzeit zu Kana als Auferstehungsgleichnis begreift. Jesus im Zentrum des Geschehens, wenn der Deist Werssiloff der einsamen und verlorenen Schar am Ende der Tage plötzlich – auch hier in entzückter Vision! – Christus zugesellt: ER – unter den verwaisten Menschen! »Wie er zu ihnen kommt, ihnen die Hände entgegenstreckt« (man denke an den Traum des Säufers Marmeladoff: immer die gleiche Vision!) »und sagt: ›Wie konntet Ihr Seiner vergessen?‹ Und da fällt es gleichwie eine Binde von den Augen aller, und es ertönt die große begeisternde Hymne der neuen und letzten Auferstehung.«

Dostojewskis Figuren sind, man kann es nicht oft genug sagen, zunächst einmal Debattierer und Träumer. Sie arbeiten wenig und reden viel – und wenn sie reden, dann binnen kurzem sogleich über das Letzte und Höchste –, nicht, wie im Roman des 19. Jahrhunderts üblich, über das Wetter, sondern über die Unsterblichkeit und die Sünde; nicht über Klatschgeschichten, sondern über Moral und Terror, Rebellion und Schuld, die Nation und den Teufel. Allweil aufs Ganze gegangen: im Gespräch und in der Aktion! Wenn Dostojewski in Rage gerät – und das tut er eigentlich immer –, dann liegen die Leichen zuhauf, türmen sich ungeheure Verbrechen, wird gepeitscht und gebrüllt und gewinselt, werden Skandale, Ausbrüche und wilde Konfrontationen auf offener Szene vorexerziert, gebärden sich Damen als Furien und Herren, in ihren gewaltigen Beichten, als Exhibitionisten.

Immer Himmel und Hölle! Inferno und Paradiso! Und das alles auf winzigem Raum – in Dachkammern und Stiegenhäusern, Verschlägen und Höfen und, vor allem, auf dem Schauplatz der Seele natürlich. Bei Dostojewski wird nicht lange gereist, von Station zu Station; da gibt es keine Tolstojschen Weiten, keine gewaltigen Naturschauspiele und dramatischen Wechsel der Jahreszeiten: undenkbar eine Szene vom Rang der Lewinschen Schnitterarbeit auf freiem Feld, im Frühling unter den Bauern, wie Tolstoj sie in »Anna Karenina« beschrieben hat. Das Areal Dostojewskis – ein *Seelen*-Areal, ein Pan-Dämonium – ist eng, die Zeit beschränkt, das Geschehen komprimiert; aber die Dialoge schweifen aus, und die Kommentierungen des Geschehens und die Kommentare der Kommentierung, die Exegesen der auslegungsbedürftigen Auslegungen: die erstrecken sich – wie die Plädoyers der Juristen in den »Brüdern Karamasoff« – über hundert Seiten und mehr.

Mord und Metaphysik: Darüber läßt Dostojewski seine Figuren debattieren, die Angeklagten so gut wie Staatsanwälte, Verteidiger, Richter! Shakespeare-Dramen in Hinterzimmern und Entrees. Dramen *sub specie aeternitatis*, die von besessenen Ideen-Trägern aller Klassen und Couleurs deshalb so leidenschaftlich aufgeführt werden, weil es für Dostojewski nichts gibt, was eindeutig, also rasch und knapp, abgetan werden könnte. Wo die Fakten wenig, die Motive der Fakten hingegen alles zählen, wo das »Was« ohne Belang, das »Wie« hingegen Frage aller Fragen ist – da *muß* zunächst einmal geredet, widerspruchsreich debattiert, gebeichtet und Absolution erteilt, geträumt und über das Geträumte, durch Rechenschaftsablegung *coram publico*, nachgedacht werden.

Wie viele Gesichter – und wie viele Verantwortliche! – hat der *eine* Mord in den Brüdern Karamasoff! Wie janusgesichtig sind die Figuren: alleweil, an einem dünnen Draht (wie der Teufel sagt) zwischen Himmel und Hölle schwebend – und niemals gesichert, niemals gerettet auf festem Boden: »Solche Abgründe von Glauben können sie in ein und demselben Augenblick erfassen«, spricht der bürgerlich gewandete Luzifer, ein eher kleinbürgerlicher Vorfahr des Thomas Mannschen Mephisto, »daß man wahrlich manchmal meint, es hänge nur noch an einem Härchen und der Mensch fliegt hinab.«

Und dieses Zwischenreich, wo alles – zum Verderben oder zum Heil – durch den der Freiheit überlassenen Menschen getan werden kann, war Dostojewskis eigentliches Revier;

hier hat er Posten bezogen und, Staatsanwalt und Verteidiger in einer Person, seine Plädoyers gehalten: er, dieser Detektiv der Seele, der seine Figuren, in immer neuen, vielfach in Parallele und Kontrast aufeinander bezogenen Gesprächen, um- und um- und noch einmal umgewendet hat... ohne jemals die Akten zu schließen und, wie der Großinquisitor, sein »dixi« zu sagen.

Ambivalenz als Grundprinzip: Ambivalenz im Entwurf der Psychogramme; Ambivalenz im Stil: Narrative und visionäre Passagen ergänzen einander. Der Deskription folgt die von Rausch und Erleuchtung bestimmte Zungenrede, die Dostojewski auf jenen Zustand unmittelbar vorm Einsetzen eines epileptischen Anfalls zurückführt, an dessen Beispiel er, wie nach ihm Nietzsche, in »Ecce Homo«, dem Leser verdeutlicht, was Inspiration sei: Inspiration des Autors, Inspiration der von *seiner* Krankheit gezeichneten Prediger des toten und des lebendigen Gottes, Kiriloff und Myschkin.

Psycholog und Theolog in einer Person war Dostojewski, Seelen-Inspizient und Inszenator eines *theatrum mundi*, wie es Andreas Gryphius beschrieb: Kriminalist und Gesetzes-Ausleger zugleich – Friedrich Dürrenmatt, Pfarrerskind und Poet, hat da in gleicher Weise vom Autor der »Brüder Karamasoff« gelernt wie Dostojewski, als er in die Schule jenes deutschsprachigen Schriftstellers ging, der ein Leben lang sein großes Vorbild blieb... und das aus gutem Grund. Man höre! »Die Handlung wird im Audienzsaal des Polizeileutnants eröffnet, welcher seine Commis abhört und sich über alle Zweige des Polizeigeschäfts und durch alle Quartiere der großen Hauptstadt weitumfassend verbreitet. Der Zuschauer wird sonach schnell mitten ins Getriebe der ungeheuren Stadt versetzt und sieht zugleich die Räder der großen Maschine in Bewegung... Die Polizei wird durch jemand aufgefordert, sich zu Entdeckung irgendeiner Sache in Bewegung zu setzen; der Fall ist äußerst verwickelt..., aber der Polizeileutnant, nachdem er sich gewisse Data hat geben lassen, verspricht im Vertrauen auf seine Macht einen glücklichen Erfolg und gibt sogleich seine Aufträge. ... Die eigentliche Einheit ist die Polizei, die den Impuls gibt und zuletzt die Entwicklung bringt. Sie erscheint in ihrer eigentlichen Gestalt am Anfang und am Ende; im

Laufe des Stücks aber handelt sie zwar immer aber unter der Maske und still.«

Ein Dostojewski-Zitat? Beschreibung der Petersburger Polizei? Analyse jener Praktiken, die der Inquisitor »Rodion Raskolnikoffs«, der Untersuchungsrichter, bis zur Vollendung beherrscht?

Nein, weit gefehlt. Das Zitat stammt aus dem Fragment »Die Polizei«, einem Projekt Friedrich Schillers... und Schiller, der Kriminologe und Moralist, Autor der »Räuber«, eines Stücks, in dem es bekanntlich, wie in den »Karamasoff«, unter anderem um einen Vatermord geht; Schiller, der Kenner der spanischen Inquisition und, im »Don Carlos«, Schöpfer des Kardinal-Großinquisitors; er, dessen Werk Dostojewski durch seinen Bruder Michail ins Russische übersetzt sehen wollte – Schiller, den er, nach eigenem Bekenntnis, »durchgeochst« hatte (und dessen Verse er seine Figuren gern zitieren ließ): der Autor der »Räuber«, dem es immer um die »Ungeheuer mit Majestät« und die »Geister« ging, die »das abscheulichste Laster reizet, um der Kraft willen, die ihm anhänget, um der Kraft willen, die es begleitet«... Friedrich Schiller, dies scheint mir sicher zu sein, ist – mit Voltaire – der eigentliche Pate jenes Gleichnisses vom Großinquisitor, des »Poems«, gewesen, das Dostojewski selbst, neben seinen Kinder-Darstellungen, für das Beste hielt, was er geschrieben hatte.

Das Beste? Vielleicht. Das Tiefsinnigste? Gewiß. Und das Umstrittenste ohnehin. Umstritten vor allem deshalb, weil es ein Atheist ist, Iwan Karamasoff, der hier, im Hinblick auf Christus, der autoritär und strikt hierarchisch gegliederten römischen Kirche (und der seiner Ansicht nach ähnlich elitär strukturierten sozialistischen Avantgarde dazu) den Spiegel vorhält. Den Herrn am Kreuz in gleicher Weise wie den Menschen verachtend, so Dostojewskis Vorwurf, habe die Kirche, im Wissen um die Unfähigkeit der *species humana*, die ihr von Jesus geschenkte Freiheit zu ertragen, die Sache des Teufels zu der ihren gemacht, habe die im Zweikampf mit dem Teufel in der Wüste verworfene Trinität *Wunder-Geheimnis-Autorität* akzeptiert, habe die Menschen gesättigt und sie gelehrt, das weltliche Mysterium in gleicher Weise wie die auf der Identität von Staat und Kirche basierende Macht anzubeten.

Eine kleine Schar von Illuminierten, behauptet Dostojewski in Schillers Bahnen, habe sich für Millionen geopfert und wünsche deshalb nicht, durch den in Sevilla um die Zeit der großen Inquisition einziehenden Christus gestört zu werden. Sein Werk sei vollendet, abgeschlossen für immer, von nun an hätten Papst und Kirche das Sagen, Jesus hingegen, wolle er nicht zum zweiten Mal verurteilt und, unter dem Jubel des Volkes, hingerichtet werden, habe zu schweigen. (Und Jesus schweigt wirklich, in Iwans Poem, ja, er *schweigt* nicht nur, sondern *küßt* dem Großinquisitor die Lippen: gibt also, im Gefängnis von Sevilla, den vom Judas in Gethsemane empfangenen Kuß zurück: zum Zeichen, daß der Teufel nur durch Liebe, die Rabulistik – ein einmaliger Fall bei Dostojewski! – nur durch Verstummen zu besiegen sei.)

Ein Hohelied auf Jesus also und eine Kampfansage an jene Teufelspartei, die Dienst durch Herrschaft und Freiheit durch Amtsautorität (*potestas*, nicht *auctoritas*) ersetzt habe, wie sie, das Hohelied nicht anders als die Invektive, dramatischer nicht vorstellbar sind. Iwan Karamasoff läßt seinen Kardinalgroßinquisitor in einer Weise argumentieren, großartig, luziferisch und wortgewaltig, auf die sich nur Schiller verstand: *In Erfüllung wird gehen das, was ich dir sage, und kommen wird unser Reich. Und ich sage dir nochmals: morgen wirst Du diese gehorsame Herde sehen, die auf meinen ersten Wink zu Deinem Scheiterhaufen stürzen wird, um das Feuer zu schüren. Denn auf den Scheiterhaufen bringe ich Dich dafür, daß Du gekommen bist, um uns zu stören. Und wahrlich, wenn es einem gegeben ist, der vor allen anderen, unseren Scheiterhaufen verdient, so bist Du es. Morgen werde ich Dich verbrennen!*

Kein Zweifel, hier *argumentiert* Dostojewski, hier *spricht* Friedrich Schiller, und hier wird *zu Ende gedacht*, was, in einer Meditation des lukanischen Satzes (Luk. 18,8) »Doch wenn des Menschen Sohn kommen wird, meinst du, daß er auch Glauben werde finden auf Erden?«, von Schriftstellern, über die Jahrhunderte hinweg, immer wieder zur Diskussion gestellt worden ist: bis hin zu Goethe, der sich, wie Notizen aus Italien beweisen, einen Papst ausdachte, Pius VI. – einen *lebenden* und *amtierenden* Pontifex also! –, dem, als Jesus wiederkehrt, nichts Besseres einfällt, als den Heiland unter Auf-

fer, kein Täter; eher ein Bruder Sonderling als ein Mann, der weiß, was er will, und dennoch die einzige Romanfigur der Weltliteratur – die erste und letzte –, die Jesus von Nazareth als einem Möglichkeits-Menschen (im Sinne Musils) Profil gibt: Ihm, durch die Figur des »Anderen«, der in seiner närrischen Humanität, seiner Anmut, Verletzlichkeit und kindlichen Unschuld der Welt, wie sie ist, zum Gericht wird – der Gezeichnete als Skandalon.

Myschkin, Aljoschas großer, tief verwundeter Bruder im Herrn, der reine Tor (»nur eines Toren Hilfe ist wirklich eine«, sagte Walter Benjamin) als Inkarnation jener Dostojewski-Gestalten, von denen einer ihrer kundigsten Interpreten, E. M. Forster, gesagt hat: »Das Unendliche blickt auf sie herab; obwohl sie in ihrem individuellen Rahmen bleiben, recken sie sich, es zu umfassen, und verlangen danach, von ihm erfaßt zu werden. Man kann auf sie den Ausspruch der heiligen Katharina von Siena anwenden, daß Gott in der Seele ist und die Seele in Gott wie das Meer im Fisch und der Fisch im Meer. Jeder Satz, den Dostojewski schreibt, begreift diese Dimension in sich, und dieses Inbegriffensein ist der beherrschende Aspekt seines Werkes. Er ist ein großer Romanschriftsteller..., aber er hat auch die Größe eines Propheten.«

Ein Prophet und ein Gezeichneter. *Hosianna und Fegefeuer*: E. M. Forster formulierte seine *hommage* ein halbes Jahrhundert nach jenem uns von André Malraux nachdrücklich wieder ins Gedächtnis gerufenen Satz, den Dostojewskis erste Frau auf dem Totenbett gesagt haben soll: »Ich habe dich immer verachtet, weil du einmal ein Zuchthäusler gewesen bist.«

Der Autor der »Brüder Karamasoff« wußte, warum er, mit Iwan, eine Welt ins Zwielicht rückte, in der, zu seiner wie zu Jesu Zeit, Demut zwar die Demütigung provoziert; aber die Demütigung, ihrerseits, zuschanden wird an der Demut.

Nachzulesen im Gleichnis vom Großinquisitor, dem Poem jenes Iwan, der in den »Brüdern Karamasoff« nicht zuletzt die Funktion hat, an vergangenes und bestehendes Leid zu erinnern – das Leid der Armen, Unerlösten, Angefochtenen unter dem Kreuz.

»Hinter Dostojewskis Sarg«, notierte Kafka am 15. März 1914 in seinem Tagebuch, »wollten die Studenten seine Ketten tragen. Er starb im Arbeiterviertel, im vierten Stock eines Mietshauses.«

FRANZ KAFKA

Das Schloß

Religion im Zusammenbruch der Moderne

»Das Schloß« von Franz Kafka – ein Werk der *Weltliteratur*: das ist, zumindest seit dem Kafka-Boom in Europa und Amerika nach dem Zweiten Weltkrieg, keine Frage. »Das Schloß« von Franz Kafka aber ein *religiöses* Werk der Weltliteratur? Trotz der bedeutenden Vorkämpfer einer religiösen Deutung Kafkas – des Herausgebers seiner postumen Werke Max Brod und des englischen Übersetzers Edwin Muir – wird man hier seine Zweifel haben dürfen.

Was soll denn religiös sein an dieser verwirrend real-irrealen, in langen Gesprächen, oft traumartig grotesken Situationen und immer wieder neuen Komplikationen voranschreitenden und doch letztlich stationären *Geschichte jenes Mannes mit der Initiale K.* (ursprünglich stand dafür »ich«), der, von weit her gerufen, bei seiner Ankunft weder droben im gräflichen Schloß noch im dazugehörigen Dorf seine Berufung als Landvermesser zu verwirklichen vermag und der im Verlauf des Romans nicht einmal den Zugang zum Schloß findet oder auch nur in der Dorfgemeinschaft heimisch wird?

Ja, was soll religiös sein an der Geschichte dieses K., der in seinem unerklärlich unermüdlichen Bemühen um den Zugang zum nahen-fernen Schloß zwischen zwei Frauen gerät, die Beziehungen mit dem Schloß haben, der zuerst Frieda liebt, die Geliebte des hohen Schloßbeamten Klamm, und dann Olga, die Schwester der von einem Schloßbeamten vergeblich bedrängten und deshalb samt ihrer ganzen Familie verfemten Amalia, der aber beide verliert und so weder über seinen Beruf noch über seine Liebe sein Ziel erreicht?

Endlich, was soll religiös sein an der Geschichte jenes K., der an dem labyrinthisch unübersehbaren, unnahbaren Beamtenapparat strandet, der zuerst in rätselhafter Weise zum

Recht auf Allegorese »Das Schloß« nicht auch als »Hölle« entschlüsseln, was denn in der widersprüchlichen Interpretationsgeschichte dieses Romans auch tatsächlich – von Siegfried Kracauer gegen Max Brod – geschehen ist? Ob solcher positiver oder negativer Mystagogie ist man geneigt, die nüchterne Interpretation Hannah Arendts vorzuziehen, der Roman beschreibe in erster Linie den beharrlichen Kampf des Menschen guten Willens gegen die übermächtig komplizierte altösterreichische Bürokratie, die sich als Stellvertretung Gottes etabliert habe und mit der es Kafka ja auch in seinen Jahren als promovierter Jurist und Beamter der Prager »Arbeiter-Unfall-Versicherungsanstalt« tagtäglich zu tun gehabt habe.

Wie immer: ich sehe keine Möglichkeit der unmittelbaren Übersetzung von Kafkas dichterischer Bilderwelt in die Sprache der Theologie, allerdings auch nicht in die der Psychologie, Philosophie oder Soziologie. Kafkas letztes großes Werk darf nicht zum Leib- und Magenbuch mystifizierender Spekulanten – welcher Disziplin auch immer – gemacht werden. Die Konsequenz: Wenn ich mich als Theologe einer solchen direkt religiösen Interpretation, wiewohl sie von den meisten theologischen – jüdischen, protestantischen und katholischen – Kafka-Kennern geteilt wird, nicht anschließen kann, dann aus analogen hermeneutischen Gründen auch *nicht* einer *direkten psychoanalytischen, philosophischen oder soziologischen Interpretation*, wo dem Roman statt einer religiösen nun eine psychoanalytische, philosophische oder soziologische Begrifflichkeit übergestülpt wird. Nein, hier *überall* wird aus Kafkas Werk »Programm-Musik« (Heinz Politzer gegen Brod), ist das Kunstwerk nur Anlaß zur Verkündigung schon ohnehin gegebener Theoremata und unverifizierbarer Dogmata, die es bekanntlich nicht nur in der Theologie, sondern auch in Philosophie, Psychologie und Soziologie gibt.

Wäre es also angesichts solcher Überfremdungen durch Außerliterarisches nicht besser, den gordischen Interpretationsknäuel zu durchhauen und den Roman einfach als geniales *literarisches Dokument* zu nehmen, rein *textbezogen* zu arbeiten und schlicht die spezifische Erzählstruktur zu analysieren? »Kaum jemand fragt nach Kafkas Kunst«, stellte der an Hölderlin erprobte Tübinger Philologe Friedrich Beissner schon 1952 in seinem Kafka-Vortrag (S. 9) fest und lancierte den entscheidenden Vorstoß zu einer literarisch-werkimmanenten Interpretation. Form- und Strukturanalyse stehen im Vordergrund, Franz Kafka wird als »Erzähler« (1952), als »Dichter« (1958), als Darsteller »des ›traumhaft inneren Lebens‹« (1972) – Titel von Beissner – gewürdigt. Und dieser Ansatz wird von Beissners Schülern – besonders von seinem damaligen Doktoranden Martin Walser mit seiner Dissertation »Beschreibung einer Form« (schon 1951, gedruckt 1961) – unterstützt und auch modifiziert.

Sollten dies mit den Theologen nicht auch alle anderen hier betroffenen Disziplinen zugeben? Bei einem Roman wie dem »Schloß«, einem literarischen Werk also, sind in erster Linie die Literaturwissenschaftler gefragt, die das Werk, welches nach Kafkas eigenem Wort mit höchstem »Kunstaufwand« gestaltet wurde, als »Kunstwerk« – nach werkimmanenten, ästhetischen und nicht irgendwelchen weltanschaulichen Kriterien – untersuchen und beurteilen sollen. Und tatsächlich ist denn auch in den letzten Jahrzehnten unendlich viel an unvoreingenommener Werkanalyse geleistet worden, um die eigentümliche Erzählweise Kafkas, ihre Bauformen und Strukturelemente, ihre Bildlichkeit und Sprache im Einzel- und Gesamtwerk genauestens zu untersuchen, worüber hier aber der Literaturwissenschaftler und Literat zu berichten haben wird.

Mich als Theologen interessiert indessen, was auch manchen Literaturwissenschaftlern aufgefallen ist: daß sich mit der Erforschung des Werkes als Text, so grundlegend sie bleibt, doch die Frage nach dem Wirklichkeitsgehalt (wie Wirklichkeit sich im Inneren des Subjekts spiegelt), die Frage überhaupt nach dem Verhältnis von Kunstwerk, innerer Welt des künstlerischen Subjekts, historischer Situation und gesellschaftlicher Konstellation sich nicht übergehen läßt, ja, jetzt erst recht sich stellt. Man kann also durchaus zustimmen, wenn Hermann Hesse in seinen »Schriften zur Literatur 2« (S. 491) schon 1956 feststellt: »Kafkas Erzählungen sind nicht Abhandlungen über religiöse, metaphysische oder moralische Probleme, sondern Dichtungen.« Aber ich teile die Exklusivität nicht, mit der er dann die Folgerung gezogen hat: »Kafka hat uns weder als Theologe noch als Philosoph etwas zu sagen, sondern einzig als Dichter. Daß seine großartigen Dichtungen heute Mode geworden sind, daß sie von Menschen gelesen werden, die nicht begabt und nicht gewillt sind, Dichtungen aufzunehmen, daran ist er unschuldig.« Was wird hier übersehen? Übersehen wird der *Mensch* Kafka! Denn nicht nur den Philosophen oder Theologen Kafka, auch den »rein literarischen Kafka« gibt es nicht! Kafkas Werk ist nur scheinbar geschichtslos. Und eine ideologisch unvoreingenommene und zugleich umfassende Werkinterpretation wird die Dichterbiographie, die literarische Tradition, den historischen Hintergrund überhaupt auf keinen Fall ausschließen dürfen.

Nun hat es die Literaturwissenschaft nicht an detektivischer Akribie bei der *biographischen Spurensuche und -sicherung* fehlen lassen. Nicht mehr selektiv, sondern umfassend materialorientiert haben vor allem Klaus Wagenbach und Hartmut Binder die genauen Lebensumstände Kafkas erforscht und Immenses zur werkgetreuen Interpretation auch des »Schlosses« beigetragen. Dabei versuchen manche Interpreten demjenigen allzu selbstgefällig auf die Schulter zu klopfen, auf dessen Schultern sie stehen: Max Brod, Kafkas intimster Freund und Nachlaßverwalter, hat ja schon selbst die für das »Schloß« entscheidenden biographischen Hintergrundsdaten geliefert: Hinter der Figur der Amalia verbirgt sich Kafkas frühere Verlobte Julie Wohryzek, hinter der Figur der Frieda vor allem die tschechische Journalistin Milena Jésenká, mit der Kafka in einer leidenschaftlichen, aber kurzen Freundschaft verbunden war, die aber ihren Mann (im Roman der große Gegenspieler »Klamm«) nicht aufgeben wollte. Das entscheidende Resultat der positivistisch-biographischen Kafka-Forschung: »Das ›Schloß‹ ist ein im extremen Sinn autobiographisches Werk« (Binder, Kommentar II, S. 269). Von Religion ist also aufgrund dieser »neuen Sicht« nicht mehr die Rede. Ein klarer Fall? Keineswegs.

Zugegeben, »das Schloß« ist ein autobiographisches Werk, doch ist damit *alles* gesagt? Kann man bei einem Autor wie Kafka Lebensprobleme und Zeitprobleme, Lebensgeschichte und Geistesgeschichte so einfach trennen? Verfällt man so nicht einer biographistischen Engführung? Aber wenn man mit Binder (Kommentar I, S. 9) Kafka zu Recht nicht als »schlechthin traditionslos und allen empirischen Zusammenhängen entzogen« darstellt, könnte es nicht sein, daß Kafka – was Binder bestreitet – am Ende doch als so etwas wie »ein Hauptvertreter der literarischen Moderne, gleichsam als ein gewisser Endpunkt der europäischen Geistesgeschichte« dasteht?

Wir sollten deshalb versuchen, »aus der hermeneutischen Enge der werkimmanenten Interpretation« herauszukommen, »ohne in alte Fehler der allegorischen, symbolübersetzenden, philosophischen und soziologischen Deutung zu verfallen«; anders als eine verengte positivistische Forschung sollten wir »die Literatur und das einzelne Kunstwerk… nicht aus den übergreifenden geistigen Zusammenhängen« herausreißen (Zitate nach dem informativen Forschungsbericht von Peter U. Beicken, S. 161; 175). Um als Theologe zu einer verantwortbaren Kafka-Deutung zu gelangen, möchte ich so etwas wie eine *strukturiert-integrative Interpretationsmethode* vorschlagen, die weder andere Methoden in einem Methodenmonismus verwirft, noch in undifferenzierter Beliebigkeit einem Methodenpluralismus huldigt, die vielmehr auf der philologisch-literarhistorisch-biographischen Methode aufbaut und doch – das Kunstwerk ist eine Ganzheit – offen bleibt für die Untersuchung größerer psychologischer, gesellschaftlicher, philosophischer und theologischer Zusammenhänge.

Zu Recht hat die positivistische Forschung die große Bedeutung der *Familiensituation* für den zwei Jahre nach Dostojewskis Tod 1883 in der Prager Altstadt geborenen Franz Kafka herausgestellt: ein vital-erfolgreicher, aber unverständiger Vater, eine zurückhaltend-einfühlsame Mutter, die Situation eines Erstgeborenen, der als Heranwachsender, sehr lange allein, ständig Angestellten überlassen war und »offenbar nicht das für eine gesunde Persönlichkeitsentwicklung nötige Urvertrauen zu festen Bezugspersonen aufbauen konnte« (Binder, Kommentar I, S. 22). Die Folge war ein gestörtes Verhältnis auch zu anderen Menschen, gründend in mangelndem Selbstwertgefühl und neurotischer Haltung der Geschlechtlichkeit gegenüber, Passivität, Gemeinschaftsferne, Lebensschwäche und Junggesellentum, wobei in den Spätwerken schon das Scheitern der menschlichen Beziehungen vorausgesetzt ist. In Liebe, Ehe, Beruf, Volksgemeinschaft, in all dem scheitert er; und dies alles kommt im »Schloß« – in Kafkas »traumhaft innerer Welt« verfremdet und verzerrt – durch eine Art höchst verwirrender »Vexierbildtechnik« (H. Politzer) literarisch verarbeitet zum Ausdruck.

Die gesamte Forschung hebt – aufbauend auf den Zeugnissen Brods – übereinstimmend hervor, daß neben der Familienkonstellation Kafkas *Herkunft aus dem Judentum* eine gewaltige Rolle spielt. Und man kann sich leicht vorstellen, wie schokkierend die jetzt etwas harmlose Verfilmung des Romans gewirkt hätte, wenn – und dabei hätte man kaum ein Detail ändern müssen – anstelle Maximilian Schells ein typischer Jude die Gestalt des K. dargestellt hätte: der Jude als Prototyp des in der Gesellschaft Fremden, Unwillkommenen, mißtrauisch Beobachteten, Melancholischen, der sich an die Gesellschaft anpassen möchte und doch immer wieder auf Feindschaft stößt...

Trotz allem: Stimmt es, daß Kafka als extremer Exponent eines entwurzelten, entfremdeten Westjudentums, »der Bewußtseinslage eines durch christliche Überlieferung und deren Zerfall geprägten Europäers fernstand« (H. Binder I, S. 10)? Und sollte deshalb die Entfremdung des Juden Kafka und auch die des Landvermessers K. nichts mit der Entfremdung des modernen Menschen überhaupt zu tun haben?

Das Gegenteil ist der Fall. Der Prager Jude Kafka, der seine Werke in den beiden weltverändernden Jahrzehnten zwischen 1904 und 1924 schreibt, nimmt teil am europäischen Bildungsstrom: Wer mit Juden von durchaus europäischer Bildung wie Max Brod, Franz Werfel und anderen befreundet ist, wer sich eingehend mit Kleist, Grillparzer, Hauptmann und Hamsun auseinandersetzt, wer schon in seinen letzten Gymnasialjahren überzeugter Darwinist und Nietzsche-Anhänger ist, sich dem Sozialismus zuwendet und den jüdischen Glauben verwirft, wer an einer deutschen Universität studiert und promoviert, an den von der »Lese- und Redehalle deutscher Studenten« veranstalteten Vorträgen und Dichterlesungen teilnimmt, dann aber sich wandelt, Augustins Confessiones ebenso wie die Anschauungen Tolstojs studiert und sich schließlich dem Hebräisch-Studium und dem Zionismus zuwendet: nein, der ist wahrhaftig kein provinzieller Prager Gettojude, sondern ein »typisch jüdischer« *Repräsentant der späten Moderne, der Generation um den Ersten Weltkrieg.*

Kafkas ungeheures Interesse für die beiden großen Gestalten, welche schon im 19. Jahrhundert die sich abzeichnende Krise der Moderne diagnostizierten, für Kierkegaard und Dostojewski, ist dabei symptomatisch. Was interessiert den Juden Kafka am Christen *Kierkegaard?* Sicher nicht nur die ganz analogen Schwierigkeiten Kierkegaards mit Sexualität und Ehe, sondern auch Kierkegaards Werk. Er studiert es und konzentriert sich dabei keineswegs nur auf Stellen, die Angst, Ohnmacht und Verlorenheit des Menschen, sondern die auch seine Wirkungsmöglichkeiten betonen: »Und die folgende Stelle ist nicht aus dem Talmud«, sondern eben aus Kierkegaard: »›Sobald ein Mensch kommt, der etwas Primitives mit sich bringt, so daß er also nicht sagt: Man muß die Welt nehmen, wie sie ist... sondern der sagt: Wie die Welt auch ist, ich bleibe bei einer Ursprünglichkeit, die ich nicht nach dem Gutbefinden der Welt zu verändern gedenke: im selben Augenblick, als dieses Wort gehört wird, geht im ganzen Dasein eine Verwandlung vor sich. Wie im Märchen – wenn das Wort gesagt wird, sich das seit hundert Jahren verzauberte Schloß öffnet und alles leben wird: so wird das Dasein lauter Aufmerksamkeit‹« (zit. bei Brod S. 150 f). Freilich: ein Glauben an Jesus Christus war für Kafka nicht möglich, und anders als Kierkegaard betrachtet er Individualismus, Einsamkeit und Junggesellentum nicht als Ideal, will er keineswegs prinzipiell allein leben, sondern erlebt zumindest noch in seinem letzten halben Lebensjahr die glückliche Gemeinschaft mit der Berlinerin Dora Diamant, die mit dem Todkranken nach Wien ins Sanatorium zieht und ihn bis zu seinem Ende pflegt.

Von *Dostojewski* liest Kafka schon früh eine Biographie und schätzt ihn zeitlebens hoch. Seiner Lieblingsschwester Ottla liest er neben Schopenhauer und Kleist Dostojewski vor. Und seine »Entdeckung« der Liebe Milenas vergleicht er schon in einem der ersten Briefe mit der »Entdeckung« Dostojewskis: wie, nach der Lektüre des Manuskripts von »Arme Leute«, nachts um drei Dimitrij Grigorowitsch und Nikolai Nekrasow bei Dostojewski läuten, ihn als den größten russischen Schriftsteller feiern und wie dann, nach ihrem Weggang, Dostojewski weinend am Fenster steht mit dem Gefühl: »Diese herrlichen Menschen! Wie gut und edel sie sind! Und wie gemein *ich* bin... wenn ich es ihnen nur sage, so glauben sie es nicht.«

Nein, Kafka ist durchaus ein Mensch der Moderne, ja, aus seiner jüdischen Entfremdung heraus empfindet er die *Krise des modernen Paradigmas* früher und stärker als andere. Wissenschaft, Technologie, Industrie und Demokratie – die Mächte der Moderne – haben für Kafka ihre Faszination verloren und zeigen sich ihm vor allem in der Form einer ungeheuren, unzugänglichen, undurchdringlichen Bürokratie, der Schloßwelt eben. Und wenngleich der politisch und sozial sehr interessierte Kafka in seiner literarischen Verfremdung die Problematik des modernen Produktionsprozesses im »Schloß« kaum durchscheinen läßt, so läßt er, der den Kapitalismus als ein System der Abhängigkeiten verstand, im Roman die Unterordnung des einzelnen Menschen, von Familie und Gruppe unter einen bürokratischen Machtapparat und ihre äußere und innere Abhängigkeit, die kein sich frei entfaltendes Leben zuläßt, mehr als deutlich werden.

So geht es denn im »Schloß« durchaus *auch* um eine ins Bild gebrachte und verrätselte *kritische Zeitanalyse*, wenngleich von einem höheren Standpunkt her. Und Adorno hatte nicht unrecht, wenn er das Abstoßende, Schäbige und Irrationale der Kafkaschen Zwangswelt, die mit der unheimlichen Präzision eines Alptraums abläuft, »das Kryptogramm der auf Hochglanz polierten kapitalistischen Spätphase« (Prismen, S. 319) nannte. Eine *sozialkritische Deutung* des »Schlosses« ist also gerechtfertigt, solange sie die philologisch-literarhistorisch-biographische Deutung nicht ins glatte Gegenteil verkehrt und das Ganze des Romans auf diese eine Perspektive einengt.

Ähnlich auch die *existenzphilosophische Deutung*. Wer möchte bestreiten, daß gerade die zentrale Figur des Landvermessers, der als Herausforderer des Bestehenden erscheint, vieles von dem einschließt, was Sartre und Camus bei Kafka gefunden haben: nicht nur das Undurchsichtige, Absurde, Labyrinthhafte dieser Welt, sondern auch die Widersprüche des menschlichen Daseins, Angst, Sorge, Leid, Tod, die Notwendigkeit des freien, doch ständig bedrohten und letztlich scheiternden Lebensentwurfes?

Wir sind nun methodisch wie sachlich vorbereitet, die Zentralvorstellung des Romans zur Sprache zu bringen: *das Schloß*. Denn das Ziel des Menschen K. ist ja nach dem Roman offensichtlich nicht nur der Mensch, das Menschsein. Worauf K. ganz ausgerichtet ist, worum er sich mit allen Kräften, wenngleich vergebens, müht, wohin er auf allen möglichen Umwegen (wichtig die Frauen) strebt, ist: das Schloß. Das Schloß ist Ziel seiner Sehnsucht, Brennpunkt seines Denkens, Motor seines Willens. Was bedeutet es?

Es ist unbestreitbar: Dieses Schloß, von dem alles – nicht nur für Kafka, sondern auch das Dorf – abhängt, bleibt verwirrend vage, bleibt inhaltlich unbestimmt, immer rätselhaft. Im ganzen Roman gibt es nicht die geringste Andeutung, was das Schloß bedeutet; Gott, das Göttliche – dies sahen wir schon – kann es nicht meinen. Nur eines, scheint mir, ist vom Textbefund her sicher: Immer überragt das Schloß den Menschen, immer übersteigt, transzendiert es ihn, der eine Annäherung zwar versuchen, aber von sich aus nicht erreichen kann, wenn er nicht gerufen wird. Das Schloß ist das Ziel, zu dem K. keinen Weg findet. Es ist so Ausdruck von *Transzendenz*, die *rätselhaft* bleibt.

Man wird hier in der Tat jenen Interpreten zustimmen müssen, die, wie schon früh Erich Heller, von »*Symbolen... einer negativen Transzendenz*« (S. 103) gesprochen haben. Damit fallen wir *nicht* etwa zurück auf die eingangs abgelehnte *allegorische* Erklärung, wo der Interpret einfach »anderes sagt« (»álla agoreúei«) als der unmittelbare buchstäbliche Sinn, willkürlich einen anderen Sinn unterschiebt und eigene Gedanken in den Text einträgt (»Gnade« statt »Schloß«). Nein, eine *symbolische* Erklärung ist gegeben, wo der Interpret im Text selber die Wesensverwandtschaft eines Bildes mit einem dahinterliegenden Gehalt entdeckt, wo ein Text sich als ein Sinn-Bild, eben ein Symbol für eine vom Autor offensichtlich mitintendierte Wirklichkeit erweist (»Schloß« für »Transzendenz«).

Kafka ist sich der symbolischen Bedeutung seines Werkes durchaus bewußt; von ihm stammt eine großartige kleine Meditation über die »Gleichnisse«. Und auf dieser symbolischen Ebene ist eine behutsame *religiöse oder theologische Interpretation* möglich. Ob man dabei so weit gehen kann wie Claude David, der in einer ebenfalls durchaus zurückhaltenden Deutung den Schloß-Roman eine »theologische Fabel« nennt, will ich offenlassen. *Sicher ist*:

daß das Schloß, die Welt der Transzendenz, existiert;

daß eine wenn auch rätselhaft-undurchsichtige Kommunikation zwischen der Dorf- und der Schloßwelt besteht;

daß ein Weg ins Innere des Schlosses führt, der lang, unendlich lang sein, der durch immer neue Zimmer und immer neue Barrieren verstellt sein mag – den es aber gibt und den der Bote Barnabas gegangen ist, zumindest bis in die Kanzleien oder den Vorbau des Schlosses;

daß – angekommen im Schloß – »irgendetwas da ist«, was Barnabas angeboten wird und es nur die »Schuld des Barnabas« ist, »wenn er damit nichts anderes erreichen kann als Zweifel, Angst und Hoffnungslosigkeit«;

daß auch der Landvermesser bei allem Bewußtsein des Verlustes einer Transzendenz im traditionellen Sinn (symbolisiert im Kirchturm seiner Heimat) doch die Hoffnung nie aufgibt, durch das Schloß in der menschlichen Gemeinschaft des Dorfes Heimatrecht zu erlangen, ins Schloß zu gelangen und auch im Schloß angenommen zu sein, das heißt: Transzendenz wiederzugewinnen.

Dies alles wird eine theologisch-symbolische Deutung verantworten können. Das Schloß ist somit nicht Ausdruck der Gnade, wohl aber einer *chiffrierten, änigmatischen Transzendenzerfahrung*, wo die Transzendenz rätselhaft, undurchsichtig, ängstigend bleibt, dem Menschen aber ein Weg offengelassen, eine Hoffnung nicht verunmöglicht wird. Das »Schloß« also ein religiöses Werk? Antwort: *ein direkt religiöses nicht*, wohl *aber ein religiös höchst relevantes* Werk!

Wo Kierkegaard als der radikal Glaubende vom absoluten Paradox oder vom Paradox des Absoluten spricht, wo Dostojewski, der skeptisch Gläubige, mindestens einen Teil seiner Gestalten den Glauben positiv zum Ausdruck bringen läßt, da

nimmt Kafka sich in seinem dichterischen Werk zurück, sibyl-
linisch, unbestimmt, unergründlich. Nein, er ist sowenig wie
Dostojewski ein Naturalist à la Zola, der »wissenschaftlich«
sezierend den Menschen einfach als Produkt von Vererbung
und Milieu darstellen wollte. In dieser positivistisch-wissen-
schaftlich-bürokratischen Welt, in der das Sichtbar-Greifbar-
Berechenbare als die eigentliche und letzte Wirklichkeit gilt,
hält Kafka an der Transzendenz fest. Er ist anders als Nietzsche, von dem er früh gelernt hat, kein Atheist, der den
obersten Wert leugnet, Gott für tot erklärt, ist erst recht kein
Nihilist, der mit dem obersten Wert auch alle anderen Werte
entwertet, kein Ziel hat. Aber er ist, soweit wir dies in seinem
Roman feststellen können, ein ständig zwischen dem Schloß
oben und den Mächten unten Gequälter, ein zwischen Zweifel
und Hoffnung Zerrissener. Und dies alles in einer bedrük-
kend-grauen Welt, die nicht umsonst in den Jahrzehnten nach
ihm in allen Sprachen sprichwörtlich geworden ist: die »kafkaeske Welt«. Kafkaesk: die labyrinthische moderne Welt in ihrer
Spätphase, die Welt unseres Jahrhunderts mit ihren absurden
Weltkriegen, den alle Schreckensvisionen Kafkas weit hinter
sich lassenden KZs und Gulags, aber auch ihren anonymen
Mächten, unüberwindlichen Zwängen, verborgenen Verfüh-
rern, den zahllosen Versicherungen und doch ständig zuneh-
menden Unsicherheiten. Kafka, der Angestellte einer *Versiche-
rungs*anstalt, der Assicurazioni Generali!

Hier ist das so hoffnungsvoll begonnene *Paradigma der Moderne am Ende*, toto caelo verschieden von *allen* früheren Para-
digmen: überschattet nicht nur von Angst und Ohnmacht,
sondern — wer kann dies noch übersehen – von noch nie
dagewesener Gottesferne, ja »Gottesfinsternis«. Martin Buber, Kafkas jüdischer Gesprächspartner, hat dies zum Schlüsselwort der Epoche gemacht: »Verfinsterung des Himmels-
lichts, Gottesfinsternis ist in der Tat der Charakter der Welt-
stunde, in der wir leben« (Werke I, 520).

Vor diesem Hintergrund bedrängt mich die Frage: Wie konnte
Franz Kafka es aushalten, in seiner, in der kafkaesken Welt zu
leben, ohne gänzlich daran zugrunde zu gehen? Was vermochte ihn hochzuhalten, wo so vieles ihn hinabzog? Kafka

wußte sehr genau – wie er wohl in Anspielung auf das »Schloß« an Brod schrieb –, daß sein Schreiben Lohn für »Teufelsdienst« sei: »Dieses Hinabgehen zu den dunklen Mächten, diese Entfesselung von Natur aus gebundener Geister, fragwürdige Umarmungen und was alles noch unten vor sich gehen mag, von dem man oben nichts mehr weiß, wenn man im Sonnenlicht Geschichten schreibt. ... Ich sitze hier in der bequemen Haltung des Schriftstellers, bereit zu allem Schönen, und muß untätig zusehn – denn was kann ich anderes als schreiben –, wie mein wirkliches Ich, dieses arme, wehrlose ... aus einem beliebigen Anlaß ... vom Teufel gezwickt, geprügelt und fast zermahlen wird« (Briefe, S. 384. 386).

Aber Zeugnisse wie dieses machen doch auch deutlich: Franz Kafka, der Schriftsteller, der Mensch, lebt selber keineswegs nur in seiner kafkaesken Romanwelt. Es gibt für ihn nicht nur das »unten«, sondern auch das »oben«; nicht nur die »dunklen Mächte«, sondern auch das »Sonnenlicht«; trotz aller »fragwürdigen Umarmungen« blieb er »bereit zu allem Schönen«. Selbstmord, erwogen, lehnt Kafka ab.

Nein, die *Werke* Kafkas sagen nicht alles aus über den *Menschen* Kafka, über die Quelle seiner Kraft, seines Durchhaltens, auch seines Schreibens, sagen nicht alles über seinen Glauben, seine Haltung zur Religion. Auf eine für uns erregende Weise gibt es die geheimnisvolle *andere Seite Kafkas*, die nicht in sein Werk eingehen konnte, sich aber in Aphorismen und eigenen wie fremden Lebenszeugnissen spiegelt. Müßig, darüber zu spekulieren, ob er, der von Jugend auf Verängstigte und jetzt Todkranke, er, der wie Pascal in einem Alter zu schreiben aufhören mußte, als Dostojewski erst richtig anfing, ob er diese andere, positivere Seite des Lebens, der Religion, schließlich doch in seinem Werk verarbeitet hätte. Auch das »Schloß« ist Fragment geblieben. Über seinen möglichen Ausgang wissen wir nur durch Brod: K. habe weitergekämpft, sei schließlich an Entkräftung gestorben, habe noch auf dem Sterbebett die Nachricht aus dem Schloß erhalten, es sei ihm »gestattet, hier zu leben und zu arbeiten« (»Das Schloß«, S. 347). Ein mehr als zweideutiges Ende. Wir haben uns mit der Tatsache abzufinden: Das, was für Kafka positiv an der Religion ist, gewinnt in seinem Werk keine Gestalt.

Aber sicher ist: Kafka ist persönlich religiöser, gläubiger, auch hoffnungsvoller, als seine Werke erkennen lassen. Schon Brod hat ja immer wieder auf den »positiven Zug« (S. 156) an Kafka hingewiesen, seinen Humor (bei der Lesung des ersten Kapitels vom »Prozeß« wurde »ganz unbändig« gelacht), seine »Ruhe und Heiterkeit«, »das Sanfte, Besonnene, niemals Hastige seines Wesens«, kurz: »den Einschlag von Welt- und Lebensfreude«, wie sie auch in den Wiener Tagen mit Milena und, schon schwächer, mit Dora, der Gefährtin des letzten halben Jahres, gegen alle Angst elementar durchbricht.

Wichtiger jedoch ist, zum ersten, was sich in den *Tagebüchern* Kafkas selbst niedergeschlagen hat, etwa in gebetsähnlichen Passagen von ergreifender Eindringlichkeit, wie sie im Werk undenkbar wären. Reflexionen, ja, Meditationen, Gewissenserforschungen coram deo abscondito gewissermaßen. Etwa im Februar 1916 nach deprimierender Auseinandersetzung mit seiner ersten Verlobten, Felice Bauer: »Erbarme dich meiner, ich bin sündig bis in alle Winkel meines Wesens. Hatte aber nicht gänzlich verächtliche Anlagen, kleine gute Fähigkeiten, wüstete mit ihnen, unberatenes Wesen, das ich war, bin jetzt nahe am Ende, gerade zu einer Zeit, wo sich äußerlich alles zum Guten für mich wenden könnte. Schiebe mich nicht zu den Verlorenen... Bin ich verurteilt, so bin ich nicht nur verurteilt zum Ende, sondern auch verurteilt, mich bis ins Ende hinein zu wehren« (S. 370).

Wichtig ist, zum zweiten, was sich in den *Aphorismen*, von Brod »Betrachtungen über Sünde, Leid, Hoffnung und den wahren Weg« genannt und etwa zur gleichen Zeit wie das »Schloß« entstanden, an ungemein reichen, genuin theologischen Reflexionen findet über das Böse und den Teufel, den Sündenfall und die Schuld, das Paradies und die Vertreibung aus dem Paradies, das Erscheinen des Messias und die endgültige Rettung, über die Wahrheit und das »Unzerstörbare« im Menschen...

Wichtig ist, zum dritten, was in den *Gesprächen Kafkas mit Gustav Janouch* übermittelt wurde (Aussagen, die quellenkritisch im einzelnen schwierig zu überprüfen sind) an Reflexionen über »die Sehnsucht nach dem Göttlichen« (S. 66), die Ablehnung einer Literatur, in der »die Religion restlos ins

Ästhetische umdestilliert« wird (»die Religion dieser Art von Literatur ist ein Snobismus«, S. 70), über die Erbsünde und die Freiheit, über Judentum und Christentum, über Christus und über Gott: »Was wir wirklich erfassen können, ist das Geheimnis, das Dunkel. In ihm wohnt Gott. Und das ist gut, denn ohne diese schützende Dunkelheit würden wir Gott überwinden. Das entspräche der Natur des Menschen. Der Sohn entthront den Vater. Deshalb muß Gott im Dunkel verborgen bleiben. Und da der Mensch nicht zu ihm vordringen kann, attackiert er wenigstens das die Gottheit umgebende Dunkel« (S. 79f).

Die Zeit gestattet es nicht, über Kafka, wie über alle anderen Autoren zuvor, mehr zu sagen. Wir sind am Ende nicht nur dieser Vorlesung, sondern unserer ganzen Vorlesungsreihe. Und es möge mir gestattet sein, daß ich aus meiner Sicht ein kleines Résumé ziehe.

Was geschah der Religion in der Moderne und was der Moderne durch Religion? Dies war unsere Ausgangsfrage. Wir haben in diesen Vorlesungen einen gewaltigen Bogen geschlagen vom Anfang der Neuzeit, des modernen Zeitalters, bis in die Anfänge unseres Jahrhunderts. Wer spürt es nicht: Wie anders sieht nun diese Moderne aus, wenn wir von Descartes, Pascal und Galilei und dem ganzen siècle des lumières nach vorn in eine hoffnungsvolle Zukunft schauen oder aber jetzt von Kafka aus der Düsterheit seiner Welt zurückblicken auf die Jahrhunderte davor, ernüchtert und erschrocken zugleich. Wie sehr ist die Dialektik der Moderne, von der wir immer wieder gesprochen haben, hier umgeschlagen in eine Negativität der Moderne. Gewiß, kein Blick zurück im Zorn, in Anklage oder Besserwisserei ist für den Theologen, den Christen überhaupt, angezeigt, wohl aber ein Blick in Trauer über den Verlust: daß wir es nicht vermochten, die destruktiven, selbstzerstörerischen Kräfte der Moderne zu beherrschen. Im Bewußtsein der Verstricktheit des Theologen in die von Kirche, Theologie und Religion mitverursachte Schuldgeschichte wäre *Trauerarbeit* an der Moderne zu leisten, was mehr bedeutet als Klage über den Verlust, was auch Einklage bedeutet des noch Uneingelösten und für die Zukunft zu Gewinnenden.

Wahrhaftig, wie anders wäre es gekommen, wenn die führenden Geister der Moderne zu Beginn der neuen Wissenschaft, Technologie und Industrie *Pascals* Appelle an die Vernunft des Herzens, den esprit de finesse, die Vernunft aufgehoben im Glauben, ernst genommen hätten;

wenn man im Geist der Reformatoren an der Rechtfertigung des Menschen nicht durch Leistung und Errungenschaften, sondern durch die humanisierende Kraft des Glaubens, wie *Gryphius* ihn durch alle Zeitkrisen hindurch gelebt hat, festgehalten hätte;

wenn sich im Zuge der Aufklärung weniger der Unglaube und die Frivolität Voltaires als das Ethos und die kritische Religiosität eines *Lessing* durchgesetzt hätten;

wenn sich das neue Gottesverständnis, Gott in der Welt und die Welt in Gott, von Schelling, Hegel und *Hölderlin* angekündigt, auch durch die Religionskritik von Feuerbach bis Nietzsche durchgehalten hätte;

wenn die Friedensvisionen der Romantik, des *Novalis* besonders, von einer Versöhnung von Religion und Gesellschaft und so einer höheren Epoche der Kultur Gestalt angenommen hätten;

wenn die Forderung *Kierkegaards* nach der Wiedereinführung des Christentums in die Christenheit und der Protest *Dostojewskis* gegen Inquisition und Totalitarismus in Kirche und Staat wie sein Appell an den Christus auch im äußersten Leid und in Bedrängnis gehört worden wäre? Was war dies alles anderes als ein Ruf zurück, nein vorwärts zum wahren Gott, und ein Appell zu Humanität, zur Liebe des Menschen?

Aber die Stimmen der guten Geister Europas: sie verhallten, und oft genug spottete man der Warnungen der Propheten. Am Ende dieser Moderne aber steht – kann man es verschweigen? – *Auschwitz*: mit dem Gulag bleibende Schreckenchiffre für noch nie dagewesenes Verbrechen! Was bei Dostojewski noch individueller Vatermord war, in der kafkaesken Welt unseres Jahrhunderts ist es zum Völkermord geworden. »Wenn Gott nicht existiert, ist alles erlaubt!« Die dostojewskische Vision vom Leiden unschuldiger Kinder hat dabei eine vorher unvorstellbare kollektive Dimension erhalten: Millionen Menschen vergast und vernichtet, darunter auch *Kafkas* Schwestern Elli, Valli, auch Ottla, darunter ebenso seine große Liebe Milena, darunter zweifellos auch er selbst – wäre er nicht tempore opportuno, nach sieben Jahren Tuberkulose-Leiden, bereits 1924 gestorben.

Dostojewskis Theodizee-Frage: sie lastet auf unserem Jahrhundert angesichts des Holocausts mit noch ganz anderem Gewicht. Tiefes Dunkel, ewige Aporie, unenträtselbares Geheimnis, das jede über Gott geistreich spekulierende Theologie zum Scheitern verurteilt. Nein, auch angesichts von Auschwitz kann ich als Christ keine andere Antwort geben als die des Juden Ijob, von dem der Stárez Sossima sprach, habe auch ich schließlich nichts als den Verweis auf den Gekreuzigten, den Aljóscha seinem Bruder in Erinnerung ruft, kann auch ich an nichts anderes appellieren als an die dem Bösen immer neu Widerstand leistende Haltung des Glaubens, an die selbst noch im KZ praktizierten Taten der Liebe, an die auch in extremis und de profundis gelebte Hoffnung gegen alle Hoffnung...

Für mich als glaubenden Christen ist Auschwitz aber gerade deshalb nicht das letzte Wort der Weltgeschichte. Im Gegenteil. Auschwitz fordert – vierzig Jahre danach – die *Alternativvision einer erneuerten Religion in einer erneuerten Gesellschaft.* Der Gottesfinsternis, der darauf folgenden Götterdämmerung, dem Sturz der modernen Pseudogötter *kann* ein neuer Morgen folgen in einem Paradigma der »Postmoderne« (ein Name für noch Unbekanntes), von dem selbst im dunklen Leben des Schriftstellers und Moralisten Franz Kafka ein geheimnisvoller schmaler Lichtstreifen schon sichtbar geworden ist. »Dem Tod also würde ich mich anvertrauen«, schreibt er schon im September 1917 nach ärztlicher Konstatierung der Tuberkulose und seinem Entschluß zur Auflösung auch des zweiten Verlöbnisses und fährt fort: »Rest eines Glaubens. Rückkehr zum Vater. Großer Versöhnungstag« (Tagebuch, S. 390). Findet sich hier Franz Kafka nicht doch mit Dostojewski und Kierkegaard, Novalis, Hölderlin und Lessing, auch Pascal und Gryphius?

Ja, blicken wir nach vorn: Wenn ich die Zeichen der Zeit richtig deute, so ist gegen Ende unseres Jahrhunderts der

Aufstand gegen die kafkaeske Welt allenthalben in Gang gekommen:

bei all den Naturwissenschaftlern, Technikern und Medizinern, die sich auf Ethos und auch auf Religion besinnen;

bei Männern und Frauen aller Berufe, die, von einem geistlos eindimensionalen Leben unbefriedigt, sich nach einem Letztgültigen sehnen;

bei der jungen Generation besonders, die, alternativ gesinnt, nach einer neuen Wertskala verlangt, einer weniger materialistischen Grundhaltung, einem neuen Sinnhorizont;

aber auch bei vielen Dichtern, Schriftstellern, Publizisten, von denen einige mit uns gemeinsam hier in Tübingen ein theologisch-literarisches Symposion durchgeführt haben.

Für jeden kritischen Betrachter der Zeit ist heute unübersehbar:

daß Religion die in der atomisierten modernen Gesellschaft dringend notwendige existentielle Geborgenheit und geistige Heimat schenken kann;

daß sie aber auch eine unvergleichliche Widerstandskraft zu entwickeln vermag gegen die destruktiven Kräfte, den modernen Entfremdungsprozeß, gegen Ansprüche totalitärer Systeme jeglicher, auch schwarzer Couleur;

daß Religion somit eine eminent humanisierende, befreiende, heilende Funktion haben kann und faktisch immer wieder hat – Religion statt wie früher Opium, jetzt Remedium des Volkes;

daß dies alles jedoch nicht nur vom Christentum gilt, sondern auch vom Judentum, vom Islam, auch den großen asiatischen Religionen, überall, wo die Immanenz mit der Transzendenz, die Horizontale mit der Vertikalen, das Leben drunten im Dorf mit dem Geheimnis droben im Schloß in einer für die Menschen befreienden Weise verbunden wird.

Nein, die großen Visionen des Gryphius, Lessing, Hölderlin und Novalis von Frieden, Freiheit und Menschlichkeit sind nicht widerlegt! Sie sind in der Moderne nur nicht abgegolten worden und verweisen in eine andere Zukunft. Und die hohe Intellektualität und Moralität des Katholiken Pascal sowie die radikale Christlichkeit des Protestanten Kierkegaard sind hier ebenso hineinzunehmen wie die mystische

Tiefe des Russen Dostojewski und die rätselhafte Dunkelheit des Juden Kafka.

In summa: Dichtung und Religion in einem: Thema einer großen mehrtausendjährigen Vergangenheit. Dichtung und Religion in einem: Thema der Hoffnung auf eine neue Zukunft – eine Zeit, die eine Dichtung hervorbringen möge, in der große Theologie und große Ästhetik in exemplarischer Weise sich neu verschwistern.

WALTER JENS
»Laßt den Menschen nicht verkommen!«

„Unfähigkeit, allein das Leben zu ertragen, nicht etwa Unfähigkeit zu leben, ganz im Gegenteil, es ist sogar wahrscheinlich, daß ich es verstehe, mit jemandem zu leben, aber unfähig
bin ich, den Ansturm meines eigenen Lebens, die Anforderungen meiner eigenen Person, den Angriff der Zeit und des
Alters, den vagen Andrang der Schreiblust, die Schlaflosig-
keit, die Nähe des Irreseins – alles dies allein zu ertragen bin
ich unfähig«: eine Tagebuchnotiz vom Sommer 1913. Franz
Kafka, ein Junggeselle, der dreimal verlobt war, stellt in aktua-
rischer Manier, penibel und einen Punkt nach dem andern
aufführend, Argumente zusammen, die für oder gegen die
Ehe sprechen.

Das Resultat: sehr schwache Pro-, sehr gewichtige Contra-
Thesen. Die Hoffnung, durch die Verlobung mit Felice Bauer
(im Werk als Frieda Brandenstein oder Fräulein Bürstner auf-
tauchend: F. B. in vielerlei Variationen) ... diese Hoffnung
klingt eher nach Wunschformel als abgesicherter Überzeugung.

Ein geflüstertes, halb verwundert in Frageform geäußertes
Ja, konfrontiert mit einem betäubenden *Nein*: So lautet das
Ergebnis der Seelenerforschung in Protokollform. Der Anblick
zweier elterlicher Nachthemden auf den für die Schlafenszeit
vorbereiteten Betten macht nicht gerade Mut – und was die
Nothelfer angeht, Kafkas literarische Gesprächspartner, Kierkegaard, Grillparzer, Kleist, Flaubert, Dostojewski, so konstatiert der Schreiber befriedigt, daß ausgerechnet von seinen
Meistern (zu denen, am Rande, auch Pascal gehörte) mit Ausnahme Dostojewskis niemand verheiratet war.

»Ich muß ... allein sein. Was ich geleistet habe, ist nur ein
Erfolg des Alleinseins. Alles, was sich nicht auf Literatur be-

zieht, hasse ich« lautet das Bekenntnis eines Mannes, der nicht nur, wie viele andere aus dem Haus und Geschlecht Tonio Krögers, einsam, sondern total abgeschnitten, ausgeschlossen und exiliert war. Ein Deutscher (tschechischer Herkunft), den es unter jene acht Prozent Prager verschlagen hatte, die deutsch sprachen. Ein auf die Selbstbestimmung der Tschechen pochender Literat inmitten einer nationalistisch gesinnten, auf Wien (nicht auf Prag) eingeschworenen Oberschicht deutscher Prägung. Ein Jude unter den Christen. Einer, der Luther kannte, aber auch den Schwejk. Ein Junggeselle zwischen Familienvätern, Kindern, Frauen und Männern... all jenen also, von denen Kafkas geliebter Flaubert einmal gesagt hatte (freilich ohne daraus Konsequenzen zu ziehen): *Ils sont dans le vrai.*

Aphorismenos, abgetrennt von der Welt wie der späte Kierkegaard, ist Kafka gewesen; eine *Claudio*-Gestalt in der Art des Helden aus Hofmannsthals »Der Tor und der Tod« (*Claudio*: der Abgeschnittene) – nur noch viel verlorener. Verloren selbst in der Sprache, die er nicht *hatte*, sondern, umgeben vom Kuchelböhmischen, Mauscheljüdischen, Operetten- und Amtsdeutsch rings um ihn her, sich erst *schaffen* mußte: das strenge, aber poetische Gesetzbuch-Deutsch eines Menschen, der in Gesellschaft nur war, wenn er mit sich selber verkehrte. »Es langweilt mich, Gespräche zu führen (selbst wenn sie sich auf Literatur beziehen), es langweilt mich, Besuche zu machen, Leiden und Freuden meiner Verwandten langweilen mich in die Seele hinein. Gespräche nehmen allem, was ich denke, die Wichtigkeit, den Ernst, die Wahrheit.«

Franz Kafka, ein Junggeselle, dessen Protagonisten aus Junggesellen bestehen: Roßmann, Bendemann, Samsa, Josef K. (Auch der Landvermesser gehört, mag er irgendwann, in weiter Ferne, einmal verheiratet gewesen sein, mit in die Reihe.)

Und keine Frau dabei! (Mit Ausnahme der Sängerin Josefine.) Nicht einmal ein Mutter-Sohn inmitten all dieser jungen – oder zumindest jung wirkenden – Männer, die sich, im Schatten ihrer *Väter*, vergeblich zu emanzipieren suchen.

Kierkegaards Schicksal scheint sich in Prag zu wiederholen: Unfähig zu sozial verbindlichem Tun, nicht willens (und nicht in der Lage), sich auf einen anderen als sich selbst – *und* den Vater! – einzustellen, warnt Kafka seine Braut Felice Bauer (und mit der einen auch alle anderen Frauen) vor sich, beschwört sie, sich nicht auf ihn einzulassen... und ist ehrlich dabei. Ehrlicher, auf jeden Fall, als Kierkegaard, der Regine Olsen angeblich seine religiöse Schwermut zu ersparen gedachte und in Wirklichkeit nur an seine Isolation fordernde Schriftsteller-Existenz dachte – eine Existenz, die er dort, mit Hilfe von viel Metaphysik und biblischer Psychologie, zu umschreiben versuchte, wo Kafka die Karten offen auf den Tisch legte.

Ich warne dich vor mir, ich bin anders, du wirst dich anstecken an meiner Nicht-Existenz in der Welt. Wieder und wieder hat Kafka diesen Appell variiert, hat sich angeschwärzt, den Un-Menschen gespielt (wie Kierkegaard im »Tagebuch eines Verführers«, aber auch wie Sortini, mit der obszönen Abstoßung Amalias, im »Schloß«), hat, nun wieder Kierkegaard ganz nah, »verwirrende Briefe hinter den Wolken« geschrieben, Kassiber, deren Bestimmung es war – so Kafka, den dänischen Bruder im Geist betreffend, anno 1918 an Max Brod –, die Braut vor dem *Folterwerk* monomanischen Schreibens zu warnen.

Abscheuliches, mit der allerspitzesten Feder geschrieben. Was Kierkegaard Regine Olsen, über Jahre hinweg, zumutete, wollte Kafka den Menschen, die ihn liebten, ersparen. Ersparen nicht zuletzt aus sehr konkretem Grund: »Könntest Du das ertragen?« – Brief an Felice vom Juni 1913 – »Vom Mann nichts zu wissen, als daß er in seinem Zimmer sitzt und schreibt? Und auf diese Weise den Herbst und den Winter verbringen? Und gegen das Frühjahr zu, den Halbtoten an der Tür des Schreibzimmers empfangen? ... Ist das ein mögliches Leben?«

Wer wie Kafka *Schreiben als Form des Gebets* auffaßte, als unendlichen Monolog inmitten einer Welt, in der Gott – vielleicht! – einmal war, und in die er – aber wer konnte das wissen? – möglicherweise irgendwann einmal zurückkehren würde; wer nach der Maxime zu schreiben versuchte »Es gibt kein Haben, nur ein Sein, nur ein nach letztem Atem, nach Ersticken verlangendes Sein«, der *mußte*, als Poet, wortwörtlich asozial sein, *mußte*, wie Kafka es tat, Einsamkeit und

Isolation als *conditio sine qua non* seines Schaffens verstehen. »Dieses Schreiben«, heißt es, Ende März 1923, in einem Brief an den Arzt und Freund Robert Klopstock. »ist mir in einer für jeden Menschen um mich grausamsten (unerhört grausamen, davon rede ich gar nicht) Weise das Wichtigste auf Erden, wie etwa einem Irrsinnigen sein Wahn (wenn er ihn verlieren würde, würde er ›irrsinnig‹ werden) oder wie einer Frau die Schwangerschaft... Und darum halte ich das Schreiben in zitternder Angst vor jeder Störung umfangen, und nicht nur das Schreiben, sondern auch das dazugehörige Alleinsein.«

Sosehr er unter seiner Einsamkeit litt, Franz Kafka – er glaubte zu wissen, daß die Total-Isolation, in der das schreibende Subjekt sich gegenüber einer (in sich uneinigen, ihn nicht erreichenden) Menschheit befände, immer noch besser sei als jene grundloseste aller Einsamkeiten, die Verlorenheit zu zweit (*ils sont dans le vrai?* Nicht für den Autor des »Schlosses«!)

Und dennoch, zeitlebens, die Sehnsucht nach Eingemeindung und verläßlicher sozialer Verbindung nicht nur im Privaten! Dennoch die verzweifelte Hoffnung, sich mit seinem Volk versöhnen zu können, ein Jude unter Juden zu werden – aufgehend, wie er am Schluß seiner »jüdischsten« Geschichte, der Erzählung »Josefine, die Sängerin« sagt, »in gesteigerter Erlösung« des Volkes.

Dennoch, am Ende seines Lebens, der Traum von einer bescheidenen Existenz in Palästina, einem Kellner-Dasein zum Beispiel oder einem kleinen Handwerksbetrieb (»das heißt doch nicht viel gewünscht«) in irgendeinem südlichen, zur Befreiung von der Tuberkulose geeigneten Land.

Dennoch – immer wieder – der Stolz auf sein Land, die Begeisterung beim Anschaun jüdischer Theatergruppen, die Ergriffenheit angesichts hebräischer Kinder: bestimmt von der Devise »Komm zurück zu deinem Volk«; dennoch die rührende Bewegung, die Kafka ergreift, wenn eine ganz gewöhnliche Truppe in einem ganz gewöhnlichen, eher schäbigen Café zu tanzen und zu singen beginnt: »Bei manchen Liedern, der Ansprache ›jüdische Kinderlach‹, manchem Anblick dieser Frau, die auf dem Podium, weil sie Jüdin ist, uns

Zuhörer, weil wir Juden sind, an sich zieht, ohne Verlangen oder Neugier nach Christus, ging mir ein Zittern über die Wangen.«

Sekundenartig – aufleuchtend und schon wieder verloschen! – taucht bei Kafka, immer wieder, die Vision der *Großen Gemeinde* auf, in deren Umkreis die Antithetik von *solitaire* und *solidaire, einsam* und *gemeinsam*, sich aufhebt ... einer Gemeinde, die für etwas Paradoxes wie das »jüdische« (sprich: Kafkasche) Kreuz steht, in dessen Zeichen der vertikale und der horizontale Sinn-Bezug einander ergänzen.

Wie kann der einzelne zugleich, im Aufblick zum Gesetz, sich selbst *und* den anderen gerecht werden? Wie gelingt es einem, über dem »Schloß« das »Dorf« und über dem »Dorf« das »Schloß« nicht zu vergessen? Wie kann der Schriftsteller die ihm abverlangte Askese üben und dennoch nicht aus der Welt herausfallen? Wie ist es möglich – Amalias Problem im »Schloß«! – »Aug in Aug mit der Wahrheit zu stehen« (und sei es für den Bruchteil eines Augenblicks), ohne deshalb ein für allemal gezeichnet, will heißen: sozial stigmatisiert und, als zuviel Wissender, gesellschaftlich verstoßen zu werden?

Was Amalia im »Schloß« nur zu durchdenken und zu durchleiden vermag, an der Grenze zur Unmenschlichkeit und zum Wahnsinn, das sucht Kafka in Gleichnisse, Parabeln und paradoxe Bilder zu fassen: Wie kann man leben, am »jüdischen Kreuz« mit seinen zusammengebundenen, im Vertikalen aufs Schloß (das Gesetz, das Unzerstörbare) und im Horizontalen aufs Dorf (die Gemeinschaft, die Ehe, das soziale Verhalten, die Kommunikation untereinander) verweisenden Balken?

Wie, heißt die Frage, kann Amalia – Kafkas größte und menschlichste Figur! – vorm Antlitz Gottes leben und zugleich geachtet sein? Wie findet der im Monolog versunkene Thora-Leser seine Gemeinde?

Kein Zweifel, daß Kafka, der, unter allen Schriftstellern unseres Jahrhunderts, diese Frage am konsequentesten durchdacht hat, eine Antwort darauf nicht wußte – keine Lösung, kein Fazit am Schluß. (Die Romane enden, wie sie begannen: offen. Der Landvermesser ist dem Schloß in der ersten Zeile so nahe wie in der letzten.)

Statt der Resultate: immer exaktere Fragen. Statt der Analyse des Ziels: Beschreibungen der Wege. Statt der Definition des Heils und der Rettung: Vorführung von Möglichkeiten im Hinblick auf das (zurückliegende? künftige?) Heil. (»Verstekke«, heißt es in einer »Betrachtung« – Nummer 26 –, »sind unzählige, Rettung nur eine, aber Möglichkeiten der Rettung wieder so viele wie Verstecke.«)

Solitaire – solidaire. Für Kafka blieb Antithese, was zur dialektischen Ergänzung, zu sinnstiftendem Wechselspiel aufgehoben sein *wollte*, aber nicht aufgehoben sein *konnte*. (»Was habe ich mit Juden gemeinsam?« – Tagebuchnotiz von 1914 – »Ich habe kaum etwas mit mir gemeinsam und sollte mich ganz still, zufrieden damit, daß ich atmen kann, in einen Winkel stellen.«)

Und trotzdem, noch einmal, die verwegene Hoffnung, daß, in Dunkel und Heilsvergessenheit des Hier und Jetzt, die Dämmerung auf einen einmal vorhandenen, Sinn und Ordnung verbürgenden Schimmer verwiese; daß Trauer für Strafe, Strafe für Schuld, Schuld für die, in dritter Ableitung nachgewiesene Existenz des »Anderen« stünde; daß, mit Hilfe der Kategorie »aufbauende Zerstörung«, das Positive – vielleicht! – vom Negativen aus in den Blick treten könne.

Vielleicht, wohlgemerkt. *Nur*: vielleicht. *Sicherheit*, ob die Könige unter dem Himmel noch lebten oder ob nur die Kuriere einander die längst sinnlos gewordenen Botschaften zuriefen, gibt es für Kafka nicht. Die Schreie, Erscheinungen, Aktionen und Gespräche können Realität, sie können aber genausogut, wie vor allem »Das Schloß« zeigt, nur Echos, Spiegelungen, Träume und Halluzinationen sein. Das Licht auf der Fratze – unterstreicht es die Dämonie einer Figur oder symbolisiert es, als Abglanz interpretierbar, den Widerschein des Gesetzes? Nein, Kafka gibt keine Antwort. Er kannte sie nicht und gab auch nicht vor, sie zu kennen. Möglichkeiten umschreibend hütete er sich, Wirklichkeiten zu definieren: »Wir sind« – ein Notat aus dem dritten Oktavheft –, »mit dem irdisch befleckten Auge gesehen, in der Situation von Eisenbahnreisenden, die in einem langen Tunnel verunglückt sind, und zwar an einer Stelle, wo man das Licht des Anfangs nicht mehr sieht, das Licht des Endes aber nur so winzig, daß der Blick es immerfort suchen muß und immerfort verliert, wobei Anfang und Ende nicht einmal sicher sind. Rings um uns aber haben wir in der Verwirrung der Sinne oder in der Höchstempfindlichkeit der Sinne lauter Ungeheuer und ein je nach der Laune und Verwunderung des Einzelnen entzückendes oder ermüdendes kaleidoskopisches Spiel. Was soll ich tun? oder: Wozu soll ich es tun? sind keine Fragen dieser Gegenden.«

Ich denke, das ist keine von Nihilismus oder gar atheistischem Pathos geprägte Parabel – im Gegenteil, da wird deutlich, daß die Dunkelheit des Tags mit dem (freilich kaum noch erkennbaren) Lichtglanz der Ordnung korrespondiert – einer Ordnung, von der allerdings unbekannt ist, ob sie vergangen ist oder vorausliegt ... aber existent und damit, wenn auch nur abgeleitet, *präsentisch* wirkt sie auf jeden Fall.

Franz Kafka: ein *homo religiosus?* Gewiß. Ein Schriftsteller mithin, der sich zu Recht, als letzter, Pascal, Kierkegaard und Dostojewski zugesellt – Autoren, mit denen die Forschung ihn immer aufs neue vergleicht? Auch das ist unbezweifelbar. Ein Poet also, der sich zeitlebens zu der berühmten Maxime bekannt hat (»Betrachtungen«, Nummer 50), der Mensch könne »ohne ein dauerndes Vertrauen zu etwas Unzerstörbarem in sich« nicht existieren? Ja, das stimmt ebenfalls.

Kafka, ein Autor, der, nicht vom unangefochtenen, ja, kaum vom angefochtenen Glauben, wohl aber vom *Glauben-Mögen* bestimmt, die Vision eines umfassenden »Dennoch« entwarf? Gleichfalls unstrittig, auch das. (Es ist todernst gemeint, wenn Kafka, zu Beginn des Jahres 1918, in einem Brief an Max Brod die Aufrichtung einer »Kirche, einer Heilanstalt« als ein »Etwas« bezeichnet, »was zweifellos kommen wird und sich schon im Tempo unseres Zerfallens um uns aufbaut«.)

Aber war er deshalb, wie Kierkegaard, oder auch nur wie Dostojewski, ein theologischer Schriftsteller, der Autor des »Schlosses«, ein Prosaist also, in dessen Werk bestimmte Chiffren den Charakter von Allegorien haben, so daß »Dorf« für »Welt« (oder Menschheit unter der Sünde) und »Schloß« für »Himmel« (oder Nichts oder Autorität und Bürokratie) stünde? Das eben nicht.

Das (theologische) »Deuten«, hat Hermann Hesse mit gebotener Deutlichkeit formuliert, »... ist gut für Leute, die ... nie ins Innere eines Kunstwerks Zugang finden, weil sie am Tor stehen, mit hundert Schlüsseln daran herumprobieren und gar nicht sehen, daß das Tor ja offen ist«.

Nun, ganz so offen ist es leider nicht, das Tor. So sicher es scheint, daß, wer in der Poesie Allegoresen und simple Gleichungsmuster entdecken möchte, von Kafka nicht bedient werden kann, so entschieden will, auf der anderen Seite, betont sein, daß der Verfasser der »Betrachtungen« und der »Strafkolonie«, der »Josefine« und der großen Romane sich sehr wohl religiöser Bilder, biblischer Archetypen und von der theologischen Exegese vorgeprägter Symbole bediente, wenn es galt, die Utopie seines – imaginären – Judenkreuzes zu entwerfen oder die Rabbi-Frage nach dem Licht (in unserem Rücken? vor unserem Antlitz?) zu exegesieren.

Kafka kannte das Judentum, und er kannte die Bibel, Gesetz, Prediger und Propheten voran: »Nur das alte Testament sieht – nichts noch darüber zu sagen.« Während er Jesus mit Respekt, Geduld (als dem Resultat besorgten Zuhörens und von Sympathie zeugender Meditation), ja sogar mit einer gewissen, freundlich-fremden Bewunderung gegenübertritt (»einen lichterfüllten Abgrund« hat er Christus genannt; ich bin freilich nicht sicher, ob gerade dieses Zitat, aus Gustav Janouchs »Gesprächen mit Kafka«, Authentizität beanspruchen darf) ... während er Jesus, nicht zuletzt um der Weltzugewandtheit willen, preist (der ganze Kosmos, so Kafka, sei am Geburtstag des Nazareners »offen« gewesen), aber trotz aller Zuneigung nie die Position des Betrachters verläßt, sieht er sich, im Fall des Alten Testaments, als Schriftsteller herausgefordert. Da kann er, einen Abraham von schauerlicher Albernheit erfindend: einen Wichtigtuer, der von Gott gar nicht gemeint ist, mit Kierkegaard wetteifern und das Paradox vom frommen Mörder zu barer Absurdität steigern; da hat er Gelegenheit, Moses und Sarah in die Wirklichkeit seiner Zeit zu übertragen, Kanaan an der Moldau und die Wüste in jenem Seelenreich zu lokalisieren, in dem er, Kafka, Zwiegespräche mit Felice und Milena hielt; da ist ihm die Chance gegeben, alttestamentarische Gottesvorstellungen und Gesetzesgebote zur Verdeutlichung seines eigenen Selbst- und Weltverständnisses in Dienste zu nehmen. Die Zwielichtigkeit väterlicher Autorität; das Sich-Auflehnen gegen sexuelle Tabus; die Befolgung von ritualähnlichen Askese-Vorschriften – Kardinalfragen der Kafkaschen Existenz, beleuchtet vor der Folie alttestamentarischer Glaubensvorstellungen!

Kurzum, der Autor des »Schlosses« war ein Schriftsteller, der seine Parabeln im Horizont des jüdischen Begreifens von Gericht und Erlösung, Erbsünde, Schuld und Strafe entwarf, ohne deshalb jemals gläubiger Jude (oder gar Christ) gewesen zu sein: »Ich bin nicht von der allerdings schon schwer sinkenden Hand des Christentums ins Leben geführt worden wie Kierkegaard und habe nicht den letzten Zipfel des davonfliegenden Gebetsmantels noch gefangen wie die Zionisten. Ich bin Ende oder Anfang.«

Ende oder Anfang: aber nie Mitte! Nie Zentrum einer vom Glauben vorgegebenen und von der Geschichte bestätigten Entwicklung! Nie Symbol des Exodus, zwischen Prophetie und messianischer Erlösung!

Und dennoch, so weit entfernt Kafka von orthodoxer jüdischer Frömmigkeit war – er kam nicht los von den Rabbis und Wunderheiligen, den Gesetzesdienern und den Schauspielern um seinen Freund Jizchak Löwy, dessen Inszenierungen er ein Sechstel seiner Tagebücher widmete. Die ostjüdische Welt, vor allem, hat ihn – wie Joseph Roth oder Arnold Zweig – in einer Weise fasziniert, die deutlich macht, wie wichtig Kafka die sinnfällige, nicht additive, sondern existenzbestimmende Verwirklichung des Glaubens war, eine Repräsentanz, die weltweit von dem – im »Brief an den Vater« glossierten – Honoratioren-Judentum Hermann Kafkas entfernt war: »Im Grund bestand der Dein Leben führende Glaube darin, daß Du an die unbedingte Richtigkeit der Meinungen einer bestimmten jüdischen Gesellschaftsklasse glaubtest... unmöglich, einem vor lauter Ängstlichkeit überscharf beobachtenden Kind begreiflich zu machen, daß die paar Nichtigkeiten, die Du im Namen des Judentums mit einer ihrer Nichtigkeit entsprechenden Gleichgültigkeit ausführtest, einen höheren Sinn haben konnten.«

Wenn Kafka gegen die lässige Liberalität seines Vaters polemisiert, spricht er wie, nach ihm, Joseph Roth, der, im Essay »Juden auf Wanderschaft«, jene Assimilierten verhöhnt, die ihr Bethaus in eine protestantische Kirche verwandelt hätten, einen Sonntagstempel, in dem sie sich bei Orgelmusik in religiös-erbauliche Stimmung einwiegen ließen.

Und dagegen nun Kafka, der Jude: ein Schriftsteller, dessen Verpflichtung gegenüber dem ihn prägenden Erbe sich im gleichen Augenblick zeigt, wo er einer Christin, Milena, begegnet, vor der, als einer fremden, aber von ihm für verbindlich erklärten Instanz, er sein Judentum erläutert, seine Diaspora-Existenz verflucht, seine Entfernung vom Paradies beklagt, sein Sondersein, als ein spezifisch jüdisches, erklärt (»Bedenken Sie..., Milena, wie ich zu Ihnen komme, welche 38jährige Reise hinter mir liegt, und da ich Jude bin, eine noch so viel längere«). Wie er sich in einen »Rabbi« verwandelt (»fast weißhaarig von alten Nächten«)! Wie er Milena die ihm Nächsten, arme jüdische Auswanderer, nahezubringen versucht. Und wie dann, mittendrin, plötzlich der Selbsthaß, ein infernalisches Wüten des Juden gegen den Juden, zu triumphieren droht! »Manchmal möchte ich sie (die Juden), mich eingeschlossen, alle etwa in die Schublade des Wäschekastens dort stopfen, dann warten, dann die Schublade ein wenig herausziehen, um nachzusehen, ob sie schon alle erstickt sind, wenn nicht, die Lade wieder hineinschieben und es so fortsetzen bis zum Ende.«

Eine Auschwitz-Phantasmagorie zur Zeit der Entstehung des »Schlosses«. Der Alptraum eines Juden, dem die Liberalität der Assimilierten nichts, der orthodoxe Zionismus mehr (*etwas* mehr), die ostjüdische Frömmigkeit mit ihrem Reichtum an Visionen, Entzückungen, den wilden Usurpationen der Welt und den ekstatischen Aneignungen Gottes sehr viel bedeuteten. In den chassidischen Geschichten, nicht in der Thora oder dem Talmud, fand Kafka das ihm gemäße, auf Paradoxen basierende Verständnis einer geheimen, sehr leisen, sehr verschlüsselten und erklärungsbedürftigen Zwiesprache zwischen Mensch und Mensch in Richtung auf Gott: »Diese Geschichten, ich verstehe es nicht« – so ein Brief an Max Brod, September 1916 – »sind das einzig Jüdische, in welchem ich mich, unabhängig von meiner Verfassung, gleich und immer zu Hause fühle, in alles andere werde ich nur hineingeweht, und ein anderer Luftzug bringt mich wieder fort.«

Nein, nicht der Zionismus, dem Kafka nur das Etikett »Eingang zu etwas Wichtigerem« zubilligen mochte, sondern die Legenden des Baalschem und die Parabeln des Großen Maggid (beide von Martin Buber verdeutscht), das Arsenal des Chassidismus also war für den Parabeldichter ein Glaubensschatz, der ihn, den Wesensverwandten, mehr und mehr faszinierte. Kein Wunder, daß manche Legenden der Chassidim sich wie Kafkasche Etüden lesen lassen, Aphorismen Kafkas wiederum wie Weisheitssprüche von Kabbala-Nacherzählern erscheinen: In jedem Fall geht es, mit dem Verfasser der Tagebücher zu sprechen (Notiz vom 16. Januar 1922), hier wie dort um einen »Ansturm gegen die letzte irdische Grenze«. (»Ansturm von unten, von den Menschen her« und Ansturm »von oben, zu mir herab«.)

Da gewinnt, in der Beschreibung einer Poesie, die für Kafka den Charakter gnadenloser Treibjagd besaß (»sie kann, dies scheint am zwingendsten, zum Irrsinn führen«)... da gewinnt, in schlagartig erhellender Formel, jenes Wechselspiel von Niedrigkeit und Souveränität, dem Blick aus dem Staub und dem Blick von den Sternen herab, Anschaulichkeit, das Kafkas Spätwerk, in Sonderheit den letzten Roman, akzentuiert.

»Das Schloß«: ein Buch, in dem geschildert wird, wie ein einzelner, der Landvermesser K., dort Heimatrecht gewinnen möchte, wo, mit Ernst Bloch zu reden, vor ihm noch »niemand war« – zu Hause in einer Welt, wo Gott sich mit den Menschen und die Menschen sich untereinander versöhnen.

Beschreibung einer Utopie also, auf die Kafka sich einläßt, indem er einen Protagonisten erfindet, dem diese Utopie aus den Blicken gerät, aber nie widerlegt wird. Es *könnte*, so die Quintessenz des Romans, Heimat geben, an der Grenze von Dorf und Schloß, im Zeichen des Skandalons, der religiösen Paradoxie eines jüdischen Kreuzes mit seinem himmelwärts, ins Unendliche, und seinem aufs Irdisch-Nahe gerichteten Balken, aber es *gibt* sie noch nicht, ja, es ist fraglich, ob jenes – womöglich noch allegorisch verwertbare – Schloß überhaupt existiert, das identisch ist mit den Phantasmagorien des Landvermessers, diesen von Blindheit, aber auch plötzlicher Hellsicht getragenen Reaktionen eines Asyl-Suchenden.

Aber wie immer das Schloß, aus der Sicht des Autors oder der Perspektive des Helden, sich ausnehmen mag – es ist, in jedem Fall, ein *Zwielichtreich*, dessen Wesen die Ambivalenz ist, die Janusgesichtigkeit, in deren Bezirk Gott den Teufel und der Teufel Gott spielen kann: eine Region, wo es Beziehungen nur durch Kontakt-Verweigerung und Begegnungen nur mit Hilfe von Entfernungen gibt.

Ein Schloß mithin, ein imaginäres Palais, das der Autor mit Hilfe der Vorstellungen seines Helden entwirft, wobei am Ende offenbleibt, ob der Landvermesser die ihm begegnende Objekt-Welt richtig, das heißt, ihrem So-Sein entsprechend, eingeschätzt hat oder ob sich nicht, aus der Perspektive Amalias, Friedas, Olgas, Barnabas' oder gar Klamms, die von K. erlebte Geschichte vollkommen anders darstellen ließe.

In der Tat, es ist Vorsicht geboten: Die Sicht des Landvermessers, macht Kafka von Anfang an deutlich, ist nicht die einzig mögliche Betrachtungsweise der Dinge; es könnte vielmehr so sein (zumal der Anfang, wo der Erzähler sich, ein paar Worte lang, von seinem Helden emanzipiert, legt dies nahe) ... es könnte vielmehr so sein, daß K., der Landvermesser, in der Situation jener Gefesselten ist, die Platon im Höhlengleichnis beschreibt. Unfähig, sich zu bewegen, halten sie die Schatten von Puppen, die in ihrem Rücken auf einer kleinen Balustrade vorbeigetragen werden, für wirkliche Menschen und verwechseln geschnitzte Figuren, deren Abbilder ein Feuer auf die den Gefesselten gegenüberliegende Wand wirft, mit Lebewesen aus Fleisch und Blut.

Es *könnte* so sein, wohlgemerkt; doch bliebe auch dann unbestreitbar, daß sich inmitten der nur abbildartig und dazu widerspruchsvoll bezeugten Wahrheit: inmitten aller Zwiedeutigkeit trotz allem jene Verheißung einer sinnvollen Existenz abzeichnet, die für Kafka immer nur *ex negatione* darstellbar war. Glanz gibt es in seinem Werk allein dort, wo das Zwielicht regiert; Wahrheit bedarf, um Gestalt zu gewinnen, der Komik; Verbindlichkeit ist nur zu haben, wo Unangemessenes, Skurriles, ja, Fratzenhaftes ins Spiel kommt.

Das heißt natürlich nicht, daß die gehäuften Scheußlichkeiten und Obszönitäten allesamt metaphysisch interpretiert werden müßten; daß Sortini, der Asket mit der schmutzigen

317

Phantasie, ein Gottesbote sei und die Beamtenhierarchie eine Stufenleiter, an der roboter- und marionettenähnliche Figuren ihre Kunststücke vorführen, für die Weltordnung stünde – nein, das nicht!

Von »ist« und »repräsentiert« und »bedeutet« sollten Interpreten Kafkas nicht reden; Analogien zwischen Vorgängen, Dingen, Figuren und deren (scheinbar einsinniger) Bedeutung verbieten sich, zwischen »Urteil« und »Schloß«, ohnehin.

Und trotzdem: *Schreiben als Form des Gebets.* Trotzdem: *Jagd bis zum Irrsinn* und *Ansturm gegen die letzte innere Grenze.* Warum? Weil es Kafka um die poetische Definition eines Selbst- und Weltverständnisses ging, in dessen Horizont es nur noch Fragen, aber keine Antworten gibt. Nichts ist fixiert, alles ist offen. Was, im Fall Dostojewski, nur für die Figuren gilt: die Allmöglichkeit auch im Geringsten, hat, bei Kafka, Geltung in jedem Detail. Nichts, kein Blick auf eine Schneelandschaft, kein Erwachen in einer Turnhalle, kein Tanz um eine Feuerwehrspritze wird richtig verstanden, wenn der Leser nicht mitempfindet, daß bei Kafka gerade den alltäglichsten Vorgängen die Grandiosität und das Pathos von luziferischen oder messianischen Kämpfen zukommt. Wie immer die Rebellen und Harlekine, Schlafmützen, Bösewichter, Spaßmacher, Bettler, Großmäuler und Huren, die häßlichen Dörfler und die zerstreuten Beamten, die lässigen und die übereifrigen Sünder sich aufführen – sie alle verdeutlichen mit jeder Geste: Wir sind nicht allein; man schaut uns zu; wir haben Narben; wir sind gezeichnet.

»Ansturm von oben, zu mir herab«. Kein Kapitel, im »Schloß«, dessen Aktionen nicht unter dieser, unmittelbar vor Beginn des Romans formulierten Maxime interpretiert werden müßten. Nicht das Schloß, nicht die Behörde, nicht der Beamtenapparat, sondern die Art und Weise, wie die Personen miteinander umgehen und reden, wie der Landvermesser Raum zu gewinnen sucht, zurückgeworfen wird, auf der Stelle verharrt, sich im Kreise bewegt: dies allein verbürgt die metaphysische Signifikanz des Romans.

Da kämpft ein unscheinbarer Mann, ein Angepaßter, vielfach Schuldiger, ein Frauen-Ausbeuter und Monomane, ein infantiler Egozentriker, der eine Art von Schloß-Tick hat, seinen belanglosen, gelegentlich unfreiwillig komischen Kampf, geriert sich halb als Don Quichotte, halb als jüdischer Dörfler – ein Am-há-arez, der es wagt, den Reinen und Feinen, den Gesetzesauslegern und Kennern der Schrift, Paroli zu bieten. Da stolpert einer unentwegt, verschätzt sich, hält Riesen für Zwerge und Zwerge für Riesen, geht, wiewohl vielfach belehrt, unentwegt Koalitionen ein, die sich im nachhinein als verhängnisfördernd erweisen, fällt hin und steht wieder auf, probiert, mal Landvermesser, mal Schuldiener, ständig andere Masken, während die Welt um ihn herum, starr und unwandelbar, bleibt, was sie ist – und doch ist dieser lächerliche Mensch, der nicht einmal die Fassade des Schlosses stimmig zu beschreiben versteht, sondern sich ständig in unangemessenen Vergleichen verliert... doch ist dieser Niemand in seinem unermüdlichen Kampf gegen die böse Herrschaft des Schlosses zugleich ein homerischer *Outis*, Odysseus zwischen Zyklopen, Zauberinnen und Sirenen. (Sie heißen jetzt Klamm, Brückenhofwirtin, Frieda und Olga). Ja, mehr als das: Er ist, in all seiner Erbärmlichkeit, zu einem Hiob geworden, der nicht abläßt von seinem Traum-Schloß, das ihn am Ende, wörtlich, »unter sich« begraben wird: ihm, dem Sterbenden, im Dorf eine provisorische Heimstätte gebend. (Womit er – Pointe aller Paradoxien, die Kafka über Hunderte von Seiten entwickelt! – gnädig geschenkt erhält, was er von Anfang an besaß.)

Nein, trostreich ist es nicht, das Finale des »Schlosses«, eher von Zynismus geprägt. Eine Zurücknahme des Goetheschen Faust; der immer Strebende bleibt unerlöst. Wer anderes erwartet (Max Brod hat es, einem hochidealistischen Irrtum aufsitzend, getan), der beweist damit nur, daß er Kafkas Intentionen nicht verstanden hat: Von einer Behörde, die eine Frau kriminalisiert, Amalia, die eine Sekunde lang die Wahrheit durchschaut, ist keine Gerechtigkeit zu erwarten. Hier waltet Herrschaft, nicht Autorität (im Sinne von Menschlichkeit und Kompetenz); hier ist der schreckliche Kierkegaardsche, Dostojewskische, Kafkasche Vater – der Vernichter, nicht der Versöhner – im Amt; das Widergöttliche feiert – Sortini mit den Phallus-Symbolen, der Deichsel und der Feuerwehrspritze! – seine makabren Triumphe und vernichtet in gleicher Weise, was sich ihm widersetzt und was ihm Opfer bringt. Amalia, der einzig wahrhaft freie Mensch im Roman, wird in gleicher Weise zuschanden gemacht wie ihre Schwester, Olga, die sich, um die Familienehre zu retten, mit den Beamten einläßt.

Und doch, in der gleichen Weise, wie Lächerlichkeit jederzeit in Majestät umspringen kann und ein Landvermesser bei seinem Windmühlenkampf in Hiobs Schatten eintaucht: ein Niemand, der, von Archetypen insgeheim mitfiguriert, plötzlich die Größe eines Gottesknechts gewinnt... in der gleichen Weise könnte auch das Schmutzige, ja, Verworfene umschlagen in plötzliche Helle: nun nicht mehr Finsternis im – wie der Fall Amalia zeigt – unauslöschbaren Licht, sondern Licht in der Finsternis. Satan und Seraphim, Himmel und Hölle, die Wüste und das Land Kanaan liegen bei Kafka nah beieinander: Einsamkeit des Exils und »ackerbauendes Land«, aus dem der Autor des »Schlosses« sich, wie eine Tagebucheintragung vom 28. Januar 1922 beweist, exiliert glaubt. Ein Emigrant in der Wüste, der gleichwohl das Land der Väter nicht aufgeben mochte; ein einsamer Schriftsteller – aber ein Jude. »Ich bleibe doch vielleicht in Kanaan und inzwischen bin ich schon längst in der Wüste, und es sind nur Visionen der Verzweiflung, besonders in jenen Zeiten, in denen ich auch dort (in der Wüste) der Elendeste von allen bin, und Kanaan sich als das einzige Hoffnungsland darstellen muß, denn ein drittes Land gibt es nicht für die Menschen.«

Denn ein drittes Land gibt es nicht für die Menschen. Es macht Kafkas Größe aus und gibt ihm, unter dem Aspekt »Theologie und Literatur«, seinen Rang, daß er keine »Adiaphora«, keine Unentschiedenheiten und Quisquilien kennt, keine Episoden und Verschnaufpausen, in denen der Leser sich ausspannen kann, keine »neutralen« Genre-Szenen, wo einer auch einmal nach Herzenslust »Das ist ein zu weites Feld, Luise« sagen mag.

Mit den Kategorien des bürgerlichen Romans, wo die Menschen ganz unter sich sind und allenfalls die Pastoren, Lorenzen oder Kölling oder, wenn's gar nicht anders geht, auch Tränen-Trieschke, um die ordnungsgemäße Respektierung des lieben Gottes besorgt sind, kommt man Kafka nicht bei. Hier sind, wenn in Scheunen, Kneipen, Schulstuben und Hinterhäusern gestritten, verurteilt, umhergelaufen, verstummt und geliebt wird, immer das Paradies und die Hölle dabei, wobei es – noch einmal das Tagebuch, Eintragung vom 28. Januar – gerade »auch für die Niedrigsten blitzartige Erhöhungen, allerdings auch meerdruckartige tausendjährige Zerschmetterungen« gibt.

Kein Wort, in den fiktiven Passagen des Kafkaschen Werks, über Gott und Teufel, über das Kreuz und die Erlösung – und doch sind alle Geister Pascals, Kierkegaards oder Dostojewskis zur Stelle, wenn die Tempelprostituierte, Olga, den Heldenmut ihrer Schwester beschwört, die dort die Augen offenhält, wo alle anderen, geblendet von der Wahrheit, sie schließen. »Aber Amalia trug nicht nur das Leid, sondern hatte auch den Verstand, es zu durchschauen. Wir sahen nur die Folgen, sie sah den Grund, wir hofften auf irgendwelche kleinen Mittel, sie wußte, daß alles entschieden war, wir hatten zu flüstern, sie hatte nur zu schweigen, Aug in Aug mit der Wahrheit stand sie und ertrug dieses Leben damals wie heute.«

Der Mensch, wie er sein könnte, an der Grenze zwischen dem Land Kanaan und der Wüste, getroffen und gezeichnet in der Begegnung mit dem »anderen« – ihn hat Kafka, zwischen 1904 und 1924, den Entstehungsjahren der »Hochzeitsvorbereitungen auf dem Lande« und der Erzählung »Josefine, die Sängerin« mit einer Konsequenz und Inständigkeit darzustellen versucht, die ihn, den Nicht-Gläubigen und Angefochtenen, zumindest, was die Unerbittlichkeit des Schreibens (als der ihm gemäßen Form der Selbstreflexion im Exil) angeht, keinem Glaubenden und Selbstgewissen hintanstehen läßt. (Auch für Kafka könnte – wie für Lessing! – der Blochsche Satz gelten: »Das Beste an der Religion ist, daß sie Ketzer schafft« – Ketzer, für die Gott ein *Problem* ist und nicht ein *Faktum*.)

Franz Kafka – der »andere«. Kafka, ein Schriftsteller, der, *ex negatione*, gleichnishaft und vorausweisend dargestellt hat, was es bedeutet, wenn der Geist, der *Kanaan* segnete, sich als Widergeist der »Strafkolonie« inthronisiert: Kafka in Auschwitz, als es noch kein Auschwitz gab.

Kafka, der Jude unter den Christen. Der Außenseiter, der das Jüngste Gericht für ein Standgericht hielt und den Glauben an einen persönlichen Gott dafür verantwortlich machte, wenn dem Menschen das Vertrauen auf das Unzerstörbare in sich verborgen bliebe. Kafka, der Zweifler inmitten der Rechtgläubigen. Und, dennoch, einer der ganz wenigen Schriftsteller, dem es gelang, Zeile für Zeile in nicht unmittelbar religiöser Rede davon zu sprechen, daß eine Existenz ohne Gott, ein Dasein, in dem die Metaphysik ausgelöscht wäre, nicht mehr human sei; daß sich, jenseits von Wüste und Kanaan, nur vegetieren lasse, aber nicht leben; daß der autonome Mensch, unfähig, Schatten zu werfen und Schatten zu tragen, konturenlos sei.

Und dies alles nie traktathaft vorgetragen und in Verkündigungsmanier postuliert, sondern in einer Weise durch Parabel, Bild und Gleichnis vergegenwärtigt, daß das Absolute am Ende als das Selbstverständlichste und die zweite jenseitige Welt, die in die erste empirische einbricht, als die Normalität aller Normalitäten erscheint. (»Die Welt Franz Kafkas«, hat einer seiner großen Bewunderer, Kurt Tucholsky, im Hinblick auf den »Prozeß« formuliert, »ist in seiner Idee... vernünftig..., logisch, mathematisch in Ordnung: es fehlt eben jene leise Dosis von Irrationalem, die erst dem vernünftigen Menschen den inneren Halt gibt. Nichts schrecklicher als ein reiner Mathematiker des Verstandes.«).

Rationalität des Irrationalen; Selbstverständlichkeit des Paradoxen; Alltäglichkeit der Metaphysik: Mit welchen Formeln auch immer man Kafkas Fähigkeit definiert, die wirklichkeitsbestimmende Allgegenwart des Transzendenten mit den Mitteln eines extremen Realismus, einer wahrhaft besessenen Detail-Freudigkeit, ja, einer grotesken, Mark und Bein erschütternden Komik zu verdeutlichen – eins ist gewiß: Kaum einer hat die Frage nach dem Menschen, ob er ohne Gott zu leben vermöge, derart weit an den Rand der Antwort geschoben wie Kafka.

Kein Wunder, daß er deshalb – wie Dostojewski – vor allem zu einem Autor jener Schriftsteller wurde, von Hesse bis Martin Walser und Peter Weiss (der Kafka-Hymnus im ersten Band der »Ästhetik des Widerstands« mit der Analyse des »Schlosses«: »Dieses Überraschtwerden unter vermeintlichem Obdach, dieser plötzliche Einbruch des Unvorstellbaren!«)... von Schriftstellern, die beurteilen können, was es heißt, auf

Tausenden von Seiten – in Büchern, die, so Kafka, »eine Axt sein müssen für das gefrorene Meer in uns« – über das Verhältnis zwischen Mensch und Mensch im Horizont des Absoluten zu reden und dabei die ganze Zeit vermeintlich von nichts anderem als von Stiegen und Hinterzimmern, Briefen und Telefonaten, dem Geschlechtsverkehr oder dem Wahnsinn zu sprechen und, derart, sichtbar zu machen, was es bedeutet, mit Gott im Rücken, dem Paradies hinter sich und der verzweifelten Hoffnung auf die Erlösung am Ende der Tage in der Dunkelheit des Hier und Jetzt leben zu müssen – sehr einsam und dennoch auf die Neue Gemeinschaft im Zeichen einer sich im horizontalen wie vertikalen Bezug – in eins! – realisierenden Sinngebung hoffend: der Sinngebung, die, im Zeichen der Demut, zugunsten der Beleidigten und Erniedrigten Gestalt gewinnt. »Die Demut«, so Kafka in Pascals oder Dostojewskis Weise, »gibt jedem, auch dem einsam Verzweifelnden, das stärkste Verhältnis zum Mitmenschen, und zwar sofort, allerdings nur bei völliger und dauernder Demut. Sie kann das deshalb, weil sie die wahre Gebetssprache ist, gleichzeitig Anbetung und festeste Verbindung. Das Verhältnis zum Mitmenschen ist das Verhältnis des Gebetes, das Verhältnis zu sich das Verhältnis des Strebens; aus dem Gebet wird die Kraft für das Streben geholt.« Da zeigt ein Jude, für die Dauer eines einzigen Satzes, das Idealbild des Kreuzes, in dessen Zeichen Gott anzubeten zugleich, in zarter Variation einer Zeile aus dem »Schloß«-Nachlaß, bedeutet: »Laßt den Menschen, wer immer er sei, nicht verkommen.«

»Diesen Mann« – im Sinne von Mensch – »sollte man nicht verkommen lassen«, heißt es wörtlich im Text: Quintessenz, im doppelten Sinn, der Bemühungen von Hans Küng und mir um eine Literatur im Zeichen Jesus' von Nazareth und im Zeichen des Menschen.

Ein wenig pathetisch, der Schluß? Zu theologisch? Gut: Schließen wir also, weniger feierlich, der Poesie so gut das Ihrige gebend wie der Gottesgelehrtheit, mit einer Charakteristik des Arztes Dr. Robert Klopstock, entworfen 1921 von Kafka: »Seine Führer sind Jesus – und Dostojewski.«

Jesus und Dostojewski. Theologie und Literatur: unter dem Aspekt einer *concordia discors* vereint, deren Weite und Polyvalenz zu verdeutlichen Ziel dieser acht Porträt-Entwürfe war. Entwürfe von janusgesichtigen, gegensatzreichen Autoren. Entwürfe, die zeigen sollten, wie vielfältig und widersprüchlich die Möglichkeiten der Literatur sind, wenn es gilt, das »Andere«, den »letzten Grund« und jenes »Unbedingte« ins Blickfeld zu rücken, das den Menschen in der Welt hält, ihn aber darüber im unklaren läßt und in dieser Ambivalenz, dem sinnstiftenden Dunkel und existenzbestimmenden Rätsel, nur von der Poesie dargestellt werden kann.

Der Mensch, konfrontiert mit dem Absoluten: Ihn rückt, dies sollten die acht Biographien beispielhaft demonstrieren, allein jene Literatur ins Blickfeld, die – undogmatisch, aber von der *docta spes*, der bedachten Utopie, geleitet – den »großen Sprung« riskiert und, im Sinne von Pascals metaphysischer Wette, *va banque* spielt. Alles oder nichts.

»Von einem gewissen Punkt an«, hat Kafka geschrieben, »gibt es keine Rückkehr mehr. Dieser Punkt ist zu erreichen.«

Nachbemerkungen

Ich konnte die Operationen auf bestenfalls halbvertrautem Feld nur wagen, weil ich auf dreifachen Beistand vertrauen durfte: den Beistand, zum ersten, von seiten der – im Literaturverzeichnis aufgeführten – gelehrten Forschung (*exempli causa* seien besonders genannt: Hans-Henrik Krummachers Gryphius-Arbeiten, die Studien zu den Perikopensonetten und Passionsliedern voran, Horst Rumpfs viel zuwenig bekannte Dissertation »Die Deutung der Christusgestalt bei dem späten Hölderlin« sowie die Einleitungen von Hans-Joachim Mähl, Richard Samuel und Gerhard Schulz im Rahmen der von ihnen betreuten Novalis-Ausgabe);

den Beistand, zum zweiten, meiner Tübinger Kollegen, die, wo immer es erforderlich war, mit Rat und Tat zur Seite standen, in erster Linie Wilfried Barner, Jochen Schmidt (Hölderlin betreffend) und Ludolf Müller (der mich in Dostojewskis Romane, mit ihrem »jesuanischen« Duktus, einführte);

den Beistand, zum dritten, den mir, oft schon vor langer Zeit, Forscher leisteten, die nicht mehr leben und derer ich an dieser Stelle dankbar gedenke: Romano Guardini, der Analytiker Pascals, Hölderlins und Dostojewskis, dessen Privat-Disput mit Walter F. Otto, über den Gott und die Götter, ich miterlebt habe (freilich eher Otto als Guardini zuneigend), dann Ewald Wasmuth in Tübingen, der meine Pascal-Lektüre bestimmte, ferner Steffen Steffensen in Kopenhagen, der in seiner Studierstube die Kunst des Kierkegaardschen Paradoxons erläuterte, mit dänischem Witz und stupender Gelehrsamkeit, und schließlich Heinz Politzer in Berkeley, der mir ein familiäres Kolleg über Kafkas jüdische Poeten-Theologie hielt.

Walter Jens

Zugegeben, dieses Unternehmen war für mich in vielfacher Hinsicht risikoreich: nicht nur weil ich mich als Theologe auf ein nichttheologisches Terrain begeben mußte, nicht nur weil bei jedem der Autoren (über die es ja bereits eine kleine Bibliothek gibt) eine immense Fülle einschlägiger Literatur verarbeitet werden mußte, sondern auch weil sich Walter Jens und ich, um nicht ins Uferlose zu geraten, auf eine bestimmte Seitenzahl pro Essay einigen mußten. Höchste Konzentration und Dichte war verlangt, oft um den Preis schmerzlicher Kürzungen.

Gewagt habe ich dieses Unternehmen trotzdem, weil in unserem Institut für ökumenische Forschung das im akademischen Raum allzusehr vernachlässigte Forschungsgebiet Theologie und Literatur seit längerem eine Heimat gefunden hat. Meine Zusammenarbeit mit Walter Jens begann, als er das Manuskript zu »Christ sein« kritisch zustimmend durchlas. Wir beide förderten unseren damaligen Doktoranden Karl-Josef Kuschel, der nun nach seiner Doktorarbeit über »Jesus in der deutschsprachigen Gegenwartsliteratur« (1978) dieses Forschungsgebiet an unserem Institut betreut und nach mehreren Arbeiten gerade jetzt zwölf Gespräche mit zeitgenössischen Schriftstellern über das Verhältnis von Literatur und Religion herausgegeben hat, die unseren Versuch hier mit dem Blick auf die Gegenwartsliteratur vorzüglich ergänzen (»Weil wir uns auf dieser Erde nicht ganz zu Hause fühlen«, 1985). In die Öffentlichkeit traten wir allesamt durch das Internationale Symposion »Theologie und Literatur. Möglichkeiten und Grenzen eines Dialogs im 20. Jahrhundert«, das im Mai 1984 an der Universität Tübingen unter Teilnahme von rund 70 Schriftstellern, Literaturwissenschaftlern und Theologen stattfand.

Ich selber war schon durch meine Bücher »Existiert Gott?« (bezüglich Pascal und des 17. Jahrhunderts) und »Menschwerdung Gottes« (bezüglich Lessing und Aufklärung, Hegel, Hölderlin und Novalis) nicht ganz unvorbereitet. Intensiv konnte ich mich in die Thematik einarbeiten durch ein gemeinsames Seminar über Kierkegaard und Dostojewski mit Karl-Josef Kuschel, der dann auch die Entstehung meiner Beiträge zu diesem Buch ständig intensiv begleitete. Ihm gilt an dieser Stelle mein herzlicher Dank. Ein besseres Verständnis von Dostojewski hat mir die Teilnahme unseres Tübinger Kollegen Ludolf Müller am Seminar ermöglicht. Dafür bin ich ihm dankbar, vor allem auch für die kritische Durchsicht meines Dostojewski-Manuskripts.

Nicht unwichtig zum Verständnis und zur historischen Lozierung der betreffenden Autoren waren für mich die neuesten hermeneutischen und wissenschaftstheoretischen Diskussionen um Paradigma und Paradigmenwechsel in der Geschichte der Theologie, wie sie in dem von unserem Institut zusammen mit der Divinity School der University of Chicago veranstalteten Internationalen Symposion »Ein neues Paradigma von Theologie?« 1983 ihren Ausdruck fanden (nachzulesen in dem von David Tracy und mir herausgegebenen Band: »Theologie wohin? Auf dem Weg zu einem neuen Paradigma«, 1984).

Hans Küng

Literaturhinweise

BLAISE PASCAL

Albert Béguin: Blaise Pascal. Hamburg 1959
Hugh Mc Cullough Davidson: The origins of certainty. Means and meaning in Pascal's Pensées. Chicago 1979
Richard Friedenthal: Entdecker des Ich. Montaigne, Pascal, Diderot. München 1969
Hugo Friedrich: Pascals Paradox. Das Sprachbild einer Denkform, in: Zeitschrift für romanische Philologie 1936, LVI. Band, S. 323 – 370
Ders.: Montaigne. Bern/München, 2. Aufl. 1967
Lucien Goldman: Der verborgene Gott. Studie über die tragische Weltanschauung in den Pensées Pascals und im Theater Racines. Neuwied/Darmstadt 1973
Henri Gouhier: Pascal et les humanistes chrétiens. L'affaire Saint-Ange. Paris 1974
Romano Guardini: Christliches Bewußtsein. Versuche über Pascal. München 1950
Thomas More Harrington: Vérité et méthode dans les »Pensées« de Pascal. Paris 1972
Irène Elisabeth Kummer: Blaise Pascal. Berlin/New York 1978
Margot Kruse: Das Pascal-Bild in der französischen Literatur. Hamburg 1955
Roger-E. Lacombe: L'apologétique de Pascal. Étude critique. Paris 1958
Geneviève Léveillé-Mourin: Le langage chrétien, antichrétien de la transcendance: Pascal – Nietzsche. Paris 1978
Per Lønning: Cet effrayant pari: Une »pensée« pascalienne et ses critiques. Paris 1980
Per Lønning: The dilemma of contemporary theology. Prefigured in Luther, Pascal, Kierkegaard, Nietzsche. New York 1962
Jean Mesnard: Les pensées de Pascal. Paris 1976
Denzil G.M. Patrick: Pascal and Kierkegaard. A study in the strategy of Evangelism. London/Redhill 1947
Walther Rehm: Experimentum Medietatis. Studien zur Geistes- und Literaturgeschichte des 19. Jahrhunderts. München 1947
Hans Rheinfelder: Leopardi und Pascal, in: Hochland 32, II, 1935, S. 237 – 245
Ewald Wasmuth: Blaise Pascal. Die Kunst zu überzeugen und die anderen kleinen philosophischen Schriften. Heidelberg 1950
Ders.: Der unbekannte Pascal. Versuch und Deutung seines Lebens und seiner Lehre. Regensburg 1962
Ders.: Blaise Pascal. Werke I, Über die Religion und über einige andere Gegenstände (Pensées). Heidelberg 1963

ANDREAS GRYPHIUS

Wilfried Barner: Barockrhetorik. Untersuchungen zu ihren geschichtlichen Grundlagen. Tübingen 1970
Hartmut Boockmann, Heinz Schilling, Hagen Schulze, Michael Stürmer: Mitten in Europa. Deutsche Geschichte. Berlin 1984

Carl Otto Conrady: Lateinische Dichtungstradition und deutsche Lyrik des 17. Jahrhunderts. Bonn 1962

Curt von Faber du Faur: Andreas Gryphius, der Rebell, in: Publications of the Modern Language Association of America, Volume LXXIV, 1959

Willi Flemming: Andreas Gryphius. Eine Monographie. Stuttgart 1965

Gerhard Fricke: Die Bildlichkeit in der Dichtung des Andreas Gryphius. Materialien und Studien zum Formproblem des deutschen Literaturbarock. Nachdruck, Darmstadt 1967

Renate Gerling: Schriftwort und Lyrisches Wort. Die Umsetzung biblischer Texte in der Lyrik des 17. Jahrhunderts. Meisenheim am Glan 1969

Dietrich Walter Jöns: Das »Sinnen-Bild«. Studien zur allegorischen Bildlichkeit bei Andreas Gryphius. Stuttgart 1966

Hans-Henrik Krummacher: Der junge Gryphius und die Tradition. Studien zu den Perikopensonetten und Passionsliedern. München 1976

Wolfram Mauser: Dichtung, Religion und Gesellschaft im 17. Jahrhundert. Die »Sonette« des Andreas Gryphius. München 1976

Hans-Jürgen Schings: Die patristische und stoische Tradition bei Andreas Gryphius. Untersuchungen zu den Dissertationes funebres und Trauerspielen. Köln-Graz 1966

Herbert Schöffler: Deutsches Geistesleben zwischen Reformation und Aufklärung. Von Marin Opitz zu Christian Wolff. Frankfurt/M. 1956

Heinz Schneppen: Niederländische Universitäten und Deutsches Geistesleben. Von der Gründung der Universität Leiden bis ins späte 18. Jahrhundert. Münster/Westfalen 1960

Marian Szyrocki: Der junge Gryphius. Berlin (DDR) 1959

Ders: Andreas Gryphius. Sein Leben und Werk. Tübingen 1964

Harald Steinhagen: Didaktische Lyrik. Über einige Gedichte des Andreas Gryphius, in: Festschrift für Friedrich Beißner, herausgegeben von Ulrich Gaier und Werner Volke, Bebenhausen 1974, S. 406 – 435

Ferdinand van Ingen: Vanitas und Memento Mori in der deutschen Barocklyrik. Groningen 1966

Wilhelm Vosskamp: Untersuchungen zur Zeit- und Geschichtsauffassung im 17. Jahrhundert bei Gryphius und Lohenstein. Bonn 1967

Irmgard Weithase: Die Darstellung von Krieg und Frieden in der deutschen Barockdichtung. Weimar 1953

Friedrich-Wilhelm Wentzlaff-Eggebert: Der triumphierende und der besiegte Tod in der Wort- und Bildkunst des Barock. Berlin-New York 1975

Günter Weydt: Sonettkunst des Barock. Zum Problem der Umarbeitung bei Andreas Gryphius, in: Jahrbuch der deutschen Schillergesellschaft, 9. Jg., 1965, S. 1 – 32

GOTTHOLD EPHRAIM LESSING

Wilfried Barner, Gunter Grimm, Helmuth Kiesel, Martin Kramer: Lessing. Epoche, Werk, Wirkung. 4. Aufl., München 1981

Karl Barth: Die protestantische Theologie im 19. Jahrhundert. Ihre Vorgeschichte und ihre Geschichte. Zollikon-Zürich 1947 (§ 6 Lessing)

Klaus Bohnen: Nathan der Weise. Über das »Gegenbild einer Gesellschaft« bei Lessing, in: Deutsche Vierteljahresschrift für Literaturwissenschaft und Geistesgeschichte, 53. Jg., 1979, S. 394 – 416

Martin Bollacher: Lessing—Vernunft und Geschichte. Untersuchungen zum Problem religiöser Aufklärung in den Spätschriften. Tübingen 1978

329

Rudolf Borchardt: Lessing, in: R. B., Ges. Werke, Prosa III, Stuttgart 1960, S. 291 – 306

Bernd Bothe: Glauben und Erkennen. Studie zur Religionsphilosophie Lessings. Meisenheim/Glan 1972

Peter Demetz: Gotthold Ephraim Lessing – Nathan der Weise. Frankfurt/M./ Berlin 1966

Helmut Fuhrmann: Lessings *Nathan der Weise* und das Wahrheitsproblem, in: Lessing-Yearbook XV, 1983, S. 63 – 94

Helmut Göbel: Bild und Sprache bei Lessing. München 1971

Ders.: »Nicht die Kinder bloß, speist man / Mit Märchen ab.« Zur Toleranzbegründung in Lessings Spätwerk, in: Lessing Yearbook XIV, 1982, S. 119 – 132

Paul Hazard: Die Krise des europäischen Geistes 1680–1715. Hamburg 1939

Ders.: La pensée européenne au XVIIIe siècle de Montesquieu à Lessing. Paris 1963

Klaus Heydemann: Gesinnung und Tat. Zu Lessings *Nathan der Weise*, in: Lessing Yearbook VII, 1975, S. 69 – 104

Emanuel Hirsch: Geschichte der neueren evangelischen Theologie im Zusammenhang mit den allgemeinen Bewegungen des europäischen Denkens. Bd. IV. Gütersloh 1949 (7. Buch: Semler und Lessing)

Thomas Höhle (Hrsg.): Lessing und Spinoza. Halle/Wittemberg 1981

Immanuel Kant: Beantwortung der Frage: Was ist Aufklärung? (1783), in: Werke, hrsg. v. W. Weischedel, Bd. VI, 53–61

Marion Gräfin Hoensbroech: Die List der Kritik. Lessings kritische Schriften und Dramen. München 1976

Dominik von König: Natürlichkeit und Wirklichkeit. Studien zu Lessings »Nathan der Weise«. Bonn 1976

Reinhart Koselleck: Kritik und Krise. Ein Beitrag zur Pathogenese der bürgerlichen Welt. Freiburg/München 1959

Joachim Müller: Zur Dialogstruktur und Sprachfiguration in Lessings Nathan-Drama, in: Sprachkunst, Beiträge zur Literaturwissenschaft, Jahrgang I, 1970, S. 42 – 69

Peter Horst Neumann: Der Preis der Mündigkeit. Über Lessings Dramen. Stuttgart 1977

Peter Pfaff: Theaterlogik. Zum Begriff einer poetischen Weisheit in Lessings *Nathan der Weise*, in: Lessing Yearbook XV, 1983, S. 95 – 109

Heinz Politzer: Lessings Parabel von den drei Ringen, in: Gotthold Ephraim Lessing, hrsg. von Gerhard u. Sibylle Bauer, Darmstadt 1968, S. 343 – 361

Georges Pons: Gotthold Ephraim Lessing et le Christianisme. Paris 1964

Arno Schilson: Lessings Christentum. Göttingen 1980

Ders.: Geschichte im Horizont der Vorsehung. G. E. Lessings Beitrag zu einer Theologie der Geschichte. Mainz 1974

Hans-Jürgen Schlütter: »... als ob die Wahrheit Münze wäre.« Zu *Nathan der Weise* III, 6, in: Lessing Yearbook X, 1978, S. 65 – 74

Claudia Schmölders (Hrsg.): Die Kunst des Gesprächs. München 1979

Jürgen Schröder: Gotthold Ephraim Lessing. Sprache und Drama. München 1972

Helmut Thielicke: Offenbarung, Vernunft und Existenz. Studien zur Religionsphilosophie Lessings. 3. Aufl., Gütersloh 1957

Ders.: Glauben und Denken in der Neuzeit. Die großen Systeme der Theologie und Religionsphilosophie. Tübingen 1983 (5. Kap.: Lessing)

Hans-Friedrich Wessels: Lessings »Nathan der Weise«. Seine Wirkungsgeschichte bis zum Ende der Goethezeit. Königstein/Ts. 1979

FRIEDRICH HÖLDERLIN

Pierre Bertaux: Friedrich Hölderlin. Frankfurt/M. 1978
Wolfgang Binder: Hölderlins »Friedensfeier«, in: W. B., Hölderlin-Aufsätze, Frankfurt/Main 1970, S. 294–326
Ders.: Hölderlins Patmos-Hymne, in: W. B., Hölderlin-Aufsätze, Frankfurt/Main 1970, S. 362 – 402
Paul Böckmann: Hölderlin und seine Götter. München 1935
Ders.: Hölderlins mythische Welt, in: Hölderlin. Gedenkschrift zu seinem 100. Todestag, hrsg. von P. Kluckhohn, Tübingen 1944, S. 11 – 49
Heinrich Buhr: Hölderlin und Jesus von Nazareth. Hrsg. v. E. Reichle, Pfullingen 1977
Romano Guardini: Hölderlin. Weltbild und Frömmigkeit. München 1955
Ulrich Häussermann: Friedensfeier. Eine Einführung in Hölderlins Christushymnen. München 1959
Martin Heidegger: Erläuterungen zu Hölderlins Dichtung. Frankfurt 1944
Ulrich Hötzer: Die Gestalt des Herakles in Hölderlins Dichtung. Diss. Tübingen 1950
Eduard Lachmann: Hölderlins Christus-Hymnen. Text und Auslegung. Wien 1951
Martin Leube: Das Tübinger Stift 1770–1950. Geschichte des Tübinger Stifts. Stuttgart 1954
Ernst Müller: Hölderlin. Studien zur Geschichte seines Geistes. Stuttgart und Berlin 1944
Helmut Prang: Hölderlins Götter- und Christus-Bild, in: Hölderlin ohne Mythos, hrsg. von Ingrid Riedel. Göttingen 1973
Christoph Prignitz: Friedrich Hölderlin. Die Entwicklung seines politischen Denkens unter dem Einfluß der Französischen Revolution. Hamburg 1976
Walther Rehm: Orpheus. Der Dichter und die Toten. 3. Aufl., Düsseldorf 1950
Ders.: Griechentum und Goethezeit. 3. Aufl., München 1952
Horst Rumpf: Die Deutung der Christus-Gestalt bei dem späten Hölderlin. Diss. Frankfurt 1958
Jost Schillemeit: »... dich zum Fürsten des Festes«. Zum Problem der Auslegung von Hölderlins »Friedensfeier«, in: Deutsche Vierteljahrschrift für Literaturwissenschaft und Geistesgeschichte. 51, 1977, S. 607–627
Jochen Schmidt: Die innere Einheit von Hölderlins »Friedensfeier«, in: Hölderlin-Jahrbuch, 14. Bd., 1965/66, S. 125–175
Ders.: Hölderlins Elegie »Brod und Wein«. Die Entwicklung des hymnischen Stils in der elegischen Dichtung. Berlin 1968
Albrecht Schöne: Säkularisation als sprachbildende Kraft. Studien zur Dichtung deutscher Pfarrersöhne. 2. Aufl., Göttingen 1968
Robert Thomas Stoll: Hölderlins Christushymnen. Grundlagen und Deutung. Basel 1952
Peter Szondi: Einführung in die literarische Hermeneutik. Hrsg. v. J. Bollack und H. Stierlin, Frankfurt/M. 1975, S. 193 – 427
Eugen Gottlob Winkler: Der späte Hölderlin, in: E. G. W., Dichtungen, Gestalten und Probleme. Nachlaß. Pfullingen 1956, S. 314 – 337
Helmut Wocke: Hölderlins christliches Erbe. München 1948

NOVALIS

Klaus Behrens: Friedrich Schlegels Geschichtsphilosophie (1794 – 1808). Ein Beitrag zur politischen Romantik. Tübingen 1984

Richard Benz: Die deutsche Romantik. Geschichte einer geistigen Bewegung. Leipzig 1937

Gisela Dischner und Richard Faber (Hrsg.): Romantische Utopie, utopische Romantik. Hildesheim 1979

Richard Faber: Novalis – Die Phantasie an die Macht. Stuttgart 1970

Theodor Haering: Novalis der Philosoph. Stuttgart 1954

Eckhard Heftrich: Novalis. Vom Logos der Poesie. Frankfurt/M. 1969

Friedrich Hiebel: Novalis. Deutscher Dichter, europäischer Denker, christlicher Seher. 2. Aufl., Bern und München 1972

Paul Kluckhohn: Das Ideengut der deutschen Romantik. Tübingen 1953, v. a. S. 131 – 156

Max Kommerell: Hymnen an die Nacht, in: Gedicht und Gedanke, Auslegungen deutscher Gedichte, hrsg. von Heinz Otto Burger, Halle/Saale 1942, S. 202 – 236

Hans Wolfgang Kuhn: Der Apokalyptiker und die Politik. Studien zur Staatsphilosophie des Novalis. Freiburg i. Br. 1961

Hermann Kurzke: Romantik und Konservatismus. Das »politische« Werk Friedrich von Hardenbergs (Novalis) im Horizont seiner Wirkungsgeschichte. München 1983

Klaus Lindemann: Geistlicher Stand und religiöses Mittlertum. Ein Beitrag zur Religionsauffassung der Frühromantik in Dichtung und Philosophie. Frankfurt/M. 1971

Hans-Joachim Mähl: Die Idee des goldenen Zeitalters bei Novalis. Studien zur Wesensbestimmung der frühromantischen Utopie und zu ihren ideengeschichtlichen Voraussetzungen. Heidelberg 1965

Wilfried Malsch: »Europa«. Poetische Rede des Novalis. Deutung der Französischen Revolution und Reflexion auf die Poesie in der Geschichte. Stuttgart 1965

Irmtrud von Minnigerode: Die Christusanschauung des Novalis. Diss. Tübingen 1941

Helene Oberbeck: Die religiöse Weltanschauung des Novalis. Diss. (theol) Berlin 1928

Bernd Peschken: Versuch einer germanistischen Ideologiekritik. Goethe, Lessing, Novalis, Tieck, Hölderlin, Heine in Wilhelm Diltheys und Julian Schmidts Vorstellungen. Stuttgart 1972

Klaus Peter: Stadien der Aufklärung. Moral und Politik bei Lessing, Novalis und Friedrich Schlegel. Wiesbaden 1980

Wolfdietrich Rasch: Zum Verhältnis der Romantik zur Aufklärung, in: Romantik. Ein literaturwissenschaftliches Studienbuch, hrsg. von Ernst Ribbat. Königstein/Ts. 1979, S. 7–21

Walther Rehm: Griechentum und Goethezeit. Geschichte eines Glaubens. 3. Aufl., München 1952, v. a. S. 255 – 270

Ernst Ribbat (Hrsg.): Romantik. Ein literaturwissenschaftliches Studienbuch. Königstein/Taunus 1979

Heinz Ritter: Novalis' Hymnen an die Nacht. 2. Aufl., Heidelberg 1974

Richard Samuel: Die poetische Staats- und Geschichtsauffassung Friedrich von Hardenbergs (Novalis). Studien zur romantischen Geschichtsphilosophie. Frankfurt/M. 1925

Ders.: Der Stil des Aufsatzes »Die Christenheit oder Europa« von Novalis, in: Stoffe, Formen und Strukturen. Hans Heinrich Borcherdt zum 75. Geburtstag, hrsg. v. A. Fuchs und H. Motekat, München 1962, S. 284 – 302

Helmut Schanze: Romantik und Aufklärung. Untersuchungen zu Friedrich Schlegel und Novalis. Nürnberg 1966

Gerhard Schulz: Novalis in Selbstzeugnissen und Bilddokumenten. Reinbek bei Hamburg 1969

Margot Seidel: Die geistlichen Lieder des Novalis und ihre Stellung zum Kirchenlied. Diss. Bonn 1973

Barbara Steinhäuser-Carvill: Die Christenheit oder Europa – eine Predigt, in: Seminar. A Journal of Germanic Studies, 12, 1976, S. 73 – 88

Friedrich Strack: Im Schatten der Neugier. Christliche Tradition und kritische Philosophie im Werk Friedrichs von Hardenberg. Tübingen 1982

Hermann Timm: Die heilige Revolution. Das religiöse Totalitätskonzept der Frühromantik. Schleiermacher – Novalis – Friedrich Schlegel. Frankfurt/M. 1978

Claus Träger: Novalis und die ideologische Restauration, in: Sinn und Form, 13. Jg., 1961, S. 618 – 660

SØREN KIERKEGAARD

Theodor W. Adorno: Kierkegaard. Konstruktion des Ästhetischen, in: Gesammelte Schriften, Band 2, Frankfurt/Main 1979

Heinrich Anz, Peter Kemp, Friedrich Schmöe (Hrsg.): Kierkegaard und die deutsche Philosophie seiner Zeit. Kopenhagen – München 1980

Heinrich Anz, Poul Lübcke, Friedrich Schmöe (Hrsg.): Die Rezeption Søren Kierkegaards in der deutschen und dänischen Philosophie und Theologie. Kopenhagen – München 1983

Hans-Eckehard Bahr: Der Widerspruch zwischen Christlichem und Ästhetischem als Konstruktion Kierkegaards, in: Kerygma und Dogma. Zeitschrift für theologische Forschung und kirchliche Lehre, 6. Jg., 1960, S. 86 – 103

Ders.: Poiesis, Theologische Untersuchung der Kunst. Stuttgart o. J. (1960)

John W. Elrod: Kierkegaard and Christendom. Princeton 1981

Helmut Fahrenbach: Die gegenwärtige Kierkegaard-Auslegung in der deutschsprachigen Literatur von 1948 bis 1962, in: Philosophische Rundschau, Beiheft 3, Tübingen 1962

Hermann Fischer: Die Christologie des Paradoxes. Zur Herkunft und Bedeutung des Christusverständnisses Sören Kierkegaards. Göttingen 1960

Hayo Gerdes: Das Christusbild Sören Kierkegaards. Verglichen mit der Christologie Hegels und Schleiermachers. Düsseldorf/Köln 1960

Ders.: Das Christusverständnis des jungen Kierkegaard. Ein Beitrag zur Erläuterung des Paradox-Gedankens. Itzehoe 1962

Ders.: Sören Kierkegaards »Einübung im Christentum«. Einführung und Erläuterung. Darmstadt 1982

Emanuel Hirsch: Kierkegaard. Studien. Bd. I, Nachdr. Vaduz/Liechtenst. 1978

Walter Lowrie: Das Leben Sören Kierkegaards. Düsseldorf-Köln 1955

Denzil G. M. Patrick: Pascal and Kierkegaard. A Study in the Strategy of Evangelism, Bd. I u. II., London and Redhill 1947

Anna Paulsen: Sören Kierkegaard. Deuter unserer Existenz. Hamburg 1955

Willi Perpeet: Kierkegaard und die Frage nach der Ästhetik der Gegenwart. Halle/Saale 1940

Walter Rehm: Kierkegaard und der Verführer. München 1949

Peter P. Rohde: Sören Kierkegaard in Selbstzeugnissen und Bilddokumenten. Hamburg 1959

Walter Schulz: Sören Kierkegaard. Existenz und System. Pfullingen 1967

Helmut Thielicke: Glauben und Denken in der Neuzeit. Die großen Systeme der Theologie und Religionsphilosophie. Tübingen 1983

333

Marie Mikulová Thulstrup (Hrsg.): The Sources and Depths of Faith in Kierke-
gaard. Kopenhagen 1978
Niels Thulstrup: Kierkegaards Verhältnis zu Hegel. Forschungsgeschichte.
Stuttgart 1969
Ders.: Kierkegaards Verhältnis zu Hegel und zum spekulativen Idealismus
1835–1846. Historisch-analytische Untersuchung. Stuttgart 1972
Niels und Marie Mikulová Thulstrup: Kierkegaard's View of Christianity.
Kopenhagen 1978.
Niels und Marie Mikulová Thulstrup (Hrsg.): Kierkegaard and Human Va-
lues. Kopenhagen 1980

FJODOR MICHAILOWITSCH DOSTOJEWSKI

Michail Bachtin: Probleme der Poetik Dostoevskijs. München 1971
Robert L. Belknap: The Structure of »The Brothers Karamazov«. Den Haag-
Paris 1967
Ernst Benz: Der wiederkehrende Christus, in: Zeitschrift für slavische Philolo-
gie, XI, 1934, S. 277 – 298
N. Berdjajew: Die Weltanschauung Dostojewskijs. München 1925
Josef Bohatec: Der Imperialismusgedanke und die Lebensphilosophie Dosto-
jewskijs. Graz – Köln 1951
Maximilian Braun: Dostojewskij, Das Gesamtwerk als Vielfalt und Einheit.
Göttingen 1976
Martin Doerne: Gott und Mensch in Dostojewskijs Werk. Göttingen 1957
Paul Evdokimov: Dostoïevsky et le problème du mal. Paris 1978
E. M. Forster: Ansichten des Romans. Frankfurt/M. 1962
Joseph Frank: Dostoevsky. Bd. 1: The Seeds of Revolt, 1821–1849; Bd. 2: The
Years of Ordeal, 1850–1859. Princeton 1976/1984
René Fülöp-Miller und Friedrich Eckstein: Der unbekannte Dostojewski.
München 1926
Horst-Jürgen Gerigk: Nachwort zu Dostojewski, Die Brüder Karamasoff.
München 1978, S. 1031 – 1052
A. Boyce Gibson: The Religion of Dostoevsky. Philadelphia 1973
Romano Guardini: Religiöse Gestalten in Dostojewskijs Werk. Studien über
den Glauben. München 1951
Josef Imbach: Dostojewski und die Gottesfrage in der heutigen Theologie.
Rom 1973
Malcolm V. Jones/Garth M. Terry (Hrsg.): New Essays on Dostoyevsky. Cam-
bridge 1983
W. Komarowitsch: Dostojewski, Die Urgestalt der Brüder Karamasoff. Mün-
chen 1928
Reinhard Lauth: Zur Genesis der Großinquisitor-Erzählung, in: Zeitschrift für
Religions- und Geistesgeschichte 6, 1954, S. 265 – 276
Ders.: Die Philosophie Dostojewskis. München 1950
Janko Lavrin: Fjodor M. Dostojevskij in Selbstzeugnissen und Bilddokumen-
ten. Reinbek b. Hamburg 1963
Wilhelm Lettenbauer: Zur Deutung der Legende vom »Großinquisitor« Do-
stoevskijs, in: Die Welt der Slaven V, 1960, S. 329 –333
Sven Linnér: Starets Zosima in The Brothers Karamazov. A study in the
mimesis of virtue. Stockholm 1981
Antanas Maceina: Der Großinquisitor. Geschichtsphilosophische Deutung
der Legende Dostojewskijs. Heidelberg 1952

Thomas Mann: Dostojewski – mit Maßen, in: Gesammelte Werke IX, Frankfurt/M. 1960, S. 656 – 674
Julius Meier-Graefe: Dostojewski, der Dichter. Berlin 1926
Jakob Minor: Goethes Fragmente vom ewigen Juden und vom wiederkehrenden Heiland. Stuttgart und Berlin 1904
Ludolf Müller: Die Gestalt Christi in Leben und Werk Dostojewskijs, in: Quatember, Vierteljahrshefte für Erneuerung und Einheit der Kirche, 45. Jg., 1981, S. 68 – 76
Ders.: Dostojewskij. Sein Leben, sein Werk, sein Vermächtnis. München 1982
Walter Nigg: Religiöse Denker. Kierkegaard, Dostojewski, Nietzsche, Van Gogh (S. 109 ff). Bern 1942
Konrad Onasch: Dostojewski-Biographie. Materialsammlung zur Beschäftigung mit religiösen und theologischen Fragen in der Dichtung F. M. Dostojewskis. Zürich 1960
Ders.: Dostojewski als Verführer. Christentum und Kunst in der Dichtung Dostojewskis. Ein Versuch. Zürich 1961
Alfred Rammelmeyer: Dostojewskij und Voltaire, in: Zeitschrift für slavische Philologie, XXVI, 1958, S. 252 – 278
Walter Rehm: Experimentum Medietatis. Studien zur Geistes- und Literaturgeschichte des 19. Jahrhunderts. München 1947. (Darin: Zur dichterischen Gestaltung des Unglaubens bei Jean Paul und Dostojewski. S. 7 – 95)
Manès Sperber: Wir und Dostojewskij, Eine Debatte mit Heinrich Böll, Siegfried Lenz, André Malraux, Hans Erich Nossack. Hamburg 1972
Theodor Steinbüchel: F. M. Dostojewski. Sein Bild vom Menschen und vom Christen. Düsseldorf 1947
Fedor Stepun: Dostojewskij und Tolstoi, Christentum und soziale Revolution. München 1961
Stewart R. Sutherland: Atheism and the Rejection of God. Contemporary Philosophy and The Brothers Karamazov. Oxford 1977
Eduard Thurneysen: Dostojewski. München 1925
Dimitrij Tschizewski: Schiller und die »Brüder Karamazov«, in: Zeitschrift für slavische Philologie VI, 1929, S. 1 – 42
René Wellek (Hrsg.): Dostoevsky. A Collection of Critical Essays. Englewood Cliffs, N. J. 1962

FRANZ KAFKA

Günther Anders: Kafka. Pro und Contra. Die Prozeßunterlagen. München 1951
Peter U. Beicken: Franz Kafka. Eine kritische Einführung in die Forschung. Frankfurt 1974
Friedrich Beissner: Der Erzähler Franz Kafka. Stuttgart 1952
Ders.: Kafka der Dichter. Stuttgart 1958
Ders.: Kafkas Darstellung des »traumhaften inneren Lebens«. Tübingen 1972
Hartmut Binder: Kafka. Kommentar zu sämtl. Erzählungen. München 1975
Ders.: Kafka Kommentar zu den Romanen, Rezensionen, Aphorismen und zum Brief an den Vater. München 1976
Ders.: Kafka in neuer Sicht. Mimik, Gestik und Personengefüge als Darstellungsformen des Autobiographischen. Stuttgart 1976
Hartmut Binder (Hrsg.): Kafka-Handbuch in zwei Bänden. Stuttgart 1979
Max Brod (Hrsg.): Franz Kafka. Briefe 1902–1924. New York 1958 (Lizenzausgabe Frankfurt)

Martin Buber: Zwei Glaubensweisen. Zürich 1950

Maria Luise Caputo-Mayr (Hrsg.): Franz Kafka. Eine Aufsatzsammlung nach einem Symposium in Philadelphia. Berlin/Darmstadt 1978

Claude David: Zwischen Dorf und Schloß. Kafkas Schloß-Roman als theologische Fabel, in: Wissen aus Erfahrungen. Werkbegriff und Interpretation heute. Festschrift für Herman Meyer zum 65. Geburtstag. Hg. v. Alexander von Bormann. Tübingen 1976, S. 694 – 711

Wilhelm Emrich: Franz Kafka. Wiesbaden 1975

Lothar Fietz: Möglichkeiten und Grenzen einer Deutung von Kafkas Schloß-Roman, in: DVjs 37, 1963, S. 71 – 77

Angel Flores (Hrsg.): The Kafka Debate. New Perspectives for our Time. New York 1977

Hulda Göhler: Franz Kafka. Das Schloß. Bonn 1982

Erich Heller: Die Welt Franz Kafkas, in: ders., Enterbter Geist. Essays. Frankfurt 1954, S. 281 – 329

Ders.: Franz Kafka. München 1976

Ingeborg Henel: Die Türhüterlegende und ihre Bedeutung für Kafkas »Prozeß«, in: DVjs 37, 1963, S. 50 – 70

Fred Höntzsch: Gericht und Gnade in der Dichtung Franz Kafkas, in: Hochland 31, 1933/34, Bd. 2, S. 160 – 167

Gerhard Isermann: Unser Leben – unser Prozeß. Theologische Fragen bei Franz Kafka. Wuppertal 1969 (Das Gespräch, H. 83)

Sabina Kienlechner: Negativität der Erkenntnis im Werk Franz Kafkas. Tübingen 1981

Herbert Kraft: Mondheimat. Kafka. Pfullingen 1983, S. 189 – 210

Paul Konrad Kurz: Standorte der Kafka-Deutung, in: ders., Über moderne Literatur. Frankfurt 1967, S. 38 – 71

Ralf R. Nicolai: Ende oder Anfang. Zur Einheit der Gegensätze in Kafkas »Schloß«. München 1977

Klaus-Peter Philippi: Reflexion und Wirklichkeit. Untersuchungen zu Kafkas Roman »Das Schloß«. Tübingen 1966

Heinz Politzer: Franz Kafka, der Künstler. Frankfurt 1965

Wiebrecht Ries: Transzendenz als Terror. Eine religionsphilosophische Studie über Franz Kafka. Heidelberg 1977

Robert Rochefort: Kafka oder die unzerstörbare Hoffnung. Wien/München 1955

Hans-Joachim Schoeps: Franz Kafka und der Mensch unserer Tage, in: Universitas, 16, 1961, H. 2, S. 163 – 171

Walter H. Sokel: Franz Kafka – Tragik und Ironie. Zur Struktur seiner Kunst. München/Wien 1964

J. P. Stern (Hrsg.): The World of Franz Kafka. London 1980

Homer Swander: Zu Kafkas »Schloß«, in: Interpretationen 3, Deutsche Romane von Grimmelshausen bis Musil, hg. v. Jost Schillemeit. Frankfurt 1966, S. 269 – 289

Klaus Wagenbach: Franz Kafka. In Selbstzeugnissen und Bilddokumenten dargestellt. Reinbek 1964

Ders.: Wo liegt Kafkas Schloß?, in: Born, Dietz, Pasley, Raabe, Wagenbach: Kafka-Symposion. Berlin 1965, S. 161 – 180

Felix Weltsch: Religion und Humor im Leben und Werk Franz Kafkas. Berlin 1957

Rigobert Wilhelm: Das Religiöse in der Dichtung Franz Kafkas, in: Hochland, 57, 1964/65, S. 335 – 349